■国家社科基金项目（项目编号：04BZZ014）

中国选举制度建设中的若干问题研究

袁达毅　等著

中国社会科学出版社

图书在版编目（CIP）数据

中国选举制度建设中的若干问题研究／袁达毅等著．—北京：中国社会科学出版社，2016.4

ISBN 978-7-5161-7688-7

Ⅰ.①中… Ⅱ.①袁… Ⅲ.①选举制度—研究—中国 Ⅳ.①D621.4

中国版本图书馆 CIP 数据核字(2016)第 037593 号

出 版 人 赵剑英
责任编辑 孔继萍
责任校对 王佳玉
责任印制 何 艳

出　　版 中国社会科学出版社
社　　址 北京鼓楼西大街甲 158 号
邮　　编 100720
网　　址 http://www.csspw.cn
发 行 部 010-84083685
门 市 部 010-84029450
经　　销 新华书店及其他书店

印刷装订 北京市兴怀印刷厂
版　　次 2016 年 4 月第 1 版
印　　次 2016 年 4 月第 1 次印刷

开　　本 710×1000 1/16
印　　张 21
插　　页 2
字　　数 360 千字
定　　价 78.00 元

目　　录

导　论

发展社会主义民主政治，建设社会主义政治文明，是我国民主政治建设的基本目标。在社会主义民主和政治文明建设中，健全和完善社会主义民主制度，是社会主义民主和政治文明建设的核心。选举制度是社会主义民主制度的一个极其重要的组成部分。选举制度建设在社会主义民主和政治文明建设中处于基础地位。选举制度建设状况，一方面，反映了社会主义民主和政治文明建设的实际水平；另一方面，又影响着其他各项民主制度建设和政治文明的发展。加强选举制度建设，进行选举制度创新，首先需要进行理论创新。从我国实际情况出发，在吸收和借鉴国内外理论研究成果和研究方法的基础上，对我国选举制度和选举实践进行研究，实现理论创新，并在理论创新的指导下进行制度创新，对于社会主义民主和政治文明建设来说，有着重要的理论意义和现实意义。

一　选举制度研究的基本状况

学界和实际部门对中国选举和选举制度的研究，主要有三个方面。

（一）工作研究

工作研究，也可以称为制度实施研究。法律是制度的一种形式。工作研究的主要任务是，从选举工作的实际需要出发，就选举法的实施问题进行研究。

1. 工作研究的路径

工作研究的路径主要有两条：

第一条路径是，将法律法规转化为工作程序。新中国成立后，我国先后制定了两部选举法，但两部选举法的立法思路基本相同，这就是对选举制度的规定都比较原则，从整体上看，操作性比较差。这一点仅从选举法的条款数量就可以看出。

1953 年 2 月 11 日，中央人民政府委员会第 22 次会议通过的《中华人民共和国全国人民代表大会及地方各级人民代表大会选举法》，是我国的第一部选举法，总共 66 条。

1979 年 7 月 1 日，第五届全国人民代表大会第 3 次会议通过的《中华人民共和国全国人民代表大会和地方各级人民代表大会选举法》，是我国的第二部选举法，总共 44 条。与第一部选举法相比，第二部选举法的一个重大变化是，授权省级人大常委会制定实施办法。此后，对第二部选举法进行了 5 次修正。在国家对选举法进行修正后，各地制定的实施办法大多根据选举法的规定，作相应的修正。选举法历次修正的情况如下：

1982 年 12 月 10 日，第五届全国人民代表大会第 5 次会议对选举法进行了第一次修正，修正后的选举法仍然是 44 条。为了规范县级以下人大代表直接选举中的有关问题，弥补选举法规定的不足，1983 年 3 月 5 日，第五届全国人大常委会第 26 次会议通过了《关于县级以下人民代表大会代表直接选举的若干规定》（以下简称《若干规定》），《若干规定》总共 10 条。

1986 年 12 月 2 日，第六届全国人大常委会第 18 次会议对选举法进行了第 2 次修正，这次修正后的选举法还是 44 条。

1995 年 2 月 28 日，第八届全国人大常委会第 12 次会议对选举法进行了第 3 次修正，这次修正后的选举法增加至 53 条。

2004 年 10 月 27 日，第十届全国人大常委会第 12 次会议对选举法进行了第 4 次修正，这次修正后的选举法仍然是 53 条。

2010 年 3 月 14 日，第十一届全国人民代表大会第 3 次会议对选举法进行了第 5 次修正，这次修正后的选举法增加至 57 条。

从 1979 年至 2010 年的 31 年间，先后对第二部选举法进行了 5 次修正。到第 5 次修正为止，选举法由 1979 年的 44 条增加至 57 条。历经 31 年，总共增加 13 条。

选举法第 5 次修正后，各地先后对实施选举法的地方性法规进行了修改，各地修改后的地方性法规，条款也不是很多。具体情况如下：

表 0—1 **各地地方性法规名称、条数统计表①**

序号	地方性法规名称	条数
1	北京市区、县、乡、民族乡、镇人民代表大会代表选举实施细则	66
2	天津市区、县级以下人民代表大会代表选举实施细则	63
3	河北省县、乡两级人民代表大会选举实施细则	53
4	山西省各级人民代表大会选举实施细则	64
5	内蒙古自治区各级人民代表大会选举实施细则	56
6	辽宁省县、乡两级人民代表大会选举实施细则	40
7	吉林省县、乡两级人民代表大会选举实施细则	49
8	黑龙江省县、乡两级人民代表大会代表选举工作实施细则	57
9	上海市区县和乡镇人民代表大会代表直接选举实施细则	49
10	江苏省各级人民代表大会选举实施细则	71
11	浙江省县、乡两级人民代表大会代表选举实施细则	59
12	安徽省各级人民代表大会选举实施细则	57
13	福建省县、乡两级人民代表大会代表直接选举实施细则	57
14	江西省各级人民代表大会代表选举实施细则	67
15	山东省县、乡两级人民代表大会选举实施细则	58
16	河南省选举实施细则	52
17	湖北省县、乡两级人民代表大会代表选举实施细则	54
18	湖南省县级以下人民代表大会代表直接选举细则	47
19	广东省各级人民代表大会选举实施细则	61
20	广西壮族自治区各级人民代表大会选举实施细则	56
21	海南省县、乡两级人民代表大会选举实施细则	57
22	四川省《中华人民共和国全国人民代表大会和地方各级人民代表大会选举法》实施办法	36
23	重庆市实施《中华人民共和国全国人民代表大会和地方各级人民代表大会选举法》细则	59
24	贵州省各级人民代表大会代表选举条例	56
25	云南省县、乡两级人民代表大会代表选举实施细则	69

① 表中数据，除贵州省外，均根据全国人民代表大会网站（http：//www. npc. gov. cn）中的法律法规数据库整理，贵州省数据资料来源于贵州省人大常委会网站（http：//www. gzrd. gov. cn/pages/show_ dffg. aspx？ id =637）。

续表

序号	地方性法规名称	条数
26	西藏自治区实施《中华人民共和国全国人民代表大会和地方各级人民代表大会选举法》细则	69
27	陕西省县、乡两级人民代表大会代表选举实施细则	74
28	甘肃省实施选举法细则	57
29	青海省实施《中华人民共和国全国人民代表大会和地方各级人民代表大会选举法》细则	65
30	宁夏回族自治区实施《中华人民共和国全国人民代表大会和地方各级人民代表大会选举法》细则	59
31	新疆维吾尔自治区县级以下人民代表大会代表直接选举实施细则	46

从选举法和地方性法规看，条款都不是很多。从法律法规的内容看，选举法和地方性法规对选举制度的规定，都采用了“宜粗不宜细”原则，特别是各地制定的实施细则，内容其实不细。在地方性法规中，除去照抄的选举法的内容外，结合地方实际和选举过程而制定的条款不是很多。法律法规的这种状况，很难适应选举工作的实际需要。因此，每当换届选举时，负有指导工作职责的省级选举工作机构，都要从选举工作的实际需要出发，对法律法规进行研究分析，把法律法规中的原则性规定转化为操作规程。全国人大常委会相关工作机构和省级选举工作机构编印的换届选举工作程序或者换届选举工作手册，是这类成果的集中体现。

工作研究的另一条路径是，从选举工作中遇到的具体问题出发，研究解决问题的具体措施。由于法律法规的规定比较原则，在研究编写换届选举工作程序或工作手册时，又很难预见到选举过程中出现的所有问题，而且很多问题在法律法规中又很难找到现存的、具有操作性的规定，因此，需要根据法律法规中相关规定的精神，对工作中遇到的问题进行研究，提出或者探讨解决问题的具体措施，在经过实践检验后，对实践经验进行系统的总结。沿着这一路径进行研究所取得的成果，部分通过选举工作简报及时印发各级选举机构，用实践经验指导全局的选举工作；部分发表在地方人大主办的报刊上或其他媒体上，供其他地方借鉴和参考。

2. 工作研究的特点

工作研究有以下 4 个基本特点：

一是研究的组织工作由全国人大常委会的相关工作部门和省级选举工作机构负责。一般而言，每逢换届选举之年，在省级选举工作机构成立之前，负责选举工作的省级人大常委会相关工作机构都要提前进行选举的调研工作，组织编写选举工作规程，待选举工作机构成立后，再以选举工作机构的名义出版或内部印发给基层选举单位和选举工作人员。

二是研究人员以人大常委会的工作人员为主。从笔者收集到的研究资料看，各地研究编写换届选举工作程序或换届选举工作手册的人员，以准备抽调到选举工作机构的人大常委会相关工作机构的人员为主。从公安局、民政局、妇联、共青团等单位抽调到选举工作机构工作的人员中，也有部分参加指导材料的研究编写工作。

三是以工作任务为导向。以工作任务为导向，是工作研究的一个突出特点。工作研究所涉及的问题，都是选举工作中的具体问题，从选举工作任务出发，研究如何运用选举法和地方性法规解决问题，以便有效地指导选举工作，顺利完成选举工作任务。工作研究虽然离不开理论指导，但不对理论问题本身进行研究。因此可以说，工作研究是一种典型的应用研究，也可以说是一种务实性的研究。

四是操作性强为价值取向。选举法和地方性法规中的很多规定，操作性不是很强，不便于基层选举机构和选举工作人员掌握和使用，而且很有可能由于对法律法规的理解不同，在选举过程中采用的做法不同。将法律法规转化为选举工作程序，增强操作性，使基层选举机构和选举工作人员在选举工作中采用统一工作标准进行工作，是工作研究的基本价值取向。

3. 工作研究的作用

从实际情况看，工作研究的作用有以下三个方面：

一是保证了法律法规的实施。工作研究的目的是在法律法规的规定与实现之间架起一座桥梁，把法律法规上的原则性规定转变为具有操作性的工作程序，用于规范和指导选举活动，保证了法律法规的实施。

二是填补了法律法规的漏洞。从选举工作的实际情况看，由于法律法规的规定过于原则，因此，法律法规中不可避免地存在着一些漏洞。从选举工作实际出发，对法律法规中未作规定的具体问题，根据法律法规的精神和要求作出规定，或者提出解决问题的具体办法，填补了法律法规的漏洞。

三是对法律法规的修改起着重要的影响作用。在选举法和地方性法规的历次修改中，工作研究的影响作用是很大的。工作研究的问题首先来自选举实践，研究成果直接运用于选举实践，经过实践检验后形成经验，最后把成功的实践经验写进法律或地方性法规。从国家和地方立法的情况看，法律法规修改草案的起草部门，一般是人大常委会中主管选举工作的部门。在起草法律法规修改草案过程中，起草部门虽然要进行广泛的调研，听取各方面的意见，但在各种意见中，主管部门的意见起着重要的影响作用。

（二）政策研究

政策研究也是一种应用研究。其主要内容是，对选举过程中反映出的各种问题进行研究，提出政策建议。政策研究与工作研究既有联系又有区别。二者的联系是，工作研究的部分成果对政策研究起着影响作用，或者被直接吸收到对策建议中。二者的区别是，政策研究关注的是一些具有全局性质的问题，提出完善选举制度的政策建议，而工作研究关注的是选举工作遇到的问题，就解决问题的措施提出具体建议，而不管问题是否具有全局性质。政策研究分为任务导向型和兴趣导向型两种。

任务导向型研究，主要由国家和地方权力机关的工作机构、相关政府部门和接受委托的相关研究机构进行。研究工作一般根据国家和地方的立法计划进行，研究的主要任务是就制定、修改和完善法律法规提出建议。任务导向型研究的研究成果主要有两种：一是提出制定和修改法律法规的思路和建议；二是就法律法规的制定提出建议文本，或者提出法律法规的修改草案。这两种研究成果都直接服务于国家和地方立法。其中，提出的法律法规建议文本或修改草案，一般都直接提交给立法机构审议或审查和通过。

兴趣导向型研究的主体以高校和科研机构的研究人员为主，他们进行政策研究，完全出于个人兴趣。他们从个人兴趣出发，对我国选举制度建设中的理论和实际问题进行研究，提出选举制度建设的思路和建议，或者法律法规建议文本。在选举法修改方面，很多学者针对选举法中存在的问题，提出了修改建议。例如，2010 年，学者们在讨论选举法修改草案时，提出了增加选举委员会处理选举纠纷的职责，细化有关程序，建立回避制度，将“对破坏选举的制裁”改为“法律责任”等。[①] 本课题组也提出

① 参见韩大元《选举法修正案（草案），七处内容建议修改》，《检察日报》2010 年 2 月 22 日。

了选举法修改的若干建议。在村民委员会选举法制定方面，很多学者都提出了立法建议，部分学者还提出了村民委员会选举法建议稿。例如，王禹提出的《〈村民委员会选举法〉立法建议稿》，除了起草说明外，总共8章102条。8章的具体内容是：第一章，总则；第二章，选举工作机构；第三章，选民登记；第四章，候选人产生；第五章，投票选举；第六章，罢免、辞职和补选；第七章，法律责任；第八章，附则。[①] 又如，熊伟在其博客中发表的《中华人民共和国村民委员会选举法》立法建议稿，总共11章94条。11章的具体内容是：第一章，总则；第二章，村财审计；第三章，选举工作机构；第四章，选民登记；第五章，村民会议召集人及村民代表、村务公开监督小组成员的选举；第六章，候选人的产生；第七章，选举程序；第八章，罢免、辞职与补选；第九章，村民民主理财小组、村委会印章保管人和村民小组长的推选；第十章，监督管理和法律责任；第十一章，附则。[②] 兴趣导向型研究的成果一般不直接用于法律法规的制定和修改，但对法律法规的制定和修改起着重要影响作用，在法律法规调研和起草过程中，部分意见和建议可能被吸收。

政策研究的缺陷是，相当一部分研究成果对选举制度和选举实践中的问题，缺乏较为深入的理论分析，给人就事论事的感觉。

（三）理论研究

这也是一种兴趣导向型研究。从事理论研究的，主要是高校和科研机构的研究人员。从总体情况看，研究的问题相当广泛，但研究人员各有侧重。在理论研究中，有规范研究和经验研究两大类。

在选举和选举制度研究中，规范研究主要从民主、人权、平等、正义等价值原则出发，研究选举和选举制度建设问题。研究的具体路径是，界定相关概念，提出理论假设，采用历史和逻辑相结合的方法进行论证，或者进行纯粹的演绎分析，结论的"应然"特点非常突出。规范研究关注的重点是"应该怎样"，而不是"能够怎样"，结论往往具有理想主义色彩。换句话说，规范研究的理论成果，对选举和选举制度建设的长远发展起重要指导作用，但对当下正在进行的选举和选举制度建设的指导作用非

① 参见王禹《村民选举法律问题研究》，北京大学出版社2002年版，第134—183页。

② 参见熊伟的博客，http：//gmlf. blog. sohu. com/31747587. html。

常有限。

经验研究同样重视价值问题，但是，价值原则不是其分析问题的直接依据，而是其对事实经验作出判断的参照标准。经验研究的路径是，从选举和选举制度建设的经验事实出发，对事实经验进行研究分析，然后进行归纳和总结，上升为理论。这里需要特别指出的是，经验研究所取得的理论，是一种经验理论。理论上的可靠性，完全取决于掌握的经验材料是否充分和对经验材料的总体分析和把握。因此，经验研究是一种实证研究，在研究过程中，十分重视调查研究和实证材料收集。经验研究的理论成果，对当下正在进行的选举和选举制度建设的直接指导作用很强，但从选举和选举制度建设的长远发展看，其指导作用非常有限。因为经验理论是在经验事实的基础上形成的。当经验事实发生变化时，理论也面临修正的问题。

二　研究定位和研究方法

（一）研究思路和研究定位

本课题研究的基本思路是，从我国选举和选举制度建设的历史和现状出发，研究我国选举制度建设中的一些理论问题，并在此基础上，提出我国选举制度建设的基本设想，最后，提出选举法的修改建议。本课题研究的基本思路，决定了本课题的研究定位。

在《县级人大代表选举研究》中，本课题负责人把政治学研究划分为 4 个层面的问题，即一般价值问题、特殊价值问题、制度问题和参与问题，并将研究定位在制度问题上。所谓一般价值，是指社会政治文明发展过程中，已经得到普遍承认和接受的价值，如民主、自由、正义、平等和公正等。但一般价值是一种抽象的价值，它反映了人类在社会政治领域的理想和追求。属于政治哲学范畴。特殊价值，也可称之为时空价值，是在一般价值的基础上产生的，是一种带有时间、地域和文化背景特征的价值。它是人类的政治理想与现实政治需要相结合的产物，属于政治理论范畴。制度是在特殊价值即政治理论的指导下建立起来的，是实现特殊价值的工具。参与，是社会组织和公民个人所开展的各种政治活动，但受制度的影响和制约。①

① 参见袁达毅《县级人大代表选举研究》，中国社会出版社 2008 年版，第 6—8 页。

在《乡级人大代表选举研究》中，本课题负责人将研究继续定位在制度问题上，并对前述4个层面问题的性质和相互关系作了进一步的阐述，认为“一般价值是具有普适性的价值，属于政治哲学范畴；特殊价值是在特定的时间、地域和文化背景下，对一般价值解释和说明，是在一般价值的基础上产生的，不具有普适性，属于政治理论范畴；制度是在特殊价值指导下形成的，是实现特殊价值的工具；而制度的形成和调整，对公民和社会组织的参与活动起着规范和引导作用，公民和社会组织会根据制度的变化调整自己的参与行为。这是它们之间关系的一个方面。另一方面，公民和社会组织的参与状况，对制度实施、制度稳定和制度变革起着重要的影响乃至决定作用。公民和社会组织对制度的认同程度高，遵守制度规范的自觉性就会很强，积极参与的程度就会很高，从而使制度逐步走向完善和稳定，反之，就会出现被动遵守制度规范和消极参与的状况，进而会引起制度的变革。而制度的完善、稳定和变革，在对政治理论的完善和创新提出新的要求的同时，也为政治理论的完善和创新提供了经验材料，使政治理论的完善和创新成为可能。而政治理论的完善和创新，会使政治哲学的内涵不断丰富”①。

本课题研究定位仍然是制度问题。如何改革和完善我国现行选举制度，是我国选举制度建设中的一个重大现实问题。把选举的法律制度作为研究的重点，提出改革和完善法律制度的意见和建议，是本课题研究的一个重点。与《县级人大代表选举研究》和《乡级人大代表选举研究》不同的是，本课题研究还有另一个重点，即选举制度建设中的理论问题。在研究过程中，课题组对我国选举制度建设涉及的一些基础理论问题，如选举权利平等、选举的民主性和选举程序的科学性等理论问题进行了研究。之所以研究这些理论问题，是因为我国民主政治的发展对选举制度建设提出了更高要求，而选举制度建设能否适应我国民主政治发展的更高要求，首先取决于理论认识能否到位。研究和探讨这些理论问题，有利于解决选举制度建设中存在的一些认识问题，为我国选举制度的发展和完善、改革和创新提供必要的理论支持。这些理论问题的研究，对于我国选举制度建设的基本设想的形成，对于选举法与地方组织法修改思路和方案的提出，都产生了重要的指导作用。

---

① 袁达毅、余敏、李欣：《乡级人大代表选举研究》，中国社会出版社2008年版，第8页。

根据以上研究思路和研究定位，课题组在研究选举制度建设时，突出问题意识，把研究的重点放在我国选举制度建设的一些重要理论和实际问题上。

（二）研究方法

本课题在研究过程中采用的方法主要有：思想方法、学理方法和技术方法。

1. 思想方法。思想方法是指研究和思考问题的立场、观点和方法问题。在学术研究中，立场问题就是意识形态问题。马克思主义是科学的世界观和方法论，毛泽东思想和中国特色社会主义理论体系是马克思主义中国化的两大理论成果，是对马克思主义的丰富和发展。马克思主义的立场、观点和方法，是本项目研究的思想方法。在研究过程中，课题组坚持以马列主义、毛泽东思想和中国特色社会主义理论体系为指导，注意理论联系实际，对中国选举制度和选举实践中的问题，尽可能做出符合实际的分析。

2. 学理方法。在学术研究中，学理方法属于“学”的范畴。学理方法主要包括两个方面的内容：

一是学术研究的路径方法。在学术研究中，由于研究的逻辑起点不同，形成了路径完全不同的两种研究方法，即规范研究和经验研究（实证研究）。这两种研究方法的路径特征，上文已经作过阐述，这里不再赘言。就本课题研究而言，这两种方法都被采用。这里需要特别指出的是，规范研究和经验研究是路径完全不同的两种研究方法，在本课题研究中之所以能够被采用，是由本课题的研究思路和研究定位决定的。由于本课题研究突出问题意识，围绕我国选举制度建设中的重要理论和实际问题展开，因此，在研究方法选择上，具有很大的灵活性，不同的问题，可以采用不同的研究方法。例如，本成果第4章“选举权利平等”讨论的几个问题是，选举权利平等及其逻辑和现实起点，选举权利平等的特点，选举权利平等的保障。研究这些问题，采用规范研究比较合适。而第5章“城乡按相同人口比例选举人大代表与选举权利平等”讨论的几个问题是，城乡按相同人口比例选举人大代表的必要性和可行性，如何看待城乡按不同人口比例分配代表名额的历史，如何看待代表名额分配中的选举权利平等问题，如何看待人大代表直接选举中的选举权利平等问题。回答这些问题，需要以经验事实为依据，通过对经验事实的研究分析，归纳和总结出问题的答案。因此，对这个问题的研究，采用经验研究即实证研究比较合适。

二是使用分析工具的方法。在学术研究中，因使用的分析工具（也可以说是切入点）不同，形成的研究方法不同。制度主义、行为主义、自由主义、结构功能主义等，分别以制度、行为、自由、结构功能作为分析工具，从而形成了各具特色的研究方法。换一种说法，由于采用的切入点不同，围绕切入点而形成的研究方法也就不同。采用这种学理方法，首先需要对选定的分析工具作出界定，也就是说明在什么意义上使用选定的分析工具，然后，选择和利用各种不同的角度（视角）去观察和分析问题。本课题研究的切入点是制度，这与本课题的研究定位形成巧合，但两者有着根本区别。研究定位中的制度问题，是政治学研究中的一个重要层次。研究方法中所讲的制度，是研究选举问题的切入点，即以选举制度作为切入点研究分析选举的理论和实际问题。

本课题研究中所说的制度，是正式制度，即与选举有关的各种制度规范。这些制度规范包括国家法律、行政法规、地方性法规、行政规章和其他各种规范性文件。本成果中所说的制度建设，也是指各种正式制度的建设，重点是国家法律制度的建设。本课题研究的主要目的是，为我国选举制度建设提供理论支持，提出选举制度建设的思路和具体建议，因此，在研究选举制度建设过程中，采用的分析视角主要有：社会主义政治价值观与选举制度建设的关系，我国民主政治发展与选举制度建设的关系，选举制度建设中的民主性与科学性的关系、制度与现实的关系、现实与历史的关系、各种法律制度之间的关系。这里需要特别指出的是，这些观察和分析问题的角度，是就整个课题研究而言的。对于成果中的某一具体问题来说，采用分析视角的多少也是不一样的。

3. 技术方法。在学术研究中，技术方法属于“术”的范畴。学术研究中技术方法很多，不同的学科，技术方法不尽相同，同一学科的不同领域，技术方法也不尽相同。本课题研究采用的技术方法主要有以下 4 种：

一是文献分析法。查阅和研究文献资料，是学术研究不可或缺的基础性工作，也是学术研究的一个重要技术方法。本课题在研究过程中，查阅和分析的文献资料有学术文献和法律法规文献两大类。查阅和分析学术文献，是为了了解和把握研究现状，寻找和确定研究的突破口和着力点，尽可能避免结论相同的重复研究。在研究过程中，课题组尽可能搜集和查阅已经出版的学术著作，查找和阅读发表在学术期刊和网络平台上的学术论文。通过对这两类学术文献的研究分析，了解研究现状。查阅法律法规文献，是为了了解选举制度建设的历史现状。在研究过程中，课题组查阅的法律法规有两大类，即现行法律法规和已经废止了的法律法规。

二是调查研究。这是实证研究最常用的一种技术方法。开调查会、访谈和查阅档案文献，是课题组在调查研究过程中采用的具体方法。在研究选举法和地方组织法的修改思路和方案以及选举制度运作中的问题与对策时，课题组就选举法和地方组织法的实施情况进行了大量的调查，获得了大量的实际材料，在研究分析调查材料的基础上，形成了选举法和地方组织法的修改思路和方案，并针对选举制度运作中存在的问题，提出了相应的对策建议。

三是比较分析。这是一种运用非常广泛的技术方法。通过比较分析，可以发现事物之间的区别和各自的特性。在本课题研究中，比较分析主要用于对历史问题的研究。在研究新中国选举制度建设的历史和基本经验时，对第一部选举法和第二部选举法，以及第二部选举法历次修正情况进行了比较分析，指出了第二部选举法及其历次修正从哪些方面发展和完善了我国选举制度。

四是定性分析与定量分析相结合。这是政治学研究最常用的技术方法。定性分析以探讨事物的本质和特征为价值目标，通过定性分析，有助于了解和把握理论问题的性质和特点。定量分析，是一种通过观察和分析数量关系了解和把握事物发展状况的研究方法。课题组从我国社会主义民主政治建设的要求出发，对选举制度建设中的一些理论问题进行了定性分析。例如，在研究选举的民主性、选举权利平等、科学的选举程序及其价值等问题时，采用的是定性分析方法。此外，课题组从实际情况出发，以数据和事实为基础，对我国选举制度建设中的一些实际问题进行了定量分析。同时，在定量分析的基础上，研究分析质的变化，把定性分析和定量分析结合起来。例如，在研究城乡按相同人口比例选举人大代表时，课题组通过对我国城乡人口数量的变化情况和发展趋势的分析，认为我国城乡按相同人口比例选举人大代表的条件已经成熟，修改选举法中的有关规定，实现城乡人口选举权利的完全平等，不但是必要的，而且也是可行的。

三　研究的主要内容

本课题研究分为理论研究和对策研究两个部分，下面分别进行介绍：

（一）理论研究

理论研究的内容主要有：

1. 新中国选举制度建设的历史和基本经验。新中国成立，标志着人民民主政权的诞生。人民当家做主，开天辟地，亘古未有。选举是人民当家做主的一种途径，选举制度是人民当家做主的制度保证。法律是制度的一种形式。新中国成立后特别是十一届三中全会以来，在中国共产党的领导下，我国通过选举法的制定、修改和完善，不断加强选举制度建设，逐步发展和完善了我国选举制度。

1953 年 2 月 11 日，中央人民政府委员会通过的《中华人民共和国全国人民代表大会及地方各级人民代表大会选举法》，是新中国成立后制定的第一部选举法。第一部选举法的精神实质是，着眼于实际的民主，规定一个真正民主的选举制度。第一部选举法确立了选举权的普遍性、平等性、选举自由、直接选举和间接选举并用等原则。1979 年制定的选举法是我国第二部选举法。第二部选举法在坚持第一部选举法的精神、原则和相关条款内容的基础上，为了扩大人民民主，加强和健全社会主义法制，保证和便于人民管理国家，以适应全国工作重点转移到社会主义现代化建设的实际需要，对我国选举制度进行了发展和完善：一是将直接选举的范围扩大到县；二是明确规定实行差额选举；三是一律实行无记名投票；四是建立了罢免制度。此后，根据我国民主政治建设发展的要求，先后于 1982 年、1986 年、1995 年、2004 年和 2010 年对第二部选举法进行了 5 次修正。这 5 次修正从以下几个方面进一步发展和完善了我国选举制度：一是坚持选举权的普遍性，继续扩大参选范围。规定旅居国外的中国公民，在县级以下人大代表选举期间在国内的，可以参加原籍或者出国前的居住地的选举。二是通过规范选区划分、代表名额分配和公民参选活动，逐步增强选举权的平等性。三是规范了选举机构的产生、职责和隶属关系；四是发展和完善了自由行使选举权利的制度规定，完善了选民资格案件申诉和诉讼程序、回避程序、投票程序和罢免程序等，禁止妨害选民和代表自由行使选举权的违法行为。

从我国选举制度建设和发展过程看，我国选举制度建设的基本经验是：坚持党的领导，坚持社会主义政治价值观，坚持从实际出发着眼于实际的民主，坚持国家立法和地方立法并举，坚持社会主义法治原则，坚持整体推进、重点突出、单项突破和地方先行。

2. 选举权利平等。选举权利，是指公民在国家代议机关组成人员和其他公职人员选举中选举他人和被他人选举的权利。它由选举权和被选举权两个部分构成。选举权利是公民最基本的政治权利，选举权利平等，是政治平等的一项主要内容，是选举的民主性和政治文明的重要体现。这个部分对选举权利平等的概念、特点和保障问题进行了研究分析。认为选举权利平等，是指公民在选举中依照合理法律的规定受到平等的对待，也就是在合理法律面前，条件相同的公民享有相同的选举权利。选举权利平等包括资格平等和价值平等两个方面的内容。选举权利平等是一种“阶梯式”的分层次的平等；是一种存在着“合理差别”的相对平等；是一种“群体平等”和“个体平等”相结合的平等；是一种“机会平等”。保障选举权利平等的基本要求是，合理的法律制度，严格执行法律，完善的救济和裁判机制，平等的经费保障机制。

3. 城乡按相同人口比例选举人大代表与选举权利平等。这个部分从我国的历史和现状出发，研究分析了城乡按相同人口比例选举人大代表与选举权利平等问题。从目前情况看，城乡按相同人口比例选举人大代表符合我国城乡人口构成发展变化的基本趋势，符合农村社会经济结构发展变化的基本趋势，符合户籍制度改革的基本趋势，符合农村人口素质发展变化的基本趋势，符合立法前瞻性的基本要求。历史上，我国人大代表选举城乡按不同人口比例分配代表名额，是由我国国情和政权性质决定的，不能从现在的情况出发去看待历史问题，否定历史。新修改的选举法规定城乡按相同人口比例选举人大代表，充分体现了“三保障一照顾”，即保障公民都享有平等的选举权，保障各地方有平等的参与权，保障民族平等，照顾方方面面。在人大代表直接选举中，选举权平等体现在三个方面：一是按照选举权平等原则划分选区，分配代表名额；二是依法确认选举权，在法律面前人人平等；三是选举权利平等，即选民登记权平等、提名权平等、被提名权平等、讨论和协商权平等、投票选举权平等、被选举权平等、当选权平等、知情权平等、监督权平等和受救济权平等。

4. 选举的民主性。选举是民主的基础和核心，是证明政治权力授予合法性的主要途径。而选举本身的民主性，决定了选举能否证明政治权力授予具有合法性。选举的民主性主要体现在以下 8 个方面：一是选举权利分配正义。选举权利分配正义是选举民主性的前提和基础，它是选举民主性的必要条件。衡量选举权利分配是否正义的重要依据是，选举权利是否具有普遍性和选举权利是否平等。对于公民而言，选举权利分配的正义性，主要体现在资格平等和价值平等两个方面。资格条件相同的公民，享有相同的选举权利，每个公民在选举中的地位和作用相同。从我国人大代表选举的情况看，选举权利分配是正义的。二是选举程序正义。选举程序正义，是指选举的时间、空间、物质载体的运用和行为方式设置具有合理性，符合自然正义原则，能够维护和保障选举过程的公平公正。没有正义的选举程序，就没有公平公正的选举，公民的选举权利就会部分乃至全部落空，选举也就没有民主性可言。三是选举自由。选举自由，是指人们根据合理法律的规定，对选举和在选举过程中作出的自由选择。这种选择除了受合理法律的约束外，不受他人和社会组织的限制和强制。在选举过程中，选举自由主要包括参选自由、竞选自由、选举活动自由和投票选举自由四个方面。四是选举公开。选举公开，是公民的知情权、参与权和监督权的保障。选举公开的主要要求是，制度公开、应选职位公开、选举信息公开、选举过程公开和选举结果公开。五是公平竞争。公平竞争是指公民在自由、平等、公正和公开的基础上，依法争取候选职位，谋求当选的过程。自由、平等、公正和公开是公平竞争的基本要求，也是公平竞争的基本特征。六是秘密投票。公开选举和秘密投票的价值目标是一致的，都是为了保障公民自由行使选举权利，维护选举公平公正。公开主要针对公共权力而言，秘密主要针对公民个人权利而言。投票只有秘密进行，才能排除外在因素干扰，避免招致打击报复和人身伤害，保证选举人根据自己的意愿行使这项权利。如果投票选举不能秘密进行，选举就不具有充分民主性，有的甚至是不民主的。七是多数决。“多数决”，是民主选举的基本要求，也是民主选举必须遵循的基本规则。在国家政治生活中，选举就是人民通过投票决定由谁来掌握和行使政治权力，管理国家和社会事务。但并不是每个人的意愿在选举中都能得到体现，只能在尊重个人权利的基础上，按照多数的意愿做出决定。八是选举人对当选人享有罢免权。罢免权，是由选举权利派生出的一项重要权利。它是指选举人依法撤销由自己选举产生的公职人员的权力。在选举制度中，只有明确规定选举人享有罢免权，并且在实践中能够充分行使这种权利，加强对公职人员的监督，才能保证公职人员依法履行职责，对选举人负责。否则，就会产生不受监督和制约的权力，通过选举授予的权力就会异化，以实现政治民主为价值目标的选举，最终会导致一种不民主的社会政治生活状态。

5. 科学的选举程序及其价值。任何一项民主制度，都包括实体和程序两个部分。实体部分，是指对行为主体的权利义务和履行权利义务涉及的物质设施的规定。程序部分，是指对履行权利义务的时间、空间、步骤和方式的规定。选举程序是指选民、选举机构和其他各种社会组织在选举活动中履行权利义务的法定时间、空间、步骤和方式。科学的选举程序，是指符合客观实际而又严密的选举法律程序。

科学的选举程序有以下几个特征：一是符合客观实际。也就是与社会物质生活条件和选民的整体文化素质相适应。二是时间、空间和行为要素设置合理，完整而没有漏洞。从时间上看，就是时限能够满足选举的实际需要，时序有利于选举活动的顺利进行。从空间上看，就是选举工作场所有利于选举机构开展工作和公民或选举人行使选举权利，选举信息公布场所（或位置）有利于选举信息及时传播，选举权利行使场所要有利于公民或选举人行使选举权利。从行为要素看，行为主体即选举程序参与者及其权利义务明确，行为明确具体，且与行为主体的能力相适应，行为方式恰当。三是完整而没有漏洞。也就是时间要素、空间要素和行为要素设置完整，时间要素、空间要素和行为要素的结合严密。四是正义。选举程序正义的主要内涵是公平对待程序参与者，任何人不能主持选举自己的选举（本人回避），候选人的姻亲和三代以内血亲回避，任何人不能处理涉及自身的选举纠纷。五是救济机制完备。无救济即无权利。科学的选举程序是救济机制完备的选举程序，即内部救济机制和外部救济机制完备的程序，当公民或选举人认为自己的选举权利受到侵害时，能够通过选举程序中提供的救济机制寻求救济；或者当选举权利已经受到侵害时，能够通过选举程序中提供的救济机制获得救济。

科学的选举程序有以下几个方面的价值：一是保障法定权利义务的履行，通过科学的程序可以把制度上的规定转变为现实的权利义务关系。二是保障选举自由。公民有参加选举和不参加选举的自由，只要是公民根据自己的愿意作出的决定，都应当予以保障。三是增强政治权力授予的合法性。只有根据科学的选举程序进行的选举，才能证明政治权力授予的合法性。四是保障公平竞争、维护选举秩序和选举后的稳定。科学的选举程序通过规范和约束选举机构及其工作人员、竞争参与者、选举人、政党和社会组织的行为，保障选举的公平竞争，维护选举秩序和选举后的社会稳定。五是培育符合政治文明发展的选举文化。

6. 选举与干部队伍建设。这个部分对选举与传统的干部任用方式进行了比较，认为要有效解决现有干部队伍中存在的权力腐败问题，为我国社会主义现代化建设提供一支高素质和高质量的领导干部队伍，就应该不断改革和完善干部任用方式，通过选举选拔和任用干部。选举在干部队伍建设中的作用主要有以下几个方面：一是选举能有效强化领导干部的“公仆”意识，树立正确的权力观，做到“权为民所用、利为民所谋、情为民所系”。二是选举有利于规范干部的公务行为，促进领导干部廉洁自律，树立良好的生活作风和工作作风，真正为人民群众做实事、办好事。三是选举能有效预防和治理权力腐败问题，防范和遏止权力腐败现象的滋长和蔓延，从而为推进领导干部党风廉政建设提供制度性的保障机制。

7. 党的领导与依法选举的关系。我国宪法确定了党的领导地位，同时也规定各政党都必须遵守宪法和法律，任何组织或者个人都不得有超越宪法和法律的特权。因此，完善选举制度必须在党的领导下进行，改善党对选举工作的领导，是发展社会主义民主政治的重要组成部分。这个部分研究的主要问题有：一是党对选举工作领导的原则问题。首先，要充分发扬民主。把选人用人的标准、条件等交给群众，使群众有知情权、参与权和监督权。其次，严格依法办事。要严格依照法律规定的程序领导人民进行选举，及时查处党员领导干部在选举中的违法行为，尊重选举结果。二是党的领导与依法选举的关系问题。具体地说，就是要正确认识和处理好坚持党管干部原则与坚持按法律规定程序办事的关系，党组织推荐人选与选民、代表联合提名候选人的关系，依法办事与依政策办事的关系。三是转变党对选举工作的领导方式问题。首先，改进代表候选人提名的操作方式，无论在直接选举还是间接选举中，使选民、代表和其他党派团体能够充分提名。其次，逐步取消预留代表名额的做法，保证选举的完整性、合法性比落实个别人事工作安排更为重要。再次，改进候选人的宣传方式，允许候选人筹措选举经费。复次，切实保证选民、代表的秘密投票权利。最后是保持选举结果的稳定。四是扩大直接选举范围问题。扩大直接选举的范围不但是必要的，也是可行的。目前，可以把直接选举的范围扩大到设区的市一级。

8. 选举制度建设与和谐社会构建。研究分析人大代表选举制度的历史、现状和选举制度建设需要解决的主要问题，对于进一步完善人大代表选举制度、建设社会主义和谐社会来说，有着重要的理论意义和现实意义。这个部分研究分析了选举制度建设中国家立法与地方立法问题，从选举方式、选举权、提名制度、协商和预选制度、差额选举制度、无记名投票制度、选举裁判制度和监督罢免制度等十二个方面介绍了我国选举制度的内容和特点，探讨了区域选举制与代表结构比例要求的关系，选举制度与选举程序的关系，选举的民主性与竞争性的关系，法律法规内容上的协调关系，国家立法与地方立法的关系。政权的合法性、人民当家做主和法治，是和谐社会的基本特点，也是政治文明的基本表现。这个部分从前述几个方面探讨了选举制度建设在和谐社会建设中的作用。

9. 选举制度建设与社会主义民主政治建设。选举制度建设的目的和任务是：保障人民当家做主，使各级国家政权机关按照人民的意愿产生，发展社会主义政治文明。因此，选举制度建设与社会主义民主政治建设的关系，首先表现为选举制度建设与人民代表大会制度建设的关系。因此，在研究分析选举制度建设与社会主义民主政治建设的关系时，先研究分析了人民代表大会制度建设在社会主义民主政治建设中的作用，然后再研究分析选举制度建设在人民代表大会制度建设中的作用。认为加强人民代表大会制度建设，是人民当家做主的保证，是坚持多党合作和政治协商、民族区域自治和基层群众自治的保证，是坚持党的领导、人民当家做主和依法治国有机统一的保证。选举制度建设是加强人民代表大会组织建设和制度建设的重要措施和保障，关系到人民代表大会制度建设的全局。

10. 选举制度建设与社会主义政治文明建设。政治文明，是指人类社会政治生活的进步状态。这种进步状态，是人类社会政治生活不断发展和长期积累的结果。它包括政治意识文明、政治制度文明和政治行为文明。选举的制度化、规范化和程序化是政治文明的重要表现，选举制度建设是选举的制度化、规范化和程序化的保证，研究分析选举制度建设在政治文明建设中的作用，首先必须研究分析选举在政治文明建设中的作用。根据这样的逻辑思路，这个部分着重研究分析了以下几个问题：一是选举制度建设在权力文明更替中的作用。权力文明更替，是政治文明的重要内容之一。禅让、世袭、政变、战争和选举等，都是较为常见的权力更替方式，属于政治行为范畴。选举是迄今为止最文明的权力更替方式。选举制度建设是权力文明更替的重要保证。二是选举制度建设在培育和实现社会主义政治价值观中的作用。政治价值观属于政治意识范畴。民主、自由、平等、公正、诚信和法治，是社会主义政治价值观的核心。选举制度建设对于培育和实现这些政治价值观起着重要的保障作用。三是选举制度建设在发展社会主义政治制度文明中的作用。政治制度是中国特色社会主义制度的核心，政治制度文明建设状况，直接决定着中国特色社会主义制度文明建设。选举制度是社会主义政治制度的一个重要组成部分，在社会主义政治制度中处于基础地位。建设文明的选举制度，是选举制度建设的价值取向，也是社会主义政治制度文明建设的基础性工程。四是选举制度建设与民主发展转型的关系。新中国成立后，我国的民主发展经历了一个从“治民民主”向“民治民主”发展转型的过程，选举是实现“治民民主”向“民治民主”转型的关键，选举制度建设是“治民民主”向“民治民主”转型的制度保证。

（二）对策研究

对策研究主要包括以下三个方面的问题：

1. 我国选举制度运作中的若干问题与对策。这个部分研究的主要问题有：选举方式（直接选举和间接选举）的民主化问题，代表结构比例问题，选民登记问题，选区划分问题，人大代表监督机制问题等。主要观点是，扩大直接选举是一个过程，下一步可考虑扩大到设区的市；代表的广泛性不应简单地以代表身份和职业来衡量，而应当通过意见、思想和建议来衡量，要坚持代表的广泛性和代表结构比例合理性的有机统一；要逐步转变选民登记方式，实现由“登记选民”向“选民站登记”的转变；选区划分宜小不宜大，明确选区划分中的“大体相等”的浮动范围；完善对代表监督的制度规定，实现代表履职的公开化，完善罢免制度，细化罢免程序。

2. 选举法与地方组织法修改思路和方案研究。这个部分在研究分析选举法和地方性法规的修改情况的基础上，对选举法和地方组织法修改问题进行了系统的研究并提出了具体的修改方案和建议。一是建议确定妇女代表比例。二是建议增加选举委员会的职权。三是建议建立选举经费预、决算制度。四是建议减少代表名额总数，城乡按相同比例分配代表名额。五是建议简化选区划分标准，按居住状况划分选区。六是建议确定“落地参选”原则，保障流动人口的选举权。七是建议完善提名方式，增加“自荐候选人”的制度安排。八是建议完善代表候选人与选举人的见面机制。九是建议取消流动票箱和委托投票的规定。十是建议增加公开计票的规定。十一是建议明确规定另行选举的时间。十二是建议对反复以同一理由罢免同一代表作出限制性规定。在选举法修改前，这个部分的内容以研究报告形式提交给了相关部门，其中部分建议在第五次修正的选举法中得到体现。

3. 我国选举制度建设的基本设想。选举是社会主义民主政治的基础，选举制度是社会主义民主制度的重要组成部分。从我国民主政治建设的实际状况和发展趋势出发，改革和完善我国选举制度，加强选举制度建设，有利于坚持党的领导、人民当家做主和依法治国的有机统一，有利于发展社会主义民主，建设社会主义政治文明。

在这个部分中，对我国选举制度存在的主要问题进行了梳理和分析。存在的问题主要有 11 个方面。一是制度规定过于分散，不同的选举分别由不同的法律法规规定，同一选举由效力层次不同的法律法规规定。二是县、乡两级人大代表选举和基层自治组织选举不同步，直接选举频繁。三是竞争不够充分。除村民委员会选举外，其他各种选举的竞争性都不够充分。四是直接选举范围过窄，仅限于县、乡人大代表和村民委员会选举。五是不尊重被提名人意愿，没有实现提名人与被提名人两个意愿的结合。六是候选人介绍存在缺陷，自我介绍受抑制。七是选区划分制度不科学，稳定性不强。八是选举程序不够严密，漏洞较多，给人为操作留下空间。九是选举制度与代表制度存在冲突。十是代表结构比例要求与区域选举制存在冲突。十一是选举权利的救济制度和选举纠纷的裁判制度不健全。

针对选举制度中存在的问题，提出了解决问题的基本思路。这就是选举制度建设必须坚持以中国特色社会主义理论体系为指导，坚持党的领导和人民主体地位，走法制化道路。既要从现实情况出发，对现行制度进行改革和完善，以适应当前我国社会主义民主政治建设的现实需要，又要着眼于未来，有意识地进行探索和制度创新，以适应我国社会主义民主政治发展对选举制度建设提出的要求。

根据上述总体思路，提出了加强选举制度建设的具体建议。一是完善现行法律制度。具体地说，就是完善候选人提名制度，建立选举登记制度，尊重提名人和被提名人两个意愿的结合；完善候选人介绍制度，加大候选人自我介绍力度和加强对候选人自我介绍的监督；完善选举程序，增强法律的刚性，完善正式候选人的确定程序和投票站工作程序；改革和完善选区划分制度，增强选区划分的稳定性，规定选区划分中的人口差距标准；消除选举制度与代表制度的冲突，实行选举权与被选举权分离，停止被羁押人和剥夺所有服刑人员的选举权利；消除代表结构比例要求与区域选举制的冲突，既可以坚持区域选举制，放弃代表结构比例要求，也可以在坚持代表结构比例要求的情况下，实行区域选举与界别选举相结合；完善选举权利的司法救济制度；建立选举争议的裁判制度。二是加强选举立法。制定“中华人民共和国村民委员会选举法”、“中华人民共和国社区居民委员会选举法”和“中华人民共和国国家机关领导人员选举法”，统一规范村民委员会、居民委员会和各级国家机关领导人员选举，改变目前村民委员会选举、社区居民委员会选举和国家机关领导人员选举不规范、不统一的状况；增强法律的操作性，解决中央与地方重复立法问题；在调整任期的基础上，建立选举年制度，在选举年内完成各级国家机关和基层群众性自治组织的换届选举；改革选举机构，县级以上设立选举委员会，作为常设机构；制定“中华人民共和国选举法”，把所有选举纳入一部法律之中进行规范。三是进行实践探索和制度创新。逐步扩大直接选举范围，由下而上逐级扩大，最终实现全国人大代表和中央国家机关领导人员直接选举；解放思想，转变观念，提高认识，建立社会主义竞选制度，有计划有步骤地推开竞选，调动公民参与的积极性，保证选举在公开、合法、有序的竞争中进行；建立国库和竞选者相结合的选举经费分担制度，国库主要负责选举行政经费支出，对候选人进行经费补助，允许候选人募捐筹款，立法保护和规范筹款活动，加强对选举经费使用的审计监督。

第一章

新中国选举制度建设的历史和基本经验

新中国成立，标志着人民民主政权的诞生。人民当家做主，开天辟地，亘古未有。选举是人民当家做主的一种途径，选举制度是人民当家做主的制度保证。我国的选举制度，是由人民代表大会选举制度、国家政权机关领导人员选举制度、村民和居民委员会选举制度构成的制度体系。其中，人民代表大会选举制度是我国选举制度中最重要的组成部分，它直接关系到人民当家做主权利的实现。法律是制度的一种形式。新中国成立后特别是十一届三中全会以来，在中国共产党的领导下，我国通过选举法的制定、修改和完善，不断加强人民代表大会选举制度建设，发展和完善了我国人大代表选举制度。

一　新中国人民代表大会选举制度的诞生

1953 年 2 月 11 日，中央人民政府委员会第二十二次会议根据《中国人民政治协商会议共同纲领》的规定，通过了《中华人民共和国全国人民代表大会及地方各级人民代表大会选举法》。这是新中国第一部选举法，它标志着我国人民代表大会选举制度的诞生。1953 年下半年至 1954 年上半年，根据第一部选举法规定，第一次在全国范围内进行了基层普选，并在基层普选的基础上，选举产生并召开了地方各级人民代表大会，1954 年 9 月，胜利召开了第一届全国人民代表大会。千百年来，中国人民第一次实现了真正的当家做主，成为国家的主人！

第一部选举法，是在总结民主革命时期根据地和解放区的选举经验、新中国成立初期民主建政经验的基础上，吸收苏联的选举经验，根据我国当时的具体情况制定的。第一部选举法共 10 章 66 条，内容主要有代表名额的确定和分配、选举机构、选民登记、代表候选人的提出、选举程序、对破坏选举的制裁等。其精神实质是，着眼于实际的民主，规定一个真正民主的选举制度。这主要体现在以下几个方面。

（一）选举权的普遍性

在国家政治生活中，哪些人享有选举权，哪些人没有选举权，享有选举权的人是否普遍，是由国家政权的性质决定的。我国是人民民主专政的社会主义国家，人民民主政权的性质，决定了我国选举权的普遍性。根据第一部选举法规定，除地主阶级分子、依法被剥夺政治权利的人和精神病患者没有选举权和被选举权外，“凡年满18周岁之中华人民共和国公民，不分民族和种族、性别、职业、社会出身、宗教信仰、教育程度、财产状况和居住期限，均有选举权和被选举权”。[①] 这一规定，最大限度地保障了绝大多数人享有选举权利。从第一次全国基层普选的情况看，全国进行选举的地区的人口数为571434511人，选民登记人数为323809684人，占18周岁以上人口数的97.18%。依法剥夺选举权利的有868万人，占18周岁以上人口数的1.52%。1956年进行第二次基层普选时，已有500万人恢复了选举权利。[②] 从选举的实践看，享有选举权利的人是非常广泛的。

（二）选举权的平等性

选举权平等是政治平等的一项重要内容。第一部选举法关于选举权的规定，充分体现了政治上的平等。一是规定“妇女有与男子同等选举权和被选举权”[③]。对于这一规定，邓小平在《关于〈中华人民共和国全国人民代表大会及地方各级人民代表大会选举法〉草案的说明》中说：“所有男女选民都在平等的基础上参加选举，每一选民只有一个投票权。这就是说，对于所有年满18周岁的公民来说，他们的选举权利是不受限制的，他们的平等的民主权利是受到充分保障的。”[④] 二是在代表名额分配上，

---

① 转引自刘政、于友民、程湘清主编《人民代表大会工作全书》，中国法制出版社1999年版，第104页。

② 参见许崇德、皮纯协编《选举制度问答》，群众出版社1980年版，第30、32页。

③ 参见刘政、于友民、程湘清主编《人民代表大会工作全书》，中国法制出版社1999年版，第104页。

④ 同上书，第108页。

都以一定人口的比例为基础，同时适当照顾地区和单位，在城市与乡村间，在汉族与少数民族间，都作了不同比例的规定。如果单就人口而言，这是不完全平等的。但是只有这样规定，才能真实地反映我国的现实生活，才能保证工人阶级在国家政权中的领导地位，保证各地区、各民族和各阶层在人民代表大会中都有与其地位相当的代表，调动各方面的积极性。所以它不但是很合理的，而且是我们过渡到更为平等和完全平等的选举所完全必需的。三是每一选民只能进行一次登记，在一次选举中只有一个投票权。四是同一级别的代表候选人，只能在一个选区或选举单位应选。

（三）选举自由

选举自由是选举制度民主性的重要体现，没有自由的选举，就没有真正的民主。第一部选举法对选举自由给予了充分的保障：一是规定所有选举经费都由国库开支，为公民“能够在实际上享受自由选举权利”提供物质保障。二是代表候选人的提出和代表的选举，完全由选举人自由选择，对选出的代表，有权依照法定手续撤回补选，为公民自由行使选举权利提供制度保障。三是严厉制裁一切破坏选举的行为。对于用暴力、威胁、欺诈、贿赂、伪造选举文件或虚报票数、隐瞒蒙混、压制和报复检举人和控告人等违法行为，给以刑事处分，以保障公民自由行使选举权利和选举的公平公正。

（四）直接选举和间接选举并用

第一部选举法规定，乡、镇、市辖区和不设区的市的人大代表由直接选举产生，其他各级人大代表由下一级人民代表大会（即选举单位）间接选举产生。中国封建社会的历史漫长，缺乏民主的历史和传统，人民缺乏选举经验。新中国成立后，国民经济虽然得到恢复，但经济发展比较落后，交通不够发达，在较大范围内进行直接选举的条件不够成熟，在这种情况下，直接选举和间接选举并用，符合我国的实际情况。

（五）无记名投票和举手并用

第一部选举法规定，在直接选举和县人大代表的间接选举中，“采用以举手代投票方法，亦得采用无记名投票方法”。“县以上各级人民代表大会之选举，采用无记名投票方法。”① 新中国成立初期，我国人口特别是农村人口中的文盲比例很高，有文化的人不多，绝大多数选民没有写票能力。如果投票站设立代书处，需要代书的选票太多，代书处的工作压力大，选民排队等候代书，会在一定程度上影响其表达意愿。如果委托其他选民代写，由于会写票的人太少，选民不一定能够找到自己满意的人，也会影响选民表达意愿。“如果我们无视这些实际条件，在现在就勉强地去规定一些形式上好像很完备而实际上行不通的选举方法，其结果，除了增加选举的困难和在实际上限制许多公民的选举权利之外，没有任何的好处。”② 因此，无记名投票和举手并用，是符合当时实际情况的投票选举方式。

二　第二部选举法对人民代表大会选举制度的发展

1979 年 7 月 1 日第五届全国人民代表大会第二次会议通过的选举法，是我国第二部选举法。第二部选举法在坚持第一部选举法的精神、原则和相关条款内容的基础上，为了扩大人民民主，加强和健全社会主义法制，保证和便于人民管理国家大事，以适应全国工作重点转移到社会主义现代化建设的实际需要，对人民代表大会选举制度进行了重要改革、发展和完善。

（一）扩大直接选举范围

第二部选举法将直接选举范围扩大到整个县级，除了乡、镇、市辖区和不设区的市的人大代表实行直接选举外，县、自治县的人大代表也实行直接选举。彭真在《关于七个法律草案的说明》中说，“在一个县的范围内，群众对于本县国家机关和国家工作人员的情况是比较熟悉和了解的，实行直接选举不仅可以比较容易地保证民主选举，而且便于人民群众对县级国家机关和国家工作人员实行有效的监督”。③

---

① 转引自刘政、于友民、程湘清主编《人民代表大会工作全书》，中国法制出版社 1999 年版，第 107 页。

② 同上书，第 109 页。

③ 同上书，第 128 页。

（二）实行差额选举

选举，是一种具有竞争性的政治活动。选举的民主性和竞争性是密不可分的，没有竞争性的选举就不是真正的民主选举。实行差额选举，是增强选举竞争性的一项重要措施。1953 年 4 月 3 日，中央选举委员会的《关于基层选举工作的指示》规定，“选举委员会提到选举大会上的代表候选人的名额，一般应与当选代表人数相等，即这个选举区域应选几个代表，就提出几个代表候选人”①。根据这个指示的要求，第一次基层普选实行等额选举。1957 年 7 月，第一届全国人民代表大会第四次会议上，根据部分与会代表建议，对差额选举问题进行了讨论，“已就实行差额选举问题取得共识，只待作出具体的法律规定了”。② 但在此后相当长的时间内，由于各种原因，差额选举被搁置。1979 年制定的第二部选举法明确规定，全国和地方各级人大代表候选人的名额应多于应选代表名额，直接选举的代表候选人名额，应多于应选名额的二分之一至一倍，间接选举的代表候选人名额，应多于应选代表名额的五分之一至二分之一。为了更好地落实差额选举原则，规定了实行自下而上、自上而下、充分民主地提出候选人的办法。如果所提候选人名额过多，可以进行预选，根据较多数选民的意见，确定正式代表候选人名单。③ 差额选举制度和预选程序的建立，增强了选举的竞争性，有利于人民自由行使选举权，提高代表素质，充分调动选民参选的积极性，加强人民代表大会制度建设。

（三）一律实行无记名投票

全国第一次基层选举的实践经验证明，在城市基层选举中采用无记名投票是可行的。1956 年进行第二次基层选举时，国务院在《关于 1956 年选举工作的指示》中要求，在城市，一般应采用无记名投票方法进行选举，在农村，有条件的乡镇可以实行无记名投票。1979 年，我国人民群众的文化素质在整体上有了很大提高，与新中国成立初期相比，人口的文盲率大

---

① 北京大学法律系宪法教研室资料室编：《宪法资料选编》，北京大学出版社 1982 年版，第 111 页。

② 刘政：《实行差额选举：选举制度改革迈出重要步伐》，《中国人大》2002 年第 19 期。

③ 参见刘政、于友民、程湘清主编《人民代表大会工作全书》，中国法制出版社 1999 年版，第 125 页。

幅度下降，一律实行无记名投票的条件已经具备。在这种情况下，调整投票选举方法，取消举手选举，一律实行无记名投票。同时，将直接选举中采取召开选举大会进行投票的选举方式，改为各选区设立投票站或召开选举大会进行无记名投票的选举方式，更好地保障选民自由行使选举权利。

（四）进一步扩大了参选范围

1979 年 1 月 11 日，中共中央作出了《关于地主、富农分子摘帽问题和地、富子女成分问题的决定》，决定指出，经过多年劳动改造，除极少数坚持反动立场至今还没有改造好的以外，绝大多数地主、富农分子已经成为自食其力的劳动者。凡是多年来遵守法令，老实劳动，不做坏事的地、富、反、坏分子，经过群众评审，县委批准，一律摘掉帽子，给予人民公社社员待遇。根据这个决定，全国 460 多万地主、富农先后摘帽，成为人民公社社员。[①] 根据中共中央的决定，第二部选举法取消了“地主阶级分子”没有选举权的规定，扩大了参选范围，坚持和发展了选举权的普遍性。

（五）建立了罢免制度

彭真在《关于七个法律草案的说明》中说：“保障人民自由行使选举权利和罢免权利，是人民当家做主、管理国家的重要保证，也是实行民主集中制的重要基础。”[②] 第一部选举法对代表作了可以“撤回补选”的规定。第二部选举法在第一部选举法的基础上，建立了罢免制度，并对罢免程序作了规定：“选民或者选举单位都有权罢免自己选出的代表”，任何公民或者单位对违法乱纪或者严重失职的代表，都可以向各级人大常委会提出罢免的要求，受理机关必须及时组织调查，应听取被控代表的申辩。罢免由选民直接选出的代表，须经原选区选民过半数通过，间接选举产生的，须经人民代表大会代表或人大常委会委员过半数通过，被罢免的代表可以出席罢免会议或提出书面申诉意见，罢免决议须报送上一级人大常委会备案。[③]

---

① 参见冯建辉《党对地主富农及其子女政策的变迁》，《炎黄春秋》2000 年第 12 期。

② 转引自刘政、于友民、程湘清主编《人民代表大会工作全书》，中国法制出版社 1999 年版，第 127 页。

③ 同上书，第 126 页。

此外，还明确规定了人口特少的民族，至少也应有 1 名全国人大代表；选举日前，各党派、团体和选民，都可以用各种形式宣传代表候选人，等等。这些规定，在进一步促进政治平等和保障公民自由行使选举权利方面，发挥了重要作用。

1980 年至 1981 年底，根据第二部选举法的规定，全国各地进行了各级人大代表选举。根据 1925 个县级单位的统计，总人口数为 743680575 人，共登记选民 415161210 人，参加投票的选民 400888810 人，占选民总数的 96.56%。① 第二部选举法的颁布实施，极大地调动了人民群众参选的积极性。

三　五次修正对人民代表大会选举制度的发展和完善

第二部选举法颁布实施后，在不断总结选举实践经验的基础上，根据我国社会政治经济文化的发展状况和基本趋势，全国人民代表大会或全国人大常委会先后于 1982 年、1986 年、1995 年、2004 年和 2010 年对第二部选举法进行了 5 次修正。这 5 次修正，进一步发展和完善了我国人民代表大会选举制度。

（一）坚持选举权的普遍性，继续扩大参选范围

1986 年进行第 2 次修正时，规定旅居国外的中国公民，在县级以下人大代表选举期间在国内的，可以参加原籍或者出国前的居住地的选举。② 这一规定，进一步扩大了参选范围，使享有选举权利的公民更加广泛，坚持和发展了选举权的普遍性，有利于调动旅居国外的中国公民参与社会主义建设的积极性。

（二）逐步增强选举权的平等性

5 次修正主要从以下几个方面增强了选举权的平等性。

1. 逐步规范了选区划分，增强直接选举中选举权的平等性

---

① 参见刘政、于友民、程湘清主编《人民代表大会工作全书》，中国法制出版社 1999 年版，第 134—135 页。

② 同上书，第 160 页。

选区划分制度的发展和完善，也是逐步增强选举权平等性的过程。1983 年通过的《关于县级以下人民代表大会代表直接选举的若干规定》（以下简称《若干规定》）在第二部选举法的基础上，对选区划分作了进一步规定，即"选区的大小，按照每一选区选一至三名代表划分"[①]。1986 年第 2 次修正时，对选区划分条款作了适当调整，把居住状况划分放在生产单位、事业单位和工作单位之前，内容虽然未变，但强调按居住状况划分选区，突出区域代表制的特点。[②] 1995 年进行第 3 次修正时，规定城镇各选区、农村各选区每一代表所代表的人口数应当大体相等。[③] 2010 年进行第 5 次修正时，规定"本行政区域内各选区每一代表所代表的人口数应当大体相等"，充分体现了城乡按相同人口比例选举人大代表的原则，实现了城乡人口选举权的平等。

2. 规范代表名额确定和分配，逐步提高城乡人口选举权的平等性

在代表名额确定上，第二部选举法规定全国人大代表名额为 3500 名，地方各级人大代表由省级人大常委会按照便于召开会议、讨论问题和解决问题，并且使各民族、各地区、各方面都能有适当数量的代表的原则自行决定。1995 年第 3 次修正时，将全国人大代表名额减至 3000 人，同时，规定了地方各级人大代表名额确定的量化标准，即根据地区基数、人口数和少数民族人口聚居状况确定。地方各级人大代表总名额经确定后，除人口有较大变动外，不再变动。[④] 2010 年进行第 5 次修正时，为了适应乡镇行政区划调整的需要，将乡镇人大代表名额上限作了调整，由 130 名增加到 160 名。

在代表名额分配上，第二部选举法规定，全国人大代表名额农村和城市人口按 8∶1 分配；省、自治区按 5∶1 分配；自治州和县级按 4∶1 分配，人口特少的公社和镇应有代表；直辖市、市、市辖区农村每一代表所代表的人口数应多于市区每一代表所代表的人口数。1982 年进行第 1 次修正时，对县、自治县人大代表分配作了补充规定，即在法律规定的特殊

① 刘政、于友民、程湘清主编：《人民代表大会工作全书》，中国法制出版社 1999 年版，第 155 页。

② 参见刘政、于友民、程湘清主编《人民代表大会工作全书》，中国法制出版社 1999 年版，第 161 页。

③ 参见《中华人民共和国全国人民代表大会和地方各级人民代表大会选举法、中华人民共和国地方各级人民代表大会和地方各级人民政府组织法》，法律出版社 1995 年版，第 20 页。

④ 同上书，第 15—16 页。

情况下，农村人口和城镇、企事业单位员工的分配比例可以小于4∶1直至1∶1。[①] 1995年第3次修正时，根据我国城乡人口结构的变化情况，对分配比例进行了调整，全国、省、自治区、州和县级人大代表名额分配比例统一修改为4∶1。[②] 2010年进行第5次修正时，根据我国城乡人口变化的新情况和发展趋势，规定城乡按相同人口比例选举各级人大代表，实现了邓小平1953年在《关于〈中华人民共和国全国人民代表大会及地方各级人民代表大会选举法〉草案的说明》中提出的“完全平等”的目标。[③]

3. 规定“一地参选”

1983制定的《若干规定》中规定，县级人民政府驻地在市内的，参加县级人大代表选举，不参加市、市辖区的选举。[④] 2010年第5次修正时，规定“公民不得同时担任两个以上无隶属关系的行政区域的人民代表大会代表”[⑤]。这些措施，既进一步提高了选举权的平等性，又避免了选举工作重复。此外，在保障选举权平等的基础上，对代表的广泛性提出了明确具体的要求，规定各级人大代表“应当具有广泛的代表性，应当有适当数量的基层代表，特别是工人、农民和知识分子代表；应当有适当数量的妇女代表，并逐步提高妇女代表的比例”[⑥]。

（三）规范了选举机构的产生、职责和隶属关系

第二部选举法明确县级以上（不含县级）各级人大代表选举由同级人大常委会主持。地方人大常委会成立以前，由地方行政机关主持；县、乡两级人大代表选举，分别由县级和乡级选举委员会主持。县级选举委员会由县级人大常委会领导，乡级选举委员会由乡级人民政府领导，但对选举委员会的产生和选举委员会的职权未作规定。实践中各地的做法不一，

---

① 参见刘政、于友民、程湘清主编《人民代表大会工作全书》，中国法制出版社1999年版，第137页。

② 参见《中华人民共和国全国人民代表大会和地方各级人民代表大会选举法、中华人民共和国地方各级人民代表大会和地方各级人民政府组织法》，法律出版社1995年版，第16页。

③ 参见刘政、于友民、程湘清主编《人民代表大会工作全书》，中国法制出版社1999年版，第108页。

④ 同上书，第155页。

⑤ 《中华人民共和国全国人民代表大会和地方各级人民代表大会选举法》，《人民日报》2010年3月15日第15版。

⑥ 《关于修改〈中华人民共和国全国人民代表大会和地方各级人民代表大会选举法〉的决定》，《人民日报》2010年3月15日第15版。

不利于选举工作的顺利进行。

选举委员会是组织领导县级和乡级人大代表选举的机构，在直接选举中具有十分重要的作用。不断规范和完善选举委员会的设置、职责、任务，是发展和完善我国人民代表大会选举制度的一项重要内容。1983 年制定的《若干规定》明确规定县、乡两级选举委员会由县级人大常委会任命，选举委员会设立办事机构，办理选举事务。县级选举委员会指导乡级选举委员会的工作。同时，对选举委员会的职权作了具体规定。[①] 1986 年第 2 次修正时，将县、乡两级选举委员会的关系由指导关系改为领导关系，规定县级选举委员会领导乡镇选举委员会；县级人大常委会领导县级选举委员会，县级（不含县级）以上各级人大常委会指导县级以下人大代表的选举工作。[②] 1995 年进行第 3 次修正时，因县级人民代表大会的任期调整为 5 年，县乡选举不同步，因此，将乡级选举委员会改由县级人大常委会领导。[③] 2010 年第 5 次修正时，根据一些地方和代表的建议，增加了选举机构一章，对选举委员会的产生、回避、职责和工作要求等分别作出具体规定。[④] 在《若干规定》和历次修改的基础上，进一步完善了对选举机构的规定。

（四）发展和完善了自由行使选举权利的制度规定

从实际出发，不断修改和完善选举程序，有利于保障公民自由行使选举权利。对第二部选举法的修正，着重从以下 9 个方面完善了选举程序。

1. 完善了选民资格案件的申诉和诉讼程序

第二部选举法规定，“对公布的选民名单有不同意见的，可以向选举委员会提出申诉，选举委员会对申诉意见，应在 3 日内作出处理决定，申诉人如果对处理决定不服，可以向人民法院起诉，人民法院的判决为最后

---

① 参见刘政、于友民、程湘清主编《人民代表大会工作全书》，中国法制出版社 1999 年版，第 155 页。

② 同上书，第 160 页。

③ 参见《中华人民共和国全国人民代表大会和地方各级人民代表大会选举法、中华人民共和国地方各级人民代表大会和地方各级人民政府组织法》，法律出版社 1995 年版，第 13 页。

④ 参见《中华人民共和国全国人民代表大会和地方各级人民代表大会选举法》，《人民日报》2010 年 3 月 15 日第 15 版。

决定。"[①] 1986年进行第2次修正时，增加了案件诉讼和判决时限，规定申诉人可以在选举日的5日以前向人民法院起诉，人民法院应在选举日前作出判决。[②] 1991年通过制定的民事诉讼法，对案件的起诉地点、人民法院判决书的送达对象和送达时限作了规定，即申诉人"向选区所在地的基层人民法院起诉"，"人民法院的判决书，应当在选举日前送达选举委员会和起诉人，并通知有关公民"[③]。2010年进行第五次修正时，对申诉时限作了规定，"对于公布的选民名单有不同意见的，可以在选民名单公布之日起五日内向选举委员会提出申诉"[④]。

2. 完善了回避程序

在大多数地方制定的地方性法规中，规定了代表候选人不得主持和担任本选区的工作人员。第五次修正在总结各地实践经验的基础上，进一步发展和完善了回避制度，规定"选举委员会的组成人员为代表候选人的，应当辞去选举委员会的职务"，"代表候选人的近亲属不得担任监票人、计票人"[⑤]。

3. 禁止妨害选民和代表自由行使选举权的违法行为

针对基层选举工作中出现的违反法定程序，妨碍选民和代表自由行使选举权的情况，各地的地方性法规都进行了规范。2010年在总结各地实践经验的基础上，规定各级人大代表选举"应当严格按照法定程序进行，并接受监督，任何组织或者个人都不得以任何方式干预选民或者代表自由行使选举权"[⑥]，将地方性法规中成熟的规定写进法律。[⑦]

4. 完善了秘密投票原则

秘密投票是保障选民或代表自由行使选举权的基本前提。无记名投票，就是保障选民或代表自由行使选举权的一项重要措施。第二部选举法

---

① 刘政、于友民、程湘清主编：《人民代表大会工作全书》，中国法制出版社1999年版，第125页。

② 参见刘政、于友民、程湘清主编《人民代表大会工作全书》，中国法制出版社1999年版，第162页。

③ 《中华人民共和国民事诉讼法》，法律出版社1996年版，第41页。

④ 《中华人民共和国全国人民代表大会和地方各级人民代表大会选举法》，《人民日报》2010年3月15日第15版。

⑤ 同上。

⑥ 同上。

⑦ 参见《中华人民共和国全国人民代表大会和地方各级人民代表大会选举法》，《人民日报》2010年3月15日第15版。

颁布实施后，很多地方在制定或修正实施办法时，规定投票站应为选民设置秘密的书写环境，或者设立秘密写票间，选民写票时其他人不得围观。第五次修正把各地的做法和经验写进了选举法，明确规定“选举时应当设有秘密写票处”①，以保障选民或者代表根据自己的意愿写票。

5. 重新认识和定位预选程序

预选，是在讨论、协商正式代表候选人不能形成较为一致的意见时，保障正式代表候选人按照多数人的意愿产生，防止暗箱操作的民主程序。第二部选举法规定，“如果所提候选人名额过多，可以进行预选”②。1986年进行第2次修正时，“考虑到在一些地方选民集中起来比较困难，搞预选会增加选举的工作量，因此删去了预选的规定”③。但在部分地方性法规中，仍然保留了预选规定。1995年进行第3次修正时，根据各地的选举实践经验，在间接选举中恢复了预选程序，而在直接选举中没有恢复预选程序。“这是因为在直接选举中，在有些地方选民集中比较困难，统一规定预选，会大大增加选举的工作量，操作起来比较困难。”④ 从选举的组织工作看，在间接选举中，预选比讨论、协商更容易，也更有效率，而在直接选举中，情况正好相反。因此，这两次修改考虑的重点是选举工作的效率问题，即效率优先。2004年进行第4次修正时，在直接选举中恢复了预选程序，规定经过讨论、协商，“对正式代表候选人不能形成较为一致意见的，进行预选，根据预选时得票多少的顺序，确定正式代表候选人名单”。胡康生在第四次修改草案的说明中说，在直接选举中恢复预选程序，“有利于进一步发扬民主，防止‘暗箱操作’”⑤。经过近20年的曲折发展，预选程序在直接选举中得到恢复，但这不是一次简单的恢复，而

---

① 《中华人民共和国全国人民代表大会和地方各级人民代表大会选举法》，《人民日报》2010年3月15日第15版。

② 刘政、于友民、程湘清主编：《人民代表大会工作全书》，中国法制出版社1999年版，第139页。

③ 胡康生：《关于〈中华人民共和国全国人民代表大会和地方各级人民代表大会选举法修正案（草案）〉的说明》，http://www.people.com.cn/GB/14576/28320/36780/36786/2732367.html。

④ 乔晓阳、张春生主编：《选举法和地方组织法释义与解答（二次修订版）》，法律出版社1997年版，第50页。

⑤ 胡康生：《关于〈中华人民共和国全国人民代表大会和地方各级人民代表大会选举法修正案（草案）〉的说明》，http://www.people.com.cn/GB/14576/28320/36780/36786/2732367.html。

是从实际出发，重新认识预选程序价值基础上的立法理念回归，即由效率优先回归到公平优先，更加重视选举的公平公正问题，尽可能从程序上消除影响选举公平公正的因素。

6. 完善了罢免程序

完善罢免程序，是加强对代表进行监督的一项重要措施。1986 年对选举法进行第 2 次修正时，删除了以下内容：任何公民或者单位对违法乱纪或者严重失职的代表，都可以向各级人大常委会提出罢免的要求，受理机关必须及时组织调查，应听取被控代表的申辩。同时，授权省级人大常委会规定罢免代表的具体程序。① 1995 年第 3 次修正时，根据各地的意见，对罢免代表的程序，包括罢免案的提出、罢免案的内容、被提出罢免的代表的申辩、罢免案的表决等作了规定。增加了以下内容：

罢免县、乡两级人大代表，原选区 30 人以上联名，可以向县级人大常委会书面提出罢免要求，罢免要求要写明罢免理由，被罢免的代表有权在选民会议上提出申辩意见，也可以书面提出申辩意见，县级人大常委会应将罢免要求和书面申辩意见印发原选区选民，并派人主持罢免表决。

罢免由县级以上的地方各级人大选出的代表，在人民代表大会举行会议的时候，主席团或十分之一以上代表联名，闭会期间，人大常委会主任会议或者五分之一以上人大常委会委员联名，可以向人大常委会提出罢免案。罢免案应写明罢免理由。在人民代表大会举行会议的时候，被罢免的代表有权在主席团会议和大会全体会议上提出申辩意见，或者书面提出申辩意见，由主席团印发会议。罢免案经会议审议后，由主席团提请全体会议表决。在人大常委会举行会议的时候，被罢免的代表有权在主任会议和常务委员会全体会议上提出申辩意见，或者书面提出申辩意见，由主任会议印发会议。罢免案经会议审议后，由主任会议提请全体会议表决。罢免决议须报上一级人大常委会备案。

罢免表决采用无记名投票的表决方式。如果代表被罢免，与代表职务紧密联系的其他职务（人大常委会委员、专门委员会委员、乡镇人大主席、副主席）相应撤销，并予公告。②

---

① 参见刘政、于友民、程湘清主编《人民代表大会工作全书》，中国法制出版社 1999 年版，第 162 页。

② 参见《中华人民共和国全国人民代表大会和地方各级人民代表大会选举法、中华人民共和国地方各级人民代表大会和地方各级人民政府组织法》，法律出版社 1995 年版，第 7—9 页。

增加上述规定后，罢免程序更具操作性，更有利于保护选民和代表的选举权和被选举权。

2004 年进行第 4 次修正时，针对现实中发生的新一届代表刚刚选出，尚未召开新一届人民代表大会就有选民联名要求罢免代表的情况，将罢免县级人大代表的选民联名人数由 30 名增加至 50 名。[①] 适当提高联名人数，谨慎对待罢免，有利于维护选举的严肃性，保障选民和代表的选举权和被选举权。第五次修正对罢免由县级以上的地方各级人大选出的代表，增加了公告罢免决议的规定。

7. 建立了代表辞职程序

代表辞职制度，是选民或代表自由行使被选举权的制度保证。一些地方在选举法实施办法或代表法实施办法中对代表辞职问题作了规定。第五次修正在地方立法和各地实践经验的基础上，建立了代表辞职制度，制定了代表辞职程序。规定由间接选举产生的人大代表，“可以向选举他的人民代表大会的常务委员会书面提出辞职。常务委员会接受辞职，须经常务委员会组成人员的过半数通过。接受辞职的决议，须报送上一级人民代表大会常务委员会备案、公告”[②]。县级人大代表向本级人大常委会书面提出辞职，接受辞职须经常务委员会组成人员的过半数通过；乡级人大代表可以向本级人民代表大会书面提出辞职，接受辞职须经人民代表大会过半数的代表通过。接受县乡两级人大代表辞职的，应当予以公告。同时，与代表职务紧密联系的其他职务（人大常委会委员、专门委员会委员、乡镇人大主席、副主席）相应撤销，并予公告。

8. 逐步完善了代表候选人的提名和介绍程序

如何提出和介绍代表候选人，直接关系到选举权利的行使。从代表候选人的提名看，如果不规定提名人数和提名要求，容易出现提名过于分散和随意提名的现象，不利于提高选举工作效率和维护选举的严肃性。如果对提名的要求太高，则不利于提名权的行使。从代表候选人的介绍看，如果介绍方式不科学，介绍的内容简单，对所有候选人不一视同仁，就会影响选举权利的行使，影响选举的公平公正。对第二部选举法的修正，主要

① 参见《中华人民共和国全国人民代表大会和地方各级人民代表大会选举法、中华人民共和国地方各级人民代表大会和地方各级人民政府组织法》，法律出版社 2004 年版，第 19 页。

② 《中华人民共和国全国人民代表大会和地方各级人民代表大会选举法》，《人民日报》2010 年 3 月 15 日第 15 版。

从3个方面完善了代表候选人的提名和介绍程序。

一是增加了提名推荐人的人数。第二部选举法规定，各党派、团体可以联合或者单独推荐代表候选人，选民或代表有3人以上附议，可以推荐代表候选人。[①] 与第一部选举法相比，在选民和代表推荐代表候选人上，增加了“3人以上附议”的规定，以避免提名推荐过于分散，增加了协商难度。经过两次选举的实践，提名过于分散的情况仍然普遍存在。鉴于这种情况，1986年对选举法进行第二次修正时，改为选民或代表10人以上联名可以推荐代表候选人。实践证明，这样规定，既保障了选民或者代表充分行使提名权，又避免了提名过于分散的情况。

二是规定实行等额提名。第二部选举法对提名推荐代表候选人的名额没有作规定。1983年的《若干规定》作了限定，规定选民推荐的代表候选人名额不得超过本选区应选代表的名额。[②] 1989年全国人大常委会法工委在《关于县、乡两级人大换届选举的若干法律问题的意见》中建议，选民或政党团体提名的代表候选人名额，可以少于或者等于应选代表名额，但不得多于应选代表名额。[③] 这一建议被写进各地的地方性法规。根据以上规定和建议，在人大代表直接选举中，必须实行等额提名，差额选举，差额必须在等额提名的基础上形成。这既防止了党派团体或选民按差额比例提出代表候选人，不能准确表达选谁当代表的意愿，又充分保障了选民的提名权。如果只有党派团体提名，没有选民提名，或者选民提名与党派团体提名的候选人完全相同，都无法形成差额，只有充分发动选民根据自己的意愿提名，才能形成差额。1986年对选举法进行第2次修正时，根据一些地方的意见，对差额比例进行了调整，将直接选举中代表候选人的差额比例由二分之一至一倍修改为三分之一至一倍，间接选举的差额比例不变，即五分之一至二分之一。[④] 第5次修正将等额提名写进选举法，规定各政党、各人民团体、选民或者代表提名推荐代表候选人的人数，均

---

① 参见刘政、于友民、程湘清主编《人民代表大会工作全书》，中国法制出版社1999年版，第139页。

② 同上书，第155页。

③ 参见北京市区县乡镇直接选举工作办公室编《选举工作手册》，第87页，1993年8月。

④ 参见刘政、于友民、程湘清主编《人民代表大会工作全书》，中国法制出版社1999年版，第162页。

不得超过本选区或者选举单位应选代表的名额。[①]

三是完善代表候选人的介绍方式。第二部选举法规定各党派、团体和选民提名时，除了应当向选举委员会介绍代表候选人的情况外，还“可以用各种形式宣传代表候选人”[②]，以便选民更充分地了解代表候选人的情况。在代表候选人宣传介绍上，这一规定赋予了公民最广泛、最充分的民主权利，也充分调动了公民参与的积极性。在20世纪80年代初期的县乡直接选举中，包括竞选在内的各种宣传介绍代表候选人的方式被采用。但是，由于各级政权机关缺乏充分的思想准备，制度供给不足，一些地方的选举工作随意性较大，因此，在少数地区出现了因选举引起的游行示威活动。针对这一情况，1982年进行第1次修正时，认为“在实践中发现这一规定不够严谨，可能产生不同的理解”。因此，将其修改为“选举委员会应当向选民介绍代表候选人的情况，推荐代表候选人的党派、团体或者选民可以在选民小组会议上介绍代表候选人的情况”[③]。1986年第2次修正时，增加了间接选举中介绍代表候选人的规定，即推荐者应向大会主席团介绍代表候选人的情况，可以在代表小组会议上介绍所推荐的代表候选人的情况，大会主席团应当向代表介绍代表候选人的情况。[④]

根据1982年的修正，在1983至1984年的县乡两级人大代表选举中，各地采用了口头和书面形式介绍代表候选人，一般介绍代表候选人的自然情况、政治面貌、文化程度、个人品行、所在单位、工作业绩和所获荣誉等主要情况，而候选人的履行代表职务的能力和水平如何，选民很难了解，这就影响选民参选的积极性。为了解决这个问题，一些地方组织正式代表候选人与选民见面，以增进选民与代表候选人之间的相互了解，取得了很好的效果。这一做法很快得到推广，并被写进很多地方的实施办法。实践证明，这一做法有利于增进代表候选人与选民之间的相互了解，提高选民参选的积极性。2004年对选举法进行第4次修正时，对代表候选人与选民见面作了规定：“选举委员会可以组织代表候选人与选民见面，回

---

① 参见《中华人民共和国全国人民代表大会和地方各级人民代表大会选举法》，《人民日报》2010年3月15日第15版。

② 刘政、于友民、程湘清主编：《人民代表大会工作全书》，中国法制出版社1999年版，第125页。

③ 同上书，第144页。

④ 参见刘政、于友民、程湘清主编《人民代表大会工作全书》，中国法制出版社1999年版，第162页。

答选民的问题。"[①] 第5次修正对前述规定进行了完善，规定"选举委员会根据选民的要求，应当组织代表候选人与选民见面，由代表候选人介绍本人的情况，回答选民的问题"，将"可以"改为"应当"，增加了见面规定的刚性。[②]

9. 完善了对破坏选举行为的制裁规定。保护合法，制裁违法，是我国选举制度建设和选举实践中长期坚持的一个重要原则，也是保障选民和代表自由行使选举权和被选举权的一项重要措施，两部选举法都对破坏选举的违法行为作了制裁规定。第二部选举法规定予以制裁的破坏选举行为，与第一部选举法基本相同，但增加了"给予行政处分"的规定。2004年对第二部选举法进行第4次修正时，进一步完善了制裁措施：违反治安管理规定的，依法给予治安管理处罚；构成犯罪的，依法追究刑事责任；国家工作人员有破坏选举行为的，还应当依法给予行政处分；以违法行为当选的，当选无效。同时，对贿选作了界定，明确规定贿选是以金钱或者其他财物贿赂选民或者代表，妨害选民和代表自由行使选举权和被选举权的行为。[③] 第5次修正规定了主持选举的机构在处理选举违法行为中的职责，即"发现有破坏选举的行为或者收到对破坏选举行为的举报，应当及时依法调查处理；需要追究法律责任的，及时移送有关机关予以处理"[④]。

四　我国人大代表选举制度建设的基本经验

（一）坚持党的领导

人大代表选举制度的建设、发展和完善，都是在党的领导下进行的。在中国革命和建设过程中，中国共产党人把马克思主义的基本原理与中国实际相结合，根据国内外形势的变化和发展趋势，审时度势，就

① 《中华人民共和国全国人民代表大会和地方各级人民代表大会选举法、中华人民共和国地方各级人民代表大会和地方各级人民政府组织法》，法律出版社2004年版，第16页。

② 参见《中华人民共和国全国人民代表大会和地方各级人民代表大会选举法》，《人民日报》2010年3月15日第15版。

③ 《中华人民共和国全国人民代表大会和地方各级人民代表大会选举法、中华人民共和国地方各级人民代表大会和地方各级人民政府组织法》，法律出版社2004年版，第22—23页。

④ 《中华人民共和国全国人民代表大会和地方各级人民代表大会选举法》，《人民日报》2010年3月15日第15版。

中国社会发展的重大问题进行政治决策，充分发挥政治领导作用。人大代表选举制度，是国家政治制度的一个极其重要的组成部分。它关系到人民当家做主权利的实现，关系到各级政权机关的建立能否真正体现人民的意愿。因此，新中国成立后，党中央十分重视人大代表选举制度建设，根据我国社会政治经济文化发展状况和选举实践经验，及时提出选举立法和选举法修改建议，充分发挥了党在选举制度建设中的领导作用。

1952年，中共中央根据共同纲领的精神和国内外形势，及时提出了召开各级人民代表大会和起草宪法、选举法的建议，得到了各民主党派、各人民团体和无党派人士的广泛赞同。中央人民政府委员会根据中共中央的建议，成立宪法和选举法起草委员会，起草宪法和选举法，在广泛征求意见的基础上，制定了我国第一部选举法。十一届三中全会后，"全国工作的着重点转移到社会主义现代化建设方面来。随着这个历史性的转变，我国必须认真地加强社会主义民主和社会主义法制"，"'人心思法'，全国人民都迫切要求有健全的法制"。[①]"在这种情况下，中共中央政治局就选举法、地方组织法等七个法律的草案两次开会专门讨论，原则通过后交五届全国人大常委会审议，1979年7月1日经五届全国人大二次会议通过"[②]，制定了第二部选举法。此后，对选举法的历次修正，特别是对一些重要规定的修改和完善，都是根据中央的要求和建议进行的。2010年进行第五次修止时，根据十七大报告精神，规定城乡按相同人口比例选举人大代表，实现城乡人口选举权的完全平等，就是一个典型的例子。

（二）坚持社会主义政治价值观

人民当家做主，是社会主义民主政治的本质要求和核心价值。选举是人民当家做主、管理国家的一种重要途径。选举制度是保证人民当家做主的制度保证。在我国人大代表选举制度建设过程中，始终坚持以人民当家做主为核心价值取向。坚持选举权的普遍性和平等性，不断扩大选举权利享有的范围，明确规定选举权利的享有不受民族、种族、性别、职业、家

---

① 刘政、于友民、程湘清主编：《人民代表大会工作全书》，中国法制出版社1999年版，第127页。

② 汤艳春、谢蒲定：《坚持党的领导，组织好人民参加民主选举》，《人大研究》2008年第8期。

庭出身、宗教信仰、教育程度、财产状况和居住期限的限制；重视选举程序建设，逐步完善选举程序，提高选举程序的严密性，以保证人民自由行使选举权利，保证选举的公平和公正。

（三）坚持从实际出发，着眼于实际的民主

选举是人民当家做主的一种方式。人民如何行使选举权利，要受社会政治经济文化发展水平的制约，超越或落后于社会政治经济文化发展水平的选举制度，都不利于人民行使选举权利。正因为如此，新中国成立后特别是十一届三中全会以来，我国在人大代表选举制度建设中，始终坚持从实际出发，着眼于实际的民主，建设符合我国政权性质、有利于人民当家做主的选举制度，在建设和完善便于人民行走的民主选举之路上下功夫。例如，在全国人大代表名额分配上，农村和城市人口分配比例由 1953 年的 8∶1 到现在的 1∶1，就是从我国城乡人口的实际出发，在保证工人阶级在国家权力机关中的领导地位，保证各地区、各民族和各方面都有适当数量代表的前提下所进行的调整。又如，在投票选举方式上，1953 年制定第一部选举法时，根据我国人口中文盲很多的情况，采取了举手与无记名投票并用的投票选举方式。1979 年制定第二部选举法时，我国人口的文化素质大幅度提高，绝大多数人都有写票能力，因此规定一律采用无记名投票方法，等等。这些都是从实际出发，着眼于实际的民主的具体体现。

（四）坚持国家立法与地方立法并举

这是十一届三中全会以来选举制度建设的一条基本经验。根据 1954 年宪法规定，“全国人民代表大会是行使国家立法权的唯一机关”①。1979 年 1 月制定的地方组织法，授予省级人民代表大会和省级人大常委会制定地方性法规的权力，在同时制定的第二部选举法中，规定省级人大常委会可以根据选举法制定选举实施细则，从此开始了选举制度建设的地方立法进程。我国幅员辽阔，社会政治经济文化发展水平差异较大，在加强国家立法的同时，授权地方制定选举实施细则，有利于选举法的贯彻实施，也

① 北京大学法律系宪法教研室资料室编：《宪法资料选编》，北京大学出版社 1982 年版，第 155 页。

有利于各地从实际出发，在不违背选举法立法精神的前提下，进行制度创新，推进选举制度建设。而对于国家立法条件不成熟，但在实践中迫切需要进行规范的问题，如代表辞职制度、罢免程序等，由地方性法规进行规范，既有效地满足了现实对制度的需求，又为国家立法积累了经验，有利于在总结各地实践经验的基础上，制定全国统一的制度规定。总之，在选举制度建设中，国家立法和地方立法并举，调动了中央和地方两个方面的积极性，推动了选举制度的建设、发展和完善。

（五）坚持社会主义民主法治原则

在人民代表大会选举制度建设中，只有坚持社会主义民主法治，才能保证选举制度充分反映人民的利益和意志，得到人民的支持和拥护。两部选举法的制定和对第二部选举法的五次修正，都坚持了社会主义民主法治原则。一是民主立法。在选举法的起草和制定过程中，充分发扬民主，广泛听取各方面的意见，根据人民的意愿制定选举法，以过程民主保证内容民主，使选举制度建立在人民意愿的基础之上，充分反映人民的利益和要求。二是严格遵守宪法。宪法是万法之母，是制定一切法律法规的依据和基础。第一部选举法根据中国人民政治协商会议共同纲领制定，在新中国宪法诞生以前，共同纲领起临时宪法作用。第二部选举法根据 1978 年制定的第三部宪法制定，对第二部选举法的五次修正，都是根据 1982 年制定的第四部宪法进行的。二是按程序立法。遵守立法程序是立法民主性和科学性的基本要求。我国选举法的制定和修改，都是按照民主的程序和要求进行的。立法法通过后，对选举法的修改和完善，严格按照法定程序进行。四是不断提高选举制度的规范化和法律化水平。我国人民代表大会选举制度发展和完善的过程，是人民代表大会选举制度的规范化和法律化水平不断提高的过程，也是制度规定的刚性逐步增强、程序的严密性和操作性不断增强的过程。这些，在代表名额确定制度、选区划分制度、代表候选人介绍制度、罢免制度、辞职制度和投票选举程序的发展和完善过程中，都得到了充分体现。

（六）坚持整体推进，重点突出，单项突破，地方先行

整体推进、重点突出、单项突破、地方先行，是我国民主政治建设的一个基本特征，也是我国民主政治建设的一条基本经验。这一基本经验在我国选举制度建设中也得到了充分体现。所谓整体推进，就是从各个方面推进我国选举制度的建设和实施，而不是只在某个方面或某个地区推进。中国是一个经历了几千年封建统治的国家，没有民主选举的传统和基础。人民当家做主是亘古未有、开天辟地的大事，保障人民当家做主的选举制度建设，是全新的事业，需要从实际出发，从整体上推进选举制度建设，确保人民当家做主。1953 年制定第一部选举法和 1979 年制定第二部选举法，就是为了从整体推进人大代表选举制度建设。所谓重点突出，是指在选举制度的完善和实施中，从我国社会政治经济文化的发展状况出发，把选举实践中反映出来的急需解决的问题放在优先位置，下大力气重点推进，以带动其他方面的发展，而不是在各个方面平均分配力量。对第二部选举法的五次修正，每次修正的内容和重点都有所不同；每次选举都根据选举制度的调整或选举实践中出现的问题，有意识地加大工作力度，以确保制度的实施。所谓单项突破，就是在选举制度的发展和完善上，由于客观条件不成熟或者认识不到位，不要求毕其功于一役，一下子把选举制度中的所有方面都完善起来，而是从实际出发，一项一项地突破，条件成熟一项，就发展和完善一项。代表候选人与选民见面制度、代表辞职制度等，都是从实际出发，在条件成熟的情况下所作的突破。所谓地方先行，指在选举制度的发展和创新过程中，一些制度规定，如前所述，代表候选人与选民见面制度，代表辞职制度等，首先是地方和基层探索和创新的结果，是在总结各地实践经验基础上，形成全国统一的制度规定。

第二章

选举权利平等

选举权利，是指公民在国家代议机关组成人员和其他公职人员选举中选举他人和被他人选举的权利。它由选举权和被选举权两个部分构成。选举权利是公民最基本的政治权利，选举权利平等，是政治平等的一项主要内容，是选举的民主性和政治文明的重要体现。深入研究选举权利平等问题，对于加强我国选举制度建设，发展社会主义民主和政治文明，有着重要的理论意义和实际意义。本书拟就这个问题谈谈自己的一些看法，以就教于学界同人。

在一些学者的研究中，常常把选举权利称为选举权。

一 选举权利平等及其逻辑和现实起点

从已有的研究成果看，很多学者把“选举权利平等”称为“选举权平等”。对于选举权平等问题，学界主要有以下几种看法：一是认为“平等选举权与普选相联系”，“选举权除了合理的积极资格要件（如具有本国国籍、一定年龄及相当的居住时间等）和消极要件外[①]，不得设定其他不合理的资格限制。这就是‘普遍选举’范畴的平等选举权”[②]。二是认为“选举平等原则是指每个选民在平等的基础上参加选举，不允许任何选民有任何特权，也不允许任何选民受到任何歧视。”其内涵包括两个方

① “消极要件是取得选举权不应具备的条件，如被剥夺公权或政治权利，精神健全要件（精神病人不享有选举权）、财产条件、种族资格、受教育程度等。”参见王雅琴《选举及其相关权利研究——美国选举个案分析》，中国政法大学出版社2004年版，第83页。

② 王雅琴：《论平等选举权》，《山西高等学校社会科学学报》2003年第9期。

面，即“资格平等”和“分量平等”[①]。三是认为“选举权平等是指具有选举权和被选举权的主体在实现权利的效力方面和当选后的权利受到平等对待”。在我国人大代表选举中，选举权平等具体表现在参选权平等、投票权平等、代表名额分配平等、选区划分平等、竞选权平等和当选后的权利义务平等6个方面。[②] 四是认为选举平等“是指每个选民在平等的基础上参加选举，在投票上‘一人、一票、一值’，每个选民的投票行为所产生的影响力完全相同”[③]。这些看法都是很有价值的。

但是，上述看法存在着以下几个问题：一是混淆了“选举权利”和“选举权”这两个概念。把“选举权利”称为“选举权”，这是不科学的。二是仅从直接选举（或者普选）的角度考察选举权利平等问题，其实，间接选举同样存在选举权利平等问题。三是从直接选举考察选举权利平等问题时，以“选民”作为问题的起点，而不是以“公民”作为问题的起点，忽视了“选民”之外的其他公民的选举权利平等问题。四是以“选民”作为讨论选举权利平等问题的起点，实际上是以公民的国籍条件、行为能力条件和政治条件为选举权利平等的逻辑和现实起点，忽视了这些条件之外的选举权利平等问题。因此，上述界定都不能完全反映出选举权利平等的基本内涵。

那么，什么是选举权利平等呢？这是一个十分复杂的问题。如果要对选举权利平等这一概念作一界定的话，笔者认为，选举权利平等，是指公民在选举中依照合理法律的规定受到平等的对待，也就是在合理法律面前，条件相同的公民享有相同的选举权利。选举权利平等的内容主要有以下两个方面：

一是资格平等，即在合理的法律规定（对资格要件的合理规定）面前，条件相同的公民享有相同的选举资格。换句话说，就是凡是具有合理资格要件的公民，都享有相同的选举权利。例如，在分配代表名额时，具有相同户籍（或居住在同一地区）的公民，在计算人口数时具有相同权利。在进行选民登记时，年满18周岁、具有完全民事行为能力和没有被

① 参见高彩玲《选举制度的平等原则刍议》，《党政干部学刊》2009年第5期；姜瑞林《选举权的平等保护》，《中国经贸导刊》2010年第14期。

② 参见蒋明华《也论选举平等》，《理论观察》2006年第6期。

③ 梁卡特：《选举权生而平等——比较中美城乡选举平等性》，《金卡工程（经济与法）》2009年第11期。

剥夺政治权利的公民，有相同的选民资格。也就是说，在参加选举活动、被他人选举和当选为人大代表时，享有相同的权利。

二是价值平等，亦称“分量平等”①，是指每位公民或选民在选举中的地位和作用受到相同对待。例如，在分配代表名额计算人口数时，所有公民的价值相等，也不得在异地重复计算；在依法确定提名的有效性时，所有选民依法联名的价值相等；在投票选举时，每位选民的投票权相等，即只有一个投票权；在确定选举结果时，每张选票的价值相等，效力相同。概括地说，就是“一地参选，一人一票，一票一值”。

这一界定的最大特点是，将“公民”作为讨论选举权利平等问题的逻辑和现实起点。

之所以将“公民”作为讨论选举权利平等问题的逻辑和现实起点，是基于事实经验方面的考虑。在我国各级人大代表选举中，各级人大代表名额分配的主要依据也是人口。这里所讲的人口，是指具有国籍和地区户籍（或在地区内居住）的自然人，也就是居住在某一地区内的“公民”（或“国民”）。在进行代表名额分配时，除了国籍条件和户籍条件（或居住条件）限制外，没有其他任何条件限制。凡是具有地区户籍（或在地区内居住）的公民，不管其民族、种族、性别、年龄、职业、宗教信仰、教育程度、财产状况和行为能力如何，也不管其是否被剥夺政治权利，都是被计算在人口数之内的。也就是说，在进行代表名额分配时，所有公民都享有相同的权利。

从选举权利平等的角度看，就是相同的人口数，应当有相同的选举权利。从代表权的角度看，也就是相同的人口数，应当有相同的代表权。这实质上是从整体情况而不是从个体情况出发，对待公民的选举权利平等问题，是一种整体上的平等。近几年来，我国关于城乡按相同人口比例选举人大代表问题的讨论，其实质就是从整体上讨论农民和城市居民的选举权利平等问题。2010 年 3 月 14 日，第十一届全国人民代表大会第三次会议通过的选举法修正案，规定城乡按相同人口比例选举人大代表，就是根据我国社会经济结构和人口构成等方面的发展变化，从整体上解决城乡人口的选举权利平等问题。

① 姜瑞林：《选举权的平等保护》，《中国经贸导刊》2010 年第 14 期；高彩玲：《选举制度的平等原则刍议》，《党政干部学刊》2009 年第 5 期。

通过以上分析可以看出，选举权利平等问题的逻辑和现实起点，是“公民”而不是“选民”。只有将“公民”作为讨论问题的逻辑和现实起点，才能准确把握“选举权利平等”这一概念的内涵和外延，才能使这一概念具有广泛的适应性和较强的解释力。由此，也可以看出，我国选举法中关于公民选举权利的规定是不够严密的。一方面规定按人口分配代表名额和划分选区，承认所有公民都有选举权利；另一方面规定年满 18 周岁的公民才有选举权和被选举权，对公民享有选举权和被选举权的年龄标准作了限定。很明显，两者之间存在着潜在的矛盾和冲突。严密的规定应当是，“中华人民共和国年满十八周岁的公民，不分民族、种族、性别、职业、家庭出身、宗教信仰、教育程度、财产状况和居住期限，都有参加选举活动和被选举为人大代表的权利”。也就是说，所有公民都享有一定的选举权利，但只有部分公民才享有全部选举权利。

二　选举权利平等的特点

在现实生活中，平等总是相对的，绝对的平等只存在于人们的观念之中。选举权利平等也是一样，是一种相对的平等。选举权利平等的相对性，主要表现在以下几个方面。

（一）选举权利平等是一种“阶梯式”的分层次的平等

从选举过程看，选举权利主要由以下几个层次的权利构成：

一是在分配议员或代表名额时所享有的权利。凡是具有本国国籍和选举地户籍（或在选举地居住）的人，都享有这种权利。凡是具有一国国籍的人，都是该国公民，在议员或代表名额分配中，都享有权利。但是，并不是在本国的任何地方都享有这种权利，只能在本国的户籍地或者居住地享有这种权利。也就是说，在进行议员或者代表名额分配时，只能计算在户籍地或者居住地的人口数中，而不能计算在其他地方的人口数之中。

二是公民参加选举活动的权利。这种权利除了要求具备国籍条件和户籍条件外，还需要具备年龄条件、身体条件、政治条件、性别条件、教育条件和财产条件等。只有通过这些条件审查的公民，才能取得选民资格，参加选举活动。不同的国家，或者同一国家不同的历史时期，对这些条件的要求是不同的。在我国人大代表选举中，除了年龄条件、身体条件和政治条件外，没有其他条件限制。具体地说，就是凡是年满18周岁的公民，只要没有被剥夺政治权利，没有影响参加选举活动的精神病，都可以取得选民资格，都有参加选举活动的权利。

三是被选举的权利。公民参加选举活动的权利和被选举的权利是否一致，因选举目的而定。在一些选举中，两者是一致的，例如，在我国人大代表选举、村民委员会选举和居民委员会选举中，这两种权利是一致的，也就是说，凡是有权参加选举活动的人，都享有被选举的权利。而在另一些选举中，两者是不一致的。例如，选举中华人民共和国主席，只有年满45周岁的公民才享有被选举的权利。

四是当选的权利。公民拥有被选举的权利，从理论上讲，就拥有当选的权利。但实现这种权利，是有条件的。对于当选的条件，不同的国家，或者同一国家的不同选举，或者同一选举的不同阶段，要求不尽相同。在我国人大代表直接选举中，当选的要求是，过半数选民参加投票，选举有效；候选人获得参加投票选民的过半数选票始得当选。获得过半数选票的候选人多于应选名额时，以得票多的当选。如遇票数相等，不能确定选举结果时，进行再次投票，以得票多的当选。获得过半数选票的候选人不足应选名额时，另行选举，以得票多的当选，但得票数不得少于1/3。

五是受救济的权利。当公民的选举权利受到侵害时，公民享有受救济的权利。在选举过程中，当公民认为自己的选举权利受到侵害时，可以向政党组织、国家权力机关、行政机关、选举机构和司法机关寻求救济，受理公民投诉和控告的机关经调查核实确认公民选举权利受到侵害的，应依照法律规定采取相应的补救措施。

由上可知，随着选举过程的推进，选举权利配置呈“阶梯”状，“阶梯”之间存在一定的“级差”（即“条件”）。这种“级差”是由法律制度规定的，如果“级差”的设置是合理的，法律制度就是合理的（下文还将继续论述这个问题）。根据合理的法律制度配置的选举权利就是合理的，也是平等的。否则，就是不合理和不平等的，例如，把性别、财产、种族和教育程度作为配置选举权利的条件，就是不合理的条件，确认这些不合理条件的法律制度，就是不合理的法律制度，根据不合理的法律制度配置的选举权利，就是不合理和不平等的。

从选举过程看，选举权利平等是一种“阶梯式”的平等。条件不同的人，享有的选举权利是不同的。任何人都享有任何一个层次的选举权利，都需要具备相应的条件。也就是说，在这个权利“阶梯”的各个层级上，条件相同的人，享有的选举权利是相同的。

（二）选举权利平等是一种存在“合理差别”的相对平等

从选举过程看，选举权利平等是一种“阶梯式”平等。那么，从这个“阶梯”中的每一层级的情况看，选举权利是否是绝对平等的呢？回答是否定的。

“平等并非无差别，平等也不是搞平均主义，不是追求绝对的结果的平等。……在条件相同或类似的情况下，平等意味着同样情况同样对待，不应有差别。但在条件不相同或不类似的情况下，区别对待恰恰反映了平等的原则、理念和精神。因此，在平等的原则和理念中，就包含了差别对待的精神。”但是，这种差别是一种合理差别，即“在合理程度上所采取的具有合理依据的差别”[①]。选举权利平等也是一样。即使是从同一层级的情况看，也是一种存在着“合理差别”的相对平等。下面，以我国各级人大代表名额分配为例加以说明。

根据现行选举法规定，我国县级以上各级人大代表的名额，按人口数、地区基数和民族情况分配到下一级行政区。

从人口数看，各行政区之间每一代表所代表的人口数，不可能完全相等。因为下一级行政区的代表名额，由下一级行政区的人口数除以本级人民代表大会平均每一代表所代表的人口数得出。被整除的情况是极其少见的，出现余数是正常情况。在这种情况下，一般会根据余数的大小，确定是否再增加 1 个名额。当余数接近本级人民代表大会每一代表所代表的人口数时，一般会增加 1 个代表名额，当余数少于本级人民代表大会每一代表的人口数的半数时，一般不再增加代表名额。这种由余数造成的差别，就是“合理差别”。

从地区基数看，所有的下一级行政区的地区基数是相同的。因为各行政区作为一个行政单位，不管其区域大小、人口多少和民族构成情况如何，应当有相同的代表权。这里，区域大小、人口多少和民族构成情况，则是分配地区基数中存在的“合理差别”。

从民族情况看，对少数民族给予照顾，保证少数民族在各级人民代表

① 吴爽、张宏伟：《论平等权与合理差别》，《理论观察》2009 年第 1 期。

大会中有适当数量的代表，是保障民族平等的一项重要措施。在地方各级人民代表大会代表名额分配中，境内有少数民族聚居的，少数民族人口数少于总人口数30%的，每一代表所代表的人口数，可以少于当地人民代表大会每一代表所代表的人口数。在全国人民代表大会代表名额分配中，人口特少的民族，至少应有代表1人。这种因照顾民族平等而存在的差别，也是一种“合理差别”。

根据以上因素确定的代表名额，分配到各地区，再由各地区选举产生人大代表。这样我们就会看到，各地区每一代表所代表的人口数，会存在不同程度的差别。而这种不同程度的差别，就是“合理差别”。从选举权或代表权看，不是绝对平等的。

选区划分的情况也是一样。从制度规定看，选举法规定“本行政区域内各选区每一代表所代表的人口数应当大体相等”。规定大体相等而不是完全相等，就是允许合理差别存在，这是选举权利相对平等的体现，是符合实际的。而按每一代表所代表的人口数完全相等划分选区，在实践上是无法操作的，也是不符合实际的。

选举权利平等的相对性，还取决于认识上的相对性。具体地说，就是人们对“合理依据”和“合理程度”的判断，没有统一的客观标准，带有很强的主观性。一方面，“依据”即使是客观的，但对其合理性的判断，也带有很强的主观性；另一方面，即使“依据”是合理的，但根据“合理依据”确定的“差别程度”的合理性，也带有很强的主观性。因此，根据“合理依据”和“合理程度”确定的“合理差别”，也就带有很强的主观性。由于人们的主观认识总是存在着一定的相对性，因此，对“合理差别”的认识也不能例外，也存在着一定的相对性。下面，以我国各级人大代表名额分配中对少数民族的照顾为例来说明这个问题。

首先，少数民族人口状况是一种客观现实（依据）。那么，在全国和地方各级人大代表选举中，根据少数民族人口的多少决定是否给予照顾是否合理呢？从价值平等的原则看，是不应当给予照顾的。但是，选举权利平等是政治平等的一项重要内容，在国家政治生活中对少数民族给予特殊照顾，保证少数民族在各级人民代表大会中有适当数量的代表，以便各少数民族在国家和地方事务决策中充分地反映自己的意见和要求，是贯彻落实民族平等和民族团结原则的具体体现，是“实现民族平等和民族团结的前提条件和基本保证"[①]，因此，在各级人大代表选举中，根据少数民族人口的多少决定是否给予照顾的规定是合理的。这种合理性是以对民族平等和民族团结的认识为基础的。

其次，对少数民族照顾的具体条件，也是根据认识作出的一种判断。根据选举法规定，"聚居境内同一少数民族的总人口数占境内总人口数30%以上的，每一代表所代表的人口数应相当于当地人民代表大会每一代表所代表的人口数"[②]。30%是一个临界点，不足30%的，给予照顾，达到30%及以上的，则不能给予照顾。30%是法律规定的一个程度，这个程度的合理性，是相对的。因为从实际情况看，29.99%与30%的差距已经很小，由于不足30%，从理论上讲，还属于照顾范围，可以得到照顾。30%就是能否给予照顾的具体条件，这个具体条件的确定，是以人们的认识为基础的。

再次，照顾到哪种程度，也是基于认识的一种判断。选举法针对不同情况规定了不同的照顾程度。一是规定"聚居境内同一少数民族的总人口数不足境内总人口数15%的，每一代表所代表的人口数可以适当少于当地人民代表大会每一代表所代表的人口数，但不得少于1/2；实行区域自治的民族人口特少的自治县，经省、自治区的人民代表大会常务委员会决定，可以少于1/2。人口特少的其他聚居民族，至少应有代表1人"。二是规定"聚居境内同一少数民族的总人口数占境内总人口数15%以上、不足30%的，每一代表所代表的人口数，可以适当少于当地人民代表大会每一代表所代表的人口数，但分配给该少数民族的应选代表名额不得超过代表总名额的30%"。三是规定"散居的少数民族应选当地人民代表大会的代表，每一代表所代表的人口数可以少于当地人民代表大会每一代表所代表的人口数"。四是规定"在全国人大代表选举中，人口特少的民族，至少应有代表1人"[③]。这4个方面的规定，都是关于照顾程度的规定。这些关于照顾程度的规定，也是根据人们对实际情况的认识作出的。

最后，作为确定差别的某些"依据"是不断发展变化的，当"依据"发生变化时，"合理程度"就会发生变化，而由"合理依据"和"合理程

① 敖俊德：《关于我国少数民族选举制度的几个问题》，《民族研究》2004年第1期。

② 《中华人民共和国全国人民代表大会和地方各级人民代表大会选举法》，《人民日报》2010年3月15日第15版。

③ 同上。

度”决定“合理差别”也会发生变化。也就是说，“依据”可能会由“合理”变得不那么“合理”或完全“不合理”了，由“依据”决定差别的“合理程度”也是如此。因而，“合理差别”的平等也会发生变化。

从选举权利平等的制度安排看，根据“合理依据”和“合理程度”确定的“合理差别”也具有相对稳定性。在“合理依据”中，其中的某些“依据”是不断发展变化的。当“依据”发生变化时，存在“合理差别”的选举权利平等也会发生相应的变化，即由原来的相对平等逐步向不平等的方向发展，当这种不平等比较明显时，就需要对“合理差别”进行调整。因而，选举权利的相对平等是具体的、历史的。也就是说，这种相对平等本身也是相对的。在我国人大代表选举中，代表名额分配的城乡人口比例问题，就是如此。

根据1953年制定的第一部选举法和1979年制定的第二部选举法，在全国人大代表名额分配中，农村和城市人口分配比例为8∶1。从我国政权性质和人民代表大会制度的要求看，当时确定这样一个分配比例是合理的。1953年进行的第一次全国人口普查数据显示，我国城镇人口只有全国总人口的13.26%，1982年第3次全国人口普查时，仅占20.60%。[①]如果完全按照人口平均分配全国人大代表名额，势必造成全国人大代表中农民代表过多的情况，这既不利于发挥工人阶级的领导作用，也不利于照顾方方面面，因为城市是各方面代表人物比较集中的地方。但是，单从价值平等的角度看，按8∶1分配全国人大代表名额，显然是不平等的。因为农民一票的价值，只有城市居民的1/8。

随着我国的经济发展，城乡人口比例不断发生变化。1990年第4次人口普查时，我国城镇人口的比例上升到26.23%，1995年上升到29.00%。显然，城乡人口比例的变化过程，就是8∶1的分配比例由合理向不合理变化的过程。因此，1995年对选举法进行第3次修正时，将分配比例由8∶1调整为4∶1。同样，从我国政权的性质和人民代表大会制度的要求看，这一比例在当时来说也是合理的，但从价值平等的角度看是不合理的。

从20世纪90年代末期开始，随着我国城镇化进程的加快，城乡人口

① 资料来源于国务院人口普查办公室、国家统计局人口社会和科技统计司编《2000年第五次全国人口普查主要数据》，中国统计出版社2001年版，第6页。

比例的变化速度也加快，到2009年底，城镇人口比例由1995年的29.00%增加到46.60%，[①] 14年间增加了17.60%。也就是说，随着城镇人口的逐步增加，4∶1的比例逐步由合理变得不合理。因此，2010年对选举法进行第五次修正时，根据我国城乡人口的变化趋势，取消了各级人大代表名额分配中城乡人口按不同比例分配的规定，实行城乡按相同人口比例选举人大代表，实现了城乡人口选举权的平等。

（三）选举权利平等是一种“群体平等”和“个体平等”相结合的平等

选举权利是最基本的政治权利，在进行选举权利分配时，需要从政治平等的角度出发，把“群体平等”和“个体平等”结合起来。

“群体平等”，就是指不同群众之间的选举权利平等。在选举权利分配时，从整体上考虑不同群体的选举权利平等问题，是政治平等的基本要求。在我国人大代表选举中，对一些群体给予照顾，保证其在各级人民代表大会中有适当数量的代表，从表面上看，不符合价值平等的原则，但是，它有利于保障各种群体，特别是一些弱势群体的政治参与权，符合政治平等的要求。选举法对于“群体（或整体）平等”的规定主要有以下几个方面：一是在总则中规定各级人大代表“应当具有广泛的代表性，应当有适当数量的基层代表，特别是工人、农民和知识分子代表；应当有适当数量的妇女代表，并逐步提高妇女代表的比例”[②]。二是在代表名额分配中，对少数民族的代表名额作了照顾性规定（具体情况见上文）。三是规定代表名额分配“按照每一代表所代表的城乡人口数相同的原则，以及保证各地区、各民族、各方面都有适当数量代表的要求进行分配”[③]。四是规定“在县、自治县的人民代表大会中，人口特少的乡、民族乡、镇，至少应有代表一人”[④]。这些规定所反映出来的，不是个体之间的平等，而是整体上的平等。

---

① 参见中华人民共和国国家统计局《中华人民共和国2009年国民经济和社会发展统计公报》，2010年2月25日，国家统计局网址：http://www.stats.gov.cn/tjgb/ndtjgb/qgndtjgb/t20100225_402622945.htm。

② 《中华人民共和国全国人民代表大会和地方各级人民代表大会选举法》，《人民日报》2010年3月15日第15版。

③ 同上。

④ 同上。

“个体平等”，是指公民之间的选举权利平等。如前所述，在选举的不同阶段上，选举权利配置的条件是不同的。因此，从整个选举过程看，选举权利呈现出“阶梯式”的层级特征，在这个阶梯的每一层级上，条件相同的人，享有相同的选举权利。这是“法律面前人人平等”这一法治原则在选举权利分配和行使上的具体体现。从我国各级人大代表选举的情况看，选举法关于代表名额分配、选区划分、选民登记、候选人提出、投票选举等问题方面，都较好地体现了这一原则。

（四）选举权利平等是一种“机会平等”

选举权利平等，是一种“机会平等”，是指在选举过程中，条件相同的公民，享有相同的选举机会。从选举制度看，就是合理的法律制度为条件相同的公民参加选举提供相同的机会。这包括以下两层意思：

一是选举机会开放，起点平等。这是机会平等的首要内容。所谓选举机会开放，就是根据合理法律的规定，对条件相同的公民开放相同的选举机会，使公民在获取机会的起点上实现平等。前述选举权利是分层次的，享有各层次选举权利的条件是不同的，因此，机会开放也是有条件的，并不是所有的选举机会都对任何人开放，而是根据合理法律的规定，对符合条件的公民开放，即在选举权利的每一层次上，条件相同的公民享有相同的选举机会，站在相同的起点上，而不符合条件的公民，则不能享有相应的选举机会。除了合理法律规定的条件外，不得有其他任何歧视性条件，不得使条件相同的公民在获取机会的起点上出现不平等。在我国人大代表选举中，除代表名额分配外，对公民开放其他任何选举机会都是有条件的。例如，参加选举活动和被选举为人大代表的机会，只对年满 18 周岁、没有被剥夺政治权利和没有影响行使选举权利的精神疾病的公民开放，具备了这些条件的公民，在获取机会的起点上是平等的。

二是选举机会的实现过程平等。选举机会开放，起点平等，为公民利用和实现选举机会提供了可能，但是，仅有起点上的平等是不够的，还必须保证选举机会的实现过程平等。一是保障公民平等利用选举机会的自由。对于是否利用选举机会，公民有选择自由。但是，不管公民如何选择，只要作出的选择是自愿的，那么，选择行为就是自由的、平等的。如果公民因为某种压力选择利用或放弃利用选举机会，选择就是不自由的，因而也是不平等的。此外，如果在法定条件之外，增加或变相增加公民利用选举机会的条件，进而增加部分公民利用选举机会的难度，迫使部分公民选择放弃利用选举机会。在这种情况下，公民作出的选择也不是自由、平等的选择。二是保障平等利用法定途径和方式实现选举机会的自由。公民一旦选择利用选举机会，在争取选举机会的实现过程中，公民对于法定途径和方式的利用是平等的，也是自由的。公民既可以全部利用，也可以部分利用，不受任何歧视，也不得有任何超越法定途径和方式之外的特权。

从公民个人的角度看，虽然大家都站在制度规定的同一起跑线上，但是，由于在天然禀赋、职业、家庭条件、教育程度、社会经验和身体状况等方面，公民个人之间存在着差别，公民对获取和利用选举机会的态度和行为会有所不同，对选举机会的利用情况和取得的结果也不完全相同。一些人放弃利用，一些人选择利用；一些人全部利用，一些人部分利用；一些人利用起来很熟练，一些人则较为生疏；一些人实现了当选目标，一些人没有实现当选目标。这正如赛跑一样，起点虽然相同，但起跑后的速度、到达终点的时间和取得的名次不同。也就是说，选举机会虽然是平等的，但通过利用选举机会获得的结果不是平等的。

三　选举权利平等的保障

（一）合理的法律制度

"在一定的意义上说，平等就是法律的精神与生命。缺乏了对平等的追求与维护，法律则将成为一种弱肉强食的'丛林规则'。"[①] 合理的法律制度是指符合自然和社会发展规律，维护社会公平正义，促进人的全面发展，以及人与自然、人与社会协调发展的法律制度。从选举权利平等的角度看，合理的法律制度，是指采用合理标准[②]分配选举权利，保障选举权利平等，有效促进选举权利行使的法律制度。这主要包括以下两层意思：

一是采用合理的标准分配选举权利。所谓"合理标准"，是指符合自

---

① 胡玉鸿：《平等概念的法理思考》，《求是学刊》2008 年第 3 期。

② 这里所讲的"合理标准"，是指存在着合理差别而没有歧视的标准。"合理标准"是具体的、历史的。不同的选举，"合理标准"的具体内容不尽相同，同一种选举，在不同的历史阶段，"合理标准"的具体内容也不尽相同。

然和社会发展规律，存在着合理差别而没有歧视的标准。这只是关于“合理标准”的一般界定。从实际情况看，不同的选举，同一选举的不同历史阶段，同一选举过程的不同阶段，选举权利分配的“合理标准”不尽相同。

首先，在不同的选举中，选举权分配的“合理标准”不尽相同。例如，在我国村民委员会选举中，一般只有村民享有选举权利，其他人员参加选举，需由村民会议决定；在居民委员会选举中，一般只有居民享有选举权利；在县乡两级人大代表直接选举中，无论是村民还是居民都享有选举权利。这样分配选举权利是合理的。民主的核心是利益问题，村委会选举与村民利益密切相关，与城镇居民的利益无关，而居民委员会选举正好相反。[①] 在县、乡人大代表直接选举中，选举的是县、乡两级政权机关的组成人员，这与辖区内所有公民都存在利益关系。

其次，在同一选举的不同历史阶段，选举权利分配的“合理标准”不尽相同。在我国人大代表直接选举中，1953 年制定的第一部选举法规定，“凡年满 18 周岁之中华人民共和国公民，不分民族和种族、性别、职业、社会出身、宗教信仰、教育程度、财产状况和居住期限，均有选举权和被选举权”。但是，“依法尚未改变成分的地主阶级分子”、“依法被剥夺政治权利的反革命分子”、“其他依法被剥夺政治权利者”和“精神病患者”，没有选举权和被选举权。选举是人民民主政权建设的大事，也是一项十分严肃的政治活动，从新中国成立初期的情况看，根据上述标准分配选举权利是合理的，有利于巩固和发展人民民主政权。

1979 年制定的第二部选举法对于享有选举权利的规定，与第一部选举法相同，对于没有选举权利的规定，有两点变化：一是规定“依照法律被剥夺政治权利的人没有选举权和被选举权。”二是规定“无法行使选举权和被选举权的精神病患者，不列入选民名单”[②]。这是从我国的实际情况出发，对选举权利分配标准进行的重大调整。这样调整也是合理的，因为大多数地主富农分子因其已经成为自食其力的劳动者，被摘掉了地主

---

① 这只是就一般情况而言，在城乡接合部，农民和居民杂居，村民和居民存在一定的利益关系。在一些地方的村民委员会选举中，居住在村里的居民享有选举权利；在一些地方的居民委员会选举中，社区居委会辖区内的村民也享有选举权利。

② 北京大学宪法教研室资料室编：《宪法资料选编》（第一辑），北京大学出版社 1982 年版，第 336、340 页。

富农帽子，作为公民，应当享有选举权利；“反革命分子”和其他罪行严重的犯罪分子，均属于依法被剥夺政治权利[①]的人，没有选举权利。而对于无法行使选举权利的精神病患者来说，不列入选民名单的规定更为科学，既把他们与被剥夺政治权利的人区别开来，又考虑到了某些精神病患者可以行使选举权利的实际状况，例如，间歇性发作的精神病患者，如在选举期间没有发病，是可以行使选举权利的。

再次，同一选举的不同阶段，选举权利分配的标准也有所不同。例如，在我国人大代表直接选举中，在代表名额分配阶段，以国籍和户籍（或居住状况）作为计算人口、分配选举权利的标准，就是“合理标准”。非我国公民，虽然在我国居住，不能计算在我国的总人口数之中，也不能计算在居住地的人口数之中，不能参加选举；而我国公民，没有某地区的户籍（或者在某地区居住），不能参加该地区的选举，不能将其计算在该地区的人口数中，因为他与该地区没有直接的利益关系。此外，采用这两个标准，有利于选举的组织管理工作，避免过多地参选，这也是保障选举权利平等的重要措施。在选民登记阶段，根据选举法规定，没有完全民事行为能力（能力标准）和依法被剥夺政治权利（政治标准）的人不能参加选举活动，也就是不赋予其参加选举活动和当选为人大代表的权利。这也是合理标准。无行为能力和限制行为能力的人，不能准确表达或者不能完全准确表达自己的意愿，不能享有选举权利；依法被剥夺政治权利的人，虽然具有完全的民事行为能力，但其政治权利被依法剥夺，不能享有选举权利，因为选举权利是一种政治权利。

最后，我国人大代表选举中一贯坚持的“一地参选，一人一票，一票一值”原则，以及对于少数民族和人口特少行政区代表名额的照顾，也都是我国选举权利分配中的“合理标准”。

二是采用科学的选举程序保障选举权利的行使。采用“合理标准”分配选举权利，只解决了法律制度中实体部分合理性问题。但是，任何一项法律制度，仅有实体规定的合理性和平等性是不够的，还必须从实际出

① 剥夺政治权利是我国刑罚中的一种附加刑。这种刑罚一般适用于罪行严重的犯罪分子，如危害国家安全罪、侵犯公民人身权利和民主权利罪、妨害社会管理秩序罪等，这些罪行是严重对抗国家制度的罪行，具有敌视或者蔑视国家制度的性质。因此，对于这类犯罪分子，剥夺其政治权利，是为了防止其利用所享有的政治权利继续从事对抗国家制度的活动。

发，制定科学的选举程序[①]，从程序上保障公民选举权利的行使。如果没有科学的选举程序予以保障，选举权利平等就很难实现。科学的选举程序，也是正义的程序，是符合客观实际而又严密的法律程序，它与社会物质生活条件、选民的整体文化素质相适应，时间、空间和行为要素设置合理，过程完整而没有漏洞，救济机制完备。关于科学的选举程序及其价值问题，第六章将继续讨论，这里不再赘述。

合理的法律制度是选举权利平等的前提和基础。它为公民平等享有和行使选举权利提供制度上的保障。如果法律制度不合理，选举权利平等就无从谈起。

（二）严格执行法律

任何法律制度，如果得不到严格执行，就很难把制度规定变为现实，实现制度设计的价值目标。合理的法律制度虽然对选举权利平等和实现选举权利平等程序作了规定，但这只是一种制度上的平等，而不是一种现实的平等。要把这种制度规定上的平等变成现实，就要求选举机构在选举过程中严格执行法律，按照法律规定办事。如果选举机构不严格执行法律，制度规定再完美，也只不过是一纸空文。

在选举的实践中，选区划分还存在着极不平等的情况，在很多地方的选区划分中，选区之间的人口数量相差悬殊是一种常见现象，有的相差几十倍之多。[②] 这是由选区划分的制度规定不合理造成的。根据法律规定，“选区可以按居住状况划分，也可以按生产单位、事业单位、工作单位划分”，也就是说，选民既可以在户籍所在地（或居住地）参加选举，也可以在单位参加选举。而在计算人口数时，以户籍为依据，在单位参加选举的选民，其人口数被计算在户籍地所在的选区，而不是单位所在地的选区。于是，就出现了以下情况：一些居民选区的人口数很多，但选民数很少；一些单位选区的选民数很多，但人口数很少，有的选民数超出人口

---

① 科学的选举程序，是指符合客观实际而又严密的选举法律程序。它与社会物质生活条件、选民的整体文化素质相适应，时间、空间和行为要素设置合理，过程完整而没有漏洞，救济机制完备，坚持公平正义。

② 关于选区划分中存在的这种情况，参见袁达毅《县级人大代表选举研究》（第 2 版），中国社会出版社 2008 年版，第 109 页；史卫民、雷兢璇《直接选举：制度与过程》，中国社会科学出版社 1999 年版，第 327—328 页。

数。大大超出了合理差别所允许的范围。

（三）完善的救济和裁判机制

完善的救济和裁判机制，对于有效解决选举纠纷、保障选举权利平等、实现选举公平公正，有着特别重要的意义。因此，大多数国家在进行选举制度设计时，非常重视救济和裁判机制在保障选举权利平等中的作用，对选举权利的救济机制和选举纠纷的裁判机制作出明确规定。

选举纠纷主要有3种，即选民资格纠纷、选举效力纠纷和当选纠纷。这3种纠纷引起的选举诉讼分别为选民资格诉讼、选举效力诉讼和当选诉讼。而选举纠纷的裁判机关，不同的国家会有所不同，同一国家的不同历史时期，或者同一国家的不同选举，也会有所不同。从历史和现实看，选举纠纷的裁判机关主要有议会、宪法委员会（法国）和司法机关。在司法机关中，又有普通法院、行政法院、选政法院和宪法法院之分。[①] 在西方资本主义国家，议会作为选举纠纷裁判机关，“在政党政治的作用下，议会审议常被多数党用作攻击少数派的武器”[②]，这在很大程度上影响选举纠纷裁判的公平公正，不利于保障选举权利平等。从能够查找到的资料看，宪法委员会是法国采用的一种选举纠纷裁判和监督机制。宪法委员会主要就总统选举、议会选举和全民公决的合法性进行监督，并裁决选举纠纷。而在地方议会和地方行政首长选举中，宪法委员会很难承担起监督和裁判职责，在保障选举权利平等方面很难发挥作用。司法机关作为选举纠纷的裁判机关，由于其地位较为独立，相对而言，在裁决选举纠纷和实施权利救济中，其公正性更为可靠，因而，在保障选举公平、实现选举权利平等中能够更好地发挥作用。

司法又是保障社会公正的最后一道防线，也是保障选举权利平等的最后一道防线。当公民在选举过程中受到不公平对待、选举权利受到侵害时，在通过其他途径不能得到补救的情况下，公民还可以寻求司法救济，通过司法机关对案件的审理和判决，保障公民依法享有平等的选举权利。在选举权利案件诉讼中，司法机关的判决为最后决定。如果司法不公正，

---

① 参见胡盛仪、陈小京、田穗生《中外选举制度比较》，商务印书馆2000年版，第236—245页。

② 胡盛仪、陈小京、田穗生：《中外选举制度比较》，商务印书馆2000年版，第240页。

公民通过司法途径不能获得救济，选举权利平等就失去了最后的保障。

在我国人大代表选举中，选举权利救济和选举纠纷裁判主要由选举的主持机构和司法机关负责。一是在选民资格问题上，公民如果对选民名单有不同意见，可以向选举委员会提出申诉。如果公民不服选举委员会对选民资格的申诉所作的处理决定，可以在选举日的五日以前向人民法院起诉，人民法院根据民事诉讼程序进行审理和判决，作出最后决定。二是在选举效力和当选的有效性问题上，选民或者代表如果认为选举中存在违法行为，可以向选举委员会或者人大常委会提出，由选举委员会或者人大常委会进行调查处理。如果情况属实，依法确定选举或者当选是否有效。对于构成犯罪的，由司法机关依法追究刑事责任。选举中的违法犯罪行为，是妨害选民自由行使选举权利、危害选举权利平等的行为，依法惩处违法犯罪行为，对被侵害的选举权利实施救济，是保障选举自由和选举权利平等的重要措施。

此外，选举领导机构、指导机构、执政党、民主党派、新闻媒体和其他社会组织，通过对选举工作的领导或者指导和监督，在纠正选举违法行为，解决选举纠纷，进行选举权利救济，保障选举权利平等过程中，也发挥了重要的作用。这些机构所起的作用，最终会通过选举主持机构的决定和司法机关的判决体现出来。

（四）平等的经费保障

选举经费是选举权利平等的物质保障。在国家政治生活中，只要搞选举，就需要有经费的支持和保障。没有经费的支持和保障，选举就无法进行，选举权利平等也就无从谈起。但是，选举经费对于选举权利平等来说，是一把双刃剑，既可以发挥积极的作用，保障选举权利平等，也可以产生消极作用，影响选举权利平等。而选举经费的来源保障机制，是选举经费能否在保障选举权利平等中发挥积极作用的关键。而选举经费的来源和保障机制不同，对选举权利平等所起的作用也不相同。从当今世界各国的情况看，选举经费的来源和保障机制主要有以下几种情况。

1. 公共财政。公共财政是选举经费来源的一个主要途径。来自公共财政的选举经费主要用于以下几个方面的支出：一是选举行政经费支出。选举行政经费是选举机构运转和选举活动正常进行的保证，选举过程中的很多公共性支出，如雇用选举工作人员（选举工作人员的工资和福利待遇），印制选举文件、宣传材料和选票，购买办公设备和文具，租赁投票选举场地等，需要由公共财政提供保障，不能由政党或候选人负担，这是保障选举公平公正的基本前提。二是资助政党或候选人的经费。公共财政对候选人的资助，在不同的国家和地区，情况会有所不同，即使在同一国家和地区，选举任务不同，情况也会有所不同。例如，在当今的美国总统选举中，如果候选人接受根据法律规定的条件，联邦财政可以对候选人提供资助，但在国会议员选举中，联邦财政不提供资助；而在以色列的议会选举中，公共财政对参选的各个政党给予一定的资助，等等。

2. 政党经费。在当今资本主义国家，无论是在总统或者议会选举中，政党都会拿出一定的经费直接或者间接用于选举。在实行总统制的国家，在总统选举中，政党都会拿出一定经费资助本党的候选人，或者用于选举宣传。在实行议会制的国家，各政党都要拿出大量经费用于议会选举。政党的选举经费主要来自3个方面：一是党员缴纳的党费；二是社会捐赠；三是政府的资助或补贴。因此，在西方资本主义国家，政党拥有的经费越多，选举的投入也就越大，胜选的可能性也就越大。

3. 候选人个人的竞选经费。在当今资本主义国家，候选人用于竞选活动的费用，主要来自于4个方面：一是候选人的自有资金，即候选人用自己的钱进行竞选。二是候选人向公民、企业和社会团体等募集的资金。三是政府对候选人的资助或者补贴。四是政党资助。同政党一样，候选人的竞争经费越多，投入也就越大，胜选的可能性也就越大。

从公共财政经费看，选举行政经费支出的公共性特征非常突出，是公民行使选举权利的基本保障，因此，在保障选举权利平等中所起的作用是基础性的。任何公民，只要参加选举活动，选举机构必须为其行使选举权利提供相同的保障。例如，选举机构必须为公民提供相同的选举咨询服务和公共信息服务，为选民投票选举提供相同的写票环境和投票场所，为选民投票选举提供相同的选票或者投票设备，等等。这些，都是行使选举权利的基础性保障，也是一种平等的保障。而公共财政对于政党和候选人的资助，也是平等的。因此可以说，公共财政提供的保障，是一种平等的保障。

从政党和候选人筹集选举经费的情况看，法律赋予了所有政党和候选人平等的筹款机会，但由于筹款能力不同，社会对政党和候选人的认同程度不同，政党和候选人筹集到的资金会有很大区别，在资金保障上，政党之间、候选人之间存在着事实上的不平等。

从政党和候选人自己出资的情况看，财产状况不同，用于选举的经费也不同，财产越多，用于选举的资金越多，反之亦然，这使得所有政党和候选人不能站在同一起跑线上，在经费保障上出现了事实上不平等的状况。仅此而言，选举是有钱人的游戏，是金钱政治。

从我国的情况看，在各级人大代表和政权机关领导人员选举中，选举经费都由公共财政支出。由于在各级人大代表和政权机关领导人员选举中，既不存在多党竞选，也不提倡候选人竞选，因此，在公共财政支出中，不存在对政党和候选人的经费资助或补贴问题，而介绍和宣传候选人的费用，统一由公共财政支出。由于介绍和宣传的途径和方式较为简便，例如，在人大代表的直接选举中，介绍和宣传的途径和方式主要有：在选民小组会议上介绍代表候选人，印发代表候选人的介绍材料，组织代表候选人与选民见面，或者在闭路电视上宣传介绍代表候选人等；在人大代表的间接选举和各级政权机关领导人员选举中，主要在代表团会议或者在大会上介绍候选人，印发候选人的介绍材料等。从总体情况看，用于介绍和宣传候选人的费用不是很多，占选举费用比例很小。

由公共财政保障所有的选举经费支出，避免了个人财产状况对选举权利的行使造成的影响，在经费保障上，使得所有选民和所有候选人都站在同一起跑线上，最大限度地保障了选举权利平等。

第三章

城乡按相同人口比例选举人大代表与选举权平等

2010 年 3 月 14 日，第十一届全国人民代表大会第三次会议对第二部选举法进行了第 5 次修正。城乡按相同人口比例选举人大代表，是这次选举法修正的最大亮点。此前，在我国县级以上各级人大代表选举中，城乡按不同人口比例分配代表名额，这次修正取消了城乡人口差别，实现了城乡人口的完全平等。这对于进一步提高选举权的平等性，发展社会主义政治文明来说，意义重大。那么，为什么现在才规定城乡按相同人口比例选举人大代表？现在取消城乡人口差别是否合适？如何认识城乡按不同人口比例选举人大代表的历史？怎样进一步认识和理解我国选举权的平等性？这些既是重大的理论问题，又是重大的历史和现实问题。本书拟就这些问题，谈谈自己的一些看法。

一　城乡按相同人口比例选举人大代表的必要性和可行性

党的十七大报告建议“逐步实行城乡按相同人口比例选举人大代表”，新修改的选举法明确规定城乡按相同人口比例选举人大代表，修改一步到位，这是否超前了？城乡按相同人口比例选举人大代表是否必要和可行？这是需要认真回答的问题。一步到位，确实有一定的超前性，但符合实际。这主要表现在以下几个方面。

（一）符合我国城乡人口构成发展变化的基本趋势

从 1953 年以来的统计数据看，我国城镇人口呈逐步增加趋势，特别是自2001年以来，城镇人口的增长速度很快，城镇人口占全国人口的比例由2001年的37.7%增加到2008年的45.7%，8年间增加了8个百分点（历年的增长情况见表3—1），平均每年增加1个百分点。按照这样的发展变化趋势，到2012年，我国城乡人口基本上可以持平。在这种情况下，采取一步到位的办法，是符合实际的，也是可行的，与十七大报告中的建议并不矛盾。2006年，我国城镇人口占全国总人口的比例为43.9%，城镇和农村人口数还有一定差距，在这种情况下，中央建议“逐步实行”，而不是一步到位，为最终解决城乡按相同人口比例选举人大代表问题留有余地，也是符合当时的实际情况的。

表3—1　　1995年以来城乡人口变化情况　　单位：万人

年份	总人口	城镇人口	农村人口	城镇人口比重（%）
1995	121121	35174	85947	29.0
1996	122389	35950	86439	29.4
1997	123626	36989	86637	29.9
1998	124810	37942	86868	30.4
1999	125909	38892	87017	30.9
2000	126333	45594	80739	36.1
2001	127627	48064	79563	37.7
2002	128453	50212	78241	39.1
2003	129227	52376	76851	40.5
2004	129988	54283	75705	41.8
2005	130756	56212	74544	43.0
2006	131448	57706	73742	43.9
2007	132129	59379	72750	44.9
2008	132802	60667	72135	45.7
2009	133474	62186	71288	46.6
2010	133973	66558	67415	49.68
2011	134735	69079	65656	51.3

说明：1.1995年数据来源于国家计生委网站（http：//www.chinapop.gov.cn）的《部分年份人口基本情况》，其他数据来源于国家统计局网站（http：//www.stats.gov.cn）公布的2001年至2011年的国民经济和社会发展统计公报。2.总人口是指大陆31个省、自治区、直辖市和现役军人的人口，不包括居住在境内的港澳台居民和外籍人员。3.以万人为单位，采用四舍五入计算人口总数，个别年份城乡人口数相加，会出现多于总数的情况。

（二）符合农村社会经济结构发展变化的基本趋势

改革开放以来，农村社会经济结构已经发生了很大的变化：一是农村经济结构多元化，形成了集体经济、民营经济、个体经济、集体与民营合作经济、中外合作经济等多种经济成分并存的局面。二是农村产业结构多元化，形成了农业、工业、商业、服务业、交通运输业等多种产业并存的局面。仅就农业而言，随着农业科技的发展，出现设施农业、养殖业、传统农业并存的局面。三是农村人口就业形式多元化，农民除了从事农业生产外，还可以在农村的其他行业和城镇的各种行业中就业，形成了就业形式的多元化状态。四是农村社会阶层多元化，出现了农民、农村集体和民营企业工人、个体工商业者、进城务工人员（农民工）、企业管理人员、私营企业主并存的局面。农业户籍人口中，并不完全是真正务农的农民，出现了各种新的社会阶层。今天的农民，与传统农业社会的农民相比，已发生了很大的变化，农民与市场、农民与城市、农民与农民之间的联系日益密切，不再是一个麻袋里装着的一个个孤零零的“马铃薯”。

以上四个方面的发展变化，可以说是农村社会经济结构发展变化的基本趋势。在这种情况下，把农业人口完全作为农民来对待，按不同比例分配人大代表名额，已不适应农村社会经济结构发展变化趋势的基本要求。

（三）符合户籍制度改革的基本趋势

近几年来，我国户籍制度改革的步伐加快，趋势明显，这就是突破城乡分割的二元管理体制，实现城乡一体化管理的户籍制度。一些省市已经取消了城镇户口和农业户口的区分，实行一体化管理。在没有实行一体化管理的省、自治区和直辖市，也正在向城乡户籍管理一体化方向改革：一是在部分地区率先实行城乡户籍一体化管理，积累经验；二是正在逐步剥离附着在户籍上的福利待遇，逐步消除因户籍导致的福利待遇不均衡状况；三是在推进社会主义新农村建设过程中，根据十七大报告精神大力推进基本公共服务均等化，加大农业基础设施和基本公共服务的投入，提高农村基本公共服务水平，缩小城乡差别；四是从某些方面着手，如医疗救助、劳动就业等，实行城乡一体化管理。可以肯定，这些措施和办法，对于从全局上推进城乡户籍管理一体化来说，已经并将继续发挥积极作用。从以上情况看，城乡按相同人口比例选举人大代表，符合城乡户籍制度改革的基本趋势。

这里需要特别指出的是，在已经实行户籍管理一体化的地方，在选举中重新区分城镇和农村人口，按比例分配代表名额，已明显落后于现实的要求，不利于统筹城乡发展战略的实施，调动全体公民参与的积极性和创造性，促进社会和谐与全面进步，推进社会主义民主政治建设。

（四）符合农村人口素质发展变化的基本趋势

新中国成立后，随着社会主义建设的全面发展，物质文化生活水平的逐步提高，我国人口的身体素质和文化素质都有了很大的提高。对于农村人口来说，除了身体素质外，文化素质有了很大提高，思想观念也发生了很大变化。

从人口的文化素质看，新中国成立初期人口的文盲率很高，虽然经过多年的扫盲教育，但到1964年第二次人口普查时，人口的文盲率仍然处于较高水平，达到33.58%。十一届三中全会以来，人口文盲率下降速度很快，到2000年第五次人口普查时，文盲率下降至6.72%（1964年以来历次人口普查文盲率数据见表3—2）。按城镇人口和农村人口分别统计，城镇人口文盲率为4.04%，农村人口文盲率为8.25%。2000年至今，又经过了9年，相信全国人口的文盲率还会有所下降。此外，20世纪90年代以来，随着教育事业的发展，受高等和中等教育的人口大幅增加，我国人口的文化素质正在向更高层次发展。

随着人口文化素质的提高和信息技术的发展，以及城乡人口流动和交往空间的逐步扩大，农民获取知识和信息的途径日渐增多，能力逐步提高。此外，经过多次城乡基层组织和人大代表直接选举，农民的平等意识、权利意识、参与意识逐步增强，依法行使民主权利的能力逐步提高。可以说，我国农村人口的综合素质已经发生了很大的变化，并形成了向更高层次发展的基本趋势。城乡按相同人口比例选举人大代表，符合我国农村人口素质的基本状况和发展趋势。

表 3—2　**1964 年至 2010 年文盲人口情况**　单位：万人

普查年份	总人口	文盲人口	文盲率（%）
1964	69458	23327	33.58
1982	100818	22996	22.81
1990	113368	18003	15.88
2000	126583	8507	6.72
2010	133972	5466	4.08

说明：上表数据来源于国务院人口普查办公室、国家统计局人口社会和科技统计司编的《2000 年第五次全国人口普查主要数据》，中国统计出版社 2001 年版，第 11 页。1964 年文盲人口为 13 岁及 13 岁以上不识字人口，1982 年、1990 年、2000 年和 2010 年文盲人口为 15 岁及 15 岁以上不识字或识字很少的人口。

（五）符合立法前瞻性的基本要求

法律是由国家制定并以国家强制力保障实施的社会规范。保持法律的相对稳定性，有利于增强整个社会的法律意识，维护法律的权威和尊严。所谓法律的相对稳定性，是指法律的内容在一定时期内保持稳定，避免频繁的修改变动。这就要求在立法上既要注重法律的适应性，又要考虑到法律的前瞻性，以适应某一特定时期内社会发展的客观需要。这对于宪法和宪法性法律来说，显得尤其重要。选举法是宪法性法律，选举立法既要从实际出发，又要考虑到社会发展变化的基本趋势，使法律的内容符合社会发展变化的实际需要，保持法律的相对稳定性，避免频繁修改变动。

从县乡两级人大代表直接选举的实际情况看，2004 年对选举法进行修正后，2005 年至 2007 年，全国各地完成了县乡两级人大代表选举。根据县乡两级人大的任期，下届选举将在 2010 年至 2012 年之间进行。从上文所述的“四个基本趋势”看，到下届选举时，城乡按相同人口比例选举人大代表，基本上符合我国城乡人口变化和社会政治经济文化发展的实际情况。从间接选举的情况看，也是如此。从长远看，一步到位，彻底解决了城乡人口选举权的平等问题，有利于保证选举法中关于代表名额分配条款的长期稳定。

二　如何看待城乡按不同人口比例选举人大代表的历史

1953年第一部选举法制定实施以来，在县级以上各级人大代表选举中，城乡按不同人口比例选举人大代表，经历了一个发展变化过程。如何看待城乡按不同人口比例选举人大代表的发展变化过程，这既是一个理论问题，也是一个现实问题。需要从理论和现实两个方面做出回答。

（一）城乡按不同人口比例选举人大代表的沿革

在县以上各级人大代表选举中，城乡按不同比例选举人大代表，始于1953年制定的第一部选举法。1979年制定的第二部选举法，在第一部选举法的基础上，对这个问题作了更加明确的规定，1995年对第二部选举法进行第3次修正时，对代表名额分配中的城乡人口分配比例进行了调整。具体情况如下：

1. 1953年选举法对各级人大代表名额分配的规定

第一部选举法对各级人民代表大会代表名额分配的规定比较复杂。从法律条文上看，没有明确规定城乡人口的分配比例，只能根据法律条文的规定进行推算。此外，在规定各级人大代表名额分配时，还充分考虑到了地区和民族两个方面的因素。下面是按人口分配各级人大代表名额的情况：

（1）乡镇人大代表名额分配。

对于乡镇人大代表名额的分配问题，法律没有作出明确规定。因此可以理解为：乡镇人大代表名额分配不区分农村和城镇人口。

（2）县人大代表名额分配。

“各乡应选县人民代表大会代表的名额：人口在2000以下者，选代表1人；人口在2000至6000者，选代表2人；人口超过6000者，选代表3人。

“人口和乡数特少的县，其人口在2000以下的乡，亦得选代表2人。

“县辖城、镇和县境内重要工矿区，按人口每500人选代表1人，其人口不足500人但满250人者亦得选代表1人。县辖城、镇人口和镇数特多的县，所辖城、镇得按人口每1000人选代表1人。”

根据以上规定推算，县人大代表选举中城乡人口分配比例的情况如下：

表 3—3　　县人大代表城乡人口分配比例推算表

乡人口数	应选名额	农村每一代表所代表的最少人口数	按城镇每一代表所代表的人口数计算的比例			农村每一代表所代表的最多人口数	按城镇每一代表所代表的人口数计算的比例		
			500 人	1000 人	250 人		500 人	1000 人	250 人
2000 以下	1					近 2000	4 : 1	2 : 1	8 : 1
2000—6000	2	1000 以上	2 : 1	1 : 1	4 : 1	3000	6 : 1	3 : 1	12 : 1
6000 以上	3	2000 以上	4 : 1	2 : 1	8 : 1				
2000 以下（人口和乡数特少的县）	2					1000 人以下	2 : 1	1 : 1	4 : 1

说明：人口在 2000 以下的，按农村每一代表所代表的最多人口数推算，因为“最少”的数据无法确定；6000 人以上的，按农村每一代表所代表的最少人口数推算，因为“最多”人口无法确定。表中推算出的比例是近似值，是一种理论上的推算。下面关于省和全国人大代表的城乡比例推算方法亦同。

根据以上推算，在县人大代表名额分配中，农村和城镇人口的比例在 6∶1 至 1∶1。特殊情况可达 12∶1。

（3）省人大代表名额分配。

“各县应选省人民代表大会代表的名额：人口在 20 万以下者，选代表 1 人至 3 人；人口超过 20 万至 60 万者，选代表 2 人至 4 人；人口超过 60 万者，选代表 3 人至 5 人。

“省辖市、镇和省境内重要工矿区，按人口每 2 万人选代表 1 人，其人口不足 2 万人但满 1 万人者亦得选代表 1 人。”

根据以上规定推算，省人大代表城乡人口分配比例的情况如下：

表 3—4　　省人大代表城乡人口分配比例推算表

县人口数	应选名额	农村每一代表所代表的最少人口数	按城镇每一代表所代表的人口数计算比例		农村每一代表所代表的最多人口数	按城镇每一代表所代表的人口数计算比例	
			2 万人	1 万人		2 万人	1 万人
20 万以下	1—3 人				20—6. 7 万	10—3. 4 : 1	20—6. 7 : 1

续表

县人口数	应选名额	农村每一代表所代表的最少人口数	按城镇每一代表所代表的人口数计算比例		农村每一代表所代表的最多人口数	按城镇每一代表所代表的人口数计算比例	
			2万人	1万人		2万人	1万人
20万至60万	2—4人	10—15万	5—7.5∶1	10—15∶1	15—10万	7.5—5∶1	15—10∶1
超过60万	3—5人	20—15万	10—7.5∶1				

从上表数据可以看出，在省人大代表名额分配上，农村和城镇人口的分配比例一般在10∶1至3.4∶1，特殊情况可达到20∶1。

（4）市人大代表名额分配。

“郊区每一代表所代表的人口数，应多于市区每一代表所代表的人口数。”

对于市人大代表名额，没有明确规定城乡人口的分配比例。

（5）全国人大代表名额。

“各省应选全国人民代表大会代表的名额：按人口每80万人选代表1人。人口特少的省，代表名额不得少于3人。

“中央直辖市和人口在50万以上的省辖工业市应选全国人民代表大会代表的名额，按人口每10万人选代表1人。”①

从以上规定可以看出，在全国人大代表名额分配中，省与中央直辖市和人口在50万以上的省辖工业市的分配比例为8∶1。这里应当特别指出的是，不能简单地把这一分配比例看作是农村和城镇人口的分配比例，因为在各省“按人口每80万人选代表1人”的人口中，还包含了50万以下非省辖工业市以及省域内的其他城镇人口。因此，在全国人大代表名额分配中，认为1953年选举法就规定了农村和城镇人口按8∶1分配的看法，是不大准确的。

2. 第二部选举法对各级人大代表名额分配的规定

1979年制定的选举法，是新中国成立后制定的第二部选举法。这部

① 刘政、于友民、程湘清主编：《人民代表大会工作全书》，中国法制出版社1991年版，第104—105页。

选举法先后经过了 1982 年、1986 年、1995 年和 2004 年 4 次修正。第二部选举法对各级人大代表名额分配的规定，是在第一部选举法的基础上形成的。第二部选举法对代表名额分配的规定如下：

（1）全国人大代表名额的分配比例为 8∶1，即农村每一代表所代表的人口数 8 倍于城镇每一代表所代表的人口数。

（2）省、自治区人大代表名额的分配比例为 5∶1，即农村每一代表所代表的人口数 5 倍于城镇每一代表所代表的人口数。

（3）自治州、县、自治县人大代表名额分配比例为 4∶1，即农村每一代表所代表的人口数 4 倍于城镇每一代表所代表的人口数。

（4）直辖市、市、市辖区农村每一代表所代表的人口数，应多于市区每一代表所代表的人口数。[①]

（5）对乡镇人大代表名额分配未作任何规定。

从以上情况可以看出，与第一部选举法相比，在各级人大代表名额分配上，第二部选举法对农村和城镇人口分配比例的规定，更加明确。

3. 1995 年对代表名额分配规定的修改

1995 年对第二部选举法进行了第 3 次修正。这次修改的一个重要内容是，将全国和省、自治区人大代表名额的分配比例修改 4∶1，即全国和省、自治区人大代表名额按农村每一代表所代表人口数 4 倍于城市每一代表所代表人口数分配。自治州、县、自治县人大代表名额的分配比例不变，即按农村每一代表所代表人口数 4 倍于镇每一代表所代表人口数。同时规定，“县、自治县行政区域内，镇的人口特多的，或者不属于县级以下人民政府领导的企业事业组织的职工人数在全县总人口中所占比例较大的，经省、自治区、直辖市的人民代表大会常务委员会决定，农村每一代表所代表的人口数同镇或者企业事业组织职工每一代表所代表的人口数之比可以小于 4∶1 直至 1∶1”[②]。

（二）如何看待城乡按不同人口比例选举人大代表的历史？

由上文可以看出，从第一部选举法到现行选举法，对县级以上各级人

---

① 参见刘政、于友民、程湘清主编《人民代表大会工作全书》，中国法制出版社 1991 年版，第 124—125 页。

② 《中华人民共和国全国人民代表大会和地方各级人民代表大会选举法、中华人民共和国地方各级人民代表大会和地方各级人民政府组织法》，法律出版社 1995 年版，第 16 页。

民代表大会的选举，都作出了城乡按不同人口比例选举人大代表的规定。区别在于，根据1953年和1979年选举法的规定，同一历史时期，不同层级人大代表名额分配的城乡人口比例不同；不同的历史时期，同一层级人大代表名额分配的城乡人口比例不同。1995年对第二部选举法进行第3次修正时，统一了县级以上各级人大代表的城乡人口分配比例。很明显，从城乡人口的分配比例看，农村和城镇人口的选举权是不平等的。

那么，选举法为什么要做出这样明显不平等的规定呢？邓小平在《关于〈中华人民共和国全国人民代表大会及地方各级人民代表大会选举法〉草案的说明》中对这个问题作了十分明确的回答。他说：“选举法草案还规定了全国及地方各级人民代表大会代表的名额及代表的产生，均以一定人口的比例为基础。同时草案又适当地照顾了地区和单位，所以在城市与乡村间，在汉族与少数民族间，都作了不同比例的规定。这些在选举上不同比例的规定，就某种方面来说，是不完全平等的，但是只有这样规定，才能真实地反映我国的现实生活，才能使全国各民族各阶层在各级人民代表大会中有与其地位相当的代表，所以它不但是很合理的，而且是我们过渡到更为平等和完全平等的选举所完全必需的。”[①] 那么，“我国的现实生活”是什么呢？我认为主要有以下几个方面：

1. 我国是工人阶级领导的、以工农联盟为基础的人民民主专政的社会主义国家。这是我国的“国体”。人民民主专政是“各革命阶级联合专政”[②]，在国家政治生活中，社会各阶级在国家中的地位是：工人阶级是领导阶级，农民阶级是工人阶级的盟友，其他各革命阶级和阶层是团结和联合的对象。这一现实决定了在县级以上各级人大选举中，城乡不能按相同人口比例选举人大代表。

工人阶级作为领导阶级，在县级以上各级人民代表大会中，应当占有与其领导地位相应的比例，以保证领导作用的发挥。1953年，我国城镇人口仅占全国总人口的13.26%，此后相当长的一段时间内，城镇人口在全国总人口中所占的比例，仍然处于较低水平（具体情况见表3—5）。如果城乡按相同人口比例选举人大代表，在县级以上各级人民代表大会中，

---

① 刘政、于友民、程湘清主编：《人民代表大会工作全书》，中国法制出版社1991年版，第108页。

② 《毛泽东选集》第2卷，人民出版社1966年横排本，第638页。

工人阶级所占的比例就会很低，不利于保证和发挥工人阶级的领导作用。这一点，邓小平在选举法草案说明中讲得十分清楚：“城市是政治、经济、文化的中心，是工人阶级所在，是工业所在，这种城市和乡村应选代表的不同人口比例的规定，正是反映着工人阶级对于国家的领导作用，同时标志着我们国家工业化的发展方向。因此，这样规定是完全符合于我们国家的政治制度和实际情况的，是完全必要的和完全正确的。”①

农民阶级是工人阶级的盟友，工农联盟是人民民主政权的阶级基础，在县级以上各级人民代表大会中，如果城乡按相同人口比例分配代表名额，势必造成各级人民代表大会中农民代表过多，大大超过领导阶级所占的代表人数，这不利于保证和发挥工人阶级的领导作用。我国是工人阶级领导的人民民主政权，而不是农民政权，为了保证人民民主政权的性质，在县级以上各级人大代表选举中，城乡按不同人口比例选举人大代表，控制农民代表的数量，是十分必要的。

其他拥护社会主义革命和社会主义建设的阶级和阶层，如民族资产阶级、城市小资产阶级、各社会阶层和海外侨胞，都是人民民主政权团结的对象，在国家政治生活中应当有其相应的地位。因此，在县级以上各级人民代表大会中，特别是在省和全国人民代表大会中，除了工人阶级和农民阶级的代表外，还应当有其他各革命阶级和社会阶层的代表。城镇是其他阶级和社会阶层人口及其代表人物比较集中的地方，如果城乡按相同人口比例选举人大代表，由于城镇的代表名额很少，很难照顾到这些阶级和阶层的参政要求。

表 3—5　　**历次人口普查数据**　　单位：万人

普查年份	总人口	市镇	乡村	城镇人口比重（%）
1953	58260	7726	50534	13.26
1964	69458	12710	56748	18.30
1982	100394	20658	79736	20.60
1990	113048	29651	83397	26.23
2000	126333	45594	80739	36.09

① 刘政、于友民、程湘清主编：《人民代表大会工作全书》，中国法制出版社 1991 年版，第 110 页。

2. 我国的政体是人民代表大会制度。各级人民代表大会由人民选举产生，并由各级人民代表大会选举政府，“这种制度即是民主集中制”[①]。我国人民代表大会制度实行的是“一院制”，为了便于听取各方面的意见，反映各方面的要求，调动各方面的积极性，在县级以上各级人大代表名额分配中，要求充分考虑代表的广泛性，尽可能照顾到各地区、各民族、各阶级和各阶层的参政要求，最大限度地保障和实现政治上的平等。如果完全按人口分配代表名额，在城乡人口差距过大的情况下，不利于照顾方方面面，保障各地区、各民族、各阶级和各阶层在国家政治生活中享有平等的参与权，不利于广泛地听取意见，集中民意民智，调动各方面的积极性。

1979 年制定第二部选举法时，我国城乡人口比例虽然发生了一定变化，但城镇人口在全国人口中的比例仍然比较低，到 1982 年第 3 次全国人口普查时，城镇人口所占的比例只有 20.60%。此外，经过农业、手工业和资本主义工商业的社会主义改造和人民公社化运动，以及 20 多年的城乡二元管理[②]，城乡社会经济结构与 1953 年相比，要简单得多。在这种情况下，1979 年选举法在县级以上人大代表名额分配上，特别是在城乡人口分配比例上，基本上采用了 1953 年选举法的规定。应该说，1979 年选举法关于县级以上各级人大代表名额分配的规定，基本上是符合我国当时的社会现实状况的。

1995 年对第二部选举法进行第 3 次修正，这次修正的一个重要内容是，将全国和省、自治区农村与城市每一代表所代表的人口数的比例，统一修改为 4∶1。这样修改，是由当时我国的社会现实状况决定的。一是城乡人口比例发生了很大变化。1990 年第 4 次全国人口普查时，城镇人口的比例为 26.23%，1995 年为 29.0%，1996 年为 29.4%。二是改革开放后，我国社会政治经济文化状况发生了很大的变化，特别是农村的社会经济结构发生了很大的变化，农民的文化素质和民主法制意识整体上有了很大的提高。在这种情况下，在省、自治区和全国人大代表名额分配中，适当缩小农村和城市每一代表所代表的人口数的比例，是很有必要的，也是

① 《毛泽东选集》第 2 卷，人民出版社 1966 年横排本，第 638 页。

② 1958 年 1 月 9 日全国人大常委会通过《中华人民共和国户口登记条例》，对城乡户籍实行分开管理，城乡二元管理体制形成。

非常及时的。顾昂然在选举法和地方组织法修改决定草案的说明中，对这个问题说得十分清楚："四十多年来，特别是改革开放十多年来，我国政治、经济、文化已经有了很大的发展，城乡人口比例也有较大的变化，应当根据新的情况，缩小农村与城市每一代表所代表的人口数的比例。因此，草案将省、自治区和全国这两级人民代表大会中农村与城市每一代表所代表的人口数的比例，从原来的5∶1、8∶1修改为4∶1，自治州、县、自治县仍维持4∶1不变。"

根据我国经济、政治、文化、社会的发展变化，适当缩小省、自治区和全国人大代表农村和城市每一代表所代表的人口数的比例，不会对省、自治区和全国人大代表的构成造成很大的影响，因而既不会影响工人阶级的领导地位，也不会影响方方面面参政议政，同时，有利于促进城乡人口选举权的平等，在新的历史条件下巩固和发展工农联盟，巩固人民民主专政的基础，发展社会主义政治文明。

三 如何看待代表名额分配中的选举权平等问题

选举权和被选举权是公民最基本的政治权利。选举权平等，是政治平等的一个重要方面，也是政治文明的一个重要表现。保障和促进选举权平等，是政治文明建设的基本要求。对于选举权的平等问题，应当放在政治平等的视阈中进行观察和分析。这样，我们就会看到，观察和分析选举权平等的视角是多方面的，从一个角度看是平等的，从另一角度看就不一定是平等的，需要把各种因素综合起来考虑。

在我国人大代表选举中，人大代表名额如何分配，直接关系到政治平等问题，需要把各方面的因素综合起来考虑。2010年选举法修正草案中对于代表名额分配方案的调整，就是从政治平等的要求出发，综合考虑各种因素的结果。修改后的方案是，全国和地方各级人大代表名额，按照每一代表所代表的城乡人口数相同的原则，以及保证各地区、各民族、各方面都有适当数量代表的要求进行分配。其特点是"三保障一照顾"。

（一）保障公民都享有平等的选举权

这次修改，根据我国社会经济政治文化发展的实际状况和基本趋势，规定城乡按相同人口比例选举人大代表，结束了自1953年以来城乡按不同人口比例选举人大代表的历史，保障公民享有平等的选举权，充分体现了人人平等。这是党领导的人民民主政权根据时代发展的客观要求，兑现当初的政治承诺，采用“更为完备的选举制度”，“过渡到更为平等和完全平等的选举”的具体体现。它有利于进一步激发全体公民的主人翁意识，调动全体公民当家做主的积极性，加强人民民主政权建设。

（二）保障各地方的平等参与权

我国人民代表大会制度实行的是“一院制”。各级人民代表大会是各级国家权力机关。在县级以上各级国家权力机关中，保障各地方和基层行政区域享有平等的参与权，是政治平等的一个基本要求。修改草案对保障各地方和基层行政区域享有平等的参与权，作了更为完善的规定。

1. 在全国人大代表名额分配中，省、自治区、直辖市有相同的地区基本名额数。也就是说，在省级行政区中，不管人口多少，地域大小，都有相同的按地区分配的基本名额。此外，在地方各级人大代表名额分配中，也要保证地区平等。

2. 在县、自治县人民代表大会中，“人口特少的乡、民族乡、镇，至少应有代表 1 人”。

经过修改后的代表名额分配方案，有利于调动各地方和基层行政单位参与的积极性，推进社会主义政治文明建设。

（三）保障民族平等

我国是一个多民族国家，在人大代表名额分配中，保障各民族都有适当数量的代表，是民族平等的重要体现。调整后的代表名额分配方案，继续保留了选举法中关于少数民族代表名额的规定：

1. 在全国人民代表大会中，全国少数民族的代表名额，由全国人大常委会参照各少数民族的人口数和分布等情况，分配给各省、自治区、直辖市的人民代表大会选出。人口特少的民族，至少应有代表 1 人。

2. 在地方各级人大代表选举中，对聚居和散居的少数民族代表名额分配问题分别作了规定：一是在有少数民族聚居的地方，每一聚居的少数民族都应有代表参加当地的人民代表大会。同时，根据聚居境内同一少数民族的总人口数占境内总人口数的比例，对少数民族每一代表所代表的人口数作了具体规定：人口不足 15% 的，每一代表所代表的人口数可以适当少于当地人民代表大会每一代表所代表的人口数，但不得少于1/2；实行区域自治的民族人口特少的自治县，经省、自治区人大常委会决定，可以少于1/2；人口特少的其他聚居民族，至少应有代表1人。人口在15%以上、不足30%的，每一代表所代表的人口数可以适当少于当地人民代表大会每一代表所代表的人口数，但分配给该少数民族的应选代表名额不得超过代表总名额的30%。二是散居的少数民族，每一代表所代表的人口数可以少于当地人民代表大会每一代表所代表的人口数。三是前述两个方面的规定，适用于自治区、自治州、自治县和少数民族聚居的乡、民族乡、镇境内聚居的其他少数民族和汉族代表的选举。

从以上情况可以看出，在全国和地方各级人大代表选举中，为了保障各民族都有适当数量的代表，对少数民族代表配额分配作了照顾性规定。目的在于保障民族平等，增进民族团结，使各民族在全国和地方各级人民代表大会中能够反映自己的利益和要求，参与国家和地方重大事务决策，调动各民族参与人民民主政权建设的积极性。

（四）照顾方方面面

在全国和地方各级人大代表名额分配中，还需要照顾方方面面，保证各方面在全国和地方各级人民代表大会中反映自己的利益和要求，参与国家和地方重大事务决策，调动各方面参与的积极性，使国家和地方重大事务决策建立在更加民主和科学的基础上。直辖市、县级以上地方各级政权机关所在的市镇，是各方面代表性人物比较集中的地方，在分配各级人大代表名额时，应当根据实际情况，给予适当照顾。

从上文可以看出，各级人大代表名额如何分配，不仅涉及公民选举权平等问题，而且涉及地区平等和民族平等以及其他各方面的参与权平等问题，必须把多种因素综合起来考虑。根据修改后的方案分配全国和县级以上地方各级人大代表名额，各地区（行政区域）每一代表所代表的人口数仍然存在着不同程度的差距。下面以全国人大代表名额分配为例，对这种差距的情况加以说明：

一是地区基数造成的差距。由于省级行政区的人口不同，而地区基数相同，人口多的省级行政区每一代表所代表的人口数，比人口少的省级行政区多。人口最多的省级行政区比人口最少的省级行政区要多很多倍。例如，根据2000年第五次全国人口普查数据计算，人口最多的是河南省，人口数为9256万人，人口最少的是西藏自治区，人口数为262万人，最多和最少相差35.3倍。

二是民族因素造成的差距。根据法律规定，全国人大代表名额为3000人，人口特少的民族，至少应有代表1人。根据2000年第五次全国人口普查的总人口计算，平均每一全国人大代表应当代表的人口数为42.19万人。国家统计局2008年统计公报公布的全国人口数为132802万人，根据这一数据计算，平均每一全国人大代表应当代表的人口数为44.27万人。从2000年第五次全国人口普查的情况看，人口不足1万人的民族就有7个，1万人以上、10万人以下的民族就有12个（具体情况见表3—6）。各民族人口情况表明，汉族每一代表所代表的人口数，与少数民族每一代表所代表的人口数相比，存在着很大的差距，就是少数民族之间也会存在着很大的差距。

表3—6　　全国各少数民族人口数据　　单位：万人

民族	总人口数	民族	总人口数	民族	总人口数
侗族	296.03	傈僳族	63.49	塔吉克族	4.10
土族	24.12	佤族	39.66	怒族	2.88
蒙古族	581.39	畲族	70.96	乌孜别克族	1.24
回族	981.68	高山族	0.45	仡佬族	57.94
藏族	541.60	拉祜族	45.37	俄罗斯族	1.56
维吾尔族	839.94	水族	40.69	鄂温克族	3.05
苗族	894.01	东乡族	51.38	德昂族	1.79
彝族	776.23	仫佬族	20.74	保安族	1.65
壮族	1617.88	纳西族	30.88	裕固族	1.37
布依族	297.15	景颇族	13.21	京族	2.25
朝鲜族	192.38	柯尔克孜族	16.08	塔塔尔族	0.49
满族	1068.23	达斡尔族	13.24	独龙族	0.74
瑶族	263.74	羌族	30.61	鄂伦春族	0.82
白族	185.81	布朗族	9.19	赫哲族	0.46
土家族	802.81	撒拉族	10.45	门巴族	0.89
哈尼族	143.97	毛南族	10.72	珞巴族	0.30

续表

民族	总人口数	民族	总人口数	民族	总人口数
哈萨克族	125.05	锡伯族	18.88	基诺族	2.09
傣族	115.90	阿昌族	3.39		
黎族	124.78	普米族	3.36		

说明：表中数据为2000年第五次全国人口普查数据。表中数据根据国家民族事务委员会网站少数民族人口分布资料整理。

三是因照顾各方面造成的差距。对各方面代表人物比较集中的地方，在名额分配上会给予适当照顾，这会在一定程度上降低受照顾地方每一代表所代表的人口数，从而形成与其他地方的差距。

综合以上3个方面的情况看，根据修改后的方案分配全国人大代表名额，各地每一代表所代表的人口数是不同的，有的甚至存在着很大的差距。这说明，在全国人大代表选举中，各地公民的选举权并不是完全平等的。但是，从我国国情和人民代表大会制度的要求看，这种不完全平等状况的存在，是符合我国社会生活的现实状况的，是为了实现政治上的更加平等而造成的，因而，这种不完全平等性状况的存在，也是不可避免的。

四　人大代表直接选举中的选举权平等问题

我国的人大代表选举，有直接选举和间接选举两种方式。县、乡两级人大代表由选民直接选举产生，设区的市、州、自治州、省、自治区、直辖市和全国人大代表由下一级人民代表大会（各选举单位）选举产生，也就是通过间接选举产生。选举权是公民最基本的政治权利。在我国人大代表选举中，选举权和被选举权，是指公民依照宪法或法律规定享有选举人大代表和被选举为人大代表的权利。选举权和被选举权是紧密相连的，可以统称为选举权利，在日常生活中，人们通常称之为“选举权”。下面以直接选举为例，谈谈公民选举权平等问题。

在我国人大代表选举中，公民选举权的平等性，主要表现在以下几个方面。

（一）按照选举权平等原则划分选区，分配代表名额

在县、乡两级人大代表直接选举中，代表名额分配到选区，按选区进

行选举。修正前的选举法规定，“城镇各选区每一代表所代表的人口数应当大体相等。农村各选区每一代表所代表的人口数应当大体相等”。由于城镇和农村按不同人口比例分配人大代表名额，这一规定的目的在于，保证农村人口之间的选举权平等和保证城镇人口之间的选举权平等。现行选举法规定城乡按相同人口比例选举人大代表，并将前述规定修改为“本行政区域内各选区每一代表所代表的人口数应当大体相等”。这就要求按照选举权平等原则划分选区，分配代表名额，保障城乡人口享有平等的选举权。

（二）依法确认选举权，在法律面前人人平等

“公民”和“选民”这是两个不同的概念。中华人民共和国公民，是指具有中华人民共和国国籍的人。选民，是指依法经过选民登记，选举权利得到确认的公民。也就是说，并不是所有公民都是选民，只有经过法律程序确认了选举权利的公民，才是选民，才有选举权，才能参加选举活动。根据我国宪法和选举法规定，年满18周岁的中华人民共和国公民，不分民族、种族、性别、职业、家庭出身、宗教信仰、教育程度、财产状况、居住期限，都有选举权和被选举权。依法被剥夺政治权利的人除外。此外，精神病患者不能行使选举权利的，经选举委员会确认，不列入选民名单。公民能否成为选民，必须同时具备4个条件：一是国籍条件：具有中华人民共和国国籍的公民。二是年龄条件：年满18周岁。三是政治条件：没有被依法剥夺政治权利。四是身体条件：没有影响行使选举权利的精神疾病。选举机构根据法律规定的这4个条件确认公民是否具有选民资格，在法律面前人人平等。

（三）选举权利平等

从县、乡两级人大代表选举的过程看，公民选举权利主要表现为10项权利，即选民登记权、提名权、被提名权、讨论协商权、投票选举权、被选举权、当选权、知情权、监督权和受救济权。从制度规定和选举活动情况看，公民的这些选举权利都是平等的。

1. 选民登记权平等。选举登记是确认公民选举权利的法定程序。进行选民登记，是公民享有的选举权利，也是选举机构必须履行的法定义务。在选举活动中，公民依法进行选民登记的权利是平等的，非法定原

因，选举机构不得拒绝任何公民的选民登记要求。

2. 提名权平等。提名权，是指选民（依法确认了选举权利的公民）依照法律规定提名代表候选人的权利。提名权平等主要体现在 3 个方面：一是所有选民都享有依法提名代表候选人的权利。二是所有选民依法进行的提名都具有同等的法律效力，都应当列入候选人名单。三是选民提名与政党团体提名具有同等的法律效力。

3. 被提名权平等。被提名权，是指选民被依法提名为代表候选人的权利。在选举活动中，所有选民的被提名权是平等的，都依法享有被提名为代表候选人的权利。任何组织和个人不得以任何理由干扰和阻止任何选民被提名为人大代表候选人。

4. 讨论、协商权平等。讨论、协商，是确定正式候选人的法律程序之一。提名结束后，由选举委员会将各选区的候选人，分别交给各选区的选民小组讨论、协商，确定正式代表候选人。如果选区的代表候选人超出法定差额比例，由选区内的选民小组讨论、协商，根据较多数选民的意见确定正式代表候选人。讨论、协商权，是指选民参加讨论、协商正式代表候选人的权利。在选举过程中，选民参加讨论、协商的权利是平等的。在讨论、协商过程中，表达自己的意见和要求的权利也是平等的。任何组织和个人不得以任何理由剥夺或变相剥夺选民参加讨论、协商和发表意见的权利。

5. 投票选举权平等。投票选举权，是指选民参加投票选举的权利。在选举过程中，选民都有参加投票选举的权利，选民的投票选举权是平等的。这主要表现在以下几个方面：

一是投票权平等。在一次选举中，每位选民只有一个投票权，也就是通常所说的“一人一票”。

二是每张选票的价值相等，即“一票一值”。具体地说，就是在统计选票，确定选举结果时，每张选票的价值相同。这里需要特别说明的是，自第一部选举法实施以来，在历次选举中，都坚持了“一票一值”原则。在农民和城镇居民混合的选区中，在统计选票、确定选举结果时，农民选民和城镇居民选民的选票都是等值的。

三是一地参选。所谓一地参选，就是在一次选举中，每个公民只能在一个地方参加选举。这主要包括：公民只能在一个地方参加投票，只能被提名为一个地方的代表候选人，只能当选为一个地方的人大代表。一地参选，是保障选举权平等的一项重要措施，是选举权平等的具体体现。

6. 被选举权平等。被选举权，是指选民享有被其他选民选举的权利。在人大代表选举中，选民的被选举权也是平等的。这主要表现在3个方面：

一是任何选民都享有被提名权（前文已介绍，这里不再赘述）。

二是在被提名的选民中，任何选民享有作为正式代表候选人的权利。具体而言，经讨论、协商确定正式代表候选人的，任何选民享有根据多数选民的意见，被确定为正式代表候选人的权利；经过预选确定正式代表候选人的，选民享有根据得票数和法定差额比例被确定为正式代表候选人的权利。

三是在投票选举过程中，所有选民都享有被其他选民投票选择的权利。任何人不得干扰选民投票，不得指定选谁不选谁。

7. 当选权平等。当选权，是指选民享有当选为人大代表的权利。当选权平等的主要表现是，在选票数面前人人平等，根据得票数的多少依次确定当选人，非法定原因和法定程序，任何组织和个人不得剥夺选民当选为人大代表的权利。

8. 知情权平等。知情权，是指公民享有了解选举情况和获取选举信息的权利。在选举过程中，公民所享有的知情权是平等的。这主要表现在以下几个方面：

一是平等地享有获取法规政策信息的权利。

二是平等地享有了解和获取选举工作安排信息的权利。例如，选举的起始和结束时间，召开选举会议的时间和地点，选民登记的时间和地点，公布选民榜的时间和地点，提名的起始和截止时间，公布候选人的时间和地点，投票选举的时间和地点，计票的时间和地点，公布选举结果的时间和地点，等等。

三是平等地享有了解选举情况的权利。例如，选举登记情况，提名情况，讨论协商和确定正式代表候选人情况、投票选举情况、投票选举结果等。

四是平等地享有了解和获取候选人情况信息的权利。

五是平等地享有了解选举机构及其工作情况的权利。

9. 监督权平等。监督权，是指公民依法享有对选举活动进行监督的权利。在选举过程中，公民享有的监督权主要有以下几个方面：

一是享有对选举机构及其工作人员的行为进行监督的权利。例如，检举和控告选举机构及其工作人员的违法渎职行为，对选举机构及其工作人员的工作提出批评建议，等等。

二是享有对其他社会组织和公民个人的违法行为进行检举控告的权利。

三是享有对候选人进行监督的权利。

四是依法享有对人大代表提出罢免和参加罢免表决的权利。在这些权利的行使上，所有公民都是平等的，一切社会组织和个人都不得打击、压制和干扰公民监督权利的行使。

10. 受救济权平等。所谓受救济权，是指公民的选举权利受到侵害时，享有依法获得救济（维护和补救）的权利。从选举过程看，公民获得救济的权利也是平等的。这主要体现在以下几个方面：

一是获得行政救济的权利平等。在选举过程中，行政救济主要由两个部分构成：选举委员会的救济和政府职能部门的救济。当公民的选举权利受到侵害时，或者公民认为自己的选举权利受到侵害时，可以向选举委员会和公安机关提出救济要求。选举委员会是选举主持机构，也是选举事务的行政管理机构，负有选举权利救济职责。例如，在选民资格问题上，公民对于公布选民名单有不同意见的，可以向选举委员会提出申诉，选举委员会对申诉意见应在 3 日内作出处理决定。公民对于妨害其自由行使选举权利的行为，或者有损选举公平公正的行为，可以向选举委员会或公安机关投诉和举报，要求选举委员会或公安机关进行查处，以保证其自由行使选举权利，保证选举公平公正。

二是获得司法救济的权利平等。例如，在选民资格问题上，公民如果有对选举委员会的处理决定不服的，可以向人民法院起诉，人民法院应在选举日前依法作出判决。又如，当公民的名誉受到损害而影响其选举权利行使时，可以向人民法院起诉，寻求司法救济。

三是获得其他救济的权利平等。除了行政救济和司法救济外，公民还可以获得其他各种救济。例如，当选举委员会及其工作人员违法，侵害公民选举权利，影响选举公平公正时，公民还可以向人大常委会和各级党委投诉，要求查处违法行为，保障选举公平公正。

公民选举权利平等，是基于制度的一种机会平等。而选举权利的完全实现，一方面取决于公民个人的选择，另一方面还要取决于其他公民的选择。因此，是一个双向选择的结果。

从公民个人选择的角度看，公民是否行使选举权利，有自由选择权。也就是说，公民既可以放弃行使选举权利，也可以选择行使选举权利。如果公民进行了选民登记，意味着公民已经选择了行使选举权利。从选举过程看，选民登记一般采用选民主动到站登记和选举机构根据户籍资料为公民进行登记（也就是登记选民）相结合的方式进行。不管采用哪种方式进行的选民登记，都表示选择了行使选举权利。对于已经进行了选民登记的公民来说，对于上述10项权利，既可以选择行使其中的部分权利，也可以选择放弃行使其中的部分权利。例如，在提名权的行使上，公民可以行使提名权，参加联名提名，也可以放弃行使提名权，不参加联名提名；在被提名权的行使上，公民可以接受提名，行使被提名权，也可以不接受提名，放弃被提名权的行使。因此，公民选举权利的实现，首先取决于公民个人的选择。但是，公民选举权利的完全实现，仅有公民个人的选择是不够的，还需要有其他公民的选择。

从其他公民选择的角度看，提名谁，不提名谁，选举谁，不选举谁，选民有自由选择的权利。但是，某一选民能否被提名、被选举和当选，取决于其他选民的选择。也就是说，没有其他选民联名提名，其被提名权就无法行使，没有其他选民投票，其被选举权就很难行使（公民还可以自己投票选举自己），而不能获得法定的当选票数（也可以理解为法定的选择人数），其当选权就无法行使。

因此，公民选举权利平等，是基于制度的一种机会平等，而不是一种事实上的平等。也就是说，根据制度规定，所有选民都有参加选举和当选为人大代表的机会，而事实上并不是所有选民都能当选为人大代表，对于绝大多数选民来说，其当选权是无法实现的。

第四章

选举的民主性

选举是民主的基础和核心，是证明政治权力授予合法性的主要途径。当今世界，除极少数国家外，绝大多数国家都通过选举授予政治权力。但是，并不是所有国家通过选举授予的政治权力都具有合法性。一些国家虽然进行了选举，但人民对选举结果并不认同。这是因为选举本身就是不民主的。因此，选举的民主性问题，也就成了人们关注的重点。所谓选举的民主性，就是选举人在自由、平等和公平竞争的基础上按照自己的意愿行使选举权利，并在此基础上根据多数人的意愿确定选举结果。这就是我们通常所说的民主选举。反之，就是不民主的选举。选举的民主性，是人们判断一个国家是否民主的最重要的依据。在现实生活中，人们判断一个国家是否民主，往往不是看它是否进行了选举，而是看它进行了什么样的选举，也就是说，它的选举是否是民主的。因此，选举的民主性问题，不但是一个重要的理论问题，而且是一个重大的现实问题。正确认识这个问题，对于发展社会主义民主，推进社会主义政治文明建设，有着重要的理论意义和现实意义。本书拟从以下 8 个方面探讨选举的民主性问题，同时对我国人大代表选举的民主性问题进行分析。

一 选举权利分配正义

选举权利，是指公民在国家代议机关组成人员和其他公职人员选举中选举他人和被他人选举的权利。它由选举权和被选举权两个部分构成。选举权利分配正义是指选举权利分配公平公正。在法律制度中，选举权利分配属于制度中的实体部分，因此，选举权利分配正义，也可称为实体正义。选举权利分配正义是选举民主性的前提和基础，它是选举民主性的必要条件。衡量选举权利分配是否正义的重要依据是，选举权利是否具有普遍性和选举权利是否平等。

在代议机关实行选举制的国家，在国家代议机关组成人员选举中，选举权利一般要进行两次分配，在地方代议机关组成人员选举中，具体情况不尽相同，有的进行第二次分配，有的则不进行第二次分配。第一次分配是代议机关组成人员名额的分配。代议机关组成人员由选举产生的，代议机关组成人员名额一般按人口或者地区进行分配。按人口进行分配的，以公民的选举权利平等为价值取向，只要是本国公民，都计算在人口数之中，没有其他任何附加条件，选举权利分配是普遍的，也是平等的；按地区进行分配的，以地区的参与权平等为价值取向，所有地区都有相同的参与权，地区的参与权是普遍的，也是平等的。第一次分配的结果是，每个公民都享有选举权利，但不是直接享有，而是间接享有。第二次分配是在公民个人之间进行的分配。决定公民个人是否可以直接享有和行使选举权利，取决于第二次分配。选举权利的第二次分配，同样会关系到选举权利分配的普遍性和平等性问题。

选举权利的第二次分配是否具有普遍性和平等性，取决于分配标准（或条件）是否合理。一般而言，选举权利第二次分配的合理标准主要有以下四条：一是成年公民资格。选举是关系到国家政权建设的大事，是一种非常严肃的政治活动。选举权利分配对选举起着重要的影响作用，规定只有成年公民才能享有选举权利，是严肃对待选举这种政治活动的表现，也是选举本身的要求。因为公民只有达到成年，心智发育才能完全成熟，才有可能具备完全民事行为能力，才有能力承担起选举这样重要而严肃的政治责任。二是完全民事行为能力。在现实生活中，并非所有成年公民都具有完全民事行为能力。公民达到成年，只是具备了完全民事行为能力的可能，而公民是否真正具备完全民事行为能力，还要根据每个公民的具体情况而定。成年公民中的智障人员，某些精神病患者，没有完全民事行为能力，不能享有选举权利。三是享有政治权利。选举权利是一种政治权利，依法被剥夺政治权利的公民，不能享有选举权利。四是人身自由没有受到法律的特殊限制。选举是公民政治参与的过程，当公民的人身自由受到法律的特殊限制而无法自由参加选举活动时，不应当享有选举权利。一般而言，只有当公民的行为危害社会触犯刑律时，其人身自由才会受到法律的特殊限制。因犯罪被依法判处刑罚而在监狱服刑的公民，或者因犯罪嫌疑而在选举期间被公安、司法机关羁押的公民，其人身自由受到法律的特殊限制，无法自由参加选举活动，不应当享有选举权利。

上述四条标准可以说是选举权利分配的合理标准。根据上述四条标准进行选举权利分配，平等对待每一位公民，既可以保证成年公民中的绝大多数享有选举权利，使选举权利分配具有普遍性，又可以保证选举权利分配的平等性。在上述四条标准之外，如果把性别、民族、种族、职业、财产状况、纳税状况、教育程度和居住期限等条件中的一个、多个或全部作为选举权利分配的标准，不但会影响选举权利分配的普遍性，同时，也会影响选举权利分配的公平公正。

选举权利平等是政治平等的一项主要内容，是选举的民主性的重要体现。它是指公民在前述合理标准面前受到平等的对待，条件相同的公民享有相同的选举权利。它包括两个方面的内容。一是资格平等，即资格条件相同的公民，享有相同的选举权利。二是价值平等，即每个公民在选举中的地位和作用相同，有些学者把它称为“分量平等”。[①]

在我国县级以上各级人大代表选举中，选举权利都要进行两次分配。第一次进行代表名额分配，它不是针对每一个公民进行的分配，而是针对全体公民中的不同群体进行的分配。自 1953 年制定的第一部选举法开始到 2010 年对第二部选举法第 5 次修正为止，县级以上各级人大代表名额主要按人口进行分配，同时，对少数民族的方方面面给予适当照顾。其中，城乡人口按不同比例进行分配。[②] 从代表名额分配看，选举权利分配明显缺乏公平公正。但是，这是由我国的政权性质和人民代表大会制度的要求决定的。我国是工人阶级领导的、以工农联盟为基础的人民民主专政

① 参见姜瑞林《选举权的平等保护》，《中国经贸导刊》2010 年第 14 期；高彩玲《选举制度的平等原则刍议》，《党政干部学刊》2009 年第 5 期。

② 根据 1953 年制定的第一部选举法推算，在全国人大代表名额分配中，城乡人口按 1∶8 分配；在省和县人大代表名额分配中，存在着各种分配比例，在市人大代表名额分配中，郊区每一代表所代表的人口数，应多于市区每一代表所代表的人口数。1979 年制定第二部选举法时，对各级人大代表名额分配中的城乡比例作了明确规定：全国人大代表为 1∶8，省和自治区为 1∶5，州和县级为 1∶4，城市郊区直辖市、市、市辖区农村每一代表所代表的人口数，应多于市区每一代表所代表的人口数。1995 年对第二部选举法进行第 3 次修正时，将全国和省、自治区人大代表名额的分配比例调整为 1∶4，与州和县级相同。同时规定“县、自治县行政区域内，镇的人口特多的，或者不属于县级以下人民政府领导的企业事业组织的职工人数在全县总人口中所占比例较大的，经省、自治区、直辖市的人民代表大会常务委员会决定，农村每一代表所代表的人口数同镇或者企业事业组织职工每一代表所代表的人口数之比可以小于 4∶1 直至 1∶1”。

的社会主义国家。工人阶级作为领导阶级，在县级以上各级人民代表大会中，应当占有与其领导地位相应的比例，以保证领导作用的发挥。

1953年，我国城镇人口仅占全国总人口的13.26%，此后相当长的一段时间内，城镇人口虽然有所增加，但在全国总人口中所占的比例，仍然处于较低水平。1964年为18.30%，1982年为20.60%，1990年为26.23%，2000年为36.09%。[①] 如果代表名额完全按人口分配，势必造成县级以上各级人民代表大会中农民代表过多的情况。此外，城镇是工人阶级和社会各界较为集中的地方，如果完全按人口分配，城镇的代表名额太少，很难照顾到方方面面，不能保证各方面都有适当数量的代表。显然，这与人民代表大会制度的要求是不符的。这一点，邓小平在《关于〈中华人民共和国全国人民代表大会及地方各级人民代表大会选举法〉草案的说明》中讲得十分清楚，他说："选举法草案还规定了全国及地方各级人民代表大会代表的名额及代表的产生，均以一定人口的比例为基础。同时草案又适当地照顾了地区和单位，所以在城市与乡村间，在汉族与少数民族间，都作了不同比例的规定。这些在选举上不同比例的规定，就某种方面来说，是不完全平等的，但是只有这样规定，才能真实地反映我国的现实生活，才能使全国各民族各阶层在各级人民代表大会中有与其地位相当的代表，所以它不但是很合理的，而且是我们过渡到更为平等和完全平等的选举所完全必需的。"[②]

2010年对第二部选举法进行第5次修正时，我国大陆人口中，居住在城镇的人口为49.68%，居住在乡村的人口为50.32%[③]，二者基本持平，城乡按相同人口比例选举人大代表的条件已经成熟，在这种情况下，对代表名额分配制度进行调整，规定城乡按相同比例选举人大代表，在代表名额分配上，实现了城乡人口选举权利的完全平等。同时，保留了对少数民族的方方面面给予照顾的规定。此外，在全国人大代表名额分配中，增加了地区相同基数的规定，以保证地区的参与权平等。目前，我国县级

① 参见国务院人口普查办公室、国家统计局人口社会和科技统计司编《2000年第五次全国人口普查主要数据》，中国统计出版社2001年版，第6页。

② 转引自刘政、于友民、程湘清主编《人民代表大会工作全书》，中国法制出版社1991年版，第108页。

③ 参见中华人民共和国国家统计局《2010年第六次全国人口普查主要数据公报（第1号）》（2011年4月28日）。见国家统计局网站，网址：http://www.stats.gov.cn/tjgb/rkpcgb/qgrkpcgb/t20110428_402722232.htm。

以上的各级人大代表名额“按照每一代表所代表的城乡人口数相同的原则，以及保证各地区、各民族、各方面都有适当数量代表的要求进行分配”①。这样分配的目的是，保证在国家政治生活中参与权的普遍性和平等性，最大限度地调动各方面参与的积极性。

第二次分配是针对公民个人进行的选举权利分配，它决定公民个人能否直接享有和行使选举权利。根据我国选举法规定，在选举权利的二次分配中，公民享有选举权利需同时具备以下条件：一是年龄条件。只有年满18周岁的公民，才能直接享有和行使选举权利。二是能力条件。在年满18周岁的公民中，只有具备了完全民事行为能力的公民，才能直接享有和行使选举权利，影响选举权利行使的精神病患者和智障人员，不能享有和行使选举权利。三是政治条件。第一部选举法和第二部选举法对政治条件的规定不完全相同，第一部选举法规定，“依法尚未改变成分的地主阶级分子”、“依法被剥夺政治权利的反革命分子”和“其他依法被剥夺政治权利者”②，无选举权和被选举权。没有改变成分的地主阶级分子和依法被剥夺政治权利的反革命分子，是敌视和破坏人民民主政权的人。选举是关系到人民民主政权建设的大事，剥夺他们的选举权利，是必要的，也是合理的，有利于巩固新生的人民民主政权。1979年制定第二部选举法时，对选举权利分配的标准作了重大调整，根据第二部选举法规定，只有“依照法律被剥夺政治权利的人没有选举权和被选举权”③。此后，再未进行调整。这样调整，是符合当时的实际情况的。地主阶级分子经过多年劳动改造，绝大多数已经成为自食其力的劳动者，地主阶级作为一个阶级实际上已不再存在。1979年1月11日，中共中央作出了《关于地主、富农分子摘帽问题和地、富子女成分问题的决定》，根据这个决定，全国460多万地主、富农先后摘帽，成为人民公社社员。在这种情况下，对选举权利分配标准进行调整，取消“地主阶级分子没有选举权和被选举权”的规定，符合当时的实际情况。

① 《中华人民共和国全国人民代表大会和地方各级人民代表大会选举法》，《人民日报》2010年3月15日第15版。

② 刘政、于友民、程湘清主编：《人民代表大会工作全书》，中国法制出版社1991年版，第104页。

③ 同上书，第124页。

根据上述3个条件进行选民登记[1]，确定公民能否直接享有和行使选举权利。选民登记过程，实质上是选举机构根据选举法规定实施选举权利分配的过程。从我国人大代表选举的实际情况看，根据上述3个条件进行选举权利分配，直接享有和行使选举权利的公民是十分普遍的，公民享有的选举权利也是平等的。1953年基层选举时，全国进行基层选举地区的人口数为571434511人，18周岁以上人口数为323192795人，登记选民总数为323809684人，占进行选举地区18周岁人口总数的97.18%。被剥夺选举权的人数为8688852人，占进行选举地区人口数的1.52%。精神病患者人数为694256人，占进行选举地区人口数的0.12%。[2] 此后，选举权利分配的范围逐步扩大，享有选举权利的人更加普遍。1956年基层选举时，已有很多地主阶级分子改变了成分，取得了选举权利。“据河北、辽宁、青海等16个省、市的1048个基层单位的统计，被剥夺选举权的人占总人口的0.48%。在山西省，据潞安、寿阳、五寨等27个县的初步统计，在地主、富农中有81.5%改变了成分参加了选举，有半数以上接受改造表现较好的被管制分子撤销了管制，给予他们政治权利。”[3] 第二部选举法制定实施后，自1980年至2001年，全国先后进行了6次县级人大代表选举，在这6次选举中，没有选举权和被选举权的人占18周岁以上人口的比例，均未达到0.1%。[4] 从历次选举的情况看，在我国人大代表选举中，选举权利的享有是十分普遍的。

但是，在上述3个条件中，对政治条件的要求过于宽松。根据第二部选举法规定，被判处刑罚正在服刑而没有被剥夺政治权利的公民，因有犯罪嫌疑而被公安、司法机关羁押的公民（人民检察院或者人民法院决定

---

① 选民登记是确认公民是否享有选举权利的法定程序，公民只有经过选民登记后才能成为选民。作为一种权利，公民既可以选择行使，进行选民登记，也可以选择放弃行使，不进行选民登记。在通过选民登记的公民（即选民）中，对于选举过程中的各种具体权利，既可以选择全部行使，也可以选择部分行使。

② 参见中央选举委员会办公室编《选举工作简报》第46期附件“全国基层选举工作中的几项统计数字”1954年7月3日出版。

③ 新华社：《参加选举的人数高于上届选举时的比例，十九个省市全部完成基层选举，有些地区正采取紧急措施纠正偏差和解决遗留问题》，《人民日报》1956年12月28日第4版。

④ 参见刘智、史卫民、周晓东、吴运浩《数据选举》，中国社会科学出版社2001年版，第102—103页。

停止行使选举权利的除外）[①]，仍然享有选举权利。这是一种不合理的选举权利分配。

正在服刑的公民是严重不守法的公民，被羁押的公民至少存在严重不守法的嫌疑。法律是人民意志的体现，正在服刑和被羁押的公民享有选举和当选人大代表的权利，参与制定法律或者决定重大事项，显然是不合适的。此外，正在服刑和被羁押的公民，由于其人身自由受到法律的特殊限制，无法完全行使刑法第54条所列的各项政治权利。[②] 就选举权利而言，它包括提名权、被提名权、讨论协商权、投票选举权、被选举权、当选权、知情权和监督权等，对正在服刑和被羁押的公民来说，这些权利都是无法自由行使的。即使个别人有可能被选举为人大代表，但根据代表法规定，不能履行代表职务[③]，无法行使代表的权利。在选举实践中，在监狱服刑的公民，除了通过邮寄委托书委托其他选民代为投票，行使投票选举权外，其余各项权利基本上无法行使，而选举期间被羁押公民中，大多数由人民法院或者人民检察院决定停止行使选举权利。从实际情况看，对于正在服刑和被羁押的公民，剥夺或者停止其选举权利，是一种合适的制度安排。

在人大代表选举过程中，选举权利的平等性主要体现在以下几个方面：一是所有选民在选举过程中，平等地享有获取选举信息的权利，参加选举会议的权利，提名和被提名的权利，讨论协商的权利，投票选举的权利，被选举的权利，当选的权利，监督选举的权利，受救济的权利，等等。二是在联名提名候选人过程中，在计算联名人数时，每个选民的价值是相等的，只要联名符合法定人数，联名提名的法律效果也是相同的。也就是说，所有参加联名的选民，不管其地位高低、职位高低、权力大小、

① 根据全国人民代表大会常务委员会《关于县级以下人民代表大会代表直接选举的若干规定》规定："因反革命案或者其他严重刑事犯罪案被羁押，正在受侦查、起诉、审判的人，经人民检察院或者人民法院决定，在被羁押期间停止行使选举权利。"

② 刑法第54条所列的政治权利有：1. 选举权和被选举权；2. 言论、出版、集会、结社、游行、示威自由的权利；3. 担任国家机关职务的权利；4. 担任国有公司、企业、事业单位和人民团体领导职务的权利。

③ 根据《中华人民共和国全国人民代表大会和地方各级人民代表大会代表法》第48条规定，因刑事案件被羁押正在受侦查、起诉和审判的，被依法判处管制、拘役或者有期徒刑而没有附加剥夺政治权利，正在服刑的，暂时停止执行代表职务（http：//www.gov.cn/flfg/2010－10/28/content_ 1732997.htm）。

教育程度高低、财产多少和居住时间长短等状况如何，都必须同等对待。三是每位选民的投票权相同。具体地说就是，在一次选举中，每位选民只有一个投票权，即一人一票。四是在确定选举结果时，每张选票的价值相等，效力相同，即一票一值。五是公民既不得同时担任两个以上无隶属关系的行政区域的人大代表①，也不得同时担任本行政区域内两个以上选区的人大代表②，即一地参选。

二　选举程序正义

选举程序，是对选举权利行使和选举管理的时间、空间和方式的制度规定。从选举过程看，选举程序是选举人和选举机构在一定时间和空间范围内，借助于一定的物质载体，以一定的行为方式履行权利义务的过程。选举程序的价值，在于保证实体正义即选举权利分配正义的实现。选举程序正义，是指选举的时间、空间、物质载体的运用和行为方式设置具有合理性，符合自然正义原则，能够维护和保障选举过程的公平公正。没有正义的选举程序，就没有公平公正的选举，公民的选举权利就会部分乃至全部落空，选举也就没有民主性可言。

选举程序正义主要体现在以下三个方面：

1. 符合客观实际。这是指选举程序与社会经济政治文化的发展状况相适应，有利于选举程序的参与者（选举人、选举机构和社会组织）开展选举活动，实现实体正义。具体地说，主要包括以下几个方面的内容：一是在选举程序设计中，物质手段的运用，要与社会物质条件相适应；二是时间和空间设置，既要衔接紧密，又要符合选举权利行使的要求；三是采用行为方式要恰当，要与选举人的文化素质相适应，有利于选举人行使选举权利。凡是符合客观实际，即与社会政治经济文化发展状况相适应的选举程序，就是正义的选举程序，超出或落后于社会政治经济文化发展状况的选举程序，由于其不利于实体正义的实现，均可以判定为不正义的选举程序。

① 参见《中华人民共和国全国人民代表大会和地方各级人民代表大会选举法》，《人民日报》2010 年 3 月 15 日第 15 版。

② 参见乔晓阳、张春生主编《选举法和地方组织法释义与解答》（二次修订版），法律出版社 1997 年版，第 209—210 页。

例如，在物质载体的选择和运用上，如果将当今世界上最先进的电子投票机用于人大代表直接选举，要求所有选民用电子投票机投票，就是一种不合理的程序设计。电子投票机是一种高科技产品，运用于投票选举，可以提高选举工作效率，但是，作为行使选举权利的一种物质手段，大部分选民还没有能力使用，对于大多数没有能力使用的选民来说，在投票选举中就不一定能够准确表达自己的意愿。这与民主选举的要求是相违背的。同样，如果将抗日战争时期根据地在直接选举中采用的投豆、烧洞和举手等投票选举办法用于今天的人大代表直接选举，也是不合适的。因为社会政治经济文化状况已经发生了很大的变化，公民文化素质有了很大提高，不识字的公民很少，早已具备了进行秘密投票选举的物质条件和文化条件。此外，公民的民主意识、民主要求和民主能力都有了很大提高，抗日战争时期根据地采用的投票选举办法，已不能满足公民不断提高的参与要求，不利于公民更好地行使选举权利。

2. 符合“自然正义”原则。选举程序是重要的政治程序，也是重要的法律程序。作为法律程序，也必须符合“自然正义”原则。就选举程序而言，“自然正义”主要体现在以下几个方面：

一是根据实体规定公平对待所有的程序参与者。在选举过程中，程序参与者及其权利义务不尽相同。这是由选举制度中的实体部分规定的。根据实体规定公平对待每位程序参与者，是程序正义的基本要求。也就是说，根据程序正义的要求，权利相同的程序参与者，应当受到相同的对待，在程序面前是平等的。例如，在人大代表直接选举中，政党、人民团体和选民都是程序参与者，他们的权利义务是不相同的。政党和人民团体拥有单独或者联合提名推荐代表候选人的权利，但没有投票选举权利；选民既拥有联名提名代表候选人的权利，也有投票选举的权利。基于“自然公正”原则，我国选举法规定，在提名阶段，所有依法进行的提名，都应当列入候选人名单；在投票选举阶段，采用一人一票、一票一值和一地参选原则。

二是候选人回避。首先，候选人不能主持选举。选举机构及其工作人员保持中立，不偏向任何一方，是保证选举公平公正的基本前提，也是程序正义的要求。因此，当选举机构的工作人员被提名为候选人后，应当及时退出选举机构。否则，会影响选举的公平公正，降低选举的公信力。从理论上讲，任何政治竞争的参与者，都希望在竞争中获胜。否则，就不会参与竞争。参选人大代表，是政治竞争的一个内容，也是政治竞争的一种方式。作为候选人，即使是道德高尚、政治品质优秀的人，主持或直接参与选举工作，会存在着谋求当选的潜在意识，在工作中很难排除自觉或不自觉地利用职务或工作上的便利谋求当选的可能。因此，我国选举法规定，“选举委员会的组成人员为代表候选人的，应当辞去选举委员会的职务”。[①] 其次，任何人不能处理涉及自身的选举纠纷。在选举过程中，发生选举纠纷是难免的，如选民与选举机构的纠纷、候选人与选举机构的纠纷、候选人之间的纠纷，等等。在处理选举纠纷过程中，当事的任何一方不能作为选举纠纷的最终处理者或裁判者，即自己不能当自己的“法官”[②]。否则，也就会影响选举的公平公正。例如，当选民或候选人与选举机构及其工作人员发生纠纷时，作为当事方的选举机构及其工作人员不能作为纠纷的最终裁决者；候选人之间发生选举纠纷时，任何一方都不能作为选举纠纷的处理者，特别是在选举诉讼中，当事人不能担任选举纠纷案的法官。对于司法回避问题，我国刑事、民事和行政诉讼法中作了明确规定，这里不赘述。

3. 候选人的姻亲和3代以内血亲回避。作为候选人的姻亲和3代以内的血亲，由于亲缘关系十分密切，也会存在着为候选人谋求当选的潜在意识，也很难排除利用职务上的便利，有意或者无意地为候选人谋求当选的可能。因此，候选人的姻亲和3代以内血亲应当回避。我国选举法明确规定，“代表候选人的近亲属不得担任监票人、计票人”[③]。之所以这样规定，就是为了维护选举的公平公正，增强选举的公信力。

---

① 《中华人民共和国全国人民代表大会和地方各级人民代表大会选举法》，《人民日报》2010年3月15日第15版。

② 在选举过程中，选举委员会是组织选举、管理选举事务的选举行政机构。在选民资格问题上，如果公民对公布的选民名单有不同意见，可以向选举委员会提出申诉，要求选举委员会进行重新审查，作出答复。选举委员会可能因为其工作人员认识上的偏差和工作失误，对选民资格的认定出现错误。设置申诉程序，由选举委员会进行重新审查，纠正工作中的错误，是十分必要的。这属于行政复议范畴，是选举行政程序的一部分。但是，如果公民对选举委员会的审查答复不服，说明公民与选举委员会的纠纷发生，这时，选举委员会作为纠纷的当事方，不能作为纠纷的处理者，公民应当向人民法院提起诉讼，由人民法院进行审理和判决。

③ 《中华人民共和国全国人民代表大会和地方各级人民代表大会选举法》，《人民日报》2010年3月15日第15版。

三　选举自由

"所谓自由，主要是指在合理法律的规定范围中，社会成员能够免于他人的限制和强制、做自己想做的事情。"① 选举自由，是指人们根据合理法律②的规定，对选举和在选举过程中作出的自由选择。这种选择除了受合理法律的约束外，不受他人和社会组织的限制和强制。它主要包括以下几个方面的内容：

1. 参选自由。选举是公民享有的最基本的政治权利，而不是公民必须履行的义务。在具有完全民事行为能力的公民中，除依照法律被剥夺政治权利者外，都享有这种权利。作为一种权利，公民既可以选择行使，也可以选择放弃行使。也就是说，公民既可以选择参加选举，也可以选择不参加选举。这是公民对选举的自由选择。无论公民作出哪种选择，都应当受到尊重和保护，而不应受到任何追究。

在直接选举中，公民面临的第一次选择是选民登记。选民登记，是确认公民是否享有选举权利的法律程序，公民只有经过选民登记，确认其享有选举权利后，才能成为选民，才能参加各种选举活动。如果公民进行选民登记，也就是作出了行使选举权利的选择，表明公民将参加选举；如果公民放弃选民登记，也就是作出了放弃行使选举权利的选择，表明公民将不参加选举。也就是说，放弃选民登记，就等于放弃了参加选举活动的权利。

在我国人大代表直接选举中，选民登记采用两种方式进行，一是公民主动到选民登记站登记；二是选举机构为没有主动登记的公民进行选民登记，也就是"登记选民"。前者是公民对选举作出的自由选择；后者是选举机构为公民作出的选择。选举机构为公民作出的选择，是一种基于选举

① 吴忠民：《自由新探》，《学术界》（月刊）2010年第8期。

② 什么是合理法律？对于这个问题，目前没有一个公认的看法。笔者认为，合理法律是符合自然和社会发展规律，维护社会公平正义，促进人的全面发展，以及人与自然、人与社会协调发展的法律。由于法律具有相对稳定性，因此，即使是完全合理的法律，随着社会的发展，也会发生变化，由完全合理变成部分或者全部不合理。严格遵守法律，是法治社会的基本要求，在法律的部分或者全部变得不合理的情况下，需要启动法定程序修改法律，修改之前，必须严格遵守还没有来得及修改的法律。任何社会组织和个人可以通过各种途径提出修改法律的建议和要求，但不能根据自己对于法律合理性的判断而决定是否遵守法律。否则，就无法治可言。

权的普遍性和平等性的选择，凡是依法享有选举权利的公民，选举机构都会为其进行选民登记。对于公民个人而言，这不是一种自由选择，而是一种“被选择”。这种“被选择”可能与部分公民的意愿不符，也就是说，当部分公民选择不参加选举时，而选举机构却为其选择了参加选举。

表面上看，选举机构为公民作出选择，对公民选举自由不够尊重，而实际情况则不然。在我国人大代表直接选举中，选举机构为公民进行选民登记的做法，始于新中国成立初期的基层选举。之所以采用这一做法，是由我国国情决定的。我国是一个经历了漫长封建社会的国家，缺乏民主的传统和基础，公民的民主法制意识薄弱，民主技能较低，大多数公民不知道如何进行选民登记。在这种情况下，由选举机构为公民进行选民登记，是坚持选举权的普遍性和平等性、保障绝大多数公民顺利参加选举的重要措施。对于不愿参加选举的公民来说，在选举过程中还可以作出自由选择。

经过新中国成立后几十年的民主法制建设和民主实践，我国公民的民主意识和民主技能有了很大提高，在这种情况下，可以取消选举机构直接为公民进行选民登记的做法，统一实行由公民自己到选民登记站登记，进一步发展和保障公民选举自由。

2. 竞选自由。担任公职，是公民最基本的政治权利之一。对于这项权利，公民可以选择行使，也可以选择放弃。在选择行使担任公职的权利时，对于担任哪一具体职务，还可以进行选择。当然，公民选择行使担任公职的权利时，由于受主客观条件制约，其担任公职的意愿未必能够实现。选举是职务授予活动。竞选，是公民为了担任某一职务而依法开展的选举活动。竞选自由主要表现在两个方面：一是竞选公职自由。在选举过程中，公民是否竞选公职，完全由公民根据自己的意愿决定。如果参加竞选，竞选哪一职务，也完全由公民根据自己的意愿决定，不受任何外在因素的限制和强制。二是竞选活动自由。公民可以依法开展竞选活动，如进行竞选登记，募集竞选经费，成立竞选机构，招募志愿者，走访选民，举行选举集会，发表竞选演讲，进行选举宣传等。公民依法开展的竞选活动，不受其他因素的限制和强制。

3. 选举活动自由。公民经过选民登记成为选民后，享有参加各种选举活动的权利，但参加各种选举活动并不是选民必须履行的法定义务。对于选举过程中的各种活动，选民有自由选择的权利，既可以选择全部参加，也可以选择部分参加，还可以选择全部不参加。无论作出哪种选择，都应当受到尊重和保护，不应受到任何追究。

从我国人大代表直接选举的情况看，参加选举活动自由主要体现在以下两个方面：一是参加或不参加人大代表选举活动自由。我国主要由选举机构为公民进行选民登记，在这种情况下，公民如果不想参加选举，还可以进行第二次选择，即不参加任何选举活动。对于选民来说，第二次选择是完全自由的，是不受任何限制和强制的选择。二是有选择地参加选举活动的自由。当选民选择参加选举活动后，对于选举过程中的各种活动，如联名提名候选人，讨论、协商和确定正式代表候选人，投票选举等活动等，既可以全部参加，也可以有选择地参加。

4. 投票选举自由。投票选举，是选举人的一种选择活动，是选举人挑选公职人员的行为。投票选举自由，就是选举人在投票选举过程中，完全根据自己的意愿进行选择，不受任何外在力量的限制和强制。具体地说，就是选举人对候选人可以作出选择，也可以不作任何选择（弃权）。在我国人大代表直接选举中，选民对代表候选人除了可以作出赞成或者反对、弃权的选择外，还可以另选他人，选民自由选择的范围很大。

自由选举原则是强制选举原则的对称，指选民是否参加选举以及选谁不选谁完全由自己决定，不受任何外界强制。自由选举原则的本意在于尊重民意，保障民主，使选民在选举中完全根据自己的意志进行活动，保证选举的民主和合法。

四　选举公开

公开，是民主的一个基本前提，也是民主的一个基本特征。列宁认为，“每一个人大概都会同意‘广泛民主原则’要包含以下两个必要条件：第一，完全的公开性；第二，一切职务经过选举。没有公开性而谈民主制是很可笑的，并且这种公开性还要不仅限于对本组织的成员”。[①] 选举是民主的基础，选举是否公开进行，是衡量选举是否民主的一个重要标志。

选举公开，是公民的知情权、参与权和监督权的保障。选举公开的主

① 《列宁选集》第1卷，人民出版社1995年版，第416—417页。

要要求是，制度公开、应选职位公开、选举信息公开、选举过程公开和选举结果公开。

1. 选举制度公开。选举制度是选举活动的基本规范，是公民行使选举权利和对选举进行监督的依据。选举制度公开，不但有利于公民了解自己在选举中的权利义务，行使选举权利，而且有利于公民和各种社会组织了解选举机构的权利义务，对选举进行监督。从选举制度公开的情况看，我国人大代表选举制度、各级政权机关领导人员的选举制度、村（居）委员会选举制度都是公开的。选举制度公开便于公民在选举过程中了解各种权利主体的权利义务，依法行使选举权利和对选举进行监督。

2. 应选职位公开和开放。选举是一种公开选拔人才的机制。应选职位公开，是指将应选职位的名称、职数、任职条件向全社会公开，使所有人能够了解应选职位的情况和要求。开放应选职位，是指向所有符合任职条件的人开放任职机会，最大限度地扩大任职人选的选择范围，使每一个符合条件的公民，都有机会参与竞争。公开和开放应选职位，是选举民主性的要求。应选职位不公开和不开放的选举，是不民主的选举。应选职位公开和开放程度不大的选举，不是充分民主的选举。

在我国人大代表直接选举中，人大代表职位是公开的，也是向所有选民开放的。代表名额在分配到选区后，由选举委员会分别向各选区公布，根据法律规定，本行政区域内所有选民都有可能被提名为代表候选人，被选举为人大代表。在人大代表间接选举中，代表分别由各选举单位①选举产生，本行政区域内的所有选民，都有被选举为人大代表的权利和机会，从制度规定看，代表职位也是开放的。在选举实践中，应选代表名额虽然是公开的，但不够充分，主要向各选举单位公开，而没有充分地向本行政区域内的所有人公开。代表职务虽然向本行政区域所有符合任职条件的公民开放②，但由于公开的范围有限，绝大多数符合任职条件的公民不了解情况。退一步说，即使是了解情况，由于没有建立公民参与的制度和机

---

① 根据我国《宪法》规定和《选举法》规定，县级以上（不含县级）各级人民代表大会的组成人员，由下一级人民代表大会选举产生，下一级人民代表大会即为一个选举单位。因此，我国县级以上（含县级）地方各级人民代表大会都是选举单位。

② 《选举法》第 32 条规定，县级以上的地方各级人民代表大会在选举上一级人民代表大会代表时，代表候选人不限于各该级人民代表大会的代表。也就是说，代表职位是向其他符合条件的公民开放的。

制，参与渠道不畅，对于符合任职条件的绝大多数公民来说，没有任何主动参与的机会，只能被动接受选举结果。因此，在间接选举中，常常出现这种情况，某人被选举为人大代表时，自己往往不知情，也并非完全出于自己的意愿。

选举是一个双向选择过程，是选举人和被选举人两个意愿的结合。应选职位公开和开放，是为了更好地实现两个意愿的结合。如果应选职位公开的范围有限，开放也只是原则上的，没有相应的制度和机制予以保障，缺乏广泛和实质性的公民参与，就很难保证选举是两个意愿的结合。如果只尊重选举人的意愿，不尊重或者忽视被选举人的意愿，选举就会缺乏充分的民主性。因此，进一步增强间接选举的民主性，也是我国选举制度建设面临的一个十分重要的问题。

3. 选举过程和结果公开。选举不仅仅是投票，而是由选举登记、选举经费筹集、竞选、投票、计票和选举争议裁判等一系列活动构成的一个过程。在这个过程中，除选民写票和投票外（下文将继续讨论这个问题），其他各种活动尤其是选举机构的活动都应当公开，同时公布选举结果，以便社会公众进行监督，避免公共权力被滥用，防止和纠正选举违法行为，维护选举的公平和公正。

在我国人大代表直接选举中，选举的时间较长，过程较为复杂。根据选举法和地方性法规规定，在选举过程中，除投票选举外，选举过程是公开的。具体地说就是，在选举工作正式启动后，一般要通过新闻媒体发布选举工作信息，公布选举委员会组成人员。在选区划分完成后，由选举委员会按选区发布选民登记公告，公告各选区选民登记的范围（选区区域）、时间和地点，并在选民登记结束后，公告选民名单和选民小组划分情况。在提名推荐代表候选人之前，向各选区选民公告选区应选代表名额和提名推荐要求，提名截止后，公告提名推荐的初步代表候选人名单和候选人的基本情况；在讨论、协商和确定代表候选人之前，公告讨论协商和确定正式代表候选人的时间，并将选区代表候选人名单提交给各选民小组讨论、协商和确定正式候选人的人选，如果对正式代表候选人不能形成较为一致的意见，则需通过预选确定正式代表候选人，选举委员会还要向选区选民公告预选的时间和预选投票的地点等事项，在正式候选人确定之后，公告正式代表候选人名单和正式代表候选人的基本情况；在投票选举之前，公告投票选举的时间和地点以及计票地点，选民可以观看计票过程，计票结束后，公告选举结果。但是，对讨论、协商和确定代表候选人的具体过程的公开不够充分。

在人大代表间接选举中，由于选举是在人民代表大会会议期间进行，选举的时间很短，与直接选举相比较而言，程序比较简单，可以通过会议公布应选代表名额和提名要求，提名截止后，由大会主席团将依法提出的代表候选人名单和代表候选人的基本情况印发全体代表，如果提出的候选人符合法定差额比例，可以直接进行选举，如果超过法定差额比例，经过预选确定代表候选人，再进行投票选举，选举结果在全体会议上公布。当前，人大代表间接选举存在的问题是，除了应选代表名额不向本行政区域（指进行换届选举的人民代表大会所在行政区域）所有人公布外，对于选举结果，选举单位一般不会有意识地向选举单位所在行政区域的所有人公布。在进行间接选举的各级人大常委会网站上，一般都会公布本级人大代表名单，对于代表个人的基本情况，各地公布的内容不尽相同，除少数地方公布的内容较为详细外，大多数地方公布的内容较为简单。[①] 这不利于社会公众和选举单位的组成人员了解代表的情况，对代表进行监督。

五　公平竞争

竞争，是社会政治生活的一种常态。在人类社会政治生活中，任何时候，任何地方，都不可避免地存在着竞争，只是竞争的方式不同罢了。民主是社会政治生活的一种形态，选举是民主的基础。竞争是选举的基本属性，只要进行选举，就一定会存在竞争，只是竞争的方式不同而已。公开竞选、贿选、公开买票、指选诱选、打压竞争对手、暴力威胁、暗箱操作等，都是选举中的竞争方式。一些表面上死气沉沉、没有活力的选举，看似没有竞争，其实暗流涌动，以人们通常难以看到或感受到的方式进行竞争。选举中的竞争，就其本质而言不外乎两类，即公平的竞争和不公平的竞争。因此，从竞争的角度看，选举是否民主，不在于选举是否存在竞争，而在于竞争是否公平。在任何一个国家的选举中，如果公平竞争得不到提倡和保护，不公平的竞争就会蔓延，选举也就没有民主性可言。

---

①　例如，北京市人大常委会网站上公布的内容，http：//www. bjrd. gov. cn/zlk/srddbml/200807/t20080731_ 15071。

所谓公平竞争，是指公民在自由、平等、公正和公开的基础上，依法争取候选职位，谋求当选的过程。自由、平等、公正和公开是公平竞争的基本要求，也是公平竞争的基本特征。这里，有必要从公平竞争角度对自由、平等、公正和公开等问题作进一步的探讨。

自由，是公平竞争的前提。没有自由，也就没有公平竞争。选举竞争中的自由，主要包含以下两个方面的内容：一是参与竞争自由。凡是具备候选职位资格要件的公民，是否参与应选职位竞争，由公民自主决定。公民既有参与竞争的自由，也有不参与竞争的自由，无论作出哪种选择，只要是出于自愿而非迫于外在压力，都应当受到尊重和保护。二是竞争活动自由。所有参与候选职位竞争的公民，只要依法开展竞争活动，都应当受到保护，任何组织和个人不得干涉。

平等，是公平竞争的基础。没有平等，同样不会有公平竞争。缺乏公平竞争的选举，是不民主的选举。选举竞争中的平等，包括以下两个方面的内容：一是竞争参与权平等。凡是具备候选职位资格要件的公民，参与竞争的权利平等，任何组织和个人不得剥夺或变相剥夺、压制或变相压制公民参与竞争的权利。二是利用公共资源的权利平等。在选举过程中，参与候选职位竞争的公民，可以在平等的基础上，自由利用法律、政策、信息、人力和财物等方面的公共资源，任何人不得享有特权。

公正，是公平竞争的核心。没有公正，就没有自由和平等，公平竞争就会成为一句空话。选举竞争中的公正，主要对选举机构而言。它要求选举机构在选举过程中保持中立，不偏向任何一方。这主要包括以下几个方面的内容：一是公正对待公民参与竞争的要求。凡是符合候选职位资格要件并要求参与竞争的公民，只要其依法提出参与竞争要求，必须依法受理，不得区别对待。二是对依法参与竞争的公民提供相同服务。选举机构在提供公共服务方面，对所有参与竞争的公民一视同仁，提供项目和质量相同的服务，不能只为某（些）人服务，拒绝为其他人服务，也不能在服务项目和服务质量上区别对待。三是对所有参与竞争的公民保持中立，不得支持某人或者反对某人。这里需要特别指出的是，作为选民，选举机构的工作人员在投票选举时可以支持自己满意的人，但不得代表选举机构或者利用选举机构的组织资源支持或者反对某人。四是依法处理选举争议。在选举竞争中出现争议是很难避免的，依法处理选举争议，是保护竞争参与者的合法权益，是维护社会公正、保护公平竞争的重要措施。选举机构和司法机关在处理选举争议时要依法进行，不得存在偏向。

公开，是公平竞争的重要保障。竞争过程中的公开，就是将候选职位及任职条件公开、竞争规则公开、竞争过程公开和竞争结果公开。公开是公平竞争的基本要求，也是保障公平竞争的一项重要措施。只有把竞争置于阳光之下，才能最大限度地抑制暗箱操作，最大限度地抑制竞争者用不正当的手段和方式进行竞争，最大限度地保证竞争在公平的状态下进行，保障竞争的有序性。

从我国人大代表选举的制度安排看，1953 年制定的第一部选举法，对选举竞争问题没有作出明确的规定。1953 年 4 月 3 日，中央选举委员会《关于基层选举工作的指示》对基层单位人民代表大会的代表候选人提名，作了较为具体的规定。根据这个指示的要求，“选举委员会提到选举大会上的候选人名额，一般应与当选代表人数相等，即这个选举区域应选几个代表，就提出几个代表候选人”①。也就是说，基层人大代表实行等额选举。根据这个规定，选举竞争在提名推荐代表候选人阶段需要结束，投票选举阶段不存在竞争。不难看出，这个指示对选举竞争作了明确的限制。1979 年制定的第二部选举法，明确规定实行差额选举。也就是说，在人大代表选举过程中，除了提名推荐代表候选人阶段存在竞争外，投票选举阶段也同样存在着竞争。把竞争扩展到投票选举阶段，无疑增强了人大代表选举的竞争性。但是，第二部选举法对竞争程序没有作出明确、具体和具有操作性的规定，没有从制度上很好地解决选举竞争的公平性问题。

从实际情况看，在我国人大代表选举中，尽管有意回避和抑制竞争，但竞争依然存在。这是不以人的意志为转移的客观事实。但是，我国人大代表选举中的竞争，还不是一种完全公平的竞争。这主要表现在以下几个方面：一是公民自由竞争代表职务受限制。长期以来，人们主要把人大代表作为一种荣誉看待，而不是把它作为一种负有神圣使命的职务看待。作为一种荣誉，在投票选举之前分配方案就基本确定了，选举过程，实质上是这种荣誉的授予过程，是确认这种荣誉授予的法律程序和政治仪式。选举机构为了落实荣誉分配者的意图，在选举过程中尽可能防止和抑制自由

① 北京大学法律系宪法教研室资料室编：《宪法资料选编》（第一辑），北京大学出版社 1982 年版，第 111 页。

竞争。而公民竞争代表职务意味着争荣誉，不但很难改变既定的分配方案，还可能存在一定的政治风险。随着我国民主建设的发展，人们对代表的认识逐步发生变化，由荣誉本位向职务本位回归。在人大代表直接选举中，一些选民希望通过自荐成为代表候选人，竞争人大代表的职务，但从近几次换届选举特别是2011年选举的情况看，自荐候选人在选举过程中仍然受到不同程度的限制。而在间接选举中，公民没有自由竞争人大代表职位的机会。二是竞争不完全平等。在所有候选人中，具有领导职务的候选人，可以利用现任职务优势（公共资源），对选民提出的要求作出承诺，而没有任何领导职务的候选人，没有这种公共资源优势。此外，在介绍、宣传代表候选人方面，具有领导职务的候选人，也有利用公共资源的优势。三是一些选举机构对部分候选人存在偏向。在选举过程中，一些选举机构为了保证党派团体推荐的候选人当选，或者为了保证代表的结构比例，对党派团体推荐的候选人和具有“无知少女”① 身份特征的候选人，在介绍和宣传代表候选人时存在着明显偏向，在确定正式代表候选人时搞陪选，在投票选举时搞指选或诱选。这些都是显失公正的做法。四是公开不够充分。对于这个问题，上文已作介绍，这里不再赘述。

六 秘密投票

同公开选举一样，秘密投票也是选举民主性的一个重要标志。公开选举和秘密投票的价值目标是一致的，都是为了保障公民自由行使选举权利，维护选举公平公正。公开主要针对公共权力而言，秘密主要针对公民个人权利而言。在选举过程中，选举机构掌握和行使公共权力，负责选举的组织和管理工作，只有公开，将公共权力置于阳光之下，才能最大限度地防止和纠正公共权力被滥用，保障公民选举权利和维护选举公平公正。投票选举是公民选举权利中最重要的一项权利。投票只有秘密进行，才能排除外在因素干扰，避免招致打击报复和人身伤害，保证选举人根据自己的意愿行使这项权利。如果投票选举不能秘密进行，选举就不具有充分民

---

① “无知少女”是指无党派、知识分子、少数民族和女性。同时具备这些身份特征的代表候选人，如果被选为人大代表，在计算代表结构比例时，可以分别作为无党派群众代表、知识分子代表、少数民族代表和女性代表计算。

主性，有的甚至是不民主的。

根据选举法规定，各级人大代表选举一律采用无记名投票的方法，选举时应当设有秘密写票处。① 秘密投票逐步走向制度化和规范化。但是，从我国各级人大代表选举的实际情况看，无记名投票的方法没有得到很好的实施，通过一些技术细节设计影响选举人自由行使选举权利的情况还较为常见。

在人大代表直接选举中，一些地方为了实现预定的代表结构比例，在投票站工作场所和写票处的安排上下功夫，通过投票站设置影响和干扰选民写票活动。一些选区在投票站内设立两种写票处，即写票处和秘密写票处，出现了两种写票处并存的局面。写票处无任何遮拦，并有意将写票处安排在代书处或者解说处旁边，紧挨在一起，投票站工作人员在写票处和代书处之间来回忙碌，其他人也可以看到选民写票，有的甚至在写票处安排有工作人员，写票环境不保密。秘密写票处虽然有遮拦，但安排在较远的地方，有的空间很小，有的安排在其他房间，选民到秘密写票处写票，一般需要经过写票处，很不方便。这些做法，无疑会干扰选民的写票行为，影响选民自由行使选举权利。

在人大代表间接选举中，由于选举是在人民代表大会会议期间进行，很多地方的选举不设立写票处，代表在自己的座位上写票，写票环境也不够保密，对代表自由行使选举权利有一定影响。而在同级政权机关正职领导人员的选举中，一些地方的情况就糟糕得多。组织部门为了落实组织意图，保证组织确定的人员当选，选举时不设立写票处，同时，通过写票方法影响代表写票，规定同意的不用写票，弃权的画“○”，反对的画

① 无记名投票方法在我国人大代表选举中经历了一个发展过程。1953 年制定的第一部选举法规定：“乡、镇、市辖区和不设区的市人民代表大会代表和乡、镇出席县人民代表大会代表的选举，采用以举手代投票方法，亦得采用无记名投票方法。县以上各级人民代表大会之选举，采用无记名投票方法。”（刘政、于友民、程湘清主编：《人民代表大会工作全书》，中国法制出版社 1991 年版，第 107 页）根据这一规定，在基层选举中，无论是直接选举还是间接选举，既可以采用举手的方法，也可以采用无记名投票方法。但县级以上各级人民代表大会进行的选举（间接选举），采用无记名投票方法。之所以这样规定，是由新中国成立初期我国人口的文化素质决定的。新中国成立初期，我国人口中的文盲比例很大，很多选民不识字，没有写票能力。1979 年制定第二部选举法时，根据我国人口文化素质的变化，规定“全国和地方各级人民代表大会代表的选举，一律采用无记名投票的方法”（刘政、于友民、程湘清主编：《人民代表大会工作全书》，中国法制出版社 1991 年版，第 126 页）。2010 年对选举法进行第五次修正时，又增加了“选举时应当设有秘密写票处”的规定。

“×”，只要代表一动笔，就说明其不是弃权就是反对，没有与党组织保持一致。如果会场上有摄像设施，代表写票就无秘密可言，很多代表只好放弃写票。

以上情况表明，从秘密投票的角度看，我国人大代表选举的民主性还不够充分，有待于在实践中进一步提高。

七 多数决

“多数决”，是民主选举的基本要求，也是民主选举必须遵循的基本规则。在国家政治生活中，选举就是人民通过投票决定由谁来掌握和行使政治权力，管理国家和社会事务。民主的本质和核心是利益问题，在任何时候，社会利益诉求是多元的，利益诉求无差别的社会是不存在的。政治权力最主要的功能，就是进行利益整合和利益分配，维护社会秩序，保证利益分配的顺利进行。民主是利益整合和利益分配方式中的一种。利益整合和利益分配由谁进行，按照谁的意志进行，往往是民主和非民主的分水岭。凡是由少数人进行，并按照少数人的意志进行，就是专制的，至少也是不够民主的；凡是由多数人进行，并且按照多数人的意志进行，在绝大多数情况下是民主的。选举既是民主的主要内容，也是民主的一种主要方式。根据合理法律制度的规定进行选举，就是为了最大限度地保证按照多数人意愿决定由谁来掌握和行使政治权力，最大限度地保证利益分配按照大多数人的意愿进行。

对于“多数决”的民主性问题，一些学者提出了质疑甚至否定，认为“多数决”不一定符合理性和社会正义要求，并非必然合乎规律性，并不能保证决策的科学性①，有的甚至“直接把‘多数决’当成‘多数人暴政’，理由是少数必须服从多数”②，等等。学者们对“多数决”的质疑，不是没有道理的，因为人们可以从历史和现实中找到例证，希特勒上台，投票选举“右派”、投票选举“牛鬼蛇神”和投票选举“小偷”等，都是历史和现实中的典型例子。无论是选举还是决策，只要采用投票

---

① 参见杨博《关于国内多数决原则研究综述》，《重庆科技学院学报》（社会科学版）2011年第14期。

② 姜峰：《多数决、多数人暴政与宪法权利——兼议现代立宪主义的基本属性》，《法学论坛》2011年第1期。

的方式，就必须实行“多数决”，因为“多数决”总比“少数决”、“一人决”要好。坚持“多数决”，也就是要坚持和实行少数服从多数，即少数人必须服从多数人的意志，如果少数持不同意见的人仍然可以各行其是而不受制裁，那么，国家和社会管理就无法进行，社会生活就会出现无序状态，“多数决”也就失去了其存在的价值。反过来说，“多数决”也就是用多数人的意见压制少数人的意见，有时候少数人的意见即使是合理的和科学的，也要受到压制。因此，从历史和现实看，“多数决”确实存在一些缺陷。

搞民主需要讲科学，但民主是一个社会利益问题而不是一个纯粹的科学问题。如果民主选举和民主决策所涉及的问题只是一个纯粹的科学问题，就根本用不着搞投票，把问题交给科学家去研究和解决就可以了。而解决社会利益问题，虽然也要讲求科学，但不能仅从科学的角度去解决。例如，在选举人大代表时，从科学的角度讲，张某是最好的人选，因为张某具备了担任代表职务所需的各种条件和能力。而李某与张某比起来，文化程度没有张某高，个人能力也没有张某强，但是，选民却选择了李某。因为李某在选区内的认同程度比张某高很多，即使李某和张某的认同程度比较接近，但选票反映出来的是，李某还是略高于张某。显然，李某当代表不是最好的，但却是合适的。民主选举和民主决策不以最好、最科学、最理性和最合理为追求目标，而是以合适和可行为追求目标。

到目前为止，人类社会还没有创造出一种完美无缺的国家和社会治理方式。在各种治理方式中，民主只是一种好处最大、坏处最小的治理方式。选举是民主的主要内容，但不是民主的全部或唯一内容。选举也同样不可避免地存在着这样那样的缺陷，“多数决”存在的缺陷，就是其中之一。正因为如此，在现代国家的民主制度设计中，往往把选举作为宪政的一个重要组成部分，通过宪法规定和保障公民的基本权利，防止多数人拥有和行使无限权力，侵犯少数人的宪法权利。因此，我们在研究分析“多数决”时，不能将其与宪政割裂开来，不能因其存在缺陷就怀疑和否定其民主价值，更不能将其缺陷片面夸大，不分青红皂白地将其与“多数人暴政”等同起来。

“多数决”有相对多数制和绝对多数制之分。绝对多数制又分为应到多数制和实到多数制。“相对多数制又称比较多数制、简单多数制，它只要求一点，‘谁超过谁当选’，即使多一票也然”；绝对多数制又称复杂多数制，除了满足前述要求外，还需满足一定基数的一定比率，这个比率都在50%以上。此外，“内部还有不同结构，按其比较范围的不同，又有实到基数制和应到基数制之别。在选举和表决时，前者以参选、参决的选民（代表、委员）人数作为计算‘法定票数’，即最低当选票数的基数；后者则以全体选民（代表、委员）人数作为计票基数，显然两者的结果会大相径庭。”① 这里需要特别指出的是，绝对多数和相对多数的区分本身也是相对的。在选举和表决中，以实到基数为准，以是否超过50%为确定当选和表决通过的标准，是一种绝对多数。但是，相对于应到基数来说，它又是一种相对多数。

我国人大代表选举制度，是一种以绝对多数制为主、相对多数制为辅的选举制度。

在人大代表直接选举中，选举法规定，“选区全体选民的过半数参加投票，选举有效。代表候选人获得参加投票的选民过半数的选票时，始得当选”②。也就是说，确定选举是否有效的基数是全体选民人数（即应到基数），参加投票的选民只有超过全体选民的过半数时，选举才是有效的，否则，是无效的。如果选举无效，选举结果自然无效。在选举有效的前提下，确定当选的基数是参加投票的选民人数（实到基数），只有获得参加投票选民人数的过半数选票时，才能当选。这就是我们通常所说的“双过半”。

从实到基数看，得票数超过50%才能当选，这是绝对多数；但是，从应到基数看，情况就变得非常复杂：当实到基数与应到基数相同时，是绝对多数；当实到基数刚好超过应到基数的50%（即50%加1票），而得票比例为100%时，也是绝对多数，否则，就不是绝对多数；当实到基数是应到基数的51%、得票数为98.1%以上时，是绝对多数，少于98.1%时，就不是绝对多数，等等，具体情况千变万化。总之，从实到基数看是绝对多数的，从应到基数看就不一定是绝对多数。

选举法对另行选举的规定，采用的是相对多数制。“代表候选人以得票多的当选，但是得票数不得少于选票的1/3”。显然，在人大代表直接

① 施显生：《“多数决”原则探微》，《政治与法律》1995年第4期。

② 《中华人民共和国全国人民代表大会和地方各级人民代表大会选举法》，《人民日报》2010年3月15日第15版。

选举中，选举法对另行选举的规定，采用的是相对多数制。因为按实到基数计算，从 1/3 至 50%，不是绝对多数，而是相对多数；而按应到基数计算，相对多数的范围还会进一步扩大。

此外，选举法对于罢免的规定，采用的也是绝对多数制。根据选举法规定，“罢免县级和乡级的人民代表大会代表，须经原选区过半数的选民通过”。从这一规定中可以看出，确定罢免是否有效的基数是选区全体选民人数（应到基数），而不是参加罢免投票的人数（实到基数），罢免有效的标准是超过应到基数的 50%，也就是说，即使是实到基数超过了应到基数的 50%，同意罢免的票数超过了实到基数的 50%，只要同意罢免的票数没有超过应到基数的 50%，罢免不能获得通过。

在人大代表间接选举中，无论是选举还是罢免，都采用绝对多数制。根据选举法的规定，“代表候选人获得全体代表过半数的选票时，始得当选”，“罢免由县级以上的地方各级人民代表大会选出的代表，须经各该级人民代表大会过半数的代表通过；在代表大会闭会期间，须经常务委员会组成人员的过半数通过”。[①] 也就是说，在选举过程中，确定是否当选的基数是全体代表人数（应到基数），只有超过应到基数的 50% 时，才能当选。在罢免人大代表时，由人民代表大会进行罢免表决的，确定罢免是否通过的基数是全体代表人数（应到基数），由人大常委会进行罢免表决的，确定罢免是否通过的基数是全体人大常委会委员（应到基数），两者都只有超过应到基数的 50% 时，罢免才能获得通过。

根据选举法规定，“获得过半数选票的代表候选人的人数超过应选代表名额时，以得票多的当选。如遇票数相等不能确定当选人时，应当就票数相等的候选人再次投票，以得票多的当选”。[②] 这一规定，与相对多数制的一般要求相似，但前提是在绝对多数的基础上适用这一原则。

八　选举人对当选人享有罢免权

罢免权，是由选举权利派生出的一项重要权利。它是指选举人依法撤

① 《中华人民共和国全国人民代表大会和地方各级人民代表大会选举法》，《人民日报》2010 年 3 月 15 日第 15 版。

② 同上。

销由自己选举产生的公职人员的权力。在选举制度中，只有明确规定选举人享有罢免权，并且在实践中能够充分行使这种权利，加强对公职人员的监督，才能保证公职人员依法履行职责，对选举人负责。否则，就会产生不受监督和制约的权力，通过选举授予的权力就会异化，以实现政治民主为价值目标的选举，最终会导致一种不民主的社会政治生活状态。恩格斯在总结巴黎公社经验时，对随时可以罢免由普选产生的公社公职人员给予了充分肯定，认为这是巩固工人阶级的统治、防止“国家和国家机关由社会公仆变为社会主人”的一项重要措施。[①] 列宁在《罢免权法令草案》中谈到选举、罢免与民主的关系时认为，“任何由选举产生的机关或代表会议，只有承认和实行选举人对代表的罢免权，才被认为是真正民主的和确实代表人民意志的机关。真正民主制的这一基本原则，毫无例外地适用于一切代表会议，同样也适用于立宪会议”。[②]

从我国人大代表选举的制度规定看，选举法明确规定选民或者选举单位都有权罢免自己选出的代表。对于县级人大代表，原选区选民 50 人以上联名，对于乡级人大代表，原选区选民 30 人以上联名，可以向县级人大常委会书面提出罢免要求。对于县级以上各级人大代表，在县级以上的地方各级人民代表大会举行会议时，主席团或者 1/10 以上代表联名，可以提出对自己选出的上一级人大代表的罢免案；闭会期间，人大常委会主任会议或者 1/5 以上人大常委会委员联名，可以向常务委员会提出罢免案。所有被提出罢免的代表，有权在选民会议或者大会主席团和大会全体会议、主任会议和常务委员会全体会议上，口头或者书面提出申辩意见。对县乡两级人大代表的罢免要求和被提出罢免代表的书面申辩意见印发原选区选民，对县级以上各级人大代表的罢免案和被提出罢免代表的申辩意见印发会议。罢免表决须经原选区选民或者人大代表、人大常委会委员的过半数通过。

从实际情况看，选举人的罢免权还没有得到较为充分行使。从直接选举的情况看，选民要求罢免代表的事虽然时有发生，但由于罢免程序不完善，有关部门认识不到位以及其他各种问题，能够顺利进行罢免表决的不多，罢免成功的很少，罢免时常处于尴尬境地，选民的罢免权很难得到充

① 《马克思恩格斯选集》第 3 卷，人民出版社 1995 年版，第 12—13、55 页。

② 《列宁全集》第 33 卷，人民出版社 1986 年版，第 102 页。

分保障。从间接选举的情况看，成功罢免的情况很多，但大多数罢免案由大会主席团或者主任会议提出，而不是由代表或者委员联名提出，被罢免的代表，都是经纪检监察机关或者司法机关调查核实，已经触犯刑律或者严重违纪的人。罢免实际上是一种“马后炮”，不是对代表的监督，而是确认其他机关对代表的监督和作出的决定。

总之，从选举人享有和行使罢免权的情况看，我国人大代表选举的民主性是不够充分的。

综上所述，选举的民主性主要表现在上述8个方面，其中任何一个方面有问题，都会在一定程度上损害选举的民主性，使选举偏离甚至背离民主。根据上述8个方面观察世界各国的选举，我们可以得出这样一个结论：任何国家的选举，都或多或少地存在着这样那样的问题，只是问题的大小、多少和对选举民主性的影响程度不同罢了。在人类社会历史上，还找不到一种没有问题、完美无缺的选举，相信将来也不会有这样的选举。判断一个国家的选举是否民主，不是看选举是否有问题，而是看选举中存在的问题对实现自由、平等、公平、公正这些基本价值的影响。影响越小，选举的民主程度就越高，反之，选举的民主程度就越低。当影响达到一定程度，使得这些基本价值基本上无法实现时，选举就是不民主的。

从我国人大代表选举的情况看，选举权利分配是正义的，充分体现了选举权的普遍性和平等性，但是，选举程序和罢免程序还不够严密，缺乏可操作性，给人为操作留下了较大空间。此外，在选举实践中，一些制度规定还没有得到很好的贯彻实施，严重地影响了选举权利的行使，公民在选举过程中的知情权、参与权和监督权没有得到充分的保障，自由、平等、公平、公正这些民主选举的基本价值在选举过程中没有得到充分体现。可以说，我国人大代表选举是一种民主程度不是很高、民主性不是很强的选举。

第五章

科学的选举程序及其价值

一　问题的提出

法律是制度的一种形式。除了宪法外，选举法和组织法是选举制度最重要的制度形式。任何一个国家的选举制度，都包括实体和程序两个部分。实体部分，是指对行为主体的权利义务和履行权利义务涉及的物质设施的规定。程序部分，是指对履行权利义务的时间、空间、步骤和方式的规定。[①] 选举程序是指选民、选举机构和其他各种社会组织在选举活动中履行权利义务的法定时间、空间、步骤和方式。它是实现实体权利的法定形式和必要条件。选举程序的科学性，直接关系到实体权利的实现程度。但是，从我国民主法制建设的实际情况看，程序问题还没有引起足够的重视，而在理论研究方面，选举程序的研究还比较薄弱，不能适应我国民主政治建设发展的要求。

选举程序既是一项法律程序[②]，也是一项政治程序。因此，选举程序是法学和政治学研究的共同领域。

从法学研究的情况看，随着我国民主法制的发展，对于法律程序的理论研究和应用研究日益受到重视，研究的深度不断加大，研究的领域不断

---

① 实体和程序的划分是相对的。在选举制度发展的一定阶段上，投票站、票箱和选票等，是履行选举权利的物质设施或者说是物质形式。选举法对于这些物质形式的规定，既可以说是实体部分，也可以说是程序部分，是选举程序链条中的一个环节。此外，选举程序本身包含有权利义务的内容，因为它是对选举行为的认可和约束。它规定了在选举过程中，各种权利主体在什么时候和什么地方有权利做什么，应当做什么，借助什么样的物质形式和采用什么样的方式去做。在法理学中，部分学者把程序中的这种权利义务内容看作是“一种形式上的权利和义务”。

② “通常所说的法律程序，主要包括选举、立法、审判、行政这几种主要类型。其中最重要、最典型的是审判程序，因为这里存在着关于诉答（pleading）和证据的完整制度。法律程序基本上都由程序法明文规定。”（季卫东：《程序比较论》，《比较法研究》1993年第1期）。

拓展。在法理学研究中，对法律程序的概念[1]、法律程序的特点[2]、法律程序的功能[3]、法律程序的价值[4]、实体法与程序法的关系；实体正义与程序正义的关系等一系列重大理论问题，进行了深入的研究。但是，从已经出版的教科书、论著和发表的论文看，学者们在探讨这些理论问题时，大多结合司法问题进行，而结合选举问题的不是很多。在宪法学研究中，选举制度是教科书和论著的重要内容之一，但在已经出版的教科书和论著中，涉及选举程序的内容绝大多数是介绍性的。[5] 在众多的学术论文中，绝大多数探讨的是我国选举程序的改革和完善问题。由于这些问题与政治学研究很难作出明确的区分，在介绍和分析政治学研究的情况时，还将作进一步的探讨。总的来看，在法学研究中，从基础理论层面研究选举程序问题的成果不是很多。

令人欣慰的是，近几年来出现了一个可喜的现象，一些研究生把学位论文定位在选举程序的研究上，并取得了一些优秀的研究成果。例如，蒋明华（苏州大学）在其硕士论文《我国选举程序的宪政分析》中，从宪政及宪政精神[6]出发，对我国人大代表和国家机关领导人的选举程序进行了研究分析，提出了完善我国选举程序的若干建议[7]；时微（湖南大学）在其硕士论文《论我国选举程序的法治理性》中，以法治理性为视角[8]，

---

① 参见孙笑侠《法律程序剖析》,《法律科学》1993 年第 6 期；宋显宗《法律程序的词义辨析》,《长白学刊》2006 年第 6 期。

② 参见张文显主编《法理学》（第三版），高等教育出版社、北京大学出版社 2007 年版，第 179—188 页。

③ 参见宋显宗、刘怡《法律程序及其功能》,《吉林教育学院学报》2006 年第 9 期。

④ 参见王锡锌《论法律程序的内在价值》,《政治与法律》2000 年第 3 期。

⑤ 关于宪法学的这种情况，参见王世杰、钱端升《比较宪法》，中国政法大学出版社 2004 年修订版，第三编第一章；沈宗灵《比较宪法——对八国宪法的比较研究》，北京大学出版社，2002 年版，第 14 章；张光博《宪法论》，吉林人民出版社 1984 年版，第四章；朱福惠主编《宪法学原理》，中信出版社 2005 年版，第 7 章。

⑥ 蒋明华认为，“宪政即为良宪在社会运行过程中得到充分贯彻所形成的政治体制与思想观念体系”，“宪政的基本精神就是：平等、人权、民主、自由和宪法至上”。

⑦ 参见中国知网（http：//www. cnki. net）中国优秀硕士学位论文全文数据库。

⑧ 该文作者认为，“法治是以人对客观事物的理性认识为基础建立起来的”，从古至今，西方思想家关于法治的定义和论述，概括起来就是法的理性化，即法治必须反映理性的要求。“交往理性的概念能够为法治找到一个确定的根基，可以用来支持我国的法治建设理论。交往理性建立在对工具理性反思和批判的基础上，以人与人之间交往过程中的互主体性来取代以往的主体客体相对立的认识状态，本着民主、自由、平等的精神，在公共领域中展开真实、正确、真诚的对话与沟通，通过话语交往达到程序民主的法治目标。”

对我国选举程序进行分析并提出了完善我国选举程序的具体思路[①]。此外，在其他部门法及其应用的研究中，探讨了正当程序、程序正义或程序公正与司法公正的关系，等等。

从政治学研究的情况看，选举制度是近十几年来研究的热点问题之一。作为选举制度重要组成部分的选举程序，受到学界的广泛关注。政治学界在研究人大代表、国家机关领导人、村民委员会、居民委员会、地方和基层党组织、工会、共青团等各种选举时，对这些选举的程序也进行了研究。此外，还对外国的一些选举制度和选举程序进行了介绍和分析。在对选举程序的研究中，人大代表、国家机关领导人和村民委员会的选举程序，是学界十分关注的几个方面。从已经出版的学术著作和发表的论文看，学界研究的重点是，在现状和法规文献分析的基础上，探讨了选举程序的改革和完善问题，内容包括提名程序、差额选举程序、竞选程序、预选程序、计票程序、监督程序和诉讼程序，等等。从研究的思路看，一些学者对选举程序进行了较为系统的研究，并提出了一系列改革和完善选举程序的建议[②]；一些学者就选举程序的某个方面，如提名程序、差额选举程序、预选程序等，进行了较为深入的研究，探讨了这些程序与公民选举权的实现、选举的民主性和公平性等问题，并针对这些程序存在的问题提出了改革和完善的建议。[③]

袁达毅在《县级人大代表选举研究》一书中对选举程序的科学性问

---

① 参见中国知网（http：//www. cnki. net）中国优秀硕士学位论文全文数据库。

② 例如，陈斯喜在《现实与理想：选举程序改革的调研报告》（参见蔡定剑主编的《中国选举状况报告》，法律出版社 2002 年版）中，针对人大代表和国家机关领导人员选举提出了一系列改革建议；李凡主编的《中国选举制度改革》（上海交通大学出版社 2005 年版）一书，也提出了包括选举程序在内的一系列改革方案；史卫民在《公选与直选》（中国社会科学出版社 2000 年版）、《直接选举：制度与过程》（中国社会科学出版社，1999 年版）等多部著作中，对选举各种选举程序进行了研究，提出了一系列对策建议；蒋明华在《试论我国选举程序的完善》（《理论观察》2005 年第 5 期）一文中，也提出了一系列的改革和完善方案；等等。

③ 例如，吴家麟的《对选举制度民主化的一则建议（建立社会主义竞选制度问题——引者注）》（见中国政治学会《政治与政治科学》编辑委员会编的《政治与政治科学》一书第 228 页，群众出版社 1981 年版）和《论差额选举》（《宁夏社会科学》1989 年第 4 期），江晓阳的《论我国选举制度中的差额预选制》（《法学评论》1996 年第 2 期），高照的《试论我国的差额选举》[《财经界（下半月刊）》，July，2008]，杨泉明、孙曙伟的《论提名制度》（《四川师大学报》1986 年第 4 期），刘鹤田、蒋在春的《竞选——社会主义选举的重要程序》（《理论探讨》1988 年第 2 期），刘晔的《稳步建立有中国特色的竞选机制》（《探索与争鸣》1998 年第 9 期），等等，都是针对某一问题进行研究所取得的研究成果。

题进行了探讨。认为选举程序的科学性主要表现在两个方面："一是指选举程序符合客观实际，也就是说，要与社会政治经济文化发展水平相适应，落后或超出了社会政治经济文化发展水平的选举程序，都不利于选举制度的实现。二是指选举程序的严密性，不给少数人钻空子留下漏洞，能保证投票选举的公正民主。"[①] 但这种探讨也只是初步的，没有对这一问题进行专门的系统分析。因此，从整体情况看，学界对选举程序的科学性问题还缺乏足够的关注。

同样令人欣慰的是，近几年来，一些政治学专业的研究生把学位论文定位在选举制度和选举程序的研究上，其中，王增智（广西师范大学）在其硕士论文《选举改革与程序创新——大鹏镇与步云乡乡（镇）长直接选举程序的对比研究》中，对科学的选举程序与民主选举的关系问题进行了探讨，认为"没有科学的选举程序就没有民主选举，科学的选举程序意味自由选择权"。"只有过程具有了科学性，才能通过科学的程序得出符合民意的结果。"[②] 这一观点是很有价值的。这是近几年来所能找到的使用"科学的选举程序"这一概念的论文。但是，该文作者对科学的选举程序的界定，仍然是基于法理学上"正当程序原则"所作的界定，即程序中立、公平对待程序参与者和程序公开。从法理学的角度看，这样的界定没有什么问题。问题是，基于正当程序原则设计的选举程序，在不同的社会历史条件下是不同的。比如，从 20 世纪 50 年代至今，我国人大代表的选举程序就发生了很大的变化。接下来的问题是，为什么会出现变化？如何评价所发生的变化呢？回答这些问题，自然会关系到对选举程序的科学性含义问题。

从实际情况看，在国家和地方立法中，重实体轻程序的状况还没有得到根本性的改变。选举立法也是一样。我国的选举制度主要由宪法、选举法、解放军选举办法、地方组织法、村委会组织法、居委会组织法和地方性法规等法律法规组成。从选举的法律制度看，前述法律法规对于实体权利的规定十分具体明确，公民享有充分的选举权利，而对于选举程序的规定却缺乏科学性，这又使得公民的选举权利无法得到充分的保障。选举程

① 参见袁达毅《县级人大代表选举研究》（第 2 版），中国社会出版社 2008 年版，第 232 页。

② 参见中国知网（http：//www. cnki. net）中国优秀硕士学位论文全文数据库。

序缺乏科学性的主要表现是，对选举程序的规定过于原则，不够严密，可操作性差，为选举机构留下了较大的操作空间①；一些选举程序的制定和变更，落后于社会经济政治文化发展的实际水平，不能适应民主发展的要求；少数选举程序又显得过于烦琐，既不利于提高选举工作效率，又不利于选民进行监督等。这些问题的存在，无疑是引起各种选举弊端的制度性根源之一。

总的来看，法学和政治学对于中国选举制度和选举程序问题的研究，对于改革和完善选举程序已经并将继续产生重要的影响作用，也为进一步研究选举程序问题积累了大量理论成果。但是，对选举程序的基础理论研究显得较为薄弱，选举程序的科学性问题没有引起足够的重视，不能适应选举制度建设和选举实践的需要，可以说是理论研究上存在的一个较大缺陷。

因此，从理论和实际两个方面看，加强对选举程序科学性问题的研究，就显得十分必要。那么，什么是科学的选举程序？选举程序的科学性与程序正义的关系是什么？科学的选举程序的作用或价值是什么？这些都是我们研究选举程序时不能回避的问题。从理论上搞清楚这些问题，对于改革和完善我国的选举程序，加强选举制度建设，无疑有着重要的实际意义。

二　科学的选举程序及其特点

人民当家做主，是社会主义民主和政治文明的本质和核心，也是社会主义民主和政治文明建设的基本目标和要求。选举是人民当家做主的一种方式。选举程序是否科学，是影响公民能否取得选举权利和在选举中能否按照自己的意愿行使权利的关键因素。所谓科学的选举程序，是指符合客观实际而又严密的选举法律程序。科学的选举程序有利于保障选举人行使选举权利和选举工作的顺利进行，提高选举效率。它具有以下几个方面的特点：

① 例如，在地方各国家机关领导人选举中，由于地方组织法对选举程序规定过于原则，为一些地方组织部门操纵选举留下了较大的空间，一些地方在写票方式上做文章，规定赞成的不需写票，弃权的画“○”，反对的画“×”，只要代表一动笔，就说明他与党组织没有保持一致。选举时，一些代表干脆不带笔或者举着选票不动，等待投入票箱。

（一）符合客观实际

所谓符合客观实际，是指“与社会经济文化发展水平相适应”①，不能超出或落后于社会经济文化发展水平。否则，不利于选举人按照自己的意愿行使选举权利。具体地说，主要包括以下几个方面：

1. 与社会物质生活条件相适应

社会物质生活条件，是社会经济发展水平的反映。公民行使选举权利的物质载体，受物质生活条件的制约。选举程序的设计，必须与社会物质生活条件相适应。超越物质生活条件许可的选举程序，由于受物质条件限制而无法得到实施，没有可行性，选举无法按照既定程序进行。而要把选举进行下去，就必须突破选举程序的规定，对选举程序作变通处理。其结果是，一方面不利于选民熟悉和掌握选举程序，行使选举权利，对选举过程进行监督；另一方面不利于维护制度规定的权威性、选举的严肃性和公正性，影响选民对选举结果的认同。落后于社会物质生活条件的选举程序，实施起来并不困难，但它不利于保障选民按照自己的意愿行使选举权利，也不利于提高选举效率。

抗日战争时期，在根据地抗日民主政权选举中采用的“投豆法”和“烧洞法”，就是为了适应当时社会经济发展水平而设计的选举程序。当时，根据地的物质生活条件非常艰苦，物资供应极度困难。纸张、笔墨和印刷设备相当匮乏，很难满足票选的实际需要，采用“票选法”、“画圈法”、“画杠法”、“画点法”、“乍胳膊”、“投豆法”和“烧洞法”等不同的写票和投票方式选举，一方面较为妥善地解决了在选举物资匮乏的条件下，如何有效地组织选举问题，另一方面也解决了文盲选民不会写票的问题，广泛地动员了民众参与。虽然“投豆法”不能完全做到秘密投票，一些选民会因从众心理或碍于面子而不能按照自己的意愿投票，但在当时的条件下，在保障选民根据自己的意愿进行投票选举方面，已经达到了最大限度。如果要求一律采用选票进行选举，用笔填写选票，当时是很难做到的。如今，世界上一些发达的资本主义国家的写票方式早已发生了变化——用机器打孔代替手写，2004 年的美国总统选举，美国的很多地方采用了最先进的电子投票机投票。对美国的部分地方或部分选民而言，用

① 袁达毅：《县级人大代表选举研究》（第 2 版），中国社会出版社 2008 年版，第 232 页。

电子投票机投票是可行的。而对我国现阶段而言，则是不可行的。因为我国现阶段的物质条件还不允许。

新中国成立初期，经过恢复和发展国民经济，物质条件逐步得到改善，但在很多农村地区，特别是偏远山区的农村，采用选票进行选举所需物资的供应仍然比较困难。此外，大多数农民没有文化或文化程度很低（这个问题下文将进一步论述），采用选票进行选举仍然存在一定的困难。因此，1953 年选举法规定，直接选举人大代表“采用以举手代投票方法，亦得采用无记名投票方法”，间接选举“采用无记名投票方法”①。毫无疑问，“举手方法”会影响选民根据自己的意愿投票，但在当时对于部分地区来说，是一种合适的投票选举方式。随着生产力的发展，社会物质生活条件不断改善，此外，随着扫盲工作的开展，农村文盲也逐步减少，因此，在 20 世纪 50 年代末 60 年代初的选举中，逐步用无记名投票选举方法取代“举手方法”，因为社会物质生活条件已经发生了较大的变化，有条件也有能力采用选票进行选举。

2. 与选民的整体文化素质相适应

选民的整体文化素质，是指具有一定文化知识的选民在选民总数中所占的比例。它是社会经济文化发展水平的综合反映，是制定选举程序的重要依据之一。选民的整体文化素质是不断变化的，从人类社会发展的历史过程看，文化知识经历了一个由少数人享有向全民普及的过程。就某个具体的国家而言，在不同的历史阶段，由于各种原因，社会经济文化发展水平会有所不同，选民的整体文化素质也会有所不同，但就发展趋势而言，仍然是一个逐步提高的过程。由于选民整体文化素质的变化，一些选举程序或选举程序中的某些环节，在某个时期与选民的整体文化素质是相适应的，而在另一个时期则是不相适应的。因此，根据选民的整体文化素质的变化，调整和改革选举程序，是保证选举程序科学性的重要措施。

前述抗日战争时期的“投豆法”和“烧洞法”，也是适应选民的整体文化素质而设计的选举程序，新中国成立初期在一些地方“采用以举手代投票方法”，也是为了适应选民的整体文化素质而设计的选举程序。从

① 北京大学法律系宪法教研室、资料室编：《宪法资料选编》（第一辑），北京大学出版社 1982 年版，第 101 页。

选民的整体文化素质看，这样的设计是科学的，因为采用填写选票的方法投票选举，对选民文化知识的最低要求是，能够认识选票上的名字和根据自己的意愿准确填写选票，而绝大多数选民是文盲，不能满足这一最低要求。今天，如果再采用这些方法选举，那就是不科学的，因为选民的整体文化素质已大大提高，绝大多数选民已经具备了投票选举所需的文化知识。同样，在我国现阶段，普遍采用电子投票机进行投票选举，那也是不科学的。电子投票机是高科技产品，是科学技术高度发展的产物，产品本身的科学性和先进性是毋庸置疑的。但是，如果把这种高科技产品作为选民行使选举权利的物质载体，把选民用电子投票机投票作为选举程序的一个部分，那就是不科学的，因为绝大多数选民还不具备使用电子投票机的知识和技能。

在地方和基层干部中，存在着这样一种看法："中国人的素质太低，搞不了民主选举"。蔡定剑在其《"中国人素质太低，搞不了选举"质疑?》一文中，从理论和实际两个方面进行了反驳。[①] 其实，早在抗日战争时期，国民党政权中就有这种论调。而就在那时，共产党领导的抗日根据地的民主选举搞得非常出色，用事实驳斥了这种论调。正如著名民主人士张云川所说："他们这种选举方法，和可以发挥自主能力的各种事实，是给借口民众不识字、程度太低即不可能实行民主者以最有力的打击。"[②] 选举程序是为选民行使选举权利而修筑的道路，只有在适合选民行走的情况下，这条道路才能使选民很好地行使和实现选举权利。选民的文化素质不是能不能搞民主、能不能搞选举的依据，而是如何搞民主、如何搞选举的依据。因此，如何根据选民的整体文化素质制定和调整选举程序，保证选举程序的科学性，使选民能够通过科学的选举程序行使和实现选举权利，这才是问题的关键。制定和实施与选民整体素质不相适应的选举程序，只能说明选举程序本身有问题，而不能说明选民的文化素质低就搞不了民主，搞不了选举。由于在国家和地方立法中还存在着一些问题，例如，法规草案的起草主要由相关主管部门负责，立法调研和征求意见不够

---

① 参见蔡定剑主编的《中国选举状况报告》一书的第五部分，法律出版社 2002 年版，第 199—252 页。

② 中国人民解放军历史资料丛书编审委员会：《新四军·参考资料（1）》，解放军出版社 1992 年版。转引自李大秀、程良森《浅析抗日根据地基层政权的民主选举》，《宜春学院学报》（社会科学版）2007 年第 3 期。

充分深入，代表和委员讨论的时间太短，一些干部特别是领导干部的意见，对法规草案的形成还起着重要的影响作用，等等，使得制定出的选举程序还在一定程度上与选民的整体文化素质不相适应。这恰好说明干部落后而非群众落后。在各种制度建设中，的确是只有落后的干部，没有落后的群众。

（二）时间、空间和行为要素设置合理

时间要素、空间要素和行为要素的设定，符合选举的实际需要，有利于选举人行使选举权利和选举机构顺利开展工作。下面分别从时间要素、空间要素和行为要素3个方面对选举程序的严密性进行讨论。

1. 时间要素。时间要素主要有时限和时序两个方面的内容。科学的选举程序对时限和时序的要求是：

（1）时限能够满足选举的实际需要。时限，是对选举活动所需时间的规定。它包括选举活动的起始时间、结束时间和时长（时间长度）。选举是一个过程，即选举机构组织选举和选举人行使选举权利的过程。从整个选举过程看，时限是指对整个选举的起始时间、结束时间和时长的限定。而整个选举过程又是由若干内容不同的阶段构成的链条。从选举过程的某一阶段看，时限是指对某一阶段的起始时间、结束时间和时长的规定。

时限设置的要求是，起始时间和结束时间具体明确，时长满足选举的实际需要，既要有利于提高选举工作效率，又要有利于保障选举人行使选举权利。如果起始时间和结束时间不具体不明确，时长超出选举工作的实际需要，除了不利于选举人行使选举权利外，还会浪费人力、财力和物力，降低选举工作效率；如果时长不能满足选举工作和选举人行使选举权利的实际需要，同样会影响选举人充分行使选举权利，同时会使选举工作陷于被动。

整个选举过程的时长，取决于4个因素。一是选举任务。选举任务不同，整个选举过程的时长也不一样。具体地说，村民委员会选举、居民委员会选举、人大代表选举、政权机关领导人员选举，其时长是不一样的。二是选举方式。这是决定整个选举过程时长的一个重要因素，即使是同一种选举，由于选举方式不同，时长也不一样。例如，在人大代表选举中，直接选举的时间比较长，间接选举的时间就比较短。三是各阶段的时

长。在任务和方式完全相同的选举中，由于选举过程中各阶段时长设置不同，整个选举过程的时长很可能不同。而整个选举过程的时长是否符合实际需要，是由各阶段的时长决定的。如果各阶段的时长都符合实际需要，那么整个选举过程的时长也就是符合实际需要的。四是选举活动的情况。从实际情况看，选举活动也是影响整个选举过程时长的一个重要因素，在前述 3 种因素完全相同的选举中，由于选举活动的情况不同，整个选举过程的时长也可能不同。比如，在人大代表选举中，因候选人未获得法定票数，没有选出代表或者未足额选出代表，不得不延长时间，另行选举。

（2）时序有利于选举活动的顺利进行。时序，是指选举活动的时间顺序。时序安排的基本要求是，有利于选举工作的顺利进行，充分保障选举人行使选举权利。要达到这一基本要求，需要注意两个方面的问题：一是按照选举活动的逻辑关系安排时序。在选举过程中，先做什么，后做什么，必须按照选举活动的逻辑关系进行。例如，在直接选举中，选举机构只能在选民登记后组织选民参加其他选举活动，而公民也只有在通过选民登记后才能参加其他选举活动。这是因为选举机构只有在进行选民登记后，才能确定公民是否享有选举权利，公民只有经过选民登记确认选举权利后，才能成为选民，参加其他选举活动。在时序安排时，选举活动的这种逻辑关系不能颠倒。二是选举活动的前后连接要紧密。在一个阶段的选举活动结束后，要接着进行另一阶段的选举活动，两者没有时间间隔或者时间间隔很短，不影响选举工作效率和选举人行使选举权利。例如，在投票选举结束后，应立即当众开箱计票。否则，时间间隔过长，不但会增加票箱保存的成本，降低选举工作效率，而且会增加意外情况发生的概率。因此，在时序安排时，要注意选举活动前后连接的紧密性，以保证选举活动的顺利进行。

2. 空间要素。空间要素主要包括选举工作场所、选举信息公布场所和选举权利行使场所 3 个方面的内容。这里应当说明的是，这些场所的划分是相对的，在选举过程的某些阶段，三者往往合在一起。严密的选举程序对空间要素的具体要求是：

（1）选举工作场所有利于选举机构开展工作和公民或选举人行使选举权利。工作场所，是选举机构开展选举工作和组织公民开展选举活动的地方，办公室、会议室、选民登记站和投票站等，都是选举机构开展选举工作的场所。这些场所的位置、大小和场所内的设置等空间因素，对选举机构开展选举工作和公民行使选举权利，都会产生一定的影响作用。例如，在人大代表的直接选举中，如果选区办公室、选民登记站和投票站位置偏僻，则不利于公民到选举机构咨询选举事务、进行选民登记和投票选举活动；办公室、会议室、选民登记站太小，办公人员拥挤，不利于选举机构开展工作；投票站内各种场所的设置和位置安排不恰当（如写票处毫无遮挡，且与代书处或解说处紧密相邻），不利于选举人秘密写票，行使选举权利，等等。工作场所作为选举程序中的空间要素，在场所的位置、大小和设置等问题上，都应当以有利于选举机构开展工作和选举人行使选举权利为原则。

（2）选举信息公布场所（或位置）有利于选举信息及时传播。选举信息的公布场所，是选举机构发布选举公告，公布选举活动时间、选举活动地点和选举结果等选举事务的地方。报刊、广播、电视、板报、公开栏和公共活动场所，都是选举信息的公布场所。近十几年来，由于网络技术的迅速发展，各种网站已经成为选举信息公布的重要途径和方式，拓展了选举程序中空间要素的内涵和外延。

在选举过程中，不同层级的选举信息，公布的场所也是不尽相同的。例如，在县乡两级人大代表选举、村民和居民委员会选举中，国家层面的选举信息，主要通过全国性的报刊、电台、电视台和主管部门的网站公布；地方层面的选举信息，主要通过地方性报刊、电台、电视台和地方主管部门的网站公布；相对而言，基层选举信息的公布场所要复杂得多，网络、报刊（如村办报刊）、有线广播、闭路电视、板报、公开栏和公共场所等，都可以作为选举信息的公布场所，由于基层单位的具体条件不同，选举信息公布的场所也会有所不同。无论采用什么途径和方式公布，选举信息公布的场所都必须有利于选举信息的传播，有利于公众或选举人获取选举信息，保障公众或选举人的知情权。反之，选举信息的公布场所单一、偏僻（包括在报刊、网络上公布的位置不显著），则不利于选举信息及时传播，不利于公众或选举人获取信息，不利于保障公众和选举人的知情权。

（3）选举权利行使场所要有利于公民或选举人行使选举权利。选举权利行使场所，是公民或选举人参加选举活动，行使选举权利的地方，直接选举中的选民登记站、选民小组会议室、选举大会会场和投票站，间接选举中的写票处等，都是公民或选举人行使选举权利的场所。这些场所的位置、大小和内部设置等，都应当有利于公民或选举人行使选举权利。

3. 行为要素。选举行为，是各种选举活动的统称。它包括组织行为和个人行为两个部分。组织行为，是指各级选举机构、司法机关和其他社会组织在选举过程中开展的各种活动。选举机构主要从事选举的领导、组织、管理、服务和监督活动；司法机关主要从事裁判和监督活动；其他各种社会组织主要从事参与和监督活动。个人行为，是指公民或选举人在选举过程中开展的各种活动。行为要素主要包括行为主体、行为和行为方式等方面的内容。

在张文显主编的《法理学》教科书中，把“行为主体及其行为的确定性和相关性”以及“行为方式”作为法律程序中的“法定空间方式”进行了阐述。[①] 从选举程序看，“行为主体及其行为的确定性和相关性”以及“行为方式”，虽然在一定程度上表现为一种“空间关系”，但是，如果把其作为“空间方式”进行讨论，就很难把它与选举程序中的物理空间区分开来。在司法程序中，也会遇到类似情况，例如，案件管辖地、审判场所（法庭）和审判场所的内部设置[②]等，在司法程序中就有物理空间含义。这些物理空间的设置是否科学，也会在一定程度上影响司法活动的公正性。因此，把行为要素与空间要素作必需的区分，将行为要素单独作为一问题进行讨论是必要的。

严密性的选举程序对行为要素的基本要求是：

（1）行为主体即选举程序参与者及其权利义务明确。行为主体是选举行为的实施者和承担者。在选举过程中，哪些组织和个人有权参加选举活动，在选举活动中的权利义务是什么，必须明确、具体。这是确定和规范选举行为的基本前提。这里应当指出的是，在不同的选举中，行为主体即选举程序的参与者是不同的，在选举过程中的权利义务也是不同的，因而对其行为的要求也是不同的。在同一选举中，对不同的参与者来说，其

---

① 参见张文显主编《法理学》（第三版），高等教育出版社、北京大学出版社 2007 年版，第 179—180 页。

② 例如，法官、检察官、书记员、原告、被告、辩护人、证人等在法庭中的位置，就是物理空间的设置问题。当然，不同类型的案件，审判场所设置是不同的。在公诉和抗诉案件中，需设置检察机关工作场所，而在自诉案件中，则不需设置。

权利义务也是有区别的，因此，对其行为的要求也是有区别的。只有明确了选举程序的参与者及其权利义务后，才能对其选举行为作出明确的规定。

（2）行为明确具体，且与行为主体的能力相适应。根据行为主体的权利义务，规定其在选举过程中的具体行为，是选举程序严密性的基本要求。所谓明确具体，就是对各种行为主体在选举的不同阶段必须做什么、可以做什么和不能做什么，作出明确具体的规定，不能模棱两可。如果对选举行为的规定不明确、不具体，特别是在一些关键细节上不作明确具体的规定，就给选举机构留下较大的选择余地，而多数选举程序参与者就不会事先知道自己该做什么和不该做什么，故意违法和过失违法的发生概率就会增大。一些干扰选举人行使选举权利的组织行为，就是由于对选举行为的规定不明确不具体造成的。近几年来，在地方各级政权机关主要组成人员的选举中，一些地方就是通过写票行为的设计，巧妙地干扰代表根据自己的意愿行使选举权利，落实“组织意图”的。因此，对选举行为作明确具体的规定，一方面有利于规范和引导选举程序参与者的行为；另一方面也有利于对选举程序参与者的行为进行监督，保障选举的公正与公平。

此外，选举行为的选择和确定，应当与选举程序参与者的能力相适应，尤其是要与选举人的能力相适应。否则，超出或落后于选举程序参与者的实际能力，则不利于选举程序参与者行使法定权利，也不利于提高选举工作效率。前述新中国成立初期的基层选举中，规定农村地区可以通过举手表决进行选举，就是基于农民中大多数人没有写票能力而采用的一种投票行为。今天，全民的文化素质已有了很大的提高，举手表决早已不再采用，但在基层选举中，如果要求采用电子投票机进行电子投票，同样是选择了一种不合适的选举行为，因为它与选举程序参与者的能力不相适应。

（3）行为方式恰当。对于行为方式，可以从不同的角度理解。这里所说的行为方式，是指政治活动中常用的“公开”和“秘密”两种行为方式。所谓恰当，就是从有利于保障公民权利和防止公共权力被滥用的原则出发，选择和确定的选举行为方式。一般而言，在选举程序参与者中，选举的领导、主持和裁判机构行使的是公共权力，因此，这些机构的活动应尽可能公开，以便对其进行监督。其他社会组织开展的相关活动，例如，协助选举机构进行选举宣传和选民登记，为选举活动提供物资、场地和时间安排上的帮助等，这既不属于国家公共权力范畴，也不属于公民个人权利范畴，而是介于国家公共权力和公民个人权利之间的社会公共权力，作为一种组织行为，也具有公共性质，因此，也应当尽可能公开。对于公民个人尤其是选举人参加的各种选举活动，则不能一概而论。对公民个人利益没有直接影响的选举行为，如进行选民登记、参加选举会议、观看选民榜和计票过程等，没有必要（有的也不可能）采用秘密方式进行；而对公民个人利益可能会产生直接影响的选举行为，例如，写票、检举和控告选举违法行为，则应当采用秘密的方式进行。

（三）完整而没有漏洞

完整而没有漏洞，是科学的选举程序的一个基本要求，也是科学的选举程序一个重要特征。选举是选举机构组织动员公民或选举人参加选举的过程，也是公民或选举人依法行使选举权利的过程，也是其他社会组织参与的过程。选举程序是选举活动的规范，是选举过程的法律化和规范化。它对选举过程起着重要的规范和指导作用。选举程序完整，没有漏洞，有利于选举工作的顺利进行，也有利于保障公民或选举人依法行使选举权利。

选举过程是由内容不同的若干阶段组成。由于选举的任务不同，选举过程也不相同。例如，在直接选举中，即在县、乡两级人大代表、村民和居民委员会选举中，选举过程由选民登记、提名协商和确定候选人、投票选举、统计选票和公布选举结果等主要阶段组成，而在间接选举中，即各级国家政权机关主要组成人员和县级（不含县级）以上的各级人大代表选举中，由于选举人是同级或下一级人大代表，选举又是在人大会议期间进行，不存在选民登记问题，不需要设置选民登记程序。因此，选举任务不同，规范选举过程的选举程序会有所不同。但是，对选举程序的完整性要求是相同的，不能存在漏洞。

所谓完整而没有漏洞，主要指两个方面的内容：一是时间要素、空间要素和行为要素设置完整，没有遗漏。换句话说，就是在制定选举程序时，对这 3 个要素的规定要完整，没有遗漏。例如，在我国人大代表直接选举中，在选举日确定后，需要在选举程序中规定的时间要素有：选民登记时间、计算公民年龄时间、公布选民名单时间、选民资格申诉时间、受理和处理选民资格申诉时间、申诉人起诉时间、法院受理与判决选民资格案件时间、公布代表候选人名单时间、公布正式代表候选人时间、代表候选人与选民见面时间、停止介绍候选人时间、投票选举时间、计票时间、公布选举结果时间、二次选举时间、再次投票时间、重新选举时间，等等。在选举程序中，对这些时间要素以及每一时间要素的起始时间和结束时间的规定，不能出现遗漏。对空间要素和行为要素的规定也是如此。二是时间要素、空间要素和行为要素的结合要严密。具体地说，就是在什么样的时间和地点可以开展什么样的活动，不可开展什么样的活动，以及各种活动的先后关系和时间间隔的设置要严密，没有漏洞。最大限度地挤压人为操作的空间。

从我国的实际情况看，无论是直接选举还是间接选举，在选举程序的完整性和严密性方面，都还存在着一些问题。

一是一些重要步骤和重要环节没有写进选举程序。例如，几乎在所有选举程序中没有竞选规定，或者对竞选的规定不明确、不具体，缺乏可操作性。不管人们是否愿意，选举中的竞争是不可避免的，也是很难抑制的。缺乏竞选规定的结果是，在一些地方出现了无序甚至病态竞选状况。又如，在国家政权机关主要领导人员的选举中，如果候选人没有获得法定的当选票数，下一步怎么办？是重新提名候选人，还是就原候选人进行反复投票，直至当选为止？地方组织法没有作出规定。2003年1月发生的岳阳市长选举就是一个典型的例子。罗碧升在第一次投票选举时没有当选，后经组织部门和罗碧升本人做工作，在第二次投票选举中当选。[①] 如果第二次还不能当选，是否会出现再做工作，进行第三次投票选举呢？这种可能也是存在的，因为地方组织没有规定不能这样做。

二是对一些步骤和环节的规定过于原则，技术细节上存在漏洞。例如，根据现行选举法规定，在县乡两级人大代表直接选举中，所提候选人超过最高差额比例的，“由选举委员会交各该选区的选民小组讨论、协商，根据较多数选民的意见，确定正式代表候选人名单；对正式代表候选人不能形成较为一致意见的，进行预选，根据预选时得票多少的顺序，确

---

① 唐建光：《岳阳：48小时无市长》，载《中国新闻周刊》2003年第2期。

定正式代表候选人名单”。[①] 那么，选民小组如何进行讨论和协商，根据什么标准和原则确定“较多数”和“较为一致”，没有作具体规定。因此，在选举过程中，对这些规定的理解各种各样，做法也不一样，有的经过“三上三下”就确定了正式候选人名单，有的经过“四上四下”确定正式代表候选人名单，还有的经过“五上五下”确定候选人名单。[②] 又如，在县、乡两级人大代表的直接选举中，选举法只规定“各选区应当设立投票站、流动票箱或者召开选举大会进行选举”[③]，而没有规定投票站应当如何设置，对投票站各种场所的位置、彼此间的距离和技术要求等，没有作出具体规定。在各地制定的地方性法规中，情况基本相同。这为一些选举机构利用选举程序中的技术细节漏洞，干扰选民投票提供了可能。在间接选举中，情况也是如此。近几年来，一些地方就是在技术细节上下功夫，通过技术细节的设置，“合法地”干扰选举人的投票行为，落实组织意图的。

（四）正义

正义，是科学的选举程序的一个基本要求，也是科学的选举程序的一个基本特性。对于程序正义问题，我国法学界已进行了深入的讨论，并取得了许多研究成果。但是，法学界在讨论程序正义（或正当程序）问题时，基本上从“自然正义”原则出发，从司法的角度讨论这个问题，而很少从选举的角度讨论这个问题。选举程序是政治程序，也是法律程序。选举程序与司法程序一样，也同样存在着正义问题，“自然正义”原则也同样适用于选举程序。从选举程序看，程序正义主要包括以下几个方面的内容：

1. 依照实体规定公平对待程序参与者。前述在选举过程中，程序参与者多种多样，各种程序参与者的权利义务不尽相同。这是由选举制度中的实体部分规定的。根据实体规定公平对待每位程序参与者，是程序正义

---

① 《中华人民共和国全国人民代表大会和地方各级人民代表大会选举法、中华人民共和国地方各级人民代表大会和地方各级人民政府组织法》，法律出版社 2004 年版，第 15—16 页。

② 参见袁达毅《县级人大代表选举研究》（第 2 版），中国社会出版社 2008 年版，第 186—187 页。

③ 《中华人民共和国全国人民代表大会和地方各级人民代表大会选举法、中华人民共和国地方各级人民代表大会和地方各级人民政府组织法》，法律出版社 2004 年版，第 17 页。

的基本要求。也就是说，根据程序正义的要求，权利相同的程序参与者，应当受到相同的对待，在程序面前是平等的。例如，在我国各级人大代表和国家政权机关领导人的选举中，采用一人一票、一票一值和一地参选原则，就是根据程序正义的要求设计的，是公平对待程序参与者的体现。

2. 任何人不能主持选举自己的选举。选举机构及其工作人员保持中立，不偏向任何一方，是保证选举公平公正的基本前提，也是程序正义的要求。因此，候选人应当回避，不能主持或直接参与选举工作。否则，自己主持选举自己的选举，会影响选举的公平公正，降低选举的公信力。从理论上讲，任何政治竞争的参与者，都希望在竞争中获得胜利。否则，就不会参与竞争。参选人大代表，是政治竞争的一个内容，也是政治竞争的一种方式。作为候选人，即使是道德高尚、政治品质优秀的人，主持或直接参与选举工作，会存在着谋求当选的潜在意识，在工作中很难排除自觉或不自觉地利用职务或工作上的便利谋求当选的可能。

3. 候选人的姻亲和3代以内血亲回避。作为候选人的姻亲和3代以内的血亲，由于亲缘关系十分密切，也会存在着为候选人谋求当选的潜在意识，也很难排除利用职务上的便利，有意或无意地为候选人谋求当选的可能。因此，候选人的姻亲和3代以内血亲应当回避，不能主持或参加选举工作。否则，也会影响选举的公平公正，降低选举的公信力。①

4. 任何人不能处理涉及自身的选举纠纷。在选举过程中，发生选举纠纷是难免的。例如，选民与选举机构的纠纷、候选人与选举机构的纠纷、候选人之间的纠纷，等等。在处理选举纠纷过程中，任何当事人（机构）不能作为选举纠纷的处理者或裁判者，即自己不能当自己的“法官”。② 否

① 笔者曾经遇到过这样一种情况：在村民委员会选举中，候选人的同胞兄弟是村民选举委员会成员。根据当地村民委员会选举办法规定，候选人的姻亲和直系亲属应当回避。在选举过程中，地方主管部门关于“直系亲属”的回答是：“父亲—儿子—孙子”是直系，而同胞兄弟不是直系。一位村民问笔者：“他（指候选人的兄弟——笔者注）能不向着自己兄弟吗？”这说明村民对选举的公正性产生了怀疑。

② 在选举过程中，选举委员会是组织选举、管理选举事务的选举行政机构。在选民资格问题上，如果公民对公布的选民名单有不同意见，可以向选举委员会提出申诉，要求选举委员会进行重新审查，作出答复。选举委员会可能因为其工作人员认识上的偏差和工作失误，对选民资格的认定出现错误。设置申诉程序，由选举委员会进行重新审查，纠正工作中的错误，是十分必要的。这属于行政复议范畴，是选举行政程序的一部分。但是，如果公民对选举委员会的审查答复不服，说明公民与选举委员会的纠纷发生，这时，选举委员会作为纠纷的当事方，不能作为纠纷的处理者，公民应当向人民法院提起诉讼，由人民法院进行审理和判决。

则，就会影响选举的公平公正。例如，当选民或候选人与选举机构及其工作人员发生纠纷时，作为当事方的选举机构及其工作人员不能作为纠纷的处理者；候选人之间发生选举纠纷时，任何一方都不能作为选举纠纷的处理者，特别是在司法诉讼中，当事人不能担任选举纠纷案的法官。

（五）救济机制完备

选举是公民或选举人行使选举权利的过程。作为规范选举过程的选举程序，应当具有权利救济功能，并提供完备的救济机制。当公民或选举人认为自己的选举权利受到侵害时，能够通过选举程序中提供的救济机制寻求救济；或者当选举权利已经受到侵害时，通过选举程序中提供的救济机制能够获得救济。因此，完备的救济机制，是选举程序科学性的一个重要方面。选举程序中的救济机制，主要由两个部分构成：

1. 内部救济机制。所谓内部救济，是指由选举机构进行的一种救济。关于选举机构救济职责和救济行为的制度规范，就是内部救济机制。内部救济机制的特点是，救济主体和客体都是选举程序的直接参与者，救济行为是选举过程的一个部分，救济程序和救济措施是选举程序的一个部分。内部救济是保障选举权利的一道重要防线，但不是最后一道防线。当选举机构对公民或选举人的要求不予支持时，公民或选举人还可以通过其他途径寻求救济。

2. 外部救济机制。所谓外部救济，是指由选举机构之外的社会组织进行或协助进行的救济。外部救济的主体很多，如各级党组织、各级行政机关、司法机关和各种新闻媒体等，都是救济主体。外部救济的方式也很多。这些救济主体可以采取各种方式开展救济活动。但是，除司法机关外，这些救济主体无论采用什么方式进行救济，都无权对公民或选举人的选举权利作出具有法律效力的决定。选举程序中明确规定的外部救济，最主要的是司法救济。而关于司法救济主体、救济职责、救济程序、救济行为和救济效果的制度规定，就是司法救济机制，也是选举程序中规定的最主要的外部救济机制。

司法救济的主要特点是，一是救济主体（司法机关）不是选举程序的主动参与者，除了根据公民或选举人的要求开展救济活动外，不主动参与其他任何选举活动。二是救济活动根据民事或者刑事、行政诉讼程序进行，这些程序都是独立于选举程序之外的，不是选举程序的组成部分。三是独立性。司法机关的救济活动，是一种独立的救济活动，不受任何组织和个人干预。四是决定的强制性。司法机关依法对选举权利案件作出的判决，是具有强制性的决定，选举机构、其他社会组织、公民和选举人都必须服从。五是救济的终局性。司法是保障社会公平公正的最后一道防线。在选举过程中，司法救济是选举权利救济的最后一道程序，也是权利保障的最后一道防线，司法机关的判决是最后决定。

三 科学的选举程序的价值

科学的选举程序的价值是什么呢，这既是一个理论问题，也是一个实际问题。需要从理论和实践两个方面进行探讨。从理论上看，选举程序的价值在于：保证法定权利义务关系的实现，防止滥用公共权力和践踏公民权利的行为发生，增强政权机关和基层组织的合法性，保障公平竞争和维护公平正义，培育健康进步的选举文化，促进社会的稳定与和谐。但是，从实际情况看，并不是所有的选举程序都能够保障和促进这些理论价值的实现，只有科学的选举程序才能最大限度地保障和促进这些理论价值的实现。下面，我们就这些问题进行探讨。

（一）保障法定权利义务的履行

选举程序的首要价值，是保障法定权利义务的履行，形成一种现实的权利义务关系。不同的选举，程序参与者不同，程序参与者的权利义务不同。同一选举，各种程序参与者的权利义务也不相同。例如，在同一选举中，选举机构、公民或选举人、被选举人等程序参与者的权利义务都是不同的。但是，选举程序的价值目标是相同的，这就是保证所有的程序参与者履行法定的权利义务。然而，并不是所有的选举程序都能够实现这一价值目标，只有科学的选举程序才能实现这一价值目标。

科学的选举程序对法定权利义务履行的保障作用，主要是通过对程序中的时间要素、空间要素、行为要素和救济渠道等构成要件的设置来实现的。通过这些构成要件的设置，对选举过程、选举行为、选举结果和行为后果作了预设，引导和规范程序参与者的行为，抑制和排除选举行为的随意性，使法定权利义务得以实现。如果这些构成要件的设置脱离实际，或者出现整体或者部分不科学的情况，就会影响法定权利义务的履行。

从整体上看，我国选举制度中的实体部分，对各种权力主体的权利义务作了明确的规定，但是，由于选举程序中还存在着诸多不科学的因素，使得实体规定很难得到充分的实施。例如，在我国人大代表选举中，对提名协商程序和启动预选程序的规定不具体，缺乏操作性，为选举机构的不作为和乱作为提供很大的空间，协商结果可能与多数选民的意愿相背离；在我国的各种选举中，由于选举程序中对投票站设置和写票方式的规定不具体、不统一，缺乏操作性，导致投票站设置和写票方式多种多样。一些地方为了落实组织意图，通过技术细节的设计，影响或干扰选举人投票行为，使选举人不能按照自己的意愿进行投票；在村民委员会选举中，由于司法救济被排除在选举救济程序之外，当村民的选举权利受到侵害时，只能向有关部门反映，而对有关部门调查和处理村民反映的问题，也缺乏程序上的刚性约束，村民的选举权利往往得不到及时救济；等等。因此，在我国选举制度建设中，要重视和加强选举程序建设，提高选举程序的科学性。通过制定和实施科学的选举程序，来保障法定的权利义务得到充分的履行。

（二）保障选举自由

在社会生活中，自由总是相对的，选举自由也是一样。所谓选举自由，是指在法律许可的范围内自由行使选举权利。也就是说，公民或选举人在行使选举权利时要受到法律的约束，不受法律约束的选举自由是不存在的。除受法律约束外，公民选举权利的行使，不受其他任何外力的约束。

“自由是权利的价值基础”，“也是权利的价值目标”①。保障选举权利的自由行使，是科学的选举程序的核心价值。没有选举自由，就没有真正的民主选举，也就是没有真正的民主。科学的选举程序对选举自由的保障主要体现在以下几个方面：

1. 保障参选自由。选举权利是一种政治权利，公民或选举人参加选举，表明愿意行使这种政治权利，不参加选举，意味着放弃行使这种政治权利。在直接选举中，如果愿意参加选举，可依法进行选民登记，如果不愿意参加选举，可以不进行选民登记，或者拒绝进行选民登记。在间接选

---

① 吴宁：《权利·自由·秩序》，《社会科学战线》2005 年第 3 期。

举中，选举人可以参加投票选举，也可以不参加投票选举。是行使还是放弃行使这种政治权利，由公民或选举人根据自己的意愿做出选择。这种选择既是一种权利，又是一种自由，即参选自由。科学的选举程序通过程序中的保护性规定，对参选自由提供有力的保障，不管公民或选举人作出什么样的选择，都给予充分的保护，使公民或选举人不因自己的选择行为而受到任何组织和个人的追究。

2. 保障选举权利行使的选择自由。从选举过程看，选举权利主要表现为下列 9 项权利，即提名权、被提名权、讨论协商权、投票选举权、被选举权、当选权、知情权、监督权和受救济权。当公民或选举人选择行使选举权利并依法获得认可后，对于这些权利的行使，同样有选择自由，既可以选择全部行使，也可以选择部分行使，还可以选择全部放弃行使。任何组织和个人既不得以任何理由干扰和影响公民或选举人的选择，也不得采用任何手段和措施强制公民或选举人进行选择，更不得追究公民或选举人做出的选择。科学的选举程序通过程序中的保护性规定，能够有效防止和排除不利于自由选择的各种因素，保护和恢复选举权利行使的选择自由。

3. 保障选举活动自由。所谓选举活动自由，是指选举人根据自己的意愿开展选举活动，行使选举权利，不受任何组织和个人干涉。例如，在提名过程中，提名谁，不提名谁，是自己牵头联名提名，还是参加其他选举人牵头的联名提名，参加谁牵头的联名提名，不参加谁牵头的联名提名，由选举人根据自己的意愿决定；在讨论协商过程中，是否公开发表自己的意见，支持谁当候选人，不支持谁当候选人，由选举人根据自己的意愿决定；在投票选举过程中，选谁，不选谁，由选举人根据自己的意愿决定，等等。选举活动自由，是选举自由的一个极其重要的组成部分。在选举过程中，如果选举人不能根据自己的意愿自由开展选举活动，就不能根据自己的意愿行使选举权利，选举的民主性和公平性就会受到严重破坏。科学的选举程序，能够通过保护性规定和程序构成要件特别是一些技术细节的科学设置，最大限度地抑制、阻隔和排除各种影响因素，保护和恢复选举活动自由。例如，对选举人的提名协商活动，有针对性地制定一些保护性规定，保护选举人的选举活动自由，排除各种因素的干扰；在投票选举过程中，通过投票时间和写票处的科学设置，使选举人能够自由安排时间参加投票选举活动，保证选举人写票在秘密的环境下进行，阻隔和排除任何组织和个人对写票过程施加影响。同时，在程序上明确规定任何组织和个人不得指选和诱选，不得围观其他选举人写票，最大限度地抑制侵害选举权利的行为发生，使选举人能够根据自己的意愿写票，等等。

（三）增强政治权力授予的合法性

合法性"是对统治权利的承认"[①]，"指的是政治权力依据一致的社会准则或社会价值进行政治统治或政治管理从而取民众的承认或支持"[②]，"是对被统治者与统治者关系的评价"[③]，"从民主政治的角度看，评价政治权力是否具有合法性，最主要的有两个方面：一是权力的获得是否体现了多数人的意志；二是权力的运用是否体现了人民的利益和意志。"[④] 选举，是政治权力取得合法性的最重要的途径。而选举程序是否科学，则直接关系到选举本身的合法性问题，即人们对选举是否认可。如果选举程序不科学，根据不科学的选举程序进行的选举，就很难得到人们的认可，而通过选举授予的政治权力自然就不会获得人们的认可。

政治民主化，是当今世界政治发展的潮流。当今世界，几乎所有的国家都号称是"民主国家"。从文本制度（宪法和宪法性文件）看，几乎所有的国家都赋予了公民广泛的政治权利。但是，政治民主的实际水平千差万别。一些国家的政治民主程度比较高，一些国家的民主程度比较低，一些国家根本上就没有实行过真正的民主。一些国家虽然在文本制度中规定了公民享有广泛的民主权利，但实际上享有的民主权利却很少。

把选举作为政府的出生证，以证明政治权力授予的合法性，是当今世界最流行的做法。正因为如此，赋予公民选举权利，就成了文本制度中一项不可或缺的内容。但是，文本制度中的选举权利，是一种形式上的权利，即在法律形式上承认公民享有选举权和被选举权。而要把这种形式上的权利变成现实，一个重要的条件就是制定和实施一套科学的选举程序，保障公民根据自己的意愿行使选举权利。在政治民主程度比较高的国家，

① ［法］让-马克·夸克：《合法性与政治》，佟心平等译，中央编译出版社2002年版，第12页。

② 马宝成：《政治合法性研究》，中国社会出版社2003年版，第1页。

③ ［法］让-马克·夸克：《合法性与政治》，佟心平等译，中央编译出版社2002年版，中译本序第1页。

④ 詹成付主编：《村民选举权利救济机制研究》，中国社会出版社2007年版，第68页。

不管其民主的性质如何，都会在实践中不断改革和完善选举程序，不断提高选举程序的科学性，最大限度地保障公民选举权利的实现；而在一些政治民主程度比较低，或者本质上不民主的国家，其选举程序都会在一定程度上限制或干扰公民按照自己的意愿行使选举权利。

限制或干扰公民按照自己的意愿行使选举权利的选举程序，是不科学的。而不科学的选举程序产生的原因，主要有两个：一是一些掌握了政治权力的政治集团，为了长期垄断政治权力而有意制定的，否则，就很难实现对政治权力的长期垄断。二是由于经验不足和认识上的偏差而无意制定的。虽然从主观愿望上看没有垄断权力的意图，但为某些人操纵选举，攫取政治权力提供了机会。在一些本质上不民主的国家，文本制度就成了标榜民主的“金字招牌”，而选举往往沦为政治权力的婢女和奴仆，为政治权力提供形式上（或表面上）的“合法性”，成为粉饰专制和独裁的政治工具。因此，并不是任何选举都能证明政权权力授予的合法性，只有根据科学的选举程序进行的选举，才能证明政治权力授予的合法性。萨达姆统治时期的伊拉克和当今世界上的某些国家，政府虽然由选举产生，但是，由于它们通过不科学的选举程序操纵选举，因此，即使进行了选举，也不能证明政治权力的授予就具有合法性。

（四）保障公平竞争，维护选举秩序和选后社会稳定

在社会政治生活中，竞争是一个永恒的主题，不是哪个阶级或哪种社会形态的专利。区别在于竞争的参与者不同，竞争的具体领域不同，竞争的途径和方式不同。武装斗争、政治斗争、竞选、阿谀奉承、献媚讨好、行贿买官等，都是政治竞争的方式。在现代国家政治生活中，选举已成为一种普遍采用的政治竞争平台。而选举程序是否科学，则直接关系到竞争参与者能否受到平等对待，公平参与竞争。在保障公平竞争方面，科学的选举程序是通过规范和约束程序参与者的活动来实现的。一般而言，选举程序越科学，对程序参与者的规范和约束力就越强，就越能有效地保障公平竞争。这主要体现在以下三个方面：

1. 规范和约束选举机构及其工作人员的行为，使其公平对待每位竞争参与者。公平对待每位竞争参与者，是选举机构及其工作人员的义务，也是公平竞争的基本前提。如果选举机构及其工作人员不能保持中立，而是偏向某位或某些竞争者，就会破坏竞争的公平性。科学的选举程序能够

通过程序构成要件的科学设置，有效地规范和约束选举机构及其工作人员的行为，使其依法履行职权，防止和及时纠正偏向行为的发生，最大限度地保障公平竞争。例如，及时公开选举信息，提供相同的竞争平台和公共资源，客观地介绍每位竞争者，不干扰和诱导选举人投票，及时查处违法行为，接受公众舆论监督并纠正工作中的不当行为，等等。

2. 规范和约束竞争参与者的行为，使其依法进行公平竞争。竞争者采用什么样的行为方式进行竞争，是影响公平竞争的一个重要因素。如果竞争者采用非法手段进行竞争，例如，编造谎言欺骗选举人，捏造事实诬陷竞争对手，采用暴力手段攻击竞争对手或以暴力相威胁迫使竞争对手退出竞争，诱导或胁迫选举人投票，利用钱物进行贿选，等等，都会破坏竞争的公平性。科学的选举程序能够最大限度地约束这些不合法的竞争行为，保障竞争的公平进行。

3. 规范和约束选举人、政党和社会组织的行为，营造良好的公平竞争环境。选举人、政党和社会组织能否依法进行选举活动，文明对待每位竞争者，决定着竞争能否在良好的环境中公平进行。就选举人而言，如果部分选举人采用欺骗、利诱、行贿、威胁等非法手段为自己满意的竞争者助选拉票；对自己不满意的竞争者进行诽谤、谩骂、威胁，或者采用不友好乃至危及人身安全的举动，干扰竞争者的竞争活动，或者迫使其退出竞争，或者采用各种手段影响其他选举人，干扰其他选举人投票，诋毁其个人形象，使其落选，就会破坏公平竞争环境，恶化竞争氛围，使竞争处于不公平状态。就政党（尤其是执政党）和社会组织而言，如果对党内或组织内的竞争参与者不能一视同仁，对党外或组织外的竞争参与者不能客观公正地评价，就会破坏公平竞争的环境。例如，采取组织措施限制或变相限制提名，劝阻竞争者退出竞争；在组织介绍材料时故意夸大某些竞争者的业绩和能力，而对另一些竞争者的业绩和能力不作充分介绍，或者歪曲事实，故意贬抑党外或组织外的竞争参与者；利用单位或部门利益诱导选举人投票，或者采用组织措施动员选举人投票，等等。这些都是破坏公平竞争的行为。科学的选举程序能够通过程序要件的设置，最大限度地约束选举人、政党和社会组织的行为，使其按照程序规定的过程和行为方式开展选举活动，保证竞争在公平的氛围中进行。

公平竞争，是选举有序进行和选后社会稳定的重要条件。没有竞争的选举，是没有活力的选举，而没有公平竞争的选举，是没有秩序保障的选举。引起选举秩序混乱的原因很多，非法竞争，破坏竞争的公平性，是主要的原因之一。不公平竞争引起的问题是多方面的，其中最主要的有以下几个方面：

1. 引起人们对选举不信任。对于依法选举活动和竞争中失败的一方来说，他们会对公平竞争失去信心，否定选举的公平性，不承认选举结果。对于那些采用非法手段进行不公平竞争的一方来说，也不相信公平竞争。他们之所以采用非法手段进行竞争，实际上是不相信公平竞争的一种表现，而一旦赢得选举，就会彻底摧毁他们对公平竞争的信心。

2. 导致非法竞争蔓延。当非法竞争得不到及时纠正并取得效果时，就会产生明显的示范效应，一些原来依法开展竞争活动的竞争参与者就会仿效，或者采用新的非法手段进行竞争，非法竞争行为就会蔓延，公平竞争的环境就会恶化。在我国的基层选举中，一些地方的贿选现象之所以蔓延，与选举程序中对贿选的界定缺乏操作性、查处工作不力密切相关。

3. 引起选举秩序混乱。非法竞争是一种不公平的竞争行为，也是一种破坏选举秩序的行为。不公平竞争如果得不到及时纠正，不但容易引起对选举机构的不信任，导致个人上访和集体上访，而且容易导致派性的形成，激化派性矛盾，加剧派性对立和派性冲突，使选举无法正常进行。这种情况在直接选举中较为常见。例如，在我国的基层选举中，一些基层单位（或选区）因不公平竞争导致集体上访频发、派性冲突严重，选举不能正常进行，只好暂停或延期进行；有的虽然如期进行投票选举，但由于派性冲突破坏了投票秩序或毁坏了投票设施，投票选举无法进行下去；还有的因为不公平竞争造成选举结果无效，不得不重新进行。

4. 导致选后社会不稳定。由于不公平的竞争没有得到及时制止和纠正，选举结束后，部分竞争参与者及其支持者对选举结果不认同，并因此引发其他社会矛盾，社会裂痕加大，示威抗议活动频发，有的甚至演变为大规模的社会冲突。在一些发展中国家，因选举舞弊或因怀疑选举舞弊而导致的社会混乱时有发生。在我国基层选举中，因为选举违法、破坏公平竞争而引发的个人上访和集体上访也时有发生。

科学的选举程序通过程序构成要件的设置，引导、规范和约束参与者的选举活动，最大限度地防止和避免不公平竞争的情况发生，一旦出现不公平竞争的情况，能够及时给予制止和纠正，保障竞争的公平性，防止因不公平竞争引起上述不良后果，维护选举秩序和选后的社会稳定。

（五）培育符合政治文明发展要求的选举文化

选举文化是政治文化的一个分支。G. A. 阿尔蒙德、G. B. 鲍威尔认为，“政治文化是一个民族在特定时期流行的一套政治态度、信仰和感情。这个政治文化是由本民族的历史和现在社会、经济、政治活动进程所形成的。人们在过去的经历中所形成的态度类型对未来的政治行为有着重要的强制作用。政治文化影响各个担任政治角色者的行为，他们的政治要求内容和对法律的反映。”① 石绍斌根据阿尔蒙德和鲍威尔对政治文化的论述，把“选举文化定义为一个民族在特定时期流行的一套选举态度、信仰和感情”②。同时，把选举文化分为选举体系文化、选举过程文化和政策文化3个层次。③ 这一界定和关于选举文化层次的划分是很有价值的。那么，什么是选举体系文化、选举过程文化和政策文化呢？我们认为，选举体系文化是人们对选举制度的基本倾向，选举过程文化是人们对选举过程的一系列倾向，选举政策文化是人们对选举政策法规的基本倾向。

政治制度与政治文化的关系极其复杂。当人们研究和分析政治制度产生、政治制度移植和政治制度实施等方面的问题时，往往会从政治文化方面找原因。认为在一种政治文化背景下产生的政治制度移植到另一种政治文化背景下时，会因为政治文化的不同而无法实施或者在实施中变形，因为政治文化对人们的行为起着潜移默化的约束作用。其实，这只是问题的一方面。另一方面，政治文化在很大程度上可以说是政治制度的产物，是政治制度实施后产生的一种结果。政治文化是在历史与现实相互作用的过程中逐步形成的，一种政治文化的形成，有赖于政治制度的相对稳定、政治制度的实施和政治制度的逐步完善。相对稳定的政治制度在实施和完善过程中，可以培育一种政治文化，也可以逐步改变一种政治文化，使政治文化发生转型。

---

① ［美］G. A. 阿尔蒙德、G. B. 鲍威尔：《比较政治学：体系、过程和政策》，曹沛霖等译，上海译文出版社1987年版，第29页。

② 石绍斌：《论我国选举文化的三个层次》，《安徽警官职业学院学报》2005年第2期。

③ 石绍斌认为，“选举体系文化是选民对现有选举制度的基本倾向，选举过程文化则是选民在选举过程中一整套倾向，而选举政策文化则是选民对相关选举的法律法规的基本倾向。这3个层次是同时并存和相互作用的”。

选举制度是政治制度的一个重要组成部分，选举制度与选举文化的关系也具有同样的性质。选举程序是选举制度的一个重要组成部分，选举程序是否科学，决定着选举制度中的实体规定能否实施，也就是把选举制度中关于权利义务的规定转变为现实，而这对于选举文化的形成和发展来说，起着重要乃至决定性的作用。

从选举体系文化看，人们对选举体系的基本倾向，主要取决于以下3个基本要素：一是对政治体系的基本态度。选举体系是政治体系的一个组成部分，人们对政治体系的态度，影响人们对选举体系的态度。一般而言，只有在对政治体系持认同态度的情况下，才有可能产生对选举体系的认同。如果人们对政治体系持否定态度，那么，人们对选举体系也会持否定态度。二是选举体系的产生方式。这是影响甚至决定人们对选举体系的基本倾向的一个重要因素。前述政治体系认同是选举体系认同的基本前提，但是，人们在认同政治体系时，不一定认同选举体系。选举体系的产生方式，是影响着人们对选举体系的基本倾向的重要因素。从世界各国的情况看，选举体系产生的方式不尽相同，有任命的，有选举（或推选）的，也有任命和选举（或推选）相结合的。一般而言，由任命产生的，在很大程度上取决于对政治体系的基本倾向。而由选举（或推选）产生的，在很大程度上取决于对选举（或推选）过程的基本倾向，而选举程序在这一基本倾向的形成过程中起着重要作用（下面将继续讨论这个问题）。三是选举体系的运行状况。影响选举体系运行的因素是多方面的，如选举体系的层级、人员构成、运行经费、运行方式和运行程序等。选举程序是选举体系运行程序的一个重要组成部分。在选举过程中，选举程序是否科学，选举机构是否按照选举程序办事，将直接影响人们对选举体系的基本倾向。

从选举过程文化看，人们对选举过程的基本倾向，取决于两个基本要素：一是选举程序。人们对选举过程的基本倾向，在很大程度上取决于选举程序，因为选举程序是选举活动的基本规范，按照选举程序进行的选举活动，决定着人们对选举过程的基本看法和基本态度。如果选举程序是科学的，并根据科学的选举程序进行的选举活动，人们对选举过程的认同程度就会很高，就会积极参与到选举过程中去。反之，如果选举程序的科学性不强，选举活动就会存在着这样那样的问题，人们对选举过程的认同程度就不会很高，人们参与的积极性就会受到影响，即使是参与了，也很可能是消极参与或者被动参与。二是选举的组织实施。这是影响乃至决定人们对选举过程的基本倾向的关键要素。任何一项制度，如果组织实施不力，不按制度办事，就会影响人们对制度本身和组织实施工作的信心。对于选举来说，即使有了科学的选举程序，如果选举不按程序进行，在选举过程中随意简化或改变选举程序而得不到及时有效的纠正，久而久之，就会影响人们对选举制度和选举过程的信心和态度，人们对是否参加选举就会持无所谓的态度，即使是参加了，也很可能是被动参与，而不是以主人翁的身份积极参与。

从选举政策文化看，人们对选举政策法规的基本倾向，主要取决于以下几个因素：一是选举权利的分配状况。在国家政治生活中，哪些人享有选举权利，哪些人不能享有选举权利，就是选举权利的分配问题。在具有行为能力的公民中，享有选举权利的人越多，范围越广泛，选举体系被认同的程度可能会越高。反之，享有选举权利的公民很少，那么，被认同程度就一定很低。如果相当部分公民因财产、性别、种族等原因而不能享有选举权利，就会产生否定或者改变选举政策的诉求，就会出现争取选举权利的政治抗争或政治运动。二是国家权力授予与选举的关系。国家权力授予通过直接选举或间接选举进行，选举体系被认同的程度可能会高，否则，选举体系被认同的程度就一定很低。三是对选举的预期和在选举中的实际感受。人们对选举的预期，在很大程度上取决于政策法规对选举目标的规定。在选举过程中，如果人们的感受与预期是一致的，对政策法规的认同程度就会很高，就会珍惜自己的选举权利，积极参加选举活动。如果存在差距，就会降低对政策法规的认同程度，差距越大，认同程度就会越低，参选的积极性就会相应降低，甚至可能出现消极抵制情绪。换句话说，就是人们在选举过程中感受到真正行使了政策法规规定的选举权利时，就会认同政策法规，相信选举结果。否则，对政策法规的认同程度就会降低，就会怀疑甚至否定选举结果。由于科学的选举程序能够最大限度地保障选举权利的行使，因此，它在选举政策文化的形成和发展过程中，发挥着十分重要的作用。

总之，从选举体系文化、选举过程文化和选举政策文化看，选举程序对于选举文化的形成和发展发挥着重要作用。而科学的选举程序对于培育符合现代政治文明发展要求的选举文化来说，至关重要。我国是一个经历了漫长封建社会的国家，缺乏民主传统。新中国成立后，中国共产党在领导人民民主政权建设过程中，以马列主义为指导，在总结战争年代根据地选举制度建设和选举实践经验的基础上，建立起了新中国的选举制度，并进行了普选。十一届三中全会以后，根据我国社会政治经济文化的发展，对选举制度进行了多次修正和完善，选举的民主化和法制化水平逐步提高。新中国选举制度建立、发展和完善，以及选举实践的不断深入，在培育适应社会主义民主和政治文明建设要求的选举文化过程中，发挥了十分积极的作用。

第六章

选举与干部队伍建设

选举是现代民主政治的基本价值和基本标志，也是现代民主政治得以运转的重要支柱之一。[①] 目前，选举已被普遍认为是民主政治的试金石，甚至被视为民主政治的本质属性。[②] 它不仅是当今世界各国政府权力合法性得以形成和强化的重要途径，更是各国公民政治权利得以实现的重要方式。选举制度作为我国社会主义民主政治制度的重要内容之一，既是我国社会主义民主政治运行的基本机制之一，也是人民群众当家做主得以实现的主要制度形式。随着我国社会主义民主和政治文明建设的不断推进，尤其是在干部队伍建设过程中，选举同以往的干部任用方式相比，它的作用和效能更加明显，不仅能极大地强化干部队伍的“公仆”意识，还能有效地规范干部队伍的公务行为，从而为推进党风廉政建设做出重要的贡献。

一　选举与传统干部任用方式[③]之比较

从某种意义上说，选举是目前各国普遍采用的一种选拔人才或公职人员的方式，“是公民投票选择当选人的行为，是近现代民主政治的基础和组成部分，是公民根本的集合政治权利行为，是近现代国家机构或公职人员产生的最普遍、最根本的方式，是公民对国家和社会发展的一种决定性

---

① 一般认为，现代民主政治运转主要依靠三大支柱，即议会制度、政党制度以及选举制度，其中，选举制度发挥着关键性的枢纽作用，起着联结政党与议会的作用。参见林尚立《选举政治》，三联书店（香港）有限公司 1993 年版，第 36 页。

② 参见［美］塞缪尔·亨廷顿《第三波：20 世纪后期民主化浪潮》，刘军宁译，上海三联书店 1998 年版，第 6 页。

③ 传统干部任用方式主要是指委任制。

选择。”[①] 也就是说，选举主要是公民进行政治抉择的一种方式，具有明显的政治性特征。选举作为一种最基本的干部任用方式，在我国《宪法》及相关法律法规和《中国共产党章程》（以下简称《党章》）中一直都有明确的规定。如《宪法》第六十二条规定：全国人民代表大会选举中华人民共和国主席、副主席；选举中央军事委员会主席；选举最高人民法院院长；选举最高人民检察院检察长；第九十七条规定：省、直辖市、设区的市的人民代表大会由下一级的人民代表大会选举，县、不设区的市、市辖区、乡、民族乡、镇的人民大会代表由人民直接选举，等等。同样，《党章》第十条也明确规定：党的各级领导机关，除它们派出的代表机关和在非党组织中的党组外，都由选举产生。然而，尽管我国《宪法》及《党章》都明确了选举在干部选拔任用过程中的地位和作用，可是，在现实政治生活运作过程中，选举却往往流于形式，成为委任制——传统干部任用方式的陪衬和辅助。

委任制，也称任免制，是指由任免机关（主要是上级党委及组织人事部门）在其任免权限范围内，直接或间接地指派任用人选担任一定职务的任用方式，其本质上是党管干部原则的具体实践和运用。委任制是中共在战争年代形成并且沿袭下来的，并且在新中国成立后一直实行的干部选任方式，适应了我国计划经济时期干部集中统一调配的要求，为我国社会主义政治经济文化的发展和建设做出了巨大贡献。在 1953 年召开的干部管理工作会议上，中共中央曾高度评价此种干部选任方式：“党的干部除军队系统是单独管理外，多年来一向是由中央及各级党委的组织部来统一管理的。党的各个历史时期的经验证明，过去这样做是完全正确的。由于实行了对干部的统一管理，就使得党能够根据斗争形势发展的需要，来统一调动干部力量，加强有决定意义的工作部门，因而保证了党在各个时期的政治任务的完成。同时，由于实行了对干部的统一管理，也就避免了将干部管理工作分割起来的现象，避免或减少了在执行党的干部政策中的不统一现象和在干部问题上的本位主义现象。”[②] 因此，即使到现在，委任制仍然是我国最为重要也是运用最为广泛的干部选任方式。委任制和选

---

① 王玉明：《选举论》，中国政法大学出版社 1992 年版，第 14 页。

② 中央组织部等：《中国共产党组织史资料》（第九卷），中共党史出版社 2000 年版，第 187 页。

举制，一同构成了我国干部选任的两种基本模式。

事实上，选举和委任这两种干部选任方式，一直就为中共党章所明确规定。它们的缘起，最早可以追溯至1922年7月召开的中共二大。在此次会议上，会议代表们制定的《中国共产党章程》第四条明确规定："各农村、各工厂、各铁路、各矿山、各兵营、各学校等机关及附近，凡有党员三人至五人均得成立一组，每组公推一人为组长，隶属地方支部，每一个机关或两个机关联合有二组织以上即由地方执行委员会指定若干人为该机关各组之干部。"第七条则强调："中央执行委员会由全国代表大会选举五人组织之，并选举候补委员三人，如委员离职时，得以候补委员代理之。"① 上述两种干部选任方式在后来的章程修订中得到再次确认。如1927年6月通过的《中国共产党第三次修正章程决议案》第十三条规定："党部之执行机关概以党员大会或其代表大会选举，上级机关批准为原则；但特殊情形之下，上级机关得指定之。"② 也就是说，在一般情形下，干部选拔任用必须实行选举，只有在特殊情况下，才能采用委任制。但是，在当时极为特殊和严峻的战争环境下，举行选举产生干部的方式往往费时费力，而委任制则迅速高效，有利于集中统一指挥和领导。为了适应瞬息变化的环境，委任制无疑更加实用和有效。因此，在干部选拔任用的过程中，委任制的使用往往更加频繁和有效，它也逐步取代选举而成为选任干部的主要方式。但是，委任制的过度使用也造成了严重的后果，导致上级组织委派的干部往往不熟悉当地情形，形成一种官僚主义和形式主义。在1931年的干部工作会议上，中共中央严厉地批评了这种现象，认为"党内的家长制度与委派主义妨碍提拔下层干部，以至消灭和破坏下层干部。过去往往一批一批的派遣那些与生产无关与群众无联系的学生到各级党的、工会的、少共的组织中去，建立一些空架的不做工作的官僚机关，积久成习，容易养成上级包办下级，下级依赖上级的恶劣习惯"。因此，会议最后要求，"废除委派制度，把过去'面向上级'转变为'面向下层'，各地党部委员会的成分主要的应该在当地党的组织中拉起来，打

① 选编组：《中国共产党章程汇编》（从一大—十七大），中共中央党校出版社2007年版，第5—6页。

② 同上书，第26页。

破专门依赖上级的观念”。[①]

中共中央对选举的认识及重视在随后得到充分的体现，在原先若干选举法规的基础之上再次制定了《中国工农兵会议（苏维埃）第一次全国代表大会苏维埃选举暂行条例》（1931 年 11 月）、《中华苏维埃共和国的选举细则》（1931 年 11 月）、《中华苏维埃共和国选举委员会工作细则》（1931 年 12 月）、《苏维埃暂行选举法》（1933 年 8 月）等法规条例，初步形成了相对完善的选举法规。在抗日战争时期，中共中央在陕甘宁边区建立参议会，实行参议院民主选举，并陆续颁布了《陕甘宁边区选举条例》（1937 年 5 月）、《陕甘宁边区选举委员会工作细则》（1937 年 5 月）、《陕甘宁边区选举条例》（1939 年 2 月）、《陕甘宁边区各选举委员会组织规程》（1941 年 1 月）、《陕甘宁边区各级参议会选举条例》（1941 年 11 月）、《陕甘宁边区各级参议会选举条例的解释及其实施》（1942 年 5 月）、《陕甘宁边区各级参议会选举条条例》（1944 年 12 月）、《陕甘宁边区各级选举委员会组织规程》（1944 年 12 月或以后）等法律法规，形成了比较成熟的选举制度法律体系。在 1941 年陕甘宁边区政府改选之际，边区政府还就此专门发出了《为改选及选举各级参议会的指示信》，强调“民主政治选举第一……选举自由不得妨碍……如果有人轻视选举，或者说不要选举，那就是等于说不要民主。不要民主，就等于不要革命”[②]。所以，在陕甘宁边区政府期间，中国共产党曾创造了许多世界选举史上闻所未闻的投票方法，如豆选法、红绿豆法、画圈法、画杆法等等，实行了真正意义上的和完全彻底的民主选举制度，从而使得陕甘宁边区被誉为“民主政治的模范区”。陕甘宁边区民主政治的实践，一方面，加强了政府与边区民众之间的关系；另一方面，也促使边区政府人员自身廉洁自律，既吸引了许许多多为民主理想而奋斗的知识青年，也改善了边区政府的艰难处境，为抗日战争取得最后的胜利奠定了坚实的基础。因此，在 1945 年召开中共七大所通过的《中国共产党章程》再次明确了选举与委任之间的主辅关系，即选举是基本的和主要的方式，而委任只是辅助的和补充的形式，应该从属于选举，并且它的使用必须具备一定的前提条件。

---

① 中央组织部等：《中国共产党组织史资料》（第八卷），中共党史出版社 2000 年版，第 410、413 页。

② 转引自冯莉《中国选举：理念与制度》，学林出版社 2009 年版，第 109 页。

如《党章》第十四条就规定："党的各级领导机关由选举制产生。"第十八条则明确强调："党的各级领导机关，凡能进行选举的地方，均需由选举产生之。仅由于环境或条件的限制，不能召开党员大会或代表大会选举时，方得召集代表会议选举之，或由上级组织指定之。"① 由此可见，对于选举和委任两种干部选任方式，中共不仅明确规定了两者之间的关系，更是清醒地认识到两者的利弊。

然而，随着中共执掌全国政权，为了集中统一调配政治资源和干部人才的需要，以便有效地贯彻中央政府的方针政策，恢复主要城市和部门行业的发展，如何迅速有效地合理使用干部便成为执政党面临的一项最为紧迫性的任务。即如毛泽东所说："政治路线确定以后，干部就是决定的因素。"② 为此，中央政府在新中国成立初期接连召开干部工作会议，讨论干部的使用、交流、培训、管理等问题，从而使得党管干部原则日渐成熟。这种原则得以落实的具体形式就表现为形成了以委任制为主导的干部选拔任用方式。这在 1956 年中共八大通过的《中国共产党章程》得到了明显地反映，第二十三条规定：党的选举单位对于被选举到党的代表大会和党的委员会的成员，有权在他的任期内加以撤换。在地方各级代表大会闭会期间，上级党的委员会认为有必要的时候，可以调动或者指派下级党组织的负责人。③ 从《党章》内容中关于行使委任制的前提的限定词语的变迁——从"特殊情形"修改为"环境或条件的限制"，再到"上级党的委员会认为有必要的时候"——可以看出：使用委任制的前提可以以主观意志认定为标准，而不是以外在客观环境为前提。此时，中国共产党作为执政党，其党内任命制的做法，自然而然就推广到了国家政权机关及其他社会团体，从而形成了党和国家干部一身二任，融合一体的局面。因此，虽然 1954 年《宪法》及 1956 年的《党章》依旧规定了各级人民政府机关和党的各级领导机关必须由选举产生，但是，在实际操作过程中，领导干部候选人却往往是由各级党委及组织部门推荐提名，从而导致各级人大的选举逐渐演变成为一种为候选人合法任命的程序而已，候选人也基

① 选编组：《中国共产党章程汇编》（从一大——十七大），中共中央党校出版社 2007 年版，第 51—52 页。

② 《毛泽东选集》第 2 卷，人民出版社 1991 年版，第 526 页。

③ 选编组：《中国共产党章程汇编》（从一大——十七大），中共中央党校出版社 2007 年版，第 70 页。

本上能获得各级人大代表们的一致通过。显然，选举在此时已经履行了多项政治功能，即“同时是合法化的程序、信任的证明、任命的制度、控制的手段、一致的征兆、净化的技术、代表制的操作者、参与的象征”①。这种干部选用方式由于经过了选举程序而被称为“选任制”，以区别于由各级党委直接任命的委任制。但是，从选任制的整个过程来看，它本质上仍然是委任制，并未脱离委任制的做法，同选举制有着根本上的区别。

从历史角度来看，不管是战争年代，还是新中国成立之后的和平建设年代，委任制的历史功绩都不容轻易否定。它的产生及存在，具有一定的合理性和必然性，同当时高度集权的政治结构相适应，是时代发展的特殊产物。正如有学者所言：“以委任制为主体的干部选拔任用制度是历史发展的必然结果和必经阶段，是由我们党所处的历史方位和发展阶段所决定的。”② 同其他干部选拔任用方式相比，委任制也具有巨大的优势及特点，集中表现为三个方面：第一，有利于用人和治事的相互统一，确保权责一致，形成相对稳定的领导组织核心。第二，有利于贯彻上级领导意志，便于上级对下级的统一指挥和调度，从而保证政令畅通，形成高效的决策系统和执行系统。第三，操作程序简单便利，有利于提高行政效率。可见，委任制所追求的价值目标是效率，它本质上是一种政治权力资源的再配置，实现了政治权力和行政职能的再分解，鲜明地体现了权力的本质属性——支配性。这种支配性表现为上级对下级的控制性以及下级对上级的依附性。因此，委任制本质上是一种“人治”的干部选任方式。同委任制相比，选举所追求的价值目标为民主，它本质上表现为政治权力的转移，实现了主权与治权的分离，表现为一种委托—代理的契约关系。这种契约性表现为选民在通过选举授权的同时，亦能约束当选者的行为，保证当选者对选民负责。因此，选举制本质上是一种“法治”的干部选任方式。

委任制所表现出的“人治”色彩，决定了此种干部选任方式带有极为浓厚的主观随意性，即选任干部仅仅凭借上级领导干部的个人意志和好恶，由此导致用人权力高度集中于个别领导或书记。对于此种现象，邓小

---

① ［法］皮埃尔·罗桑瓦龙：《公民的加冕礼——法国普选史》，吕一民译，上海世纪出版集团 2005 年版，第 153 页。

② 王璋：《“三票制”选“官”——干部选拔任用制度创新的实践与思考》，中共中央党校出版社 2007 年版，第 116 页。

平曾有过精辟的分析，即“权力过分集中的现象，就是在加强党的一元化领导的口号下，不适当地、不加分析地把一切权力集中于党委，党委的权力又往往集中于几个书记，特别是集中于第一书记，什么事都要第一书记挂帅、拍板。党的一元化领导，往往因此而变成了个人领导。”① 同时，他还强调：“权力过分集中，妨碍社会主义民主制度和党的民主集中制的实行，妨碍社会主义建设的发展，妨碍集体智慧的发挥，容易造成个人专断，破坏集体领导，也是在新的条件下产生官僚主义的一个重要原因。”② 从委任制的实际应用和操作过程来看，它的弊端主要表现在以下几个方面：

首先，委任的主体仅限于少数领导干部。此时，选拔任用者的能力和素质，就直接决定了被选者的质量。假如选任的上级领导干部素质高，如大公无私、廉洁奉公、正直无私，那么，就有可能选出好的干部。但是，如果选任的上级领导干部任人唯亲、任人唯钱，同时又缺乏相关的制度约束，就很容易造成买官卖官、跑官要官的不正之风以及用人权力的腐败现象。有学者在谈到腐败现象时，就痛心疾首地指出：“干部任用的腐败是最大的腐败。如果不根除任用干部权力过于集中的弊端，就不可能克服用人的腐败现象，也不可能建立科学的党和国家机关干部使用制度及机制。”③ 因此，目前众多针对委任制的改革及完善办法，主要局限于干部选任提名的环节，意在打破用人权力过于集中，扩大民意基础，以真正做到任人唯贤、选贤任能。

其次，委任的过程不公开透明。在战争年代，这种特殊的外在政治环境，决定了干部的选拔和任用必须加以保密，从而慢慢地形成了极为浓厚的军事色彩。新中国成立之后，受到“路径依赖”的影响，干部选任过程依然十分神秘化和封闭化，导致干部的选用往往由少数几个人关门决定，缺乏公开的民主机制，从而容易出现暗箱操作的现象。同时，由于缺乏公正公开透明的民主机制，人民群众难以行使知情权、选择权和监督权等政治权利，易于使领导干部在选用干部过程中不严格遵守法定的正常程序，时常发生违规和违法操作等现象。对于此种现象，中共中央曾进行过

① 《邓小平文选》第2卷，人民出版社1994年版，第328页。

② 同上书，第321页。

③ 吴敏：《民主探求录》，中国社会科学出版社2004年版，第631页。

严厉批评，即“党内的家长制度与委派主义妨碍提拔下层干部，以至消灭和破坏下层干部。……干部的提拔与引进，不是经过一定的组织系统，……而是派别观念，感情关系，地方主义，往往许多来历不明的分子，可以由一个负责同志的‘保荐’甚至不经任何手续，而随便拉到党的领导机关中来”。因此，明确要求“干部的提拔和调动，须严格地经过组织、分配工作，须按照一定的标准，……反对个人感情无原则无标准的调动，不得上级组织的许可，绝对禁止把干部往上级送”。同时，“废除委派制度，把过去‘面向上级’转变为‘面向下级’，……打破专门倚赖上级的观念”。[①] 新中国成立之后，中共中央在不同场合中多次强调，“任免、提拔、调动、吸收或者撤换、处分干部，都必须严格地按照规定的制度和手续办事。要坚决反对干部管理工作上的个人决定、先斩后奏、讨价还价、调不出、派不进的分散主义和本位主义倾向”。[②]

最后，委任的结果事与愿违。一方面易导致官僚主义、形式主义和命令主义，造成被选者高高在上，脱离实际和脱离群众。正如邓小平所说：“从党和国家的领导制度、干部制度方面来说，主要的弊端就是官僚主义现象，权力过分集中的现象，家长制现象，干部领导职务终身制现象和形形色色的特权现象。”并且直言：“官僚主义的表现和危害是高高在上，滥用权力，脱离实际，脱离群众，好摆门面，好说空话，思想僵化，墨守成规，机构臃肿，人浮于事，办事拖拉，不讲效率，不负责任，不受信用，公文旅行，互相推诿，以至官气十足，动辄训人，打击报复，压制民主，欺上瞒下，专横跋扈，徇私行贿，贪赃枉法，等等。”[③] 尽管造成领导干部官僚主义作风的原因来自多方面，但是，就其产生的根源而言，无疑源自干部选拔任用制度。另一方面易出现一些“传声筒”“应声虫”“唯上不唯下”的干部。因为候选者能否被选上，能否继续升迁，决定权不在于人民群众，而在于上级领导的认可。因此，这些人只知道讨好和迎合上级，而对于人民群众的利益和要求则漠不关心，不仅如此，这些人长期以上级领导意图或命令为行动指南，很可能把对党的忠诚转变为对个人

---

① 中央组织部：《中国共产党组织史资料》（第八卷），中共党史出版社 2000 年版，第 410、413 页。

② 中央组织部：《中国共产党组织史资料》（第九卷），中共党史出版社 2000 年版，第 927 页。

③ 《邓小平文选》第 2 卷，人民出版社 1994 年版，第 327 页。

的忠诚，并最终导致宗派政治和派系政治。所以，有学者就指出："长期实行委任制，必然使下级对上级养成一种敬畏、自卑的心理，一些干部必然只对上级负责而无视人民群众的利益和愿望。这时，官僚主义应运而生，甚至还会在无产阶级政党和革命队伍内部复活封建主义的君臣和主仆式的人身依附关系。……长期实行自上而下的委任制，必然使人民群众不能从法的角度去认识自己基本的民主权利，日渐淡漠自己在国家政治生活中的主人翁感，形成一种若非忍无可忍，总是逆来顺受的政治麻痹症。"①

正是基于此，20世纪80年代中后期，随着改革开放的推进以及政治体制改革的深化，一方面，中央政府在改革现有干部管理制度之时，逐渐形成了民主推荐、组织考察和集体研究决定任免的三个阶段，使得干部选任程序逐渐规范化和制度化。另一方面，地方政府为了缓解日渐严重的党群关系和干群关系，亦在探索如何完善委任制的干部选任方式。但是，回顾和总结过去干部制度改革的经验和教训，不管是中央的探索还是地方的实践，基本都是围绕委任制而展开，缺乏实质性的突破。显然，要有效解决现有干部队伍中日益严重的权力腐败问题，并为我国社会主义现代化建设提供一支高素质和高质量的领导干部队伍，就应该不断改革和完善现有干部选任方式，实行真正意义上的选举制。

二　选举在加强干部队伍建设过程中的作用

（一）选举能有效强化领导干部的"公仆"意识，树立正确的权力观，做到"权为民所用、利为民所谋、情为民所系"。

"公仆"意指为公众服务的人，喻指拥有国家公共权力的国家机关或公职人员，尤其指各级领导干部。而公仆意识，则是指领导干部对自身的公仆身份和角色的一种认识或反映，主要强调"党员干部对人民群众内在的意愿倾向，是一种全心全意为人民服务的自觉愿望和要求，是党员干部为官的思想基础和行为准则"②。可见，公仆意识本质上所反映的就是国家与社会、政府与民众之间的关系。公仆意识是马克思主义政党基本的

① 吴敏：《民主探求录》，中国社会科学出版社2004年版，第582页。

② 钟维荣：《公仆意识建设新探》，《广西民族学院学报》（哲学社会科学版）2005年第3期。

执政意识，直接关系到中国共产党的执政地位，更影响作为执政党的中国共产党的性质和前途。树立和强化领导干部的公仆意识，有利于改善和促进中国共产党的作风建设以及党群关系。

政府公职人员的公仆意识并不是天生的，而是同其权力性质有着密切的关系。在君权神授时代，君主宣称其权力源自上帝的授予，因此，其言行只需对上帝负责，而不需要对人民负责，此时，君主同人民之间的关系是一种主仆关系，即君主是主人，而人民则是奴仆。直到人民主权学说的产生，君主同人民之间的主仆关系才发生根本性的变化，即人民——而不是君主——才是社会主人，君主不是、也不应该是社会主人，他只能是人民的仆人或办事员。因此，从某种意义上来说，人民主权理论是公仆意识产生的前提和基础，而公仆意识是人民主权理论的自然衍生。[①] 人民主权学说的核心要旨就是强调人民才是主权的所有者，而政府则是人民意志的产物，是主权的执行者。即如罗伯斯庇尔宣称的那样，“人民是主权者，政府是人民的创造物和所有物，社会服务人员是人民的公仆”[②]。政府之所以拥有行使主权的权力，关键在于这种权力的合法性是建立在人民的同意基础之上，是人民通过选举而授予的。可见，人民的“主人”身份和角色，以及政府公职人员的“公仆”身份和角色，正是在“投票——选举——授权”的过程中得以充分体现。即如萨托利所说：“我们在什么时候发现‘统治的人民’，发现进行统治或担当着统治角色的‘民’呢？答案是：在选举的时候。这并非贬损之辞，因为民主过程正是集中体现在选举和选举行为之中。”[③] 通过选举，政府和人民之间建立了一种“委托—契约”关系，即人民通过选举把主权或立法权委托给政府，而政府借此获得的权力必须为人民利益着想，维护人民的利益。如果政府违背甚至出卖了人民的利益，人民则可以通过一定的方式收回主权。正如卢梭所说：“那完全是一种委托，是一种任用；在那里，他们仅仅是主权者的官吏，是以主权者的名义在行使着主权者所委托给他们的权力，而且只要主权者高兴，他就可以限制、改变和收回这种权力。”因此，“人民的议员就不是、也不可能是人民的代表，他们只不过是人民的办事员罢了；他们并不

---

① 参见李宏图《关于公仆意识的两个问题》，《史学集刊》1989 年第 3 期。

② ［法］罗伯斯庇尔：《革命法制和审判》，赵涵舆译，商务印书馆 1965 年版，第 138 页。

③ ［美］乔·萨托利：《民主新论》，冯克利、阎克文译，东方出版社 1993 年版，第 89 页。

能作出任何肯定的决定。"① 由此可见，一切公职人员，不管是领导干部还是普通职员，只要其权力是源自人民的授予，那么，他就应该做人民的忠实办事员，其言行应该以人民利益为立足点。

然而，在现实政治生活中，政府公职人员作为公共权力的执行者，易于发生角色错位——从社会公仆变为社会主人。因此，要有效防止这种错位现象的发生，一方面，必须使政府公职人员意识到其权力是源自人民的授予；另一方面，必须使人民拥有最终决定政府公职人员政治命运的权力。正是基于此，马克思恩格斯在总结巴黎公社经验时都一致认为，公开、普遍的直接选举是最为有效的措施。如马克思就明确指出："旧政府权力的纯粹压迫机关应该铲除，而旧政府权力的合理职能应该从妄图凌驾于社会之上的权力那里夺取过来，交给社会的负责的公仆。普选制不是为了每三年或六年决定一次，究竟由统治阶级中的什么人物在议会里代表和压迫人民，而是应当为组织在公社里的人民服务。"② 恩格斯在纪念巴黎公社二十周年时同样强调了这一观点，认为国家和政府机关易于由社会公仆变为社会的主人的情形"不但在例如世袭的君主国内可以看到，而且在民主的共和国内也可以看到。……这种现象在至今所有的国家都是不可避免的"。所以，他提出了两条针对性的措施，即"第一，它把行政、司法和国家教育方面的一切职位交给由普选选出的人担任，而且规定选举者可以随时撤换被选举者。第二，它对所有公职人员，不论职位高低，都只付给跟其他工人同样的工资。公社所曾付过的最高薪金是6000法郎。这样，即使公社没有另外给各代议机构的代表规定限权委托书，也能可靠地防止人们去追求升官发财了。"③ 就上述两条措施而言，第一条是从政治层面入手，防止政治权力世袭化；第二条则是从经济层面着手，避免政府公职人员经济特权化。比较两条措施，政治措施显然更为重要，也更具有基础性的作用。因为，政府或政府机关之所以有"主人"和"仆人"这样的称呼，关键在于它们手中拥有他人所没有的公共权力。所以，如果人民拥有通过选举来罢免或者撤换政府或政府机关的权力，政府公职人员在行使权力时自然不会时时以"社会主人"自居，而是以负责任的"社会

① ［法］卢梭：《社会契约论》，何兆武译，商务印书馆2003年版，第73、120页。

② 《马克思恩格斯选集》第2卷，人民出版社1972年版，第376页。

③ 同上书，第335页。

公仆”的角色出现。

政府公职人员的“社会公仆”意识，其核心内容主要体现为全心全意为人民服务的宗旨。这一宗旨一直为作为执政党的中国共产党所重视和强调。在抗战胜利之际，毛泽东就在《一九四五年的任务》一文中强调：“我们一切工作干部，不论职位高低，都是人民的勤务员，我们所做的一切，都是为人民服务。”[①] 新中国成立前夕，如何防止领导干部由社会公仆变为社会主人的现象发生，更成为执政党必须面对的最为紧迫的任务之一。毛泽东在七届二中全会上就严厉告诫党内同志：“务必使同志们继续地保持谦虚、谨慎、不骄、不躁的作风，务必使同志们继续地保持艰苦奋斗的作风。”[②] 新中国成立之后，中央领导人亦多次强调领导干部要牢记其社会公仆的角色，强化其公仆意识。刘少奇曾强烈批评新中国成立之后少数领导干部以“主人”和“老爷”自居，并明确强调：“我们所有的领导人都是为人民服务的，是人民的公仆，是人民的勤务员，没有权利当老爷。”[③] 周恩来也指出：“我们国家的干部是人民的公仆，应该和群众同甘苦，共命运。如果贪图享受，怕艰苦，甚至走后门，特殊化，那是会引起群众公愤的。”[④] 可见，对于领导干部的公仆角色，中央已经基本取得了一致的共识。但是，对于应该采取何种措施或手段来防止领导干部由“公仆”变成“主人”，从而保持领导干部的公仆身份，进而强化领导干部的公仆意识，中央对此依然还处于摸索之中。如果遵循马克思恩格斯的建议，那么，我国就应该实行普遍公开的直接选举制来任免领导干部。然而，在当时的情形下，要在全国范围内实行普遍公开的直接选举，还是很不现实的。一方面，缺乏相应的主客观条件，即广大民众普遍缺乏民主权利意识，残留着诸多封建主义思想。正如刘少奇所说：“中国大多数人民群众，主要是劳动人民还不识字，过去没有选举的经验，他们对于选举的关心和积极性暂时也还不很充分。……只有在各种准备工作均已做好，中国大多数的人民群众经过了相当长期的选举训练并大体识字之后，才能最后完全地实行这种选举方式。”[⑤] 同时，国内社会政治经济环境极为严峻，

① 《毛泽东文集》第3卷，人民出版社1996年版，第243页。

② 《毛泽东选集》第4卷，人民出版社1991年版，第1438—1439页。

③ 《刘少奇选集》下卷，人民出版社1985年版，第307页。

④ 《周恩来选集》下卷，人民出版社1984年版，第421页。

⑤ 《刘少奇选集》下卷，人民出版社1985年版，第55页。

还处于非常态政治时期，贸然动员成千上万的群众参与选举，将不利于新生政权的稳定和巩固。

另一方面，受到传统的领导干部任免方式的制约。正如上文所言，自建党伊始，中共就一直实行选举和委任两种干部任用方式。但是，随着外在政治环境的不断恶化，委任制逐渐成为主导的干部任用方式。这种干部任用方式有利于贯彻党的组织意图，但却容易造成领导干部脱离基层人民群众，形成浓厚的命令主义作风和“老爷作风”。因此，为了密切党群和干群关系，树立领导干部的公仆形象，强化领导干部的公仆意识，陕甘宁边区政府曾实行过各种各样的选举方式，并且收到了良好的效果，为新政权的成立发挥了重要作用。新中国成立之后，随着中共政治地位和政治角色的变化，以及高度集权的政治经济体制的逐步确立，这种干部任用方式的应用范围和层次更加广泛，促使干部的任免权日益集中于党组织，并进一步弱化了普通群众在干部任免过程中的发言权。这种制度设计与安排上的漏洞，成为领导干部公仆意识弱化和公仆作风不良的根源。因此，强化领导干部的公仆意识和公仆理念，首先就必须从制度源头上着手。对此，邓小平曾有过深刻的见解和论述，即“制度问题不解决，思想作风问题也解决不了。”“制度问题更带有根本性、全局性、稳定性和长期性。”①可见，只有不断推进制度建设，才能从根本上改变领导干部的工作作风和思想作风，进而培育领导干部的公仆意识和树立其公仆形象。

制度建设，尤其是选举制度的健全和完善，既是最为重要也是最为关键的环节，决定了权由谁所授和归于何处，即权力的来源和归宿问题。虽然我国现行《宪法》和《党章》都规定：任何干部，不论职位多高，权力多大，其手中的权力都是源自人民并且属于人民，人民才是国家主人，而领导干部则是人民公仆和办事员。如《宪法》第二条规定：“中华人民共和国的一切权力属于人民。人民行使国家权力的机关是全国人民代表大会和地方各级人民代表大会。人民依照法律规定，通过各种途径和形式，管理国家事务，管理经济和文化事业，管理社会事务。”《党章》第三十三条也明确规定：“党的干部是党的事业的骨干，是人民的公仆。”但是，不管是《宪法》的条文还是《党章》的内容，两者基本属于宏观层面的规定，缺乏具体的和微观的制度性安排，从而导致新中国成立后领导干部

① 《邓小平文选》第2卷，人民出版社1994年版，第328、333页。

身份和角色的错位或失位，代“民”做主和替“民”做主现象时有发生，干群之间的关系亦从“鱼水关系”变为“油水关系”，极大地腐蚀了党的执政基础，抑制了人民群众想当家做主的积极性，进而影响了人民想“翻身做主人”的愿望。鉴于此，十一届三中全会之后，廖盖隆曾发表《民主选举是最重要的一件事》一文，强调恢复和健全选举制度具有重要的意义。该文指出：“我们必须使人民不仅在名义上，而且在事实上成为社会和国家的主人。人民必须有权管理国家，对各级政府领导人员和企业管理人员，人民有权监督他们的工作，有权随时撤换他们，以便防止他们‘从社会公仆变成社会主人’，从人民的勤务员变成人民的老爷。只有这样，人民才会有高度的主人翁感觉，才会在社会主义现代化的建设中充分发挥主动性、积极性和创造性。也只有这样，才能克服官僚主义，真正革新和加强我们的各级国家权力机关、各级国家行政机关和经济企业管理机关，使他们能充分迅速实现四个现代化的需要。”①

近些年，尤其是20世纪90年代中后期，为了缓解日益严重的党群和干群关系，各地方和基层政府在干部人事制度方面进行了大量的探索和实践，并且取得了卓有成效的进展。各地所进行的制度改革和创新，几乎都聚焦于领导干部产生的方式和途径方面，即在传统的干部任用过程中引入选举制的因子，从而极大地强化了领导干部的公仆意识和责任意识，改善了党群和干群关系，使领导干部从过去漠视人民群众的利益和需求，转为更加关注和重视普通群众的利益和需求，珍惜百姓的信任和支持。正如四川省绵阳市委组织部在“全国乡（镇）长选举方式改革”的会议上总结时所说：“实行乡（镇）长选举改革，体现了民主、竞争择优和尊重选民意愿的原则，使选举产生的干部明确了对谁负责的问题，增强了公仆意识，自觉坚持在党委领导下全心全意为人民服务，做到对上负责与对下负责的有机统一。”②

由此可见，领导干部是人民的公仆以及具有的公仆意识或公仆精神，是由中华人民共和国的国家性质和执政党中国共产党的性质所决定的，是执政党先进性的集中体现。加强和强化领导干部的公仆意识，是执政党继续保持执政地位、巩固执政基础的内在要求。要实现这一目标，就必须进

① 廖盖隆：《民主选举是最重要的一件事》，《人民日报》1979年7月13日。

② 《全国“乡（镇）长选举方式改革”学术研讨会论文汇编（一）》，第5页。

一步加强选举在干部任用过程中的基础性地位和作用，使领导干部真正明了其权力是由人民赋予的，并且是属于人民的，其手中的权力必须以人民作为其服务对象，而不是服务其自身。只有这样，领导干部才能当好负责任的人民公仆，履行好“三个代表”的职责。

（二）选举有利于规范干部的公务行为，促进领导干部廉洁自律，树立良好的生活作风和工作作风，真正为人民群众做实事，办好事。

公务行为是指国家机关工作人员在以国家行政机关的名义行使法定职权、执行公务的过程中所发生的行为。它同个人行为——因公民权的行使而产生的行为——的区别在于，公务行为具有内在的公共性和权力性，主要作用于公共领域或公共空间，是公共权力的外在表现形式，因此，它具有明确的边界和指向。但是，鉴于公共权力所具有的扩展性和渗透性，如果缺乏一套能对公共权力进行约束和制衡的制度设计与安排，则公共权力极易出现腐败和异化等现象——公共权力可能超越公共性，演变成为个人或少数人谋取私利的工具或手段。可见，一旦领导干部手中的政治权力受到了有效的约束和制约，那么，因行使公共权力而产生的公务行为也就自然而然能受到严格的规范，使其权力只能为人民谋利益和为公众服务，而不是谋取特殊的个人利益，甚至侵害人民群众的权益。

在我国，由于长期实行由上级组织或者上级少数领导干部决定干部升降去留的委任制，导致被提拔任用的干部只要能让上级组织或上级领导满意，就可以了。因此，这种政治心理反映在干部的行为方式上，就是只对上负责，不对下负责，或者说主要是对上负责。正如刘顺元所说：“我们的干部是委派的，而且是上面委派的。这样，日子长了以后，很显然，干部的眼睛朝上看，他不想往下看。下边既不能委派他，也不能罢免他；而上边呢？既可以委派他，又可以罢免他。”① 所以，即使某些干部在行使权力过程中出现滥权、侵权、越权和失权等行为，依然能留任，甚至提拔重用。这种干部任用制度的漏洞，成为干部制度改革的重中之重。选举制的引入和实践，有效地解决了这些问题，极大地改变了干部过去“唯上不唯下”的行为。这种行为方式的变化在村委会的选举中表现得尤为明显，即“村委会选举使……村干部从过去的唯上是从到现在的更多照顾下面群众的利益。那些只会巴结上级领导、‘走上层路线’的村干部逐渐

① 《刘顺元文集》，江苏人民出版社2000年版，第611页。

被村民所抛弃。村民更喜欢那些代表他们利益，能为他们说话和办事的村干部”。[①] 由此可见，干部产生方式的转变——干部由上级委任改为由普通民众选举，直接影响了干部当选后的言行举止，十分有效地规范着干部的公务行为。这种规范和约束作用主要表现在以下几个方面：

第一，实行干部由选举产生，有利于促使领导干部执行公务时将全心全意为人民服务、为人民群众谋利益摆在其各项工作的首位，树立“执政为民”和“权为民所用”的执政理念。

干部的政治前途，是由执政目标的实现与否以及执政取向的正确与否来决定的，因此，作为直接引导干部的执政目标与执政取向的干部任用制度，发挥着重要作用。以往，实行委任制的时候，领导干部在制定和实施相关政策时，政策目标和取向往往是以这项政策能否让上级领导满意为标准，而不是以它是否科学、合理乃至合法以及是否让普通民众满意为标准，由此造成政策实施之后带来了严重的后果，如资源浪费、环境污染等问题。虽然实施了党政领导干部问责制，即干部必须为此政策可能的后果负责。但是，由于缺乏相关配套制度的设计与安排，这种问责却常常流于形式，政策的决策者并没有因此而被降职甚至免职，由此严重影响了政府的公信力。究其原因，就在于问责的主体是上级领导干部，被问责者与问责者之间存在着紧密的上下级关系，即政策的决策和实施一般都是获得了上级领导干部的认可和默许，那么，追究下级干部的责任，也就意味着其自身也存在某种失职行为。由此观之，任命制的干部任用制度，不仅导致干部执政的行为取向是指向上级领导干部，更为严重的是，造成问责制失效，使失职领导干部规避了政治和法律责任。

纵观近些年我国干部人事制度的改革进程，主要趋势是干部任用过程更加民主化和公开化，任用程序更加规范化和制度化，集中表现为民意逐渐成为干部任用过程中的一个重要变量。当前，在我国现行各种表达民意的途径或方式中，选举无疑是最能使民意既充分又真实地表达出来的方式之一。通过选举，普通民众可以借用选票形式公开表达其对领导干部的态度：支持抑或反对。可见，实行选举产生领导干部的方式，意味着干部的升降与否取决于民意而不是官意（上级领导意见），意味着干部的权力源

① 胡荣：《竞争性选举对村干部行为的影响》，《厦门大学学报》（哲学社会科学版）2002年第3期。

自民众的授予而不是上级领导的授予。根据“谁授权，就向谁负责”的政治学公理，领导干部的执政行为必须向民众负责，并回应民众的利益需求，而不再仅仅只向上级领导负责和只考虑上级领导的意见和要求。所以，一旦实行选举产生领导干部，将直接改变了上级领导干部与被任命干部之间垂直的单向度关系，形成民众与领导干部之间相互制约的互动关系。需要强调的是，实行选举产生领导干部，并不意味着放弃党管干部原则和削弱党的领导。相反，通过与选举制的相互结合，党管干部原则将更能发挥作用：一方面，加大干部培养力度，为普通民众提供充足的可供选择的干部资源；另一方面，充分落实和保证民众的选举权，确保民众对干部的最终决定权。这样，既有利于调动民众的积极参与热情，增进领导干部的执政权威及合法性，也能促使领导干部在管理国家事务中认真谨慎地对公众意志、公众利益负责，扭转现行干部队伍中普遍存在的“只对上负责、不对下负责”的状况。

第二，实行干部由选举产生，有利于防范和杜绝干部侵权、滥权、越权和失权等不良公务行为。

当前，领导干部在权力行使过程中，滥权、侵权、越权和失权等不良公务行为时有发生，严重影响了党和政府的形象，恶化了党群和干群之间的关系，动摇了党的执政根基。其中，滥权表现为以权换权，以权换钱，以权谋私，权钱交易；侵权表现为公权力侵犯普通民众的民主权利或私权利；越权表现为超越自己职权范围，处理不属于其职权范围内的事务，包括横向越权与纵向越权；失权则表现为行政不作为，怠于履行其法定义务和职责。领导干部上述种种不良公务行为的发生，是源于多方面的原因，如干部队伍综合素质参差不齐、权力运行监督机制不健全、传统官本位思想作怪等等。但是，究其根源，就在于干部选任制度设计与安排上的漏洞。传统的干部选任制度，干部的酝酿、考察、选举、任命等过程，基本上是由上级领导干部组织实施，以便顺利实现上级党组织的意图。但是，这种干部选任制下的领导干部，却极易于造成权力源自上级领导的假象，使干部在权力行使时只听上级意见，只看上级态度，不问群众意愿，漠视群众观点，结果造成滥权、侵权、越权和失权等不良公务现象。因此，要实现公共权力的有效且正确运行，就需要进一步改革和完善现行干部选任制度，即实行选举制。

实现选举制，一方面，从思想上强化了领导干部对权力属性和性质的认识。在我国，宪法明确规定“一切权力源自人民”，但是，这一规定却缺乏相应的制度加以落实和保障，从而流于形式。然而，实行选举，则能有效地保证人民行使最终决定权——人民主权。正如有学者所言：“现代选举的实质，是人民主权的寄存过程，是构建代议制民主大厦的关键性起点。”[①] 通过选举，人民可以凭借这种制度性的渠道来决定干部的当选与否。同时，领导干部也将意识到：其手中权力是一种委托的权力，它是源自人民的授予。作为一种委托的权力，它不是干部私有财产，更不能无限拥有。这种权力不仅边界有限，而且时间也有限，即一旦出现任何滥用权力、侵犯人民权利的行为，人民便有权收回政府权力。洛克就说：“当人民发现立法行为与他们的委托相抵触时，人民仍然享有最高的权力来罢免或更换立法机关。……他们可以重新把它授予他们认为最有利于他们的安全和保障的人。”[②] 另一方面，从制度源头上杜绝领导干部滥权、侵权、越权和失权等不良公务行为的发生，遏制干部权力的自我扩张。作为民主政治的支柱之一，选举制不仅是有效的一种选人用人的干部制度，更是一种高效的监督制约机制。因为，在公开且定期性的选举过程中，被选举者的言行时刻处于公众监督之下，选民可以对其执政时期的行为做出评价和判断，并有机会依此来罢免或重新选举公职人员。因此，对于期望顺利当选的人员而言，必将严格规范自身在任职期间的公务行为，以免影响其连任。所以，实行选举制，可以有效地根治现存的不良公务行为，实现公共权力的复位和归位。

第三，实现干部由选举产生，有利于遏制公务行为的铺张浪费，根治“政绩工程”、“形象工程”和“面子工程”现象。

目前，我国政府公务行为的铺张浪费主要表现在以下三个方面：一是公务消费方面，如公务用车、公款吃喝、公款旅游等；二是工程建设方面，如修建豪华办公大楼和楼堂馆所，大兴“政绩工程”、“形象工程”和“面子工程”等；三是政府采购方面，如一味追求高档、重进口轻国内等。这种铺张浪费的现象耗费了大量的公共财政资金，浪费了社会资源，还严重影响了政府形象，腐蚀了干部作风，败坏了社会风气。对此，中央政府接连下发了多个旨在遏制铺张浪费现象的文件，但是，收效甚

① 赵寿星：《选举与治理》，中国社会科学出版社 2001 年版，第 2 页。

② ［英］洛克：《政府论》（下篇），叶启芳、瞿菊农译，商务印书馆 1964 年版，第 92 页。

微。显然，这种现象之所以屡禁不止，甚至愈演愈烈，有着深刻的体制性和制度性原因，如行政权力运作缺乏透明度、行政决策中公众参与的缺失、财政资金缺乏监督和制约、对行政成本不够重视等等。但是，主要的因素之一就在于现行干部选任制度的不健全和不完善。在传统的干部选任制下，干部政绩的大小以及干部的升降去留往往决定于上级领导干部，普通民众缺乏发言权，因此，下级干部的所有工作都是围绕上级领导干部的喜好而展开，不仅实行超规格超标准的公务接待，而且大兴土木工程，展示所取得的政绩，以此实现个人政治地位的升迁。对于普通民众的利益需求，他们则采取无动于衷甚至漠视的态度。所以，有学者就曾精辟地指出："'政绩工程'体现了一些政府官员的思维定式和习惯作风，他们凡事眼睛向上看，只对上不对下，'只要你能搞出政绩，让领导看到'，上级对于下级有了好感，最后就会把搞'工程'的干部提拔到更高的职位上去。"[①] 可见，单纯依靠法律法规是难以抑制当前政府公务行为普遍的铺张浪费现象，更不可能彻底根除"政绩工程"、"形象工程"和"面子工程"的毒瘤，必须改革和完善现行的干部管理制度，建立科学合理的干部选拔任用制度——选举制。

实行选举制，意味着普通民众拥有评价干部政绩大小以及决定干部升迁的权力，意味着干部的升降去留不再取决于少数领导干部。这样，对于那些急功近利、好大喜功、注重短期行为的干部而言，期望通过"政绩工程"、"形象工程"和"面子工程"捞取政治资本且只需让上级领导干部满意就能获得升迁，再也不可能了。通过选举，有效实现了人民共同意志和共同利益的聚合，因此，维护和实现公共利益也就成为当选领导干部执政目标的不二选择。自然，那些劳民伤财、浪费资源的"政绩工程"、"形象工程"就会遭到人民的一致反对。尤其是随着民意满意度逐渐成为干部考核的主要内容之一，领导干部如果违背民意大兴土木，很有可能影响其政治前途。可见，实行选举产生领导干部，不仅能有效遏制日益膨胀的公务行为的铺张浪费奢侈之风，更能彻底根除"政绩工程"、"形象工程"和"面子工程"的现象。

（三）选举能有效预防和治理干部权力腐败问题，防范和遏制干部权

---

① 郭松海：《"政绩工程"该休矣!》，人民网 http：//cppcc. people. com. cn/GB/34961/74989/74993/5099103. html。

力腐败现象的滋长和蔓延，从而为推进领导干部党风廉政建设提供制度性的保障机制。

改革开放以来，我国领导干部权力腐败问题十分突出，主要表现为腐败的规模不断扩大，从少数干部发展到干部群体，集体腐败事件不断发生；腐败的级别亦越来越高，从县处级到省部级；腐败的金额也越来越大，从几百万元到几千万元甚至上亿元。领导干部权力腐败问题给执政党和国家带来了严重的后果，一方面，损害了党同人民群众之间的亲密关系，削弱了党的执政基础和威胁到党的执政地位；另一方面，使整个国家财政遭到破坏和浪费，造成社会秩序混乱和政治信任危机。因此，全国人民对干部腐败问题无不痛恨，无不希望除之而后快。干部腐败问题也连续多年成为“两会”期间代表们和民众关注的焦点话题。根据2009年社会科学院“两会”热点调查结果显示，权力腐败问题位列关注度首位（达66.8%），成为网民最为关注的话题。[①] 为了有效防范和治理日益突出的干部腐败问题，中央和地方各级人民政府纷纷出台反腐的新政策新措施，加大对干部腐败的打击力度，并取得了显著的成效。如查处原北京市副市长刘志华、原上海市委书记陈良宇、原浙江纪委书记王元华等大案。但是，当前我国领导干部腐败事件依然层出不穷，不断发生，呈现“前腐后继”“越反越腐”“越腐越烈”“越腐越大”的趋势。那么，究竟是何种因素所致呢？追根溯源，其根本原因就在于目前我国领导干部任用制度设计与安排的缺失，它是导致领导干部权力腐败产生的制度源头。

传统的委任制干部选拔任用制度，是一种“伯乐相马式”的选任制度，带有较强的领导个人意志和主观色彩，即主要依靠上级领导干部和各级组织或人事部门去发现培养和选拔任用干部。自建党始，这种干部选任制度就在党章中得到了确认，并在随后的时间里不断得到健全和完善，成为领导干部产生的主要途径之一。回顾中国共产党的发展历程，这种干部选用制度无疑具有其存在的科学性和合理性，并且适应了外在的现实条件和制度环境，为形成一支高素质的干部队伍发挥了重要作用。但是，这种干部选用制度的最大弊端或局限性，就是干部任用权力高度集中于少数领导者，形成“少数人在少数人中选人”的状况，极易滋生任人唯亲、跑官要官、买官卖官的腐败现象。鉴于委任制所存在的种种缺陷和弊端，自

---

① 引自新华网，http：//news. xinhuanet. com/misc/2009 -03/05/content_ 10945044. htm。

20世纪90年中后期开始，中央到地方各级政府在坚持党管干部原则的基础上，不断改革和完善委任制的干部选任制度，逐渐缓解了日趋紧张的基层党群和干群关系问题，并在一定程度上遏制了不断蔓延的干部权力腐败问题。其中，四川省遂宁市市中区采用“公推公选”方式产生乡镇党委书记、乡镇长以及市中区步云乡实行直接选举产生乡长的干部制度改革与创新最为引人注目。

“公推公选”，简称“公选”。它是指“公开选拔的意思。其主要的核心内容还不是选举，不是‘公开选举’，而是‘公开选拔’”[①]。“公选”缘起的具体时间和地点，至今仍不清楚。根据一些学者的考察，四川省遂宁市市中区是率先系统地采纳此种方法来选拔乡镇干部的。[②] 这种干部选拔任用方式，一经出现，就引起了学界以及官方的关注和重视，因为它有效地同现有干部选拔制度衔接起来了，即在坚持党管干部原则的基础上，只是把过去“组织考察提拔干部”改为自愿报名，增加了笔试和口试等考试环节，注入了公平公开竞争等因子，并且吸纳了民众意见。所以，有学者对这种干部选拔任用方式给予了高度评价，认为它“创造性地发展了我党的群众路线传统，使自上而下的干部考察机制与自下而上的淘汰——选择机制有机地结合了起来，不但为我国的干部任用制度提供了可以不断吸纳新鲜血液和养料的渠道，也为我党开辟了一条密切联系群众的制度化途径”。[③] 比较“公选”与传统干部选拔任用方式，“公选”最大的特征之一就是它比传统的干部选拔任用方式更加透明、公开、公正和公平，并且带有一定的竞争性。可见，“公选”是对现有干部选拔任用制度的一项创新，扩大了普通民众在干部选拔任用过程中的参与广度和深度，经此引入的民众意见一方面强化了普通民众对领导干部的认同感和监督意识，有利于其主人翁意识的觉醒和提高；另一方面，也使领导干部不得不关注普通民众的利益需求，一定程度上约束了领导干部的言行。但是，从严格意义上来讲，“公选”并不是真正意义上的选举，因为选举是“一种具有公认规则的程序形式，人们据此而从所有人或一些人中选择几个人或

① 李凡：《乘风而来——我所经历的步云乡长直选》，西北大学出版社2003年版，第15页。

② 参见杨雪冬、托尼·赛奇《从竞争性选拔到竞争性选举：对乡镇选举的初步分析》，《经济社会体制比较》2004年第2期。

③ 景跃进：《“公选”与干部制度改革》，《天津社会科学》2003年第4期。

一个人担任一定职务”。[①] 相反，“公选”只不过在干部选拔任用过程中引入了一些选举的因素，公选的整个过程并没有超越传统的干部选拔任用制度。因此，杨凤春曾评价说：“这（指公选）不是一般意义上的民主选举。民主选举要求官员的当选诉诸选民，而在‘公推公选’中诉诸的却只是部分官员。”[②] 杨雪冬也认为，“‘公选’似乎是处于传统选拔方式与直接选举之间的一种过渡性的制度设计。它比传统方法更透明和具有竞争性，但在公众参与上没有直接选举那样广泛，竞争性也弱”。[③]

正是基于此，时任市中区党委书记张锦明提出了在步云乡试验由普通民众直接选举乡长的改革动议，并在经过充分准备之后取得了比较圆满的成功，步云乡亦因此被媒体誉为“中国大陆直选第一乡”。步云直接选举乡长的效果非常明显，集中体现在干部的言行方面。根据调查显示，实行直接选举后，“干部更加关注民情、关注民生，关心群众切身利益，决策更加民主科学，行为更加自律谨慎；而直选出来的党委班子也都普遍感到‘前有引力、后有推力、外有压力、内有动力’”[④]。由此可见，选举的实行，一方面促使领导干部更加关注普通民众的利益，以获得民众的支持；另一方面，则有效地制约和监督着领导干部权力的运用和行使，成为防范干部权力腐败的制度保障。遗憾的是，由于步云乡直接选举乡长违反了现行《中华人民共和国地方各级人民代表大会和地方各级人民政府组织法》关于乡、民族乡、镇的人民代表大会主席、副主席和乡镇领导由同级人代会选举的规定，因此，这种形式的直接选举被迫停止。但是，从步云乡直选的效果来看，它无疑为我们推进党风廉政建设和治理腐败问题，提供了借鉴意义，即从源头、过程和结果着手。

第一，从源头上来看，选举能有效预防和治理领导干部权力腐败问

---

① ［英］戴维·米勒等编：《布莱克维尔政治学百科全书》，邓正来译，中国政法大学出版社 2002 年版，第 229 页。

② 转引自李烈满《健全干部选拔任用机制问题研究》，中国社会科学出版社 2004 年版，第 212 页。

③ 杨雪冬认为，“公选”并不是选举，而是一种带有某些选举特征的选拔官员的方式。“公选”似乎是处于传统选拔方式与直接选举之间的一种过渡性的制度设计。它比传统方法更透明和具有竞争性，但在公众参与上没有直接选举那样广泛，竞争性也弱。参见杨雪冬、托尼·赛奇《从竞争性选拔到竞争性选举：对乡镇选举的初步分析》，《经济社会体制比较》2004 年第 2 期。

④ 王长江：《党内民主制度创新》，中央编译出版社 2007 年版，第 30 页。

题，彻底铲除干部权力腐败滋生的土壤和条件。众所周知，政治领域的一个基本理论命题就是：谁授权就对谁负责，即权力的执行者必须向授权者负责。之所以如此，是因为授权者可以决定权力应当如何使用，乃至可以决定把权力收回。所以，在传统的干部任用制度中，既然上级组织和领导是干部权力的授权者，干部任用权高度集中于上级组织或领导，那么，领导干部就必然只愿对任命他的组织或个人负责，而不愿对普通民众负责，因为其政治命运是决定于上级组织领导手中，由此导致跑官要官和买官卖官等腐败现象的发生。相反，如果实行选举，则意味着普通民众是领导干部权力的授权者，决定着领导干部的政治命运和仕途，自然，领导干部就不得不对普通民众负责，并主动回应普通民众的利益需求。由此可见，如果领导干部获得官职与否取决于普通民众，将能有效强化领导干部对权力的理解和认识，从而树立一种正确的权力观，即中国共产党的执政地位、社会主义国家的一切权力都是来自于人民的，领导干部手中的权力说到底都是人民赋予的。即如温家宝在全国人大五次会议闭幕时所说："政府的一切权力都是人民赋予的，一切属于人民，一切为了人民，一切依靠人民，一切归功于人民。"[①] 因此，进一步加强领导干部的权力观及其对权力的认识，从思想上筑牢拒腐防变的堤防，能有效地推进党风廉政建设和治理干部权力腐败问题。

近些年，中央在开展党风廉政建设和反腐败斗争战略部署的过程中，越来越重视和强调从源头上杜绝腐败现象的产生。江泽民曾指出："从源头上预防和治理腐败现象，才能巩固和发展反腐败斗争已经取得的成果，从根本上解决腐败问题。……反腐败斗争应该逐步加大治本的工作力度，努力从源头上预防和治理腐败现象。"[②] 并且明确要求"通过体制创新逐步铲除腐败现象滋生的土壤和条件"。因为"好的体制，可以有效地预防和制止腐败现象的发生；反之，不好的体制，则会导致腐败现象的滋生和蔓延"[③]。为此，中央于 2007 年 3 月专门组新中国成立家预防腐败局。它的成立，是中央推进党风廉政建设和反腐败斗争的一项重大举措，表明中央已经意识到从源头上治理腐败现象的重要性，因此，它也将在未来的反

---

① 转引自人民网 http://npc.people.com.cn/GB/28320/78072/78081/5479828.html。

② 《江泽民文选》第 3 卷，人民出版社 2006 年版，第 187—188 页。

③ 同上书，第 189 页。

腐败斗争中发挥重要作用。然而，国家预防腐败局毕竟是宏观或中观制度层面上的改革和创新，并没有从微观和具体制度层面——干部选拔任用制度——上着手，而这才是治理腐败问题的关键。纵观近些年全国各地所进行的一些治理腐败问题的制度改革和创新，基本上都是着眼于微观和具体制度层面，尤其是将竞争性、公开性等选举的因子引入干部产生的过程中，并且取得了一定的效果。因此，为了进一步深化干部制度改革和推进干部队伍建设，必须对全国各地所进行的改革和创新的经验及教训进行总结，以便推广实施。

第二，从过程来看，选举是一种有效防范和治理领导干部腐败的监督机制。选举不仅是现代民主政治的基石，更是代议制民主政治中最为重要和最为有效的一种监督机制。选举作为一种监督机制，可以有效地约束领导干部在行使权力过程中的一言一行，防止公共权力的异化和滥用。选举的监督作用，主要表现在两个方面：一方面，从领导干部来说，既然他是由选民经投票选举产生，那么，他要顺利当选，就必须在竞选过程中大力宣传其施政纲领，获得选民的支持或认可，从而使每个选民在投票过程中投自己一票。当选之后，领导干部在施政过程中，就不得不向选举他的选民负责，并回应选民的要求和兑现其在选举过程中的承诺。假使领导干部不能实现其在选举过程中所做的许诺，那么，在下次选举连任的过程中，则有可能遭遇败选。因此，实现选举产生领导干部，必然促使领导干部在权力行使过程中避免权力的滥用和越界，有效地监督和约束领导干部权力行使的边界和限度，尽可能地预防腐败问题的发生。同时，鉴于现代选举具有竞争性和公开性的特征，任何领导干部在任期内出现权力滥用或腐败的问题，那很可能在下次选举过程中被其竞争对手所曝光或披露，成为其连任的绊脚石。另一方面，从普通选民来说，实行选举制，意味着人民拥有主权不再是一句空话，他们将有权决定领导干部能否当选，从而彻底实现了人民当家做主的权利，并成为真正的社会主人。既然自己是“社会主人”而不是被统治者，领导干部是“社会公仆”而不是统治者，那么，“社会公仆”的言行受到“社会主人”的监督和约束，也是情理之中的事。普通民众的“社会主人”意识，将使其意识到自身的责任感和使命感，并在投票选举过程中得以体现，即选民投票选举的对象必将是经过选民们精心挑选并为选民所信任的，从而使得当选的领导干部成为选民的忠实代表。可见，实行选举产生领导干部，不仅促使领导干部强化公仆意识，更促使普通民众树立主人翁意识，进而积极主动地监督领导干部的权力行使和运用。

因此，在推进党风廉政建设和治理干部权力腐败的过程中，关键在于如何有效发挥选举的监督和制约作用。鉴于权力内在的扩展属性，一旦缺乏相关的约束和监督机制，拥有权力的公职人员在行使和运用权力时，很有可能利用权力为自己谋取私利。正如英国历史学家阿克顿所说："权力导致腐败，绝对的权力导致绝对的腐败。"而法国启蒙思想家孟德斯鸠也指出："一切有权力的人都容易滥用权力，这是万古不易的一条经验。"[①]目前，在西方代议制民主国家，已经形成了一套成熟完整的监督体系，尤其是媒体监督权被誉为"第四权力"。相反，在我国，媒体的监督力量则有待进一步强化。因此，要在现有制度框架和制度空间内，有效地预防和治理干部权力腐败现象，比较可行的方式就是改革和完善现行干部选拔制度，尤其是加强选举在干部任用过程中以及权力行使过程中的监督和约束作用，使其监督功能贯穿于权力运行的全过程，形成一套严密的监督体系。

第三，从结果来看，选举是一种有效应对领导干部贪污腐败问题的惩治机制。定期性和周期性是现代选举的重要特征之一。正如阿尔蒙德所言："现代民主政治体系的基本概念是公民能够通过定期选举掌控精英人物。一方面，公民可以在竞争的候选人中进行选择，挑选那些选择倾向与自己最相似的人或那些他们最信仰的人。另一方面，选择的存在使精英人物因期待选民的支持而加强其反应性。"[②] 通过定期性或周期性选举，选民可以严格审查执政者在执政时期的活动和行为，并根据自己意愿来行使罢免或重新选举公职人员的权利。对于那些想寻求连任的公共职位任职者而言，这将给他们带来巨大的压力，成为一种潜在的无形的制约和监督机制。联邦党人麦迪逊曾指出："在他们擢升的方式（即选举）使他们产生的观点由于行使权力而忘却以前，他们不得不预料在他们的权力结束的时刻。到那时，他们执行权力的情形要受到审查，他们必须降到擢升以前的地位；除非他们忠实地卸任，使他们有资格重新上任，他们将永远留在原

① ［法］孟德斯鸠：《论法的精神》（上册），张雁深译，商务印书馆 1982 年版，第 154 页。

② ［美］G. A. 阿尔蒙德、G. B. 鲍威尔：《比较政治学：体系、过程和政策》，曹沛霖等译，上海译文出版社 1987 年版，第 130 页。

来的位置上。”① 可见，对于公职人员而言，定期性或周期性的选举，不仅是一种最为有效的惩罚机制和措施，更是悬在他们头上的一把“尚方宝剑”，时刻警醒着他们的一言一行。

但是，在我国目前的干部制度体系中，为了贯彻上级人事安排及交流干部队伍的需要，上级组织或领导往往对任期未满的在职公职人员进行调动，导致选举的惩罚功能失效，即普通民众不能借选举之机对领导干部的功过进行评判。正是源于此，领导干部才不必顾及其任期内的所作所为，经常一任干部一套政策，导致“政绩工程”、“形象工程”、“面子工程”等现象层出不穷，不仅劳民伤财，更是极易滋生腐败。所以，目前干部任用过程中时常出现“带病提拔”、“边腐边升”的问题。归根究底，就是没有发挥定期性或周期性选举的惩罚功能，使得领导干部不必担心因选举而被罢免或落选。这种惩罚机制的缺失，造成定期性的选举沦为一种形式而缺乏实质内容，也就难以对领导干部权力腐败问题进行有效的监督和制约。

由此观之，选举在推进党风廉政建设和治理腐败问题过程中发挥着基础性作用。但是，由于造成权力腐败的原因是多方面的，既有体制方面的因素，也有领导干部自身的因素，因此，仅仅依靠选举并不能彻底地根治日益严重的权力腐败问题，它必须同其他的制度或机制相互协调和配合，才能达到预防和治理腐败的目标和要求。

① ［美］汉密尔顿、杰伊、麦迪逊：《联邦党人文集》，程逢如等译，商务印书馆 2004 年版，第 292 页。

第七章

党的领导与依法选举的关系

主权在民是我国宪法的核心。人民通过选举的方式将手中的权力委托给自己信得过的人代为行使，这是选举的实质，是现代的国家政权运作的基础。因而，选举在培养公民的政治意识文明、政治行为文明和政治参与能力，加强政治行政道德建设，推进廉政勤政建设等方面，都发挥着极其重要的作用。如何以选举权的普遍性、平等性和选举的公正性为价值取向，增强选举的有序竞争，使选举制度进一步得到完善，是我国民主政治建设的一个重要的内容。当前选举实践中存在的选民厌选情绪，选举违法等情况，是民主政治发展过程中出现的问题，应当通过发展民主政治的方式去解决。我国宪法确定了党的领导地位，同时也规定各政党都必须遵守宪法和法律，任何组织或者个人都不得有超越宪法和法律的特权。因此，完善选举制度必须在党的领导下进行，改善党对选举工作的领导，是发展社会主义民主政治的重要组成部分。如何定位党的领导与依法选举的关系，党领导选举工作的重点应当放在哪里，这是本章探讨的主要内容。

一　党对选举工作的领导原则

党的十一届三中全会以来，人大代表的选举工作逐步走上法制的轨道，通过民主法制的实践，逐步形成了加强和改善党的领导、充分发扬民主、严格依法办事这三项选举工作必须遵守的基本原则。

(一) 加强和改善党的领导

党对人大选举工作的领导是指在人大换届选举中党的政治领导、思想领导和组织领导。主要是确定选举工作的方针、政策，提出和推荐有关的候选人人选，做好政治思想工作，做好组织、协调工作。

党对选举工作的领导是由党的执政地位决定的。按照马克思主义的学说，政党是代表一定阶级、阶层或社会集团为其根本利益而斗争的政治组织。宪法规定了工人阶级是我国的领导阶级，中国共产党是工人阶级的先锋队，工人阶级的领导是通过先锋队来实现的。中国共产党在社会主义建设的实践中，不断完善党的执政理念，党的十一届三中全会把发展社会主义民主、健全社会主义法制作为党长期坚持的基本方针，提出了必须使民主制度化、法律化的辩证命题，初步解决了民主与法制的关系问题。党的十五大重申了扩大社会主义民主、健全社会主义法制的方针，把依法治国、建设社会主义法治国家作为基本方略。党的十六大把依法治国作为我党重要的执政经验，提出了发展社会主义民主政治和建设社会主义政治文明的目标。这种与时俱进的执政理念进一步确立了中国共产党成为中国革命和建设事业的领导核心地位。

中国共产党作为执政党，主要是通过制定政治原则、政策，通过思想政治工作，通过向各级国家机关推荐领导干部来实现对国家的政治领导、思想领导和组织领导。党的执政能力的一个重要体现就是掌握干部工作的领导权，坚持党管干部的原则，这是实现党的领导的组织保障。党对人大代表选举工作的领导是加强党的领导的一个重要方面，通过人民代表大会把党的主张转变为国家意志，并经过人民代表大会的选举产生各级国家政权机关的领导人员。因此，加强党对人大代表选举工作的领导是各级党组织责无旁贷的职责。

改善党对选举工作的领导，是我国民主政治发展的必然要求，也是加强党的领导的要求。改善党的领导主要是在发扬民主和依法办事两个方面不断提高领导者的自觉性，改进领导方式和方法。党组织不具有政权机关的职能，更不能代替政权机关的工作，其作用是在宪法的范围内，支持人民代表大会及其常委会按照法律赋予的职权在选举工作中履行职责。

（二）充分发扬民主

发扬民主是一个非常广泛的概念，在党对人大代表选举的领导中充分发扬民主，主要是指按照有关法律、章程和政策的规定，在候选人的推荐、酝酿、考察、协商、确定到选举的全过程中充分走群众路线，广泛听取意见。之所以要用充分发扬民主这个概念，是因为在中国的政治传统中，民主的概念还很淡薄，要铲除封建主义意识还有一个相当漫长的过程。社会主义民主的本质是人民当家做主，行使选举权是公民实现民主权利的一种主要方式。选民通过人大代表的选举，通过人民代表大会的选举，产生国家政权机关的领导人，是我国政权产生的基本方式。邓小平同志指出：“没有民主，就没有社会主义，就没有社会主义的现代化。”现在来理解小平同志的这段话，有着更为深刻的含义，民主不仅是对公民政治权利的保障，更是国家现代化事业发展的保障。

党在领导选举工作中贯彻充分发扬民主的原则，还有一个重要的原因，就是制约在干部任用中的不正之风。人大代表的换届选举应当是做好干部提拔任用的基础，充分发扬民主的目的是为了更广泛地发动群众，提高选民的参选积极性，扩大选人用人的视野，把优秀的人才，把在群众中有较高威望的干部选进国家政权机关的领导班子。发扬民主是依靠制度选人的基础，变“相马”为“赛马”，使德才兼备的标准有了更加明确具体的规定。谁优谁差，谁符合条件，谁“有本事，靠得住”，通过竞争，择优选用，从而最大限度地避免了走门路、拉关系、靠年头“熬官”、凭关系“跑官”甚至用金钱“买官”的弊端。把选人用人的标准、条件等交给群众，使群众有知情权、参与权和监督权，代表的人选生活在群众之中，他们情况如何，群众比较了解；选谁用谁，群众胸中有数；怎么选怎么用，也在群众的监督之中。这样就大大提高了选人用人的透明度，扩大了民主和监督的作用。这是防范失误、堵塞漏洞以及真正把人看准选准、避免用人失察的重要措施。

党在加强对选举工作的领导中，贯彻发扬民主这一原则，有三点基本的要求。一是把充分发扬民主贯穿于换届选举工作的始终。从人选的推荐、考察、酝酿协商到确定的各个阶段都要坚持党的群众路线和民主的原则。在各个阶段充分听取各方面的意见，包括少数人的意见和不同意见，扩大听取意见的范围。二是做好人选的评议工作。评议工作，特别是对进入领导班子成员的评议是整个选举过程中的重要一环，应把人选在评议考察中的得票情况，作为推荐任用的重要参考依据。同时，也要把考察的情况与得票的情况进行综合分析，不能简单地以票取人，通过充分发扬民主，使各方面对人选取得共识，让选民了解党委的意图，了解人选的实际情况。三是提高发扬民主的自觉性。随着社会的发展，选民的民主意识不断增强，必然会要求对候选人有更多的了解，这就要求选举的组织者尊重选民的权利，遵守选举各阶段的程序，自觉地维护选民的权利。通过人大中党组织的活动和党员代表的模范作用，保证选举法的各项程序得到贯彻执行。

（三）严格依法办事

党章规定“党必须在宪法和法律规定的范围内活动”，依法办事是我党的一项重要的政治原则。在人大代表选举中，严格依法办事，是民主法制建设的内在要求，是加强和改善党对选举工作领导的需要。能否坚持严格依法办事，关系到党领导选举工作的成败。

1. 严格依照法律规定的选举程序操作。选举法、地方组织法对换届选举所作的规定，是党在几十年组织国家政权实践中的经验总结，经过实践的检验，符合我国国情，符合民主发展的要求，必须得到认真的贯彻执行。随着社会经济的发展，社会各界提出了许多修改、完善法律的建议，但是在法律没有修改之前，现行的规定必须严格执行，不得自作主张，各行其是。

2. 注意党对选举工作领导方式的合法性。党委对选举工作的领导，不能用命令的方式，更不能越俎代庖，要保证程序的合法，必须通过选举委员会或人民代表大会主席团来实现党组织的意图，党委领导同志也要以选民或主席团成员的身份参加选举。在间接选举人大代表和选举国家机关领导人员时，要制定选举办法，这个选举办法一经大会表决通过就具有对本届选举的约束力。因此，选举办法要与现行的法律保持统一，法律中规定较原则的条款，如差额选举、代表联名等，具体的选举办法要体现法律的立法精神。

3. 及时处理违法行为。现在人大代表选举中，贿赂、欺骗、干涉选民权利的情况时有发生，这里有违法行为，也有违反政策的行为。对缺少法制观念、不熟悉选举工作造成的违法问题，必须及时纠正；对有意破坏选举的违法犯罪行为要依法追究法律责任。

4. 尊重选举结果。选举是人民当家做主、行使政治权利的主要途径，选举结果一经依法确定，就必须得到尊重，任何组织、个人都不得因结果与预期的不一样，或对当选结果不满意而不予承认。对选举结果的否定，不只是对当选代表的蔑视，也是对法律的蔑视，对选民和代表民主权利的不尊重。

二　党的领导与依法选举的关系

党的领导和依法选举的关系是统一的。选举人大代表是选民行使政治权利管理国家的一种方式，选民的权利不应受到任何干涉，但是选举的操作过程要在法律的规范下进行，要由国家选举机关行使组织选举的权力，这个机关要接受党的领导；党的各级组织和党员也是选举的参与者，虽然党要领导选举工作，但党的组织和党员都没有超越宪法和法律的特权，必须以普通的选民或组织参与选举。正如胡锦涛同志《在首都各界纪念全国人民代表大会成立五十周年大会上的讲话》中所说："中国共产党的领导地位，是在长期斗争的实践中逐步形成的，是历史的选择、人民的选择，也是明确载入中国宪法的。中国共产党对人民代表大会的领导主要是政治、思想和组织领导，通过制定大政方针，提出立法建议，推荐重要干部，进行思想宣传，发挥党组织和党员的作用，坚持依法执政，实施党对国家和社会的领导。"①

正确地认识党的领导与依法选举的关系，就要准确地把握以下三个关系：

1. 坚持党管干部原则与坚持按法律规定程序办事的关系。党管干部原则是指党的组织对干部工作的指导，制定干部工作的方针政策，推荐和管理好重要干部，指导干部人事制度的改革，做好干部人事工作的宏观管理和监督。在人大代表换届选举中，表现为推荐代表和领导人员的人选，而不是由党组织直接任免。按法律规定程序办事是依照法律规定的程序选举产生代表和国家机关领导人员。二者的关系是一致的，法律反映了党的主张，代表了人民的利益，党组织按照法律程序办事，就是要依靠人民群众选择他们的代表，选择国家机关的领导人员，并使党组织推荐人选，选举产生代表和国家机关领导人员的过程规范化，制度化。

2. 党组织推荐人选与选民、代表联合提名候选人的关系。党组织推荐的代表候选人人选，是由组织部门按照党向人大、政协推荐干部的程序，在征求各方意见，考虑总体人事安排后，以政党团体单独或联合向主

---

① 胡锦涛：《在首都各界纪念全国人民代表大会成立50周年大会上的讲话》，http：//news. xinhuanet. com/zhengfu/2004 －09/16/content_ 1987867. htm。

席团提出。这种人选的推荐方式以尊重民意为基础，与现阶段我国民主政治实际基本适应。选民或代表联名提出代表候选人，是选民、代表的民主权利，也是实行差额选举的基础，利于把优秀的人选提名为候选人，扩大选民、代表的选择范围。党组织推荐人选与选民、代表联合提名候选人在法律地位上是平等的，在选举中这两种提名方式并行不悖，既体现了政党团体的意志，也反映了选民的愿望。

3. 依法办事与依政策办事的关系。法律和政策都在国家政治经济生活中起着指导作用，我国的法律是党的政策的制度化、法制化，政策是法律形成的基础。社会主义民主法制建设是一个循序渐进的过程，法律也不可能事无巨细地对社会生活的每个细节都做出规定。因此，必须有政策来调整经济政治生活中的关系。特别是在选举中，一些只有原则性规定的条款，需要政策来细化，政党团体在内部决定人选时也必须依靠政策来确定人选的各项条件。当然在制定政策和执行政策时要与现行的法律精神相一致，不能与法律规定相对立。

三　转变和完善党对选举工作的领导方式

民主政治的建设有一个漫长的过程，民主制度是在不断的反复比较中完善，同样选举制度也是在不断的反复比较中完善。应该承认我们的选举制度还有很多欠缺，在选举的过程中也有很多不按法定程序操作的行为。转变和完善党对选举工作的领导方式是改善这种状况、提高公民的民主素质、健全民主选举制度的主要途径。这里的转变和完善是指两个层面的问题，转变是着重于程序，着眼于具体细节，立足于微观环节，采取先易后难的改革思路，进一步落实法定的选举程序；完善则是着重于制度的设计，从选举的原则出发，保证选民的平等权利，扩大直接选举的范围，创建更加符合国情的选举制度。

（一）转变党对选举工作的领导方式

从程序和细节上改革当前选举的操作方式，重要的是尊重选民、代表和社会团体参与选举的各项民主权利，贯彻选举权普遍、平等，直接选举与间接选举相结合，无记名投票，国家保证选举经费的原则。

1. 改进代表候选人提名的操作方式。选举法规定各政党、各人民团体，可以联合或者单独推荐代表候选人。选民或者代表，十人以上联名，也可以推荐代表候选人。推荐者应向选举委员会或者大会主席团介绍候选人的情况。这一规定没有对推荐候选人的人数做出限制，也没有对政党、人民团体的联合推荐提出前置条件。

当前存在的问题是如何平等对待政党、团体联合推荐和选民联名推荐的候选人。直接选举中，有的选区，特别是单位选区限制选民联名推荐，这种情况现在有所好转。在间接选举中，代表提名往往是根据主席团提名情况考虑是否另提候选人，形成“主席团提名为主，代表联合提名为辅”的状况。代表酝酿、审议候选人，也是先审议主席团提名的候选人，然后才审议代表联合提名的候选人，而后者往往是走过场。即便是这样，在一些地方还存在着不能正确对待代表联合提名的情况，甚至把代表的联合提名看成是非组织活动。其中的一个主要原因是政党联合提名的名单由党委经过前期的考察、协商、酝酿程序后产生，而代表提名候选人时间比较仓促，很难向更多的代表宣传联名推荐的人选情况。在各政党、人民团体提名候选人时，往往是以共产党的各级组织为主，其他党派或人民团体很少单独提出候选人。与政党、人民团体联合提名的候选人相比，代表联名推荐的人选更显得苍白，不具竞争力。要改变间接选举中代表提名与政党、团体联合提名存在的事实上不均等状况，选举的组织者应当按照共产党领导下的多党合作的原则，允许其他党派或人民团体单独提出候选人；同时规定各政党、人民团体提名候选人均不得超出应选名额，调动代表参与选举的积极性。无论是直接选举还是间接选举，现行的提名推荐、确定代表候选人的办法，候选人都处于被动的地位。这种情形造成选民的厌选情绪，也使一些候选人参选的积极性下降。更进一步的改革应允许选民、代表自荐为代表候选人，变“要我当代表”为“我要当代表”，这样有利于调动选民参选的热情，同时也保障了公民的被选举权。

2. 逐步取消预留名额。预留名额是在人大代表选举中，不把代表名额全部分配到各选区或选举单位，预先留出少量名额，以便以后机动使用。[①] 这种做法在直接选举中正在逐步减少，但在间接选举中还是比较普遍的，预留名额的目的是为未能及时到位的党政领导干部当选人大代表提供条件。之所以出现这种情况，主要的原因是党委组织部门的人事安排因

① 参见史卫民、刘智《间接选举》（中），中国社会科学出版社2004年版，第424页。

多种因素不能及时到位，与人大的换届选举工作脱节，加之在县级以上的人大常委会一般由同级党委书记担任主任一职，政府的主要领导人又要安排为人大代表，预先留出名额也是不得已而为之的做法。如何选举出预留名额空缺的代表在选举实践中是一个问题，预留名额既不能按代表出缺的办法补选举，因为这个名额在换届时就没有选出，不存在出缺的问题；也不能按另行选举的办法操作，因为候选人没有参加换届选举时的第一次投票，另行选举时无法根据第一次投票结果确定差额人选的顺序。预留名额的做法属于一种黑箱作业，客观上损害了选民和代表民主权利，损害了候选人之间的公平竞争，让选民对法律的权威性产生怀疑。从选举的组织者来讲并不是要为某人的当选来操纵选举，但是实际工作中又无法找出更好的办法来解决人事安排与换届选举时间上不衔接的矛盾。要解决这一矛盾，只有依靠各级党委和组织部门在人事安排上按时到位，既维护选举的严肃性，又保证党委人事意图的实现。即使由于意外因素，个别人事安排不能到位，也可等以后代表名额出现空缺再行补选。从现行的选举工作制度看，完全取消预留名额有一定的难度，但按照不断完善社会主义民主法制的要求，这一做法应当逐步取消，保证选举的完整性、合法性比落实个别人事工作安排更为重要。

3. 改进候选人的宣传方式，允许候选人筹措选举经费。候选人主动自觉地走进选民中，与选民“零距离”接触，发表竞选演讲，直面选民的提问，陈述自己的参选动因及当选后的承诺，真正让选民全方位、多层次地了解候选人，从而让选民择优者而举之，这是民主政治发展的必然要求。第十届全国人民代表大会常务委员会第十二次会议通过的修改选举法的决定规定，“选举委员会或者人民代表大会主席团应当向选民或者代表介绍代表候选人的情况。推荐代表候选人的政党、人民团体和选民、代表可以在选民小组或者代表小组会议上介绍所推荐的代表候选人的情况。选举委员会可以组织代表候选人与选民见面，回答选民的问题。但是，在选举日必须停止对代表候选人的介绍”①。这里增加了“选举委员会可以组织代表候选人与选民见面，回答选民的问题”。主要原因是选举法规定的介绍候选人的方式过于简单，现在不少选民是在不了解候选人的情况下投

---

① 胡康生：《关于〈中华人民共和国全国人民代表大会和地方各级人民代表大会选举法〉修正案（草案）的说明》，http：//www.china.com.cn/chinese/zhuanti/lf/643452.htm。

票。建议规定候选人应当与选民见面，发表简短讲话，回答选民的问题，并给选民印发介绍材料。应当讲这是选举制度的一大进步，也是党改进选举领导工作的一个切实步骤。直接选举中，无论是政党、人民团体单独或联合提名推荐，还是10名以上选民联名推荐的代表候选人，都存在着选民不熟悉候选人的情况。过去选举法只规定："各政党、各人民团体，可以联合或者单独推荐代表候选人。选民10人以上联名，也可以推荐代表候选人。推荐者应向选举委员会介绍候选人的情况。""选举委员会或者人民代表大会主席团应当向选民或者代表介绍代表候选人的情况。推荐代表候选人的政党、人民团体和选民可以在选民小组或者代表小组会议上介绍所推荐的代表候选人的情况"。这里存在两个问题，一是选举委员会或大会主席团向选民、代表介绍候选人的情况是一种间接的介绍方式，选民或代表不能对候选人有直接的了解。二是投票的范围是整个选区的选民或代表大会的全体代表，只向选民小组、代表小组介绍候选人的情况局限性太大，这种介绍程序只是形式上的安排，没有实际作用。选举法修改前的候选人的介绍方式不便于选民了解代表候选人的基本素质，并在一定程度上会引发暗箱操作，近些年来，个别不称职甚至是黑恶分子通过不正当手段当选人大代表，损害了人大及人大代表的声誉。

实际上在选举法修改前无论是选举的组织者，还是选民或是代表候选人，都认识到介绍候选人的法定程序不完善，在一些地方已经开始了代表候选人与选民见面活动的摸索、实践和改革。深圳就有居民联名推选的人大代表候选人在自己的选区公开张贴参选海报，或者向选民发表演说推介自己这样的事例，但他们的行为因为无法可依，受到一些来自于不同层面的质疑甚至干预。2002年下半年，南京市各区县人大进行换届选举，市人大常委会选举工作机构为进一步拓宽民主渠道，努力探索和改进区县人大代表候选人的介绍方法，采取组织介绍和自我介绍相结合，积极推进和引导在选区开展代表候选人与选民见面会活动。2003年下半年的泉州市各县市的人大换届选举时，市人大常委会选举工作机构在德化县、南安市和晋江市进行试点。在采用预选的方法确定正式代表候选人之前，开展"初步代表候选人与选民见面"的活动。泉州市有关县市则立即制定了初步代表候选人与选民见面活动的工作流程，确定采用初步代表候选人与选民代表的形式进行见面。首先由初步代表候选人向选民代表发表演讲，介绍自己的情况，谈对人大工作的认识，并就如果当选人大代表后如何履行代表职务讲自己的打算，作出表态性发言或竞选演说。然后由选民代表就自己关心的涉及本选区或本行政区域的有关问题向代表候选人提问，由他们做出解答。见面活动结束后，即采用预选的办法确定正式代表候选人。这种形式，使得见面活动更加激烈和精彩。开展代表候选人与选民见面会活动，营造了代表必须接受本选区选民监督的良好氛围，初步搭起代表监督机制的构架，不仅强化了代表认真履职的责任感，也激发了选民主动监督代表的潜在动力。

作为选举机构，如何开展代表候选人与选民见面活动，法律上没有具体的规定，实践中见面的时间、见面的形式、见面的程序、候选人的确定等都不规范。除此之外，还要考虑选举的成本问题。一次见面活动，会场布置、人员补贴等，都需要一定的经费。如何设计代表候选人与选民见面制度是选举组织者关心的问题，也是执行新修改的选举法的一个关键问题。这里要注意选举法的一个规定，“全国人民代表大会和地方各级人民代表大会的选举经费，由国库开支”。法律并没有对候选人自筹选举经费做出规定，如果所有初步候选人都由选举委员会组织与选民见面，其工作量之大，会使选举委员会不堪重负，原本就已捉襟见肘的选举经费，更会入不敷出。

选举的组织者要从平等对待候选人的角度出发，让候选人有公平竞争的机会。法律或地方的选举实施细则应当规定自筹选举经费的途径、使用办法，允许初步候选人自己筹措经费，自行安排与选民见面的活动，经过预选确定正式候选人后，由选举委员会负责安排候选人与选民见面活动。允许候选人自筹经费不仅与社会主义市场经济的发展形势相适应，也符合党的十六届四中全会提出的“推进社会主义民主的制度化、规范化和程序化，保证人民当家做主。健全民主制度，丰富民主形式，扩大公民有序的政治参与，保证人民依法实行民主选举、民主决策、民主管理、民主监督”的要求。

4. 切实保证选民、代表的秘密投票权利。选举中实行秘密投票原则，保证选民依法按照自己的意愿填写选票，以不公开自己的选择对象和投票人姓名的方式投票。实行这一原则的目的是为了保护选民的自由选择权，也是对弱势群体选民的保护。我国选举法规定选民和代表以无记名投票方式，确认了秘密投票的原则。在实际操作中，秘密投票方式并未被广大选民接受，选举的组织者也没有很好地贯彻这个原则。特别是在以企事业、工作单位划分的选区中，由于选民在提名代表候选人和确定正式候选人过程中，受到行政系统的上下级关系影响，秘密投票的原则保护选民权利的功能打了很大折扣。

在人代会的选举中，差额选举的投票方式还属正常，但是在国家机关领导人员的等额选举中，秘密投票的原则受到极大的挑战。在实际的政治生活中，大多数人大代表不会作公开的“反对者”，这种特殊的画票制度消灭了投票的匿名效应，打消了代表们投反对票的念头。间接选举产生的代表多数不会在有人监视的情况下投反对票，由于现行的选举制度，决定他们命运的不是选民，多数代表都有“组织身份”，是在组织的推荐与工作下当选。一旦某些权力掌控者借组织之名取得了对人大代表的政治与社会生活的控制力，多数人大代表难以有勇气做一个公开对抗“组织之名”的反对者。认真反思一下我们在选举方面存在的问题，出现这种现象有其必然性。在一些地方和部门，党内民主生活不正常，个别人往往以组织的名义来“统一思想”，漠视代表的民主权利。这就更要注重在选举投票方式上讲究技术细节的精心设计，杜绝把严肃的选举程序游戏化。为使广大代表表达自己的真实意志，维护选举制度的公开、公正与公平，法律和地方性法规应规定具体的秘密投票和公开计票的程序。

5. 保持选举结果的稳定。保持选举结果的稳定，是对选民的尊重，是对民主制度的尊重。选举产生的政府领导人员的变动已有很多的论述，不再评论。这里对一些地方推试行县、乡两级人大代表辞职制度谈一点看法。有专家提出在一些情况下代表应辞去其代表职务；代表调离原选区或选举单位，不能参加代表活动，不利于人大开展工作；担任乡镇主要领导的人大代表因工作调动或改任非领导职务、退休；因健康原因或其作为有损代表形象的。对于不适宜再担任代表职务而本人又没有辞职意向的代表，可以由人大常委会出面进行一定的劝说工作，使其能摆脱心理包袱，从而自愿辞去代表职务。并有评论认为：推行人大代表辞职制度，有利于把不能履职、不愿履职、不尽心履职的代表调整出人大代表队伍。

代表在任期内是否会出现应该辞职的情况？人大常委会是否有权力劝说代表辞职？辞职采用何种程序？都是很值得探讨的问题。

法律并没有规定代表“应该”辞职的条件。前面提到的“代表调离原选区或选举单位；担任乡镇主要领导的人大代表因工作调动或改任非领导职务、退休；因健康原因或其作为有损代表形象的”都不是应该辞去代表职务的情况。人大代表如果没有出现代表法第四十一条规定的情形，其代表资格就有效。实际上有许多县级人大代表并不是在其工作单位或居住区域的选区当选的，如果县级人大代表调离原选区就应该辞去县人大代表职务，那么这些代表就根本不应当选。调离选举单位是一个错误的概念，我国选举制度中的选举单位是指选举上一级人大代表的本级人民代表大会，不存在调离的问题。至于当选乡级人大代表的乡镇主要领导，因工作调动迁出本行政区域，其代表资格自然终止，无须提出辞职；当选县级人大代表的乡镇主要领导，因工作调动离开本乡镇的，是否要辞去代表职务要视具体情况而定，作为个案处理，并不是应该辞去代表职务的条件。

为什么法律没有授予任何机关要求代表辞职的权力？一是代表辞职必须遵循自愿的原则。二是人大代表集体行使人民代表大会对人大常委会的监督权力，闭会期间县级以上人大代表可以向本级人大常委会提出对各方面工作的建议、批评和意见，如果认可由人大常委会来规劝代表辞职的做法，这无疑削弱了对代表民主权利的保障。另外，法律没有认定“不适宜再担任代表职务”，代表“不能履职、不愿履职、不尽心履职”的标准，人大常委会以此来作为劝说代表辞职依据，在法理上是讲不通的。实际上，认真履行职责的人大代表在无法继续执行代表职务时会自觉地做出适当的选择。对于不履职的代表应该由选举他的原选举单位或选区选民依法罢免，这不仅是对选民和代表民主权利的尊重，更是对人大代表的监督。我们的选举制度不可能保证选出的代表百分之百不犯错误，但这个制度应该保证选民和代表及时罢免那些不履行职责的人大代表。

有关代表辞职的法律规定，最早是 1986 年修改选举法时增加的，当时只规定了间接选举的人大代表可以向选举产生它的人大常委会书面提出辞职；1992 年制定代表法时，作了代表调离或者迁出本行政区域其代表资格自动终止规定，又考虑到选举法已有代表辞职的规定，便没有再涉及人大代表辞职的问题；1995 年修改选举法时又增加了直接选举产生的县乡人大代表可以向县级人大常委会或乡镇人民代表大会提出辞职，但没有规定由谁来接受直选代表的辞职。按照一般规则，应该由选举的机构接受代表的辞职请求。各地的选举实施细则对此有三种类型的规定：一是与选举法规定相同或未作规定（19个省、自治区、直辖市）；二是由县级人大常委会，乡镇人民代表大会或主席团接受辞职，并向原选区公告（10个省、自治区）；三是由县级人大常委会，乡镇人民代表大会或主席团将辞职请求交原选区选民决定，辞职请求被接受的由县级人大常委会或乡镇人民代表大会主席团公告（山西、陕西两省）。

接受县乡人大代表辞职本身是一个程序问题，各地选举实施细则的规定是对选举法的细化，使代表辞职的规定具有可操作性。但是由谁来接受代表的辞职，有一个程序正义的问题。在现代社会任何法律行为都必须遵循法定的程序，并且这种程序应当是公正合理的。县乡人大代表由选民直接选举产生，其辞去代表职务的请求应当由选举他的选区选民来接受更为合适，这表明对选民选举权利的尊重，也是对代表民主权利的一种保障。从全国只有两个省规定由选民接受县乡人大代表辞职请求的现状看，我们的执政方式由实际上代替人民当家做主转向支持人民当家做主，还有很长的路要走。

（二）扩大直选的范围

1. 扩大直选范围的可能性。政治制度方面：新中国成立以来，我国建立和健全人民民主的政治制度，保障人民当家做主的民主权利。中国宪法明确规定，中华人民共和国的一切权力属于人民。人民当家做主，这是我国民主政治的实质。宪法规定男女平等、各民族平等，使我国公民享有同等的民主权利。1999年3月召开的九届全国人大二次会议对现行宪法进行了修改，将“实行依法治国，建设社会主义法治国家”的基本治国方略上升为宪法原则，这对加强我国民主与法治建设、依法保障人民民主权利，有重要意义。1998年11月全国人大常委会通过了新修订的《村民委员会组织法》，各地农村在村民自治中实行民主选举、民主决策、民主管理和民主监督。村民委员会由全村有选举权的村民以直接、差额、无记名投票的方式选举产生，并可视其政绩进行罢免；农村涉及村民利益的大事，都交村民会议讨论决定；村内的日常事务，涉及村民利益的事项，村民通过村委会村务公开包括财务公开，进行民主监督。目前，60%的农村已经初步确立了村民自治制度，为进一步推进农村基层民主建设，保证人民群众直接行使政治民主权利和经济民主权利，提供了有力的法律保障。

我国宪法规定了广泛的公民政治权利。除了上述的选举和被选举权外，公民有言论、出版、集会、结社、游行、示威的自由。公民依法享有著作权和发表权以及专利权、商标权、发明权、科技成果等知识产权。我国公民的人身自由不受侵犯。禁止非法拘禁和以其他方法非法剥夺或者限制公民的人身自由，禁止非法搜查公民身体；公民的人格不受侵犯，禁止用任何方法对公民进行侮辱、诽谤和诬告陷害；公民的住宅不受侵犯，禁止非法搜查他人住宅或者非法入侵他人住宅；公民的通信自由和通信秘密受法律保护。

中华人民共和国成立以来的实践证明，社会主义民主和法制在不断发展。当然，我国社会主义民主政治和法制建设也不是一帆风顺的，在历史上甚至出现过“文化大革命”那样严重破坏民主与法制的现象，但在我国改革开放的总方针下，社会主义民主政治建设将更加完善，以保证人民能够充分地享有公民权利和政治权利。

在经济发展方面：新中国成立以来，我国的经济有了长足的发展。1952 年，中国国内生产总值只有 679 亿元，到 1998 年已达到 79396 亿元，2005 年的财政收入已突破 3 万亿元。特别在加入世界贸易组织后，中国经济正在融入世界经济，与经济发达国家的差距逐步缩小，中国经济发展已成为世界经济发展中不可缺少的重要组成部分。

国际方面：我国承认和尊重联合国宪章保护和促进人权的宗旨与原则，赞赏和支持联合国普遍促进人权和基本自由的努力。我国政府历来重视国际人权公约，并曾经采取多种措施认真履行公约义务。在此基础上，我国政府分别于 1997 年 10 月和 1998 年 10 月签署了《经济、社会、文化权利国际公约》和《公民权利和政治权利国际公约》。人权状况的改善是一个随着社会政治、经济、文化的发展而不断发展的过程。我国是一个发展中国家，受历史和现实条件的限制，人权状况还存在着一些不尽如人意的地方。但我国政府和人民将继续努力，争取人权状况在更广阔的领域和更高层次上不断完善。这为中国的民主政治发展提供了基本的前提条件。

选举制度方面：1953 年 2 月，中国颁布《中华人民共和国选举法》，同年 12 月开始在全国范围内进行普选，登记选民占 18 岁以上公民的 97%，其中 85.88% 的选民参加了选举，共选出基层代表 566.9 万人、全国人大代表1226人，具有广泛的代表性。这是中国历史上第一次全国规模的普选运动，实现了人民参与管理国家事务的民主权利。1953—1954年的乡、镇、市辖区及不设区的市的人大代表直接选举，是我国第一次全国范围的民主实践，是广大人民群众普遍直接参与的，具有社会主义性质的民主选举，为我国民主选举的发展奠定了坚实的基础。1979年7月制定第二部《中华人民共和国全国人民代表大会代表和地方各级人民代表大会代表选举法》，经过1982年、1986年、1995年选举法的3次重大修改，我国的选举制度逐步走向完善。1979年制定的选举法和以后的3次修改，为我国的选举制度的发展提供了条件。1979年的选举法较1953年选举法有了实质性的改变：（1）扩大了普选的范围，1953年规定尚未改变成分的地主阶级分子无选举权，1979年只规定依法被剥夺政治权利的人没有选举权；（2）扩大了直接选举人大代表的范围，直接选举由乡镇、市辖区、不设区的市扩大到县、自治县；（3）实行了差额选举；（4）选举一律实行无记名投票；（5）增加了有助于选民了解代表候选人的条款，规定推荐代表候选人的各党派、团体、选民，都可以用各种形式宣传代表候选人。1982—1995年对选举法进行的3次修改，使我国选举制度的民主化程度进一步提高。特别是缩小了农村与城市每一代表所代表的人口数的比例，1953年规定农村与城市每一代表所代表的人口数的比例：县为四比一，省为五比一，全国为八比一；1995年将县、省、全国都修改为四比一。本着便于选民行使民主选举权利，体现选举平等原则，对各选区的划分作了进一步的规定，选区的大小按每一选区选举一至三名代表划分，城镇各选区每一代表所代表的人口数应当大体相等，农村选区每一代表所代表的人口数应当大体相等。这些修改为我国选举制度向更平等的方向迈进提供了条件。新中国成立以来选举制度的逐步完善，说明我们已具备了进一步扩大民主选举范围的可能性，已具备了发展民主的社会条件。

2. 扩大直接选举范围的必要性。扩大人大代表直选范围，有利于进一步缓和政府与民众的紧张关系。20世纪80年代以来，中国进入了一种政府主导型的经济发展模式，在市场经济条件下，各级地方政府在管辖的范围内扮演着经济发展的主要角色，对经济活动的影响越来越大。同时，政府的压力也越来越大，以完成上级下达的各种指标和任务的情况作为考核干部的依据，这些指标和任务被逐层分解，落实到基层。在这种压力型体制下，各级政府的财权逐级缩小，基层政府的预算内经费只够吃饭之用，其他经费要靠自筹，这使得各级政府创收的欲望较任何时期都更为强烈。但是，农村的家庭联产承包责任制的实行和城乡非公有经济的发展，使得国家难以再通过控制经济资源的计划经济方式来治理国家，因此政府的收费、发证、审批、罚款职能畸形发展，导致政府与民众的关系日趋紧张。县、乡两级基层权力机关虽由选民直选产生，由它产生的行政机构却是更多地执行上级政府的命令，县、乡两级人大对本行政范围内的各种不当的政府行为显得无能为力。设区的市和省一级政府则享有更大的行政权力，对下级政府行为的影响最大，但县级以上的权力机关则是间接选举产生，与选民的联系较弱，同级代表对政府执行上级命令的行为无法进行有效的监督。我国的行政体制是下级政府要对上级政府负责。根据地方组织法的规定，地方各级人民政府对本级人民代表大会和上一级国家行政机关负责并报告工作。县级以上各级地方人民政府执行本级人民代表大会及其党委会的决议，以及上级国家行政机关的决定和命令，规定行政措施，发布决定和命令。在实践中，县、乡两级政府要执行上一级国家行政机关的决定，对此同级代表不能进行有效的监督，这是我国监督体系中的一个空白点。扩大代表直选范围有利于加强代表对政府的监督，可以由选民直选出的同级代表对同级政府进行更为有效的监督。通过人大代表的桥梁纽带作用，缓和政府与民众的关系。

扩大人大代表直选范围有利于遏制腐败现象的发生。目前对行政机关的监督，对党、政领导干部的监督，主要是监察和纪检系统，这种监督机制在一定意义上还是一种自我修正的机制，缺乏权力机关对行政机关的有效制约。扩大直选的范围后，人大代表要面对选民的监督，要向选民报告履行职务的情况，这使人大代表对“一府两院”的监督受到来自选民的压力，对遏制腐败现象有着积极的意义。

扩大人大代表直选范围有利于增强党内民主。我国现在间接选举人大代表的程序，透明度还不够，代表的候选人由各政党、各人民团体联合或者单独向大会主席团推荐，代表 10 人以上联名也可以向大会主席团推荐。代表联名推荐人选只是在人民代表大会会议期间，时间短，而且只占很小的比例，当选的可能性也很小。政党、人民团体联合或者单独向大会主席团推荐的人选是先由党内酝酿名单，再与各党派、各人民团体协商，由党的组织部门批准，最后由上一级党的组织部门将经过多次酝酿的建议名单下达给下一级选举单位，由主席团提交大会选举。在差额选举的情况下，这种提名方式遇到了问题，各政党、各人民团体联合或者单独向大会主席团推荐人选一般以差额提出，选举人在投票时，并不了解提名政党对候选人的倾向性意见，投票带有一定的盲目性。同时，由组织系统批准的候选人当选后，如何对行政机关进行有效的监督也需要探索。现在党内的民主选举多是上级的选定和等额选举或上级的任命，确定人大代表的建议名单也带有或多或少的长官意志。扩大代表的直选范围，可以使选民更好地发挥主人翁的作用，确立行政机关的合法性，同时也促进党内民主的发展。党的群众路线制度化的方式应是使党在人民代表大会中活动，各级党的领导人应当被选为各级人大代表。这是锻炼、培养真正联系群众的社会主义政治家的主要途径，也是更好地发扬社会主义民主、建立有效的监督和制约机制、真正落实人民是国家主人的宪法原则的有效方式。

扩大直选的范围有利于进一步完善我国的人民代表大会制度和民主制度。增强人大代表的责任感，更好地反映选民的意见。现在的代表选举制度在一定程度上削弱了间接选举产生的代表与选民的联系，选民不知这些代表是否真实地反映了他们的意见，又无权罢免，选民对间接选举产生的代表的监督处于一种相对脱节的状态，而代表是否去反映选民的意愿，如何发挥代表的作用，完全取决于代表个人。在这种情况下，使得选民的意见不可能有效影响到间接选举产生的代表。如在代表的立法活动中，除自治县外，县、市辖区一级权力机关没有立法权，一些设区的市的权力机关享有立法权（由国务院确定的较大的市和省、自治区人民政府所在地的市），选民对这些地方人大的立法活动中代表的作用无从知晓，我们如果把直选范围扩大到设区的市一级，代表就有义务向选民报告他在立法中的意向，选民就有可能更进一步反映自己的意见。

扩大代表直选范围有利于加强选民的民主意识和对代表的监督。近年来我国农村村委会选举的成功，说明民众的民主意识在不断增强，在村民自治中群众创造的各种直选村委会的方式，不但在农村居民中产生深刻的影响，对城镇居民的社区政治生活也具有积极的促进作用。在村民自治发展完善的基础上，中国的民主制度可否从乡村自治进一步发展到更高级的民主，如扩大人大代表的直选范围，这关系到我国民主政治制度发展的前景。民主制度的发展要依靠民众民主意识的提高，根据现行的选举法，选民只能对直选的县乡两级代表行使罢免权，对间接选举出的代表无法进行有效的监督。扩大直选范围后，选民可以对设区的市以上的人大代表行使罢免权，进一步加强了选民对人大代表和人大常委会的监督，进一步保证代表的素质。

扩大人大代表直选范围有利于加强代表对政府的监督。我国政府的体制是下级政府要对上级政府负责。根据地方组织法的规定，地方各级人民政府对本级人民代表大会和上一级国家行政机关负责并报告工作；县级以上各级地方人民政府执行本级人民代表大会及其党委会的决议，以及上级国家行政机关的决定和命令，规定行政措施，发布决定和命令。在实践中，县和市辖区一级政府要执行上一级国家行政机关的决定，同级代表对政府执行上级命令的行为无法进行有效的监督，这是我国监督体系中的一个空白点。扩大直选代表的范围，可以由选民直选出的同级代表对同级政府进行更为有效的监督。

3. 扩大直接选举范围的思路。从实际情况看，逐步扩大直接选举范围是可行的。可以采取以下思路进行：

（1）先在城市扩大代表直选范围，然后再扩展到农村。其理由是城市人口集中，选民素质较高，传媒业发达，便于选民了解候选人，选举的组织工作也相对简单。但是在实际操作中如何界定选举中城市与农村的界线是一个难题。假设代表直选扩大到设区的市和自治州一级，如果城市先搞直选，只有按行政区划来确定进行直选的选区，城市中城区的选区明确，但郊区既有市区又有农村，我们不能把农业人口和非农业人口作为划分城市选区与农村选区的界限，同一级代表采用不同的选举方式其合法性受到质疑；如果把农业人口和非农业人口作为区分标准，在县城和农村的非农业人口如何参加选举。农村一般以居住地划分选区，选民对候选人的了解程度甚至超过城区，选民对选举关心的程度也高于城市选民；在广播网健全的农村，宣传介绍候选人可能比城市更快捷、方便。从选民的权利角度来讲，现在的规定已使得城镇人口与农村人口的选举权利存在差异，由城市先搞扩大直选，只能继续扩大这种差异，不利于整个社会民主法制的发展。鉴于上述原因，城市先搞扩大直选的方案是不可行的。

（2）扩大到设区的市和自治州一级。在对现行选举法不做大的修改的前提下，设区的市和自治州人大代表实行直选的可行性最大，以人口数为测算口径，全国设区的市和自治州人大代表为98032名，13260人选一名设区的市和自治州人大代表，而在一些人口集中的大城市，市辖区的人口数已超过人口较少的设区的市和自治州，每一市辖区人大代表所代表的人口数已超过人口较少的设区的市和自治州其市、州级每一人大代表所代表的人口数。现行的选举法的具体条款，基本适用于设区的市和自治州人大代表的直选。在实际操作中比较难执行的是选区的划分、每一代表所代表的人口数和当选标准。由于选民基数增加，以企事业单位划分选区的结果是，一个事业或企业单位组成的单一选区减少，多个企事业单位组成的联合选区大量增加，联合选区内的企事业单位数量也大量增加，这势必造成选票分散，选民人数多的单位产生代表的可能性较大，小单位则可能长期没有人当选代表。以居住状况划分选区，可以克服大单位吃掉小单位的弊端，更为科学。直选设区的市和自治州人大代表，如果农村每一代表所代表的人口数四倍于城镇每一代表所代表的人口数，农村选区的选民基数将远远超过城镇选区。先不说农村选民的权利是否具有平等性，单就农村的选举组织工作而言，其难度远远高于城镇。由于扩大直选，选民基数增加，选区的地域也必然扩大，选民的意见难以统一。如果按照全体选民过半数参加投票，选举有效；候选人获得参选选民过半数的选票当选的规定，选举的一次成功率将降低，再进行第二次选举的工作量过大，时间也无法保证。因此，应修改当选的条件，以候选人获得相对多数选票即当选为准。选区的大小，应以选举一名代表为准。如果采用大选区制，每一选区产生两名以上的代表，有两个缺陷，一是代表可以相互推卸对选民应负的责任；二是选区的选民基数增加，选区扩大，组织工作难度增加。扩大代表直选后，选区以只选一名代表的单一选区为宜。

（3）逐步扩大到省级。根据 1999 年的统计，全国共有省级人大代表 20544 名，以 13 亿人口计，63278 人可选一名省级人大代表，选民人数一般占总人口的 75%，要让 47000 多位选民了解多名候选人，在现阶段是一件较困难的事。假设省级人大代表的选区都是只选一名代表的单一选区，由初步候选人到正式候选人的确定将是一个很繁杂的过程。在现行选举法不做大的修改的前提下，十人联名提出候选人、选区划分、城镇与农村每一代表所代表的人口数不同等规定也不能适应省级人大代表的直选要求。

实际上最具有意义的直选是省级人大代表，因为省级人大及其常委会享有立法权，同时本级政府对全省（直辖市）的各级政府拥有领导权，省级国家机关有相对的独立性。但是把直选扩大到省级代表，需要对宪法和选举法进行较大的修改。应该满足以下几个条件：

第一，取消以企事业单位划分选区的规定；第二，适当提高选民联名提出候选人的联名人数；第三，由于每代表所代表的人口数较多，候选人以获得相对多数的选票为当选条件；第四，取消农村每一代表所代表的人口数四倍于城镇每一代表所代表的人口数的规定；第五，选民须本人领取选票，不得代为他人领取选票或代为投票。

4. 方案设计。扩大直接选举范围需要对相关制度规定和实施方案进行调整。具体设想如下：

（1）选民登记。由选民本人持有效身份证件到登记处登记，选民凭有效身份证件直接领取选票。如果选民离开户籍地，可在现居住地进行选民登记，但应出示未在户籍地进行选民登记的证明。选举组织机构只掌握无法行使选举权利、被剥夺政治权利和暂停行使选举权利人员的情况即可。省级人大代表的名额可在现有基础上削减20%—30%，或保持现有名额不变。

（2）选区的划分。选举省人民代表大会代表的小选区（单一选区）以居住地划分，每一小选区的选民人数基本相等。小选区人口数控制在15万—20万，只选举一名省级人大代表。以县、市辖区为单位划分大选区（多选区），每一大选区根据人口数分配三至五名省级人大代表名额；为便于选民登记工作，大选区下设的选举单位也按居住地划分。小选区的大小和大选区的应选代表名额由各省、自治区、直辖市根据各自的实际情况确定。民族地区的小选区按照各少数民族聚居的实际情况划分，以保证少数民族有代表参加省级人民代表大会。

（3）候选人的提名方式。小选区的代表候选人可由政党、社会团体提名，也可由选民联名提出，联名的人数应限定在50人以上，代表候选人以个人身份参加选举。大选区的代表候选人由各政党、人民团体提名，代表政党、人民团体参加选举。

（4）选举办法。省级人民代表大会代表分为两部分进行选举，一半代表由小选区（单一选区）的选民对各候选人投票，得票最多的候选人即当选。另一半代表采用大选区的方法选举产生，由各县（县级市）、市辖区的选民对各政党、各人民团体候选人名单进行投票，选民只能把选票投给政党、人民团体，而不是投给某一候选人，各政党、人民团体的候选人名单由政党、人民团体自己决定，选民不得改变。

多数选举制是使各选区应选出的议员或代表的名额，为各该选区内得票最多的政党完全占有；小选区（单一选区）只能选出一名议员或代表，自然要实行多数选举制。反之，比例选举制，则是选区内各政党所得席位与各党所得票数大体相当，即当选人员不以得票多少为限，而是各政党当选人员之比，等于各政党所得选票数额之比；所以采用比例选举制必须同时采用大选区的选举方式。但是大选区并不一定要实行比例选举制，也可以实行多数选举制。

直选省级人大代表的大选区当选标准，是采用多数选举制，还是采用比例选举制？在实际操作中必须结合中国的国情来确定。我国政党制度是共产党领导下的多党合作制度，各民主党派、人民团体应在人民代表大会中占有一定的代表名额。如果实行小选区与大选区结合的选举方式，各民主党派、人民团体的候选人在小选区中当选的比例会很低；在大选区如果采用多数选举制，各民主党派、人民团体的候选人基本没有当选的可能。这种选举结果，有悖于共产党领导下的多党合作制度。因此，在大选区采用比例选举制，保证各政党都有当选的可能，比较符合中国的国情。

大选区的代表名额分配可以借用德国比例选举法，此法以各党派的荐选单为目标，并可以最大限度做到对残票的公平分配。具体方法：根据大选区应选的省级人大代表名额和全省的有效选票数确定代表的当选票数（德国是先确定议员当选的选票数，再根据参选人数的多少确定议员的名额）。各政党、各人民团体必须提出三种荐选单：（1）“选举区荐选单”即以县级行政区划为单位，各政党、各人民团体提出的候选人名单；（2）“联合选举区荐选单”以省辖市、地区为单位，或由几个选举区联合而成，将各政党、各人民团体提出的“选举区荐选单”各归并为一单；（3）“全省荐选单”凡已在各选举区提出荐选单的政党、人民团体，还需提出一个本党或本人民团体的全省参选人名单。选民在大选区投票时，必须投选一个政党或一个人民团体的选区荐选单，不得改变该单各候选人的次序。假定某省的省人大代表当选的票数为五万张，各政党、各人民团体“选举区荐选单”所得票数满五万张时，该单即出一名省级人大代表，如是五万的2倍、3倍则出代表2名或3名。其残余票数则与该政党或该人民团体在同一联合选区中其他各选区的残票相加，按每五万张选票出代表一名的比例计算，此代表名额归该政党或该人民团体的“联合选举区荐选单”。如果仍有残票再与该政党或该人民团体在其他联合选区的残票相加，仍按每五万张选票出一名代表的比率，给该政党或该人民团体的

"全省荐选单"以若干省人大代表名额。最后一个代表名额按各政党或各人民团体的残票多少确定归属。

以河北省为例，我们对直选省级人大代表的情况作一简单的分析。河北省现有人口约 6470 万，选民人数约 4240 万，11 个设区的市，173 个县，省级人大代表 779 人。按以上的方案，分出一半的代表名额（389 名）由小选区选举产生，平均 15.5 万人选举一名省人大代表，每一县、区可选举 2.24 名；另一半代表（390 名）由大选区选举产生，每一县、区可选举 2.25 名省级人大代表，如果参选率为百分之百，每 10.8 万名选民选举产生一名省人大代表。

第八章

人大代表选举制度建设与和谐社会构建

1940 年 1 月，毛泽东在《新民主主义论》中第一次提出人民代表大会制度思想。1945 年 4 月 24 日，毛泽东在《论联合政府》中再次阐述了人民代表大会制度思想。中国的人民代表大会制度和人大代表选举制度，就是根据毛泽东的人民代表大会制度思想，在总结新民主主义革命时期根据地和解放区政权建设经验的基础上建立起来的。人大代表选举，是人民代表大会产生的唯一途径，能否选出人民真正满意的代表，不仅关系到人民意愿的表达，而且关系到国家权力的行使和人民代表大会制度作用的发挥。而人大代表选举制度建设能否根据社会经济文化发展状况进行，会直接影响到人大代表选举，进而会影响到国家权力机关产生的合法性，以及社会的稳定与和谐。因此，研究分析人大代表选举制度的历史、现状和选举制度建设需要解决的主要问题，对于进一步完善人大代表选举制度，建设社会主义和谐社会来说，有着重要的理论意义和现实意义。本书拟就这些问题作一些探讨。

一　人大代表选举立法

法律法规是制度的一种形式。人大代表选举立法，是将人大代表选举法律化、制度化的过程。中国的人大代表选举立法，由中央（国家）和地方两级进行，其制度化形式是国家法律和地方性法规。中国人大代表选举制度的建立和完善，是在总结选举实践经验的基础上，通过国家和地方立法逐步完成的。

（一）人大代表选举的国家立法

中华人民共和国成立前夕，中国人民政治协商会议通过了《中国人民政治协商会议共同纲领》（以下简称《共同纲领》），确定了新中国的政治制度是人民代表大会制度。根据《共同纲领》规定："中华人民共和国的国家政权属于人民，人民行使国家政权的机关为各级人民代表大会和各级人民政府。各级人民代表大会由人民用普选方法产生，各级人民代表大会选举各级人民政府。"①《共同纲领》是一个具有临时宪法性质的文件，它对于规范和指导中华人民共和国成立初期的政权建设发挥了重要的作用。

1953 年，普选的条件基本成熟。1953 年 2 月 11 日，中央人民政府委员会通过了《中华人民共和国全国人民代表大会及地方各级人民代表大会选举法》，新中国的第一部选举法诞生。这标志着新中国的选举制度正式建立起来。根据第一部选举法规定，选举产生了各级人民代表大会。

1954 年 9 月，召开了第一届全国人民代表大会，制定了新中国的第一部宪法——《中华人民共和国宪法》，第一次以国家根本大法的形式规定了人民代表大会制度是新中国的根本政治制度，各级人民代表大会由选举产生。根据第一部宪法和 1953 年选举法规定，自 1953 年至"文化大革命"前，各级人民代表大会进行了多次换届选举。

"文化大革命"期间，人民代表大会制度受到破坏，各级人民代表大会的活动基本停止，人大代表的选举基本中断。"文化大革命"后期的 1975 年和"文化大革命"结束后的 1978 年，分别制定了新中国的第二部宪法和第三部宪法。这两部宪法都规定了人民代表大会制度是新中国的根本政治制度，同时，对选举制度作了原则规定。但在公民选举权利方面，这两部宪法的规定与 1954 年宪法相比，显得过于简略。② 此外，也没有制定实施宪法规定的选举法。从"文化大革命"开始至 1980 年，基本上没有进行过符合社会主义民主政治要求的选举。

1979 年 7 月，第五届全国人大第二次会议对 1978 年宪法进行了修正，同时，制定了新中国的第二部选举法。根据第二部选举法的规定，20 世纪 80 年代初期，选举和召开了各级人民代表大会。1982 年 12 月，制定了新中国第四部宪法，同时，根据宪法的规定和 20 世纪 80 年代初期的

---

① 北京大学法律系宪法教研室资料室编：《宪法资料选编》（第一辑），北京大学出版社 1982 年版，第 3—4 页。

② 参见北京大学法律系宪法教研室资料室编《宪法资料选编》（第一辑），北京大学出版社 1982 年版，第 301、317 页。

选举经验，对第二部选举法进行了第 1 次修正。此后，1986 年进行了第 2 次修正，1995 年进行了第 3 次修正，2004 年进行了第 4 次修正。选举和选举制度建设进入了一个新的发展时期。

（二）人大代表选举的地方立法

人大代表选举的地方立法，是伴随着中国立法体制的改革而产生的。新中国成立初期，由于政权建设和经济建设的需要，地方各级人民政府享有制定暂行法令、条例和单行法规的权力。[①] 经过新中国成立初期的“三大运动”[②]，中国的国际国内环境已经发生变化，新生的人民民主政权得到巩固，统一国家法令的条件基本成熟。1954 年制定新中国第一部宪法时，规定“全国人民代表大会是行使国家立法权的唯一机关”[③]。1975 年和 1978 年分别制定的第二部宪法和第三部宪法，虽然删除了 1954 年宪法的这一规定，但没有明确授予地方立法权。

中共十一届三中全会以后，民主法制建设和国家经济建设开始走上了健康发展轨道，特别是国家实行改革开放政策后，由于社会经济文化发展状况不同，各地对制度供给的需求也就有所不同。在地方差异很大的情况下，国家的制度供给很难适应地方的需要。此外，在国家供给的制度中，有相当部分需要结合本地的实际实施。在这种情况下，1979 年，第五届全国人民代表大会第二次会议对 1978 年宪法进行了修正，并制定了选举法和《中华人民共和国地方各级人民代表大会和地方各级人民政府组织法》。这次会议对国家机构设置和立法体制进行了改革。一是规定“县和县以上的地方各级人民代表大会设立常务委员会”，作为本级人民代表大会的常设机构。二是在这次会议上制定的地方组织法中，第一次明确规定了省、自治区、直辖市人民代表大会和人大常委会“根据本行政区域的具体情况和实际需要，在和国家宪法、法律、政策、法令、政令不抵触的前提下，可以制定和颁布地方性法规，并报全国人民代表大会常务委员会和国务院备案。”[④] 这些规定，在 1982 年制定的

---

① 参见许俊伦《地方立法论》，中国民主法制出版社 1997 年版，第 2 页。

② “三大运动”是镇压反革命运动、抗美援朝运动和土地改革运动。

③ 参见北京大学法律系宪法教研室资料室编《宪法资料选编》（第一辑），北京大学出版社 1982 年版，第 155 页。

④ 同上书，第 346、352 页。

《中华人民共和国宪法》和2000年制定的《中华人民共和国立法法》中，得到了进一步的确认和规范。此外，在这次会议制定的选举法中，明确规定省级人大常委会可以制定选举法的实施细则。人大代表选举的地方立法从此开始。

从1979年以来的情况看，人大代表选举的地方立法有以下几个特点：

1. 地方立法活动一般受国家立法活动的影响。国家法律修改后，地方性法规也作相应的修改。1979年国家制定了选举法并授权地方制定实施办法后，各地先后制定了实施办法。国家先后于1982年、1986年、1995年和2004年对选举法进行了4次修正，在国家对选举法进行修正后，地方一般都要对实施细则（或办法、条例和规定）进行修正。例如，北京市于1980年制定了《北京市区、县人民代表大会代表选举试行细则》，1982年国家对选举法进行修改后，北京市于1984年制定了《北京市区、县、乡、镇人民代表大会代表选举实施细则》，1986年12月2日国家对选举法进行第2次修正后，北京市于1986年12月26日对1984年制定的实施细则进行了第1次修正。1993年，又在《北京市人民代表大会常务委员会关于区、县、乡、镇人民代表大会换届选举若干问题的决定》中，对1984年制定的实施细则进行了第2次修正。1995年国家对选举法进行第3次修正后，北京市于1998年对1984年制定的实施细则进行了第3次修正。

2. 地方立法活动受换届选举的影响。从大多数地方的情况看，地方立法一般在选举之前进行，前述北京市选举实施细则的制定和每次修正，都是在换届选举之前进行的。地方立法之所以在换届选举之前进行，是为了适应换届选举工作的需要，通过地方立法规范换届选举过程中遇到的新情况、新问题，以保证换届选举的顺利进行。比如，因城市改造的人户分离问题，外出务工经商人员的参选问题等，都需要通过制定地方性法规进行规范。

3. 地方立法的重点是直接选举。在全国各地制定的实施细则中，有一半以上是针对直接选举制定的。在针对地方各级人大代表选举的实施细则中，其重点也是直接选举。①

① 参见全国人大常委会办公厅研究室编《地方人大20年》，中国民主法制出版社2000年版，第366—540页。

4. 地方立法的主要内容是将选举法的规定具体化。从各地制定的实施细则看，地方立法的主要内容是，将选举法的规定具体化，特别是对选举程序进行细化，以便基层选举机构组织选举和选民行使选举权利。

二　人大代表选举制度的内容和特点

中国的人大代表选举制度的主要内容有：

（一）直接选举和间接选举相结合

直接选举和间接选举，是两种不同的选举方式。直接选举，是指由选民直接投票选举产生人大代表。间接选举，是指由下一级人民代表大会选举上一级人大代表。直接选举与间接选举相结合，是人大代表选举制度的一个基本特点。自从人大代表选举制度产生以来，始终保持这一特点。其间，根据中国政治、经济和文化发展状况，对直接选举和间接选举的范围作了调整。根据1953年选举法规定，乡、镇、市辖区和不设区的市的人大代表实行直接选举，县、设区的市、省和全国人大代表，实行间接选举。1979年选举法把直接选举的范围扩大到县。扩大的范围虽然不大，但涉及的人员很多，而且主要是农民。从总体上看，这无疑提高了人大代表选举的直接民主程度，扩大了农民的参与范围，对于培养农民的民主意识、民主技能和民主习惯，进一步扩大人大代表的直接选举来说，意义十分重大。

（二）选举权利的广泛性

选举权是公民最重要的政治权利之一。在人大代表选举制度设计和人大代表选举的实践中，都十分注意扩大参选公民的范围、保障公民选举权利。

从宪法和选举法的规定看，享有选举权利的公民十分广泛。根据1953年选举法规定，“凡年满18周岁之中华人民共和国公民，不分民族和种族、性别、职业、社会出身、宗教信仰、教育程度、财产状况和居住期限，均有选举权和被选举权。”但依法尚未改变成分的地主阶级分子、依法被剥夺政治权利的反革命分子、其他依法被剥夺政治权利者和精神病患者，无选举权和被选举权。[①] 这样规定，既符合当时政权建设的需要，又有利于维护选举权的严肃性。1953 年普选时，进行登记的选民总数为 323809684 人，约占进行选举地区 18 周岁以上人口总数的 97.18%，被剥夺选举权和被选举权的 868 万人，占进行选举地区 18 周岁以上人口总数的 1.52%。[②] 1979 年制定了第二部选举法，根据 1979 年选举法和 1983 年全国人大常委会《关于县级以下人民代表大会代表直接选举的若干规定》的规定，"依照法律被剥夺政治权利的人没有选举权和被选举权"[③]，"因反革命案或其他严重刑事犯罪案被羁押、正在受侦查、起诉、审判的人，经人民法院或者人民检察院决定，在被羁押期间停止行使选举权利"，"精神病患者不能行使选举权利的，经选举委员会确认，不行使选举权利"[④]，其他年满 18 周岁的公民，都有选举权和被选举权。很明显，根据第二部选举法的规定，享有选举权和被选举权的公民的范围与 1953 年选举法相比，更加广泛。第二部选举法实施以来，县级人大代表选举的统计数据，就充分地说明了这一点。

表 8—1　　选民登记情况[⑤]

	18 周岁以上人口数	选民登记人数	选民登记人数所占比例（%）
第一次选举	542075295	539394620	99.51
第二次选举	604528261	601507524	99.50
第三次选举	657243952	654367548	99.56
第四次选举	721405042	717774433	99.50
第五次选举	760066128	755119700	99.35
第六次选举	795676623	788822773	99.14

① 参见北京大学法律系宪法教研室资料室编《宪法资料选编》（第一辑），北京大学出版社 1982 年版，第 92—93 页。

② 参见王崇明、袁瑞良《中华人民共和国选举制度》，中国民主法制出版社 1990 年版，第 11—13 页。

③ 北京大学法律系宪法教研室资料室编：《宪法资料选编》（第一辑），北京大学出版社 1982 年版，第 336 页。

④ 北京市乡镇换届选举工作办公室编：《乡镇换届选举必备》，中国工人出版社 1999 年版，第 60 页。

⑤ 本表和下表中的数据，来源于刘智、史卫民、周晓东、吴运浩《数据选举》（中国社会科学出版社 2000 年版）一书的第 91—98、100—105 页。

表 8—2　无法行使选举权利、停止行使选举权利和没有选举权利的人数占 18 周岁以上人口比例情况

	无法行使选举权利	所占比例（%）	停止行使选举权利	所占比例（%）	没有选举权利	所占比例（%）
第一次选举	1 958 657	0.36	502 254	0.09	219 761	0.04
第二次选举	2 203 568	0.36	322 378	0.05	124 728	0.02
第三次选举	2 024 992	0.31	213 087	0.032	156 273	0.024
第四次选举	2 597 162	0.36	243 165	0.034	204 065	0.028
第五次选举	2 944 910	0.39	212 498	0.028	262 228	0.035
第六次选举	3 490 635	0.44	267 886	0.034	362 272	0.046

从表 8—1 和表 8—2 两个表中的数据可以看出，第二部选举法实施以来的 6 次县级人大代表选举中，参选公民的范围占 18 周岁以上人数的比例都在 99% 以上，而无法行使选举权利、停止行使选举权利和没有选举权利的人数，总共不超过 1%。

（三）选举权的平等性

在人大代表选举中，选举权的平等性主要体现在以下几个方面：

1. 参选权平等。除了对年龄、政治权利和行为能力作出必要的限制外，公民的选举权和被选举权，不受民族、种族、性别、职业、家庭出身、宗教信仰、教育程度、财产状况和居住期限的限制。这除了充分体现选举权利的普遍性外，还充分体现了选举权利的平等性。为了保障妇女的选举权利，1953 年选举法还根据当时的历史条件作出了“妇女有与男子同等的选举权和被选举权”① 的规定。

2. 投票权平等。1953 年选举法和 1979 年选举法都明确规定：“每一选民在一次选举中只有一个投票权。”② 这一规定的基本含义是，所有选民的投票权都是平等的，“不能同时参加两个或两个以上地方的选举”，“每一选民所投的票的效力是相同的，不能因身份、地位、民族、种族、

① 北京大学法律系宪法教研室资料室编：《宪法资料选编》（第一辑），北京大学出版社 1982 年版，第 92 页。

② 同上书，第 92、336 页。

性别、年龄的不同而有差别。也就是说，不允许任何选民有任何特权，也不允许对任何选民有任何限制和歧视。”①

3. 当选权平等。任何选民，都有当选为人大代表的权利。王崇明、袁瑞良在《中华人民共和国选举制度》一书中认为，在选票面前，每个选民的当选权平等，这比较突出地表现在男女平等、民族平等、党内党外平等和干部群众平等上。②

当然，选举权的平等性是相对的。这种相对性主要表现在代表名额的分配上。根据第一部选举法和第二部选举法的规定，各级人大代表名额，不是按照人口数平均分配，而是根据人口数量、人口界别构成、居住状况、行政区域和少数民族聚居状况进行分配。总的来说，就是农村每一代表所代表的人口数高于城市每一代表所代表的人口数；人口较少的行政区域和少数民族聚居的区域，每一代表所代表的人口数少于其他地方每一代表所代表的人口数。《选举法和地方组织法释义与解答》一书根据1953年选举法的规定，认为农村与城市每一代表所代表的人口的比例是，“自治州、县、自治县为四比一，省、自治区为五比一，全国为八比一”。③另外规定，市人民代表大会代表名额的分配是，“郊区每一代表所代表的人口数，应多于市区每一代表所代表的人口数”。④ 1979年选举法关于代表名额分配的规定，在内容上与1953年选举法基本相同。所不同的是，1979年选举对分配比例的规定更加明确。⑤

对于上述规定，邓小平在1953年选举法草案的说明中作了解释：“选举法草案还规定了全国及地方各级人民代表大会代表的名额及代表的产生，均以一定人口的比例为基础。同时草案又适当地照顾了地区和单位，所以在城市与乡村间，在汉族与少数民族间，都作了不同比例的规定。这些在选举上不同比例的规定，就某种方面来说，是不完全平等的，但是只

---

① 乔晓阳、张春生主编：《选举法和地方组织法释义与解答》（第二次修订版），法律出版社1997年版，第8页。

② 参见王崇明、袁瑞良《中华人民共和国选举制度》，中国民主法制出版社1990年版，第15—16页。

③ 乔晓阳、张春生主编：《选举法和地方组织法释义与解答》（第二次修订版），法律出版社1997年版，第29页。

④ 参见北京大学法律系宪法教研室资料室编《宪法资料选编》（第一辑），北京大学出版社1982年版，第95页。

⑤ 同上书，第337—339页。

有这样规定，才能真实地反映我国的现实生活，才能使全国各民族各阶层在各级人民代表大会中有与其地位相当的代表，所以它不但是很合理的，而且是我们过渡到更为平等和完全平等的选举所完全必需的。”① 之所以必需，是因为当时中国的农村人口占人口总数的80%以上，城市人口较少，而城市是政治、经济、文化的中心，是工人阶级所在，是工业所在，如果完全按人口平均分配，工人和其他各界的代表比例就会很小。这样，既不能反映出工人阶级对于国家的领导作用，也不利于保证代表的广泛性。因此，“这种城市和乡村应选代表的不同人口比例的规定，……是完全符合于我们国家的政治制度和实际情况的，是完全必要的和完全正确的”。②

1995年对选举法进行第3次修正时，根据中国农村和城镇人口的变化（具体情况见表8—3），将省、自治区和全国人民代表大会中农村与城市每一代表所代表的人口数的比例改为四比一，直辖市、市、市辖区不变，自治州、县、自治县在维持四比一的基础上，作了变通规定：“县、自治县行政区域内，镇的人口特多的，或者不属于县级以下人民政府领导的企业事业组织的职工人数在全县总人口中所占比例较大的，经省、自治区、直辖市的人民代表大会常务委员会决定，农村每一代表所代表的人口数同镇或者企业事业组织职工每一代表所代表的人口数之比可以小于四比一直至一比一。”③ 这样规定是为了防止在县、自治县人民代表大会中，镇的代表名额偏多而农村代表名额偏少和不属于本县的大型企业的代表偏多而本地居民代表偏少的不合理现象。④

总之，从代表名额的分配看，选举权的平等性是相对的。这种相对平等，是实现选举权的更加平等和完全平等的一个过渡阶段。随着中国社会经济的发展和城市化水平的提高，以及由此而引起的人口结构的变化，代表名额分配制度将会逐步调整，最终实现选举权的完全平等。

① 刘政、于友民、程湘清主编：《人民代表大会工作全书》，中国法制出版社1999年版，第108页。

② 同上书，第110页。

③ 《中华人民共和国全国人民代表大会和地方各级人民代表大会选举法》，法律出版社1995年版，第16页。

④ 参见乔晓阳、张春生主编《选举法和地方组织法释义与解答》（第二次修订版），法律出版社1997年版，第23页。

表 8—3　**历次人口普查城镇人口比重**[①]　单位：万人

普查年份	市镇人口	乡村人口	总人口	城镇人口比重（%）
1953	7726	50534	58260	13. 26
1964	12710	56748	69458	18. 30
1982	20658	79736	100394	20. 60
1990	29651	83397	113048	26. 23
2000	45594	80739	126333	36. 09

注释：1. 总人口均不包括现役军人。

2. 1953 年总人口不包括间接调查人口。

（四）区域选举与有限的界别选举相结合

从现行的法律制度和选举的实际情况看，各级人大代表主要按区域选举产生，辅之以有限的界别选举。这一制度，是在吸取新中国成立初期各界人民代表会议经验的基础上建立和发展起来的。1953 年选举法产生之前，各地都召开了各界人民代表会议，各界人民代表会议实行界别代表制，会议代表实行选派和邀请相结合。1953 年选举法产生后，实行区域选举为主、界别选举为辅的代表选举制度。根据 1953 年选举法规定，"人民武装部队和国外华侨得单独进行选举"。[②] 其余则"按照选民居住情况划定选举区域"[③] 选举。人民武装部队和国外华侨是两个特征明显的界别，单独进行选举，具有明显的界别选举性质。

1979 年选举法对上述内容作了调整。根据 1979 年选举法规定，"人民解放军单独进行选举"，"华侨代表的产生办法另订"。国外华侨不再单独进行选举，这与 1953 年选举法的规定存在着较大差异。此外，对直接选举的选区划分也作了调整，规定"选区应按生产单位、事业单位、工作单位和居民居住状况划分"[④]。这也与 1953 年选举法的规定不同，在选区划分中增加了界别选举因素。1982 年对 1979 年选举法进行第 1 次修正

① 参见国务院人口普查办公室、国家统计局人口社会和科技统计司编《2000 年第五次全国人口普查主要数据》，中国统计出版社 2001 年版，第 6 页。

② 北京大学法律系宪法教研室资料室编：《宪法资料选编》（第一辑），北京大学出版社 1982 年版，第 93 页。

③ 同上书，第 99 页。

④ 同上书，第 336、339 页。

时，取消了“华侨代表的产生办法另订”的规定，同时规定“全国人民代表大会和归侨人数较多地区的地方人民代表大会，应当有适当名额的归侨代表”[①]。1986 年进行第 2 次修正时，将选区划分的规定改为：“选区可以按居住状况划分，也可以按生产单位、事业单位、工作单位划分。”[②]这次修正，突出了“居住状况”的优先地位。此后，1995 年和 2004 年对选举法的两次修正，均未修改前述规定。

（五）选民、代表和党派团体相结合的提名制度

人大代表选举提名制度的主要内容是，在人大代表的直接选举中，代表候选人由选民和党派团体提出；在人大代表的间接选举中，代表候选人由代表和党派团体提出。这样的提名制度，始于 1953 年选举法。根据 1953 年选举法规定，“中国共产党、各民主党派、各人民团体和不属于上述各党派、团体的选民或代表均得按选举区域或选举单位联合或单独提出代表候选人名单”。[③] 邓小平在 1953 年选举法草案的说明中说：“选举法草案规定中国共产党、各民主党派，各人民团体和不属于上述各党派、团体的选民或代表，均得按选举区域或选举单位联合或单独提出代表候选人名单。当然，在实际上是应该而且可能以由中国共产党、各民主党派和各人民团体联合提名的方式，作为提出各级人民代表大会代表候选人名单的主要方式。”[④] 从选举的实践看，法律“虽然规定了选民和代表的提名权，但代表候选人的提出基本上是组织提名”[⑤]。

1979 年制定的第二部选举法继续采用了选民、代表和党派团体相结合的提名制度。但与 1953 年选举法相比，有两个变化：一是增加了提名人的人数规定。根据 1953 年选举法规定，选民和代表可以联合或者单独提出候选人，而 1979 年选举法规定，“任何选民或者代表，有三人以上附议，也可以推荐代表候选人。”二是规定了“推荐时，应向选举委员会介

① 王崇明、袁瑞良：《中华人民共和国选举制度》，中国民主法制出版社 1990 年版，第 144 页。

② 同上书，第 160 页。

③ 北京大学法律系宪法教研室资料室编：《宪法资料选编》（第一辑），北京大学出版社 1982 年版，第 100 页。

④ 刘政、于友民、程湘清主编：《人民代表大会工作全书》，中国法制出版社 1999 年版，第 111 页。

⑤ 蔡定剑主编：《中国选举状况的报告》，法律出版社 2002 年版，第 6 页。

绍候选人情况”[①]。1986 年对 1979 年选举法进行第 2 次修正时，改为“选民或者代表，十人以上联名，也可以推荐代表候选人，推荐者应向选举委员会或者大会主席团介绍候选人的情况”[②]，增加了选民和代表联名的人数。

从实际情况看，增加选民联名的人数是十分必要的。1979 年选举法实施后，选民的参与热情高涨，人大代表的提名情况发生了很大变化。在人大代表的直接选举中，由党派团体提名为主转变为由选民提名为主。例如，在 1980 年的北京市区县人大代表选举中，宣武区共 105 个选区，选民提名候选人 9736 人，是全区应选代表名额 316 名的 30.8 倍，而党派团体提名推荐只有 57 人。[③] 崇文区 103 个选区，选民共提名候选人 7355 名，是应选代表名额 298 名的 24.7 倍，而党派团体提名推荐也只有 57 人。[④] 在 1984 年的区县人大代表换届选举中，北京大学学生选区有选民 13000 多人，应选代表 3 人，第一次提出候选人 800 名，是应选名额的 266.7 倍。经选民小组讨论，集中到 298 名，又经过选区反复协商，最后确定 5 名正式代表候选人。[⑤] 此外，在人大代表的间接选举中，代表 10 人以上联名提名推荐的代表候选人的比重加大。在这种情况下，适当增加提名人的人数，有利于更好地集中民意和提高选举工作效率。

从 1986 年第 2 次修正后的选举情况看，选民提名推荐的积极性仍然很高，选民提名推荐的代表候选人的人数，仍然保持在一个较高的水平。这一点，从北京市 1987 年以来区县人大代表选举的情况就可以看出。在 1987 年的区县人大代表选举中，“选民提出的初步候选人，各县一般是应选代表的五六倍，各区一般是应选代表的十几倍、二十几倍。一些高等院校选区提出的初步候选人更多”[⑥]。在 1991 年的区县人大代表选举中，

---

① 北京大学法律系宪法教研室资料室编：《宪法资料选编》（第一辑），北京大学出版社 1982 年版，第 340 页。

② 王崇明、袁瑞良：《中华人民共和国选举制度》，中国民主法制出版社 1990 年版，第 161 页。

③ 参见北京市宣武区选举委员会办公室《选举工作简报》第 36 期（1980 年 10 月 31 日印发）。

④ 参见崇文区选举委员会办公室《选举工作简报》第 7 期（1980 年 10 月 30 日印发）。

⑤ 参见北京市区县乡镇直接选举工作办公室编《选举资料汇编》，第 172 页。编印时间：1984 年 10 月。

⑥ 北京市区县乡镇直接选举工作办公室编：《选举工作资料汇编》，第 149 页。编印时间：1987 年 8 月。

"全市共推荐区、县人大代表候选人 69345 名，是应选名额的 14 倍，其中选民联名推荐的占 98%"[①]。在 1993 年的区县人大代表选举中，"全市 18 个区县的 2687 个选区，共提名推荐代表初步候选人 59437 名，是应选代表名额的 12.1 倍，其中选民 10 人以上联名推荐的占 98.7%"[②]。在 1998 年的区县人大代表选举中，"全市 2353 个选区首轮共提名推荐代表初步候选人 50956 名，是应选代表的 11.6 倍，其中选民 10 人以上联名推荐的占 98.6%"[③]。在 2003 年的区县人大代表选举中，全市 2340 个选区"提出的初步候选人 41649 名，为应选名额的 9.46 倍，其中 98.3% 是选民依法联名推荐的。"[④]

为了保障选民提名的积极性，一些地方法规还对党派团体提名作了限制性规定。例如，北京市规定，在人大代表的直接选举中，区、县不得超过应选代表名额的 20%，乡镇不得超过 15%；天津、上海、广东规定均不得超过 15%；湖南规定"不宜过多"；等等。[⑤]

（六）协商和预选制度

协商和预选，是产生正式代表候选人的一项重要制度，也是一个重要程序。在人大代表选举中，如果选民或代表和党派团体提名的代表候选人超过法定的差额幅度，就需要经过协商或预选确定正式代表候选人。

从笔者查找到的资料看，"协商"最早用于代表候选人的提名。1953 年 4 月 3 日，《中央选举委员会关于基层选举工作的指示》依据选举法的规定，对代表候选人的提名提出具体要求，其中，就乡村如何提名提出了具体意见："在乡村，一般可采取由选举委员会邀集共产党组织及各人民

① 北京市区县乡镇直接选举工作办公室编：《选举工作资料汇编》，第 124 页。编印时间：1991 年 3 月。

② 北京市区县乡镇直接选举工作办公室：《1993—1994 北京市区县乡镇人大换届选举资料汇编》，第 46 页。编印时间：1994 年 3 月。

③ 北京市区县换届选举工作办公室：《1998—1999 年北京市区县人大换届选举工作资料汇编》，第 78 页。编印时间：1999 年 4 月。

④ 北京市区县换届选举工作办公室：《2003—2004 年年北京市区县人大换届选举工作资料汇编》，第 78 页。编印时间：2004 年 4 月。

⑤ 参见袁达毅《县级人大代表选举研究》（第 2 版），中国社会出版社 2008 年版，第 161 页。

团体的代表进行协商的办法。”[①] 从中央选举委员会的指示看，“协商”应当在提名之前进行。1956 年第二次普选时，《国务院关于 1956 年选举工作的指示》中规定：“代表候选人的提名应该采取有领导地联合提名和选民提名相结合的方式。在联合提名以前，首先通过当地共产党、各民主党派、各人民团体和生产合作社的社员，在选民中广泛酝酿，把意见集中起来；再由选举委员会邀请这些方面的代表协商，提出代表候选人初步名单，交选民讨论，并且依据多数选民的意见，加以认真的修改和补充；最后由选举委员会在选举以前公布代表候选人正式名单。”[②] 从这一规定看，“协商”仍然应当在提名之前进行，属于提名候选人的一个程序。

1979 年选举法对“协商”的规定，与上述规定有所不同：一是在直接选举中，“协商”的主体是选民，而不再是各方面的代表。二是“协商”在初步候选人提出之后进行。因此可以说，从 1979 年选举开始，“协商”是确定正式代表候选人的一个重要程序。[③] 1986 年对 1979 年选举法进行第 2 次修正时，将“选民小组反复讨论、民主协商”改为“选民小组反复酝酿、讨论、协商”[④]，虽然在文字表述上做了些调整，但基本精神没变。

在人大代表的直接选举中，预选是一个备用程序。一般而言，在协商过程中能够达成一致意见时，选举委员会就在协商的基础上，根据较多数选民的意见确定正式代表候选人。如果协商时意见分歧较大、难以确定正式代表候选人时，一般要启动预选程序。在间接选举中，则直接进行预选，根据预选结果确定正式代表候选人。

在选举的实践中，预选制度先后经过了几次调整。1953 年选举法对预选没有规定，在选举的实践中，由于基本上是等额选举，因此，从 1953 年选举法实施到 1979 年选举法诞生之前，基本上不存在预选问题，笔者也没有收集到预选方面的资料。1979 年选举法第一次对预选作出了

---

① 北京大学法律系宪法教研室资料室编：《宪法资料选编》（第一辑），北京大学出版社 1982 年版，第 110—111 页。

② 北京市选举委员会办公室编印：《选举工作资料汇集》，第 33—34 页。具体编印时间不详。

③ 参见北京大学法律系宪法教研室资料室编《宪法资料选编》（第一辑），北京大学出版社 1982 年版，第 340 页。

④ 王崇明、袁瑞良：《中华人民共和国选举制度》，中国民主法制出版社 1990 年版，第 138、161 页。

明确规定。根据1979年选举法规定，在各级人大代表的选举中，都应就选民或代表和党派团体提出的候选人进行反复讨论和民主协商，“如果所提的候选人名额过多，可以进行预选”[①]。从1979年选举法的规定看，预选不是“反复讨论和民主协商”的后续备用程序，而是在确定正式候选人时可以直接采用的程序，也就是说，没有规定在经过协商难以确定候选人时才可以启动预选程序。根据1979年选举法规定，选民可以依法提出直接预选的要求。但是，在一些初步候选人较多的选区，预选的组织工作，特别是计票工作十分困难，容易出现民主非常充分、工作效率非常低下的情况。因此，1986年对1979年选举法进行第2次修正时，取消了预选程序。在地方性法规中，只有北京市始终保留了预选程序。北京市在1986年、1993年和1999年先后3次修订了1984年通过的《北京市区、县、乡、镇人民代表大会代表选举实施细则》，这3次修订都保留了预选程序。[②]

取消预选程序的弊端，在选举的实践中逐步显现出来。在直接选举中，对于选民意见分歧特别大的选区来说，酝酿、讨论和协商很难达成一致意见，选举委员会确定正式代表候选人有很大的难度。而在间接选举中，采用预选的办法确定正式代表候选人，比酝酿、讨论和协商更民主，也更有效率。各地对在间接选举中恢复预选程序的要求十分强烈。因此，1995年对选举法进行了第3次修正时，在间接选举中恢复了预选程序。在第3次修正后的直接选举中，酝酿、讨论和协商很难达成一致意见的问题比较突出，因此，在2004年对选举法进行第4次修正时，又在直接选举中恢复了预选程序。

第4次修正后的选举法规定，在人大代表的直接选举中，如果提出的候选人超过法定的差额比例，“由选举委员会交各该选区的选民小组讨论、协商，根据较多数选民的意见，确定正式代表候选人名单；对正式代表候选人不能形成较为一致意见的，进行预选，根据预选时得票多少的顺

① 北京大学法律系宪法教研室资料室编：《宪法资料选编》（第一辑），北京大学出版社1982年版，第340—341页。

② 参见北京市区县乡镇直接选举工作办公室1984年10月编《选举资料汇编》，第98页；北京市区县乡镇直接选举工作办公室1987年8月编《选举工作资料汇编》，第82页；北京市人民代表大会常务委员会法制室编《北京市地方性法规汇编（1984—1997）》，北京出版社1998年版，第213页；北京市区县换届选举工作办公室1998年8月编《区县人大换届选举工作手册》，第87页。

序，确定正式代表候选人名单”①。这与1979年的规定有所不同，预选只是酝酿、讨论和协商的一个后续程序，只有在“对正式代表候选人不能形成较为一致意见”时，才启动预选程序。这样规定，既有利于发扬民主，又有利于提高选举工作效率，从制度安排上较好地解决了民主与效率的平衡问题。

（七）推荐者、选举委员会或人大主席团相结合的代表候选人介绍制度

根据现行法律规定，这一制度的具体内容是，在直接选举中，由推荐者向选举委员会介绍代表候选人的情况，选举委员会向选民介绍代表候选人的情况，推荐者还可以在选民小组会议上介绍代表候选人情况。在间接选举中，推荐者向人民代表大会主席团介绍代表候选人的情况，大会主席团向代表介绍代表候选人的情况，推荐者还可以在代表小组会议上介绍代表候选人的情况。

代表候选人的介绍制度，经历了一个曲折的发展过程。

从目前能够查找到的资料看，1953年选举法和相关文献对介绍代表候选人没有作出规定，但在选举的实践中，都对代表候选人进行了宣传介绍。从《北京市选举委员会关于北京市1956年基层选举工作总结报告》中可以看出，候选人的事迹材料，由提名单位或提名人口头介绍，选区负责整理，然后向各选民小组介绍。②

1979年选举法第一次对代表候选人的宣传介绍进行了规定，开始了代表候选人介绍的制度化进程。1979年选举法规定：“各党派、团体和选民，都可以用各种形式宣传代表候选人。但在选举日必须停止对代表候选人的宣传。”③ 这一规定，是人大代表选举制度建设上的一个重大进步。在1980年前后进行的人大代表直接选举中，一些高校学生依据这一规定进行了轰轰烈烈的竞选活动，诸如，张贴竞选大字报，编印竞选刊物，召开竞选座谈会和辩论会，举行竞选集会，发表竞选演说，等等。在学生发

① 《人民日报》2004年11月6日第7版。

② 参见北京市选举委员会办公室编印《选举工作资料汇集》，第65页。具体编印时间不详。

③ 北京大学法律系宪法教研室资料室编：《宪法资料选编》（第一辑），北京大学出版社1982年版，第341页。

表的竞选主张中，有些否认马克思主义和社会主义的主张。由于国家、地方和基层都没有制定规范竞选活动的制度规定，各级选举机构缺乏思想准备和组织准备，在轰轰烈烈的竞选活动来临时，出现了否定竞选、不尊重选民权利的情况，结果导致学生上街绝食抗议，一度引起局部的社会秩序混乱。①

针对上述情况，1982 年对 1979 年选举法进行第一次修正时，将“各党派、团体和选民，都可以用各种形式宣传代表候选人”改为“选举委员会应当向选民介绍代表候选人的情况。推荐代表候选人的党派、团体或者选民可以在选民小组会议上介绍所推荐的代表候选人的情况”。这一规定与 1979 年选举法相比，变化较大：一是把“可以用各种形式宣传代表候选人”改为“介绍代表候选人的情况”；二是对介绍代表候选人的范围做了明确的规定，即“可以在选民小组会议上介绍所推荐的代表候选人的情况”，另外，根据第 26 条规定，提名推荐时，应当向选举委员会介绍代表候选人的情况；三是增加了“选举委员会应当向选民介绍代表候选人的情况”的规定，即除了党派、团体或者选民在选民小组会议上介绍所推荐的代表候选人的情况外，选举委员会还应当分别向各选区的选民介绍该选区所有代表候选人的情况；四是对间接选举中是否应当介绍代表候选人未作规定。这样，“竞选”就被排除在选举制度之外。显然，1982 年的修改是不符合社会主义民主发展要求的。

上述修改，大大降低了人大代表选举的竞争性。在直接选举中，选民只能根据提名人和选举委员会介绍的情况投票选举，而无法直接了解代表候选人的情况。在间接选举中，一些地方的代表也是在不充分了解代表候选人的情况下就投票选举。这无疑影响了选民和代表参选的积极性。因此，在 1986 年进行第 2 次修正时，增加了在间接选举中介绍代表候选人的规定，即推荐者应当向大会主席团介绍代表候选人的情况，人民代表大会主席团应当向代表介绍代表候选人的情况，推荐代表候选人的政党、人民团体和代表可以在代表小组会议上介绍代表候选人情况。②

1982 年以后的历次人大代表直接选举中，为了最大限度地调动选民

---

① 参见蔡定剑主编《中国选举状况的报告》，法律出版社 2002 年版，第 14—15 页；袁达毅《县级人大代表选举研究》（第 2 版），中国社会出版社 2008 年版，第 204—205 页。

② 参见王崇明、袁瑞良《中华人民共和国选举制度》，中国民主法制出版社 1990 年版，第 161—162 页。

参选的积极性，各地都在积极探索代表候选人的介绍方式。比如，印发、张贴和广播代表候选人的介绍材料，播放代表候选人的录音、录像讲话，安排代表候选人走访选民，组织代表候选人与选民见面，等等。其中，组织代表候选人与选民见面特别受选民欢迎。在实践探索的基础上，一些地方把代表候选人与选民见面写进了地方性法规，在得到国家相关部门认可后，很快在其他大多数地方推广实施。① 实践证明，组织代表候选人与选民见面，由代表候选人进行自我介绍并回答选民的问题，有利于增进代表候选人与选民之间的相互了解，增强选举的竞争性，提高选民参选的积极性。因此，2004 年对选举法进行第四次修正时，在直接选举中增加了“选举委员会可以组织代表候选人与选民见面，回答选民的问题”的规定。② 至此，代表候选人与选民见面作为介绍代表候选人的一种方式，得到了国家法律的认可。可以预见，这种介绍方式是过渡性的，最终会被社会主义竞选制度所代替。

（八）差额选举制度

差额选举是相对于等额选举而言的，差额选举制度，是指在人大代表选举中，正式代表候选人的名额多于应选代表名额的制度。中国的人大代表选举，经历了由等额选举向差额选举的发展过程。1953 年选举法颁布后，随即在全国进行第一次普选。1953 年 4 月 3 日，《中央选举委员会关于基层选举工作的指示》规定：“选举委员会提到选举大会上的代表候选人的名额，一般应与当选代表人数相等，即这个选举区域应选几个代表，就提出几个代表候选人。”③ 从第一次普选开始到第二部选举法产生，各级人大代表都实行等额选举。

1979 年选举法明确规定了差额选举制度。1979 年选举法规定：“全国和地方各级人民代表大会代表候选人的名额，应多于应选名额。”④ 为了避免因候选人过多造成选票分散而导致大范围的选举不成功，提高选举

① 参见袁达毅《县级人大代表选举研究》（第 2 版），中国社会出版社 2008 年版，第205—206 页。

② 《人民日报》2004 年 11 月 6 日第 7 版。

③ 北京大学法律系宪法教研室资料室编：《宪法资料选编》（第一辑），北京大学出版社 1982 年版，第 111 页。

④ 同上书，第 340 页。

工作效率，1979 年选举法还规定了直接选举和间接选举的差额幅度。根据 1979 年选举法规定，“由选民直接选举的代表候选人名额，应多于应选代表名额的二分之一至一倍；由地方各级人民代表大会选举上一级人民代表大会代表候选人的名额，应多于应选代表名额的五分之一至二分之一”①。经过 20 世纪 80 年代初中期的选举实践，地方和基层人大感到，在直接选举中，根据二分之一至一倍的差额幅度确定正式候选人，在选 3 名代表的选区中，还是容易出现因选票分散而造成选举不成功的情况，因此建议适当缩小差额幅度。1986 年对选举法进行第 2 次修正时，将直接选举中的差额幅度由二分之一至一倍修改为三分之一至一倍②，以便进一步提高选举工作效率。

实行差额选举，是人大代表选举制度的一个重大进步。它不但使选民在投票选举中有了较大的选择余地，而且增强了人大代表选举的竞争性。这一制度的制定和实施，对于提高人大代表的整体素质，更好地发挥人民代表大会的作用，产生了深远的影响。

（九）无记名投票制度

无记名投票，也叫秘密投票，是相对于有记名投票和举手表决而言的。这一制度包含两个方面的内容：一是选民或代表填写选票不署名。二是选民或代表填写的内容不公开。

无记名投票制度也经历了一个发展过程。1953 年选举法规定：“乡、镇、市辖区和不设区的市人民代表大会代表和乡、镇出席县人民代表大会代表的选举，采用以举手代投票方法，亦得采用无记名投票方法。县以上各级人民代表大会之选举，采用无记名投票方法。”③ 采用举手的办法虽然存在着一些弊病，比如，一些选民因为碍于情面或因随大溜心理而不能表达自己的真实意愿，但在人口的文盲率达到 80% 的情况下，④ 在很多地方举手相对于无记名投票来说，更有利于大多数人行使民主权利。因此，

① 北京大学法律系宪法教研室资料室编：《宪法资料选编》（第一辑），北京大学出版社 1982 年版，第 340 页。

② 参见王崇明、袁瑞良《中华人民共和国选举制度》，中国民主法制出版社 1990 年版，第 161 页。

③ 北京大学法律系宪法教研室资料室编：《宪法资料选编》（第一辑），北京大学出版社 1982 年版，第 101 页。

④ 参见杨琳《改变 8000 多万文盲的命运》，《瞭望新闻周刊》2004 年第 26 期。

在基层选举中，举手和无记名投票并用，是符合当时中国的实际情况的。对于这个问题，邓小平在1953年2月11日关于选举法草案的说明中讲得十分清楚："选举法草案规定了我们只在乡、镇、市辖区及不设区的市等基层政权单位实行直接的选举，而在县以上则实行间接的选举。我们只在县以上采用无记名投票方法，而在基层政权单位，则一般地采用举手表决的投票方法。这就是说，我们的选举还不是完全直接的，投票的方法也还不是完全无记名的。这是由我国目前的社会情况、人民还有很多缺乏选举经验以及文盲尚多等实际条件所决定的。如果我们无视这些实际条件，在现在就勉强地去规定一些形式上好像很完备而实际上行不通的选举方法，其结果，除了增加选举的困难和在实际上限制许多公民的选举权利之外，没有任何的好处。"①

1979年制定中国第二部选举法时，中国人口的文化素质发生了很大变化（具体情况见表8—4），在基层人大代表选举中，采用无记名投票的条件基本成熟。因此，1979年选举法规定，"全国和地方各人民代表大会代表的选举，一律采用无记名投票的方法。选民如果是文盲或者因残疾不能写票的，可以委托他信任的人代写"②。从此，秘密投票制度在人大代表选举中全面实施。

表8—4　　历次人口普查文盲率③　　单位：万人

普查年份	总人口	文盲人口	占总人口比重（%）
1964	69458	23327	33.58
1982	100818	22996	22.81
1990	113368	18003	15.88
2000	126583	8507	6.72

说明：1964年文盲人口为13岁及13岁以上不识字人口，1982年、1990年、2000年文盲人口为15岁及15岁以上不识字或识字很少的人口。

① 刘政、于友民、程湘清主编：《人民代表大会工作全书》，中国法制出版社1999年版，第109页。

② 北京大学法律系宪法教研室资料室编：《宪法资料选编》（第一辑），北京大学出版社1982年版，第341页。

③ 国务院人口普查办公室、国家统计局人口社会和科技统计司编：《2000年第五次全国人口普查主要数据》，中国统计出版社2001年版，第11页。

（十）选举争议的裁判制度

从实际情况看，在直接选举中，选举争议较多。选举争议一般是指选民、代表候选人与选举机构的争议。近几年来，选举争议的主要内容有选民资格争议、选举程序争议、投票行为争议和选票认定争议，等等。现行选举法只对选民资格争议的裁判作出规定。根据现行法律规定，“对于公布的选民名单有不同意见的，可以向选举委员会提出申诉。选举委员会对申诉意见，应在三日内作出处理决定。申诉人如果对处理决定不服，可以在选举日的五日以前向人民法院起诉，人民法院应在选举日以前作出判决。人民法院的判决为最后决定。”[①]

现行选民资格争议的裁判制度，也经历了一个发展过程。1953 年制定第一部选举法时，就对选民资格争议的裁判作了规定。根据 1953 年选举法规定，“对公布之选民名单有不同意见者，得向选举委员会提出申诉，选举委员会应在五日内作出处理之决定；申诉人如对处理意见不服时，得向人民法庭或人民法院提起诉讼，人民法庭或人民法院的判决即为最后判决”[②]。从 1953 年选举法的规定看，处理选民资格争议有两道程序：行政程序和法律程序。选举委员会是选举行政机构，对选民名单有不同意见，首先应当向选举委员会提出申诉，由选举委员会做出处理决定。如果对选举委员会处理意见不服，才可以诉至人民法庭或人民法院，通过法律程序处理。人民法庭或人民法院采取一审终审制。

1979 年选举法对上述规定作了些调整：一是将“选举委员会应在五日内作出处理之决定”改为“应在三日内作出处理决定”；二是去掉了“人民法庭”；三是将“申诉人如果对处理意见不服”改为“申诉人如果对处理决定不服”。[③] 1986 年对选举法进行第 2 次修正时，又增加了两项内容：一是规定了申诉人提起诉讼的时间，即申诉人如果对处理决定不服，可以在选举日的五日以前向人民法院起诉；二是规定了人民法院作出

① 《人民日报》2004 年 11 月 6 日第 7 版。

② 北京大学法律系宪法教研室资料室编：《宪法资料选编》（第一辑），北京大学出版社 1982 年版，第 100 页。

③ 同上书，第 340 页。

判决的时限，即应在选举日以前作出判决。[①] 此后，再未进行修正。此外，1991 年制定的《中华人民共和国民事诉讼法》在特别程序中对审理选民资格案件的具体程序作了规定。[②]

（十一）选举违法的制裁制度

选举违法与选举一样历史悠久。制裁选举违法，是为了保证选举依法顺利进行。换句话说，制裁违法，就是为了保护合法。因此，各国的选举制度设计，都很重视对选举违法的制裁。同样，新中国的选举制度设计，也很重视对选举违法的制裁。这一点，在新中国制定的两部选举法及第二部选举法的修正案中得到了充分体现。

1953 年选举法把“对破坏选举的制裁”作为一章，单独进行规定。根据 1953 年选举法规定，受到制裁的选举违法行为及制裁措施有以下几种：一是用暴力、威胁、欺诈、贿赂等非法手段破坏选举或阻碍选民自由行使选举权和被选举权者，由人民法庭或者人民法院给予 2 年以下刑事处分。二是人民政府和选举委员会的人员，犯有伪造选举文件或虚报票数、隐瞒蒙混等违法行为者，给予 3 年以下刑事处分。三是对检举、控告违法行为进行压制、报复的，给予 3 年以下刑事处分。[③]

1979 年选举法在“对破坏选举的制裁”一章中，对 1953 年选举法的规定作了较大调整。一是在制裁措施中，增加了“行政处分”。二是把压制、报复提出罢免要求的人的行为纳入制裁范围。三是取消了刑事处分中的具体刑罚。[④] 2004 年第四次修正时，对 1979 年的规定进行了修改。这次修改，在保留原有内容的基础上，又增加了一些新的规定：一是增加了对贿选的界定，明确规定贿选是“以金钱或者其他财物贿赂选民或者代表，妨害选民和代表自由行使选举权和被选举权”的行为。增加这一规定，目的是治理近几年来人大代表选举中出现的贿选情况。二是对破坏选举的违法行为，根据行为性质，分别作出处罚规定：“破坏选举，违反治

---

① 参见王崇明、袁瑞良《中华人民共和国选举制度》，中国民主法制出版社 1990 年版，第 160—161 页。

② 参见《中华人民共和国民事诉讼法》，法律出版社 1996 年版，第 40—41 页。

③ 参见北京大学法律系宪法教研室资料室编《宪法资料选编》（第一辑），北京大学出版社 1982 年版，第 343—344 页。

④ 同上。

安管理规定的，依法给予治安管理处罚；构成犯罪的，依法追究刑事责任。”这样规定，更有利于对违法行为的处理。三是明确规定通过违法行为当选的，当选无效。四是明确行政处分的适用范围是国家工作人员。这次修改，使选举违法的制裁制度更加完善。①

（十二）对代表的监督、罢免制度

对人大代表的监督、罢免的制度规定，始于1979年选举法。1979年选举法专门设立一章规范对代表的监督、罢免和补选问题。根据1979年选举法规定，监督、罢免制度主要有五项内容：一是对监督主体和监督对象的权利义务进行了规定。全国和地方各级人大代表受选民和原选举单位监督，选民和原选举单位有权罢免自己选出的代表，但任何公民或者单位都可以提出罢免要求。二是对罢免表决的主要程序进行了规定。1979年选举法规定：“罢免代表，由选民直接选出，须经原选区过半数的选民通过；由各级人民代表大会选出的，须经各该级人民代表大会过半数通过，在代表大会闭会期间，须经常务委员会过半数的委员通过。”三是对代表的申辩权作了规定。被罢免的代表可以出席罢免或与罢免相关的会议，或者提出书面申诉意见。四是规定了罢免案的受理和调查处理程序。罢免要求可以向各级人民代表大会常务委员会提出，受理机关必须及时组织调查，并应听取被控代表的申辩。调查属实的，提交原选区或选举单位罢免。五是规定了罢免的备案程序。罢免的决议，须报送上一级人民代表大会常务委员会备案。②

1986年对选举法进行第2次修正时，在保留上述内容的基础上，增加了一项授权规定：“罢免代表的具体程序，由省、自治区、直辖市的人民代表大会常务委员会规定。”③

1995年对选举法进行第3次修正时，对监督、罢免程序进行了完善。同时删除了1986年的授权规定。从修改后的情况看，监督、罢免制度主要有以下几项内容：

---

① 《人民日报》2004年11月6日第7版。

② 参见北京大学法律系宪法教研室资料室编《宪法资料选编》（第一辑），北京大学出版社1982年版，第342—343页。

③ 王崇明、袁瑞良：《中华人民共和国选举制度》，中国民主法制出版社1990年版，第164页。

一是在监督主体和监督对象的权利义务规定中，删除了1979年选举法关于任何公民或者单位都可以提出罢免要求的规定。

二是对罢免要求的提出，进行了规范和完善。对于直接选举产生的人大代表，须有选民30人以上联名，向县级人大常委会提出。对于间接选举产生的代表，主席团或十分之一以上的代表联名，可以提出对由该级人民代表大会选出的上一级人大代表的罢免案。人民代表大会闭会期间，主任会议或常务委员会五分之一以上组成人员联名，可以提出罢免案。罢免要求和罢免案都应当写明罢免理由。

三是被提出罢免的代表，有权在选民会议或者主席团会议、大会全体会议、主任会议和常务委员会全体会议上提出申辩意见，或者书面提出申辩意见。

四是罢免由直接选举产生的代表，由县级人大常委会将罢免要求和申辩意见印发给原选区选民；由间接选举产生的代表，申辩意见由主席团或者主任会议印发会议。

五是罢免直接选举产生的代表，由县级人大常委会派人主持。罢免间接选举产生的人大代表，罢免案经主席团会议或主任会议审议后，由主席团或主任会议提请全体会议表决。

六是罢免采用无记名投票表决方式进行。罢免须经选民或代表、人大常委会组成人员的过半数通过。罢免决议报上一级人大常委会备案。

七是人大代表被罢免的，在各级人大中担任的其他职务相应撤销，并予公告。

2004年对选举法进行了第四次修正，这次修正除了把罢免县级人大代表的选民联名人数增加到50名外，其余内容未作修改。

除了上述内容外，现行选举法还对代表的辞职和补选等进行了规定。

三 人大代表选举制度建设需要认识和处理的几个关系

从目前的情况看，加强人大代表选举制度建设，完善人大代表选举制度，需要正确认识和处理好以下几个关系。

（一）区域选举制与代表结构比例要求的关系

前述各级人大代表主要按区域选举产生，辅之以有限的界别选举。从法律制度看，除了解放军代表外，其余的代表主要按区域选举产生。在直接选举中，除了解放军代表外，按单位和行业系统划分选区①选出的代表，也有一定的界别性质。但是，在以区域选举为主的情况下，要实现各级人民代表大会代表在年龄、性别、党派、民族、行业等各方面有一个合理的结构比例，照顾到方方面面是十分困难的。也就是说，按照民主选举的要求，区域选举制与代表结构比例要求存在着难以克服的矛盾。由于对代表结构比例的具体要求，往往是通过选举机构的相关政策文件提出的，因此，这一矛盾，在选举过程中又往往表现为法律与政策的矛盾。

各级人大代表的构成，是代表整体素质的一个方面。在各级人民代表大会中，要求有方方面面的代表人物，要求代表的“代表性”和“广泛性”，是符合社会主义民主要求的。它有利于保证各级人民代表大会在讨论和决定重大事项时，广泛地听取各方面的意见和要求，尽可能照顾到各方面的利益。

但是，在区域选举制下，代表的结构比例是无法预测和事先确定的，只能由选票决定。而选民在投票选举人大代表时，考虑的不是候选人的身份、界别等因素，而是能否代表自己的利益和意志。选民根据自己的意愿投票选举，是人大代表选举制度的要求。因此，选民根据自己的意愿投票，也是符合社会主义民主要求的。

既然人大代表结构比例要求和选民的考虑都是合理的，那么，在选举的实践中，如何解决这两个既合理又矛盾的问题呢？为了解决这个问题，使选出的代表既有“代表性”，又有“广泛性”，选举机构只好采取一些措施：在间接选举中，通过党派团体提名，把方方面面的代表人物提名为代表候选人，并向代表作出充分的说明；在直接选举中，除了通过党派团体提名外，有的在选举之前就进行代表资源摸底，并在此基础上有意识地进行选区划分，向基层选举机构下达“指导性计划”，以便基层选举机构

① 在直接选举中，选区的类型有：单一选区、联合选区和混合选区。单一选区是指以生产单位、事业单位和工作单位为基础划分的选区。联合选区是指两个以上的单位为基础划分的选区。联合选区有两种情况，一是以地域为基础划分的联合选区，其特点是各单位彼此相邻，都在某一地域内，但单位的界别性质可能完全不同；二是以系统单位为基础划分的联合选区，其特点是组成选区的单位彼此不相邻，分散在某一较大的区域内，但单位的界别性质相同。例如，在1998年的北京市区县人大代表选举中，宣武区的教委系统分会的8个联合选区，就是以该区8个街道内的学校为基础划分的。混合选区是指在某一区域内，以单位和居民（在农村和城乡接合部还包括农民）为基础划分的选区，其特点是选区内既有单位的职工，又有选区的居民。

在选举时做工作，特别是引导选民按照代表结构比例要求酝酿和协商正式代表候选人，等等。而一些基层选举机构往往会把“指导”视为“指令”，在酝酿和协商正式代表候选人名单时，工作方法简单，常常出现引导不当的情况。

上述做法，实际上是用一种民主要求代替另一种民主要求，其结果是，代表的结构比例实现了，一些选区的选民不满意，认为选举不民主。同时，在国际上也引起了一些误解，认为中国的人大代表选举不民主，而整体情况并非如此。

要解决区域选举制与代表结构比例要求的矛盾，需要转变观念，进行选举制度创新。一是在代表的“代表性”方面，要转变认识，某一方面的利益要求，不一定只有该方面的人物才能代表，也没有必要想尽办法去选出属于该方面的代表人物。因此，在人大代表选举中可以放弃代表结构比例的要求。二是扩大界别选举的范围，一些界别特征明显的行业，实行单独选举，通过制度化形式解决代表的结构比例问题。从目前的情况看，这两种做法，应当都有可行性。

（二）选举制度与选举程序的关系

任何一个国家的选举制度，都由制度与程序两大部分构成，或者说，由实体和程序两个部分构成。实体部分，主要规定各种权力主体在选举中的地位、作用和相互关系，我们通常把它称为制度；而把那些实现制度的规定通常称为程序。从广义上看，程序，特别是法律化的程序，是制度的一个部分。程序的价值在于实现制度规定。任何一项民主制度，如果没有严密而科学的程序来保障它的实施，就很难把制度上的规定转变为现实的权利义务关系。宪法和选举法规定了公民享有选举权利，但是，公民如何来行使选举权利？通过什么途径和方式行使选举权利？如何防止个别人操纵选举，侵害公民选举权利？等等，这些都是程序问题，需要通过国家法律进行规定。如果没有严密而科学的选举程序作保障，侵害公民选举权利的情况就有可能大量发生，公民的选举权利就有可能落空。

20 世纪 80 年代以来，人大代表选举程序建设越来越受重视，对 1979 年选举法的四次修正，主要是根据社会发展状况对选举程序的修正。但是，选举程序还是显得过于原则，操作性不强。各地的选举实施细则虽然在一定程度上弥补了前述缺陷，但是，选举程序还是不够严密和科学，操作性不强的问题依然存在。因此，在选举的实践中，还需要选举机构制定相关的规定进行规范。由此引出另一个问题是，一些选举程序的法律化程度不高。换句话说，就是制度化的程度还不是很高。这种状况在一定程度上会影响选举制度的实施。

因此，在人大代表选举制度建设中，正确认识选举程序建设的重要性，加强选举程序建设，是今后的一项重要任务。要通过制定严密而科学的选举程序和不断提高选举程序的法律化水平，最大限度地挤压人为操作的空间，防止选举违法行为发生，进一步保障公民的选举权利。

（三）选举的民主性与竞争性的关系

政治生活的竞争无处不在，只是在不同的政治环境下，表现形式不同而已，不是哪个阶级和国家的专利。竞争有公开、合法、有序的健康竞争，也有非法、无序的病态竞争。在国家政治生活中，如果健康的竞争得不到提倡和发展，病态的竞争就会蔓延。

人大代表选举是国家政治生活的一个重要组成部分，同样需要健康的竞争。没有健康的竞争，选民的参选热情就很难调动起来，选举就不会有活力，也就不可能有充分的民主。1979 年选举法规定人大代表实行“差额选举”和“可以用各种形式宣传代表候选人”，就是为了增强选举的竞争性，鼓励合法竞争。这是中国选举制度建设取得的一个重大成就。但是，20 世纪 80 年代初期的无序竞选活动及由此引起的局部社会混乱，使人们对竞选产生了误解，结果导致 1982 年修改选举法时，通过规定介绍代表候选人的具体方式取消了竞选，而不是对竞选活动进行规范和引导。这不能不说是一种倒退。

20 世纪 90 年代以来，随着各级人民代表大会实际地位的逐步提高，人大代表选举越来越受重视，想当代表、争当代表和重视代表选举的人也逐步多了起来。由于现行的法律制度没有提供公开、合法的竞选平台，一些非法的竞选方式开始出现并在一些地区开始蔓延。例如，贿选的出现和蔓延的重要原因之一，就是没有合法的竞选平台。病态竞争的结果是，破坏了选举的公正与公平，挫伤了选民参选的积极性，降低了选民对选举结果的认可程度。

为了提高选举的竞争程度，满足选民的知情要求，提高选民参选的积极性，2004 年对选举法进行第四次修正时，确立了代表候选人与选民见面制度。这可以说是一个进步。但是，这与竞选制度还相距甚远，不能满足蓬勃发展的社会主义民主的需要。因此，正确认识和处理选举的民主性与竞争性的关系，提倡竞争，鼓励并规范竞选，是人大代表选举制度建设面临的一项十分紧迫的任务。

（四）法律法规内容上的协调关系

人大代表选举的法律制度，由各种效力不同的法律法规构成。与人大代表选举有关的现行法律法规有：宪法、选举法、《中华人民共和国地方各级人民代表大会和地方各级人民政府组织法》、《关于县级以下人民代表大会代表直接选举的若干规定》（全国人大常委会于1983年制定，以下简称“若干规定”）、《中国人民解放军选举全国人民代表大会和县级以上地方各级人民代表大会代表的办法》、《中华人民共和国全国人民代表大会和地方各级人民代表大会代表法》（以下简称“代表法”）、《中华人民共和国刑法》、《中华人民共和国民法通则》、《中华人民共和国民事诉讼法》和各省、自治区、直辖市制定的选举实施细则等。法律法规是调整社会关系的准则。一种社会关系，往往涉及多部法律，需要使用多部法律才能得到调整。这就需要保持法律法规内容上的一致性，消除法律制度之间的矛盾和冲突。因此，在制定和修改法律法规时，注意内容上的协调一致，就显得特别重要。人大代表选举也是一样，需要各种法律法规对同一问题的规定保持一致，以便选举工作依法顺利进行，更好地保障公民的选举权利。

但是，在现行法律制度中，还存在着内容不一致、不协调的情况。一是由于法律修订不同步，出现了不同法律对同一问题的规定不统一的情况。比如，在1997年对刑法进行修正时，将“反革命罪”改为“危害国家安全罪”，而若干规定没有作相应的修改，仍然是“反革命案”。在选举法的历次修正中，由于没有把若干规定的内容完全吸收到选举法中去，也没明确废除若干规定，所以若干规定仍然在选举中被使用。这不利于维护法律的严肃性和权威性。二是代表法关于罪犯和被羁押人选举权利的规定，与宪法、选举法和若干规定存在着潜在的矛盾性。根据代表法第40条规定，在已经当选的人大代表中，因刑事案件被羁押正在受侦查、起诉和审判的；被依法判处管制、拘役或者有期徒刑而没有附加剥夺政治权利，正在服刑的，暂时停止执行代表职务。根据宪法、选举法和若干规定的规定，被羁押人如果没有被依法停止行使选举权利，罪犯如果没有被依法剥夺政治权利，就应当有选举权和被选举权。这也就意味着有被选举为代表和担任代表职务（代表是国家机关职务的一种）的权利。但代表法第40条的规定，是停止罪犯和被羁押人行使这一权利。也就是说，即使罪犯和被羁押人被选举为人大代表，也不能执行代表职务。从法理上看，代表法的规定与宪法、选举法和若干规定是矛盾的。但从实际情况看，代表法的规定又是正确的。各级人大代表是各级国家权力机关的组成人员，各级国家权力机关承担着立法或者对重大事务做出决定的权力。不守法或存在不守法嫌疑的人，担任人大代表职务是不合适的。

上述问题所反映出来的，不仅仅是立法技术上的问题，而且反映出一些理念上的问题，即对协调处理好法律法规内容的一致性认识不足。因此，要妥善地协调和处理好上述问题，首先需要提高思想认识，从建设法治国家的要求出发，协调和处理好法律法规内容的一致性。当然，在罪犯和被羁押人的选举权利问题上，还是一个涉及宪法的更为基础性的问题，即选举权和被选举权是否可以分离问题。从现行的宪法规定看，选举权和被选举权是不能分离的，即公民如果享有选举权，就应当享有被选举权。这需要从理论和实际出发，重新审视宪法关于公民选举权利的规定，如果坚持现行宪法规定，就应当对代表法进行修正，确保公民被选举权的实现，维护法律的统一性；如果坚持代表法的规定，就应当对宪法进行修正，把选举权和被选举权适当分离。

（五）国家立法与地方立法的关系

整体推进，重点突出，单项突破，地方先行，可以说是新中国成立以来民主法制建设的基本特点。整体推进，就是从全局出发，根据社会政治经济文化的发展状况，从各个方面推动民主法制的发展。中国是一个经历了几千年封建统治的国家，没有民主法制的传统和基础，社会主义民主法制建设需要从各个方面推进，而不是只在某个地方或某个方面、某一领域、某一层级推进。重点突出，是指在整体推进过程中，力量不能平均分配，把一些急需推进的领域和急需建立的制度放在优先位置，下大力气推动，以带动其他方面的发展。单项突破，是指在制度建设上，不能贪大求全，只能一项一项地制定，成熟一项，制定一项，一项一项地突破。地方先行，是指首先在地方和基层进行探索，积累经验，然后，在总结各地经验的基础上，形成全国统一的制度规定。

选举制度是民主制度的一个重要组成部分。人大代表选举制度，是选举制度的一个重要组成部分。人大代表选举制度建设已经取得了很大成就，在进一步完善人大代表选举制度过程中，处理好国家立法与地方立法的关系是一个不容忽视的问题。对于地方立法来说，一方面，要维护宪法和选举法的权威，不得以任何理由超越宪法和选举法的规定；另一方面，对宪法和选举法没有具体规定的问题，要在总结实践经验的基础上，制定相应的制度规定。对于国家立法来说，需要认真研究各地的实践经验，把地方性法规中一些成熟的制度规定上升为国家法律。

在人大代表选举立法中，总的来看，国家立法与地方立法的关系是处理得比较好的。但是，也还存在着一些不尽如人意的地方。就地方立法而言，个别地方的实施细则中还存在着与选举法不一致的规定。就国家立法而言，在选举法的 4 次修订中，虽然吸收了不少地方性法规中的制度规定，但是，还有一些更为成熟的制度规定没有被吸收到选举法中去，例如，关于选举机构职权的规定，地方性法规相当成熟了，但没有被吸收到选举法中去。因此，在人大代表选举制度建设中，还需要进一步认识和处理好国家立法与地方立法的关系。

四　人大代表选举制度建设在构建和谐社会中的作用

2005 年 2 月 19 日，中共中央总书记胡锦涛《在省部级主要领导干部提高构建社会主义和谐社会能力专题研讨班上的讲话》中指出："我们所要建设的社会主义和谐社会，应该是民主法治、公平正义、诚信友爱、充满活力、安定有序、人与自然和谐相处的社会。"① 建设社会主义和谐社会，是一项伟大而复杂的系统工程，需要各方面共同努力。在和谐社会建设过程中，制度建设极为重要。要通过各种制度的建立和完善，规范一切社会组织和公民个人的行为，协调和处理好各种社会矛盾，实现社会的稳定与和谐。人大代表选举制度是中国政治制度的一个重要组成部分，健全和完善人大代表选举制度，对于构建社会主义和谐社会、建设社会主义政治文明来说，意义特别重大。

① 《人民日报》2005 年 6 月 27 日第 1 版。

（一）有利于增强权力授予的合法性

政权的合法性（Legitimacy）是社会稳定与和谐的基础。从历史和现实情况看，凡是没有合法性或者合法性程度低的政权，都不可能使社会长久稳定，即使在某一时期能够出现稳定的局面，但绝不是和谐的稳定。在当代，民主已成为国际社会普遍认可的价值，社会政治生活的民主化已成为一种国际潮流，政权的合法性问题受到普遍关注。政权的合法性取决于授权的民主性，民主授权的重要途径是民主选举。

人大代表选举，是政治权力的授予过程。人大代表选举的民主性，首先有赖于选举制度的合法性，即选举制度首先必须得到认可。如果选举制度不被认可，那么，根据选举制度进行的选举也就不会被认可。当然，选举制度被认可不等于选举就一定被认可，如果选举不按照被认可的选举制度进行，选举和选举结果也就不会被认可。因此，选举制度建设和选举制度实施，对于政治权力授予的合法性来说，是至关重要的。它直接关系到各级政权机关的合法性。

中国大陆各级政权机关的构成情况是，乡镇政权机关由乡镇人民代表大会和乡镇人民政府组成，县级以上的各级国家政权机关由人民代表大会（包括其常设机构人大常委会）、人民政府、人民法院和人民检察院组成。各级人民代表大会及其常务委员会是权力机关，各级人民政府是行政机关，人民法院和人民检察院是司法机关。各级国家权力机关产生的过程是：县、乡两级人民代表大会由选民直接选举产生，县级以上（不含县级）的各级人民代表大会由下一级人民代表大会选举产生，县级以上（含县级）各级人民代表大会常务委员会由同级人民代表大会选举产生。各级人民政府、人民法院和人民检察院都由同级人民代表大会选举产生。因此，人大代表选举尤其是人大代表的直接选举在权力授予和国家政权体系建设过程中居于特别重要的地位。人大代表的直接选举是权力授予的初始环节，从理论上讲，如果人大代表直接选举的制度设计不合理或者选举过程出了问题，各级政权机关的合法性就会受到影响，社会的稳定与和谐就会出问题。

（二）有利于人民当家做主权利的实现

宪法规定，国家的一切权力属于人民，人民依照法律规定，通过各种途径和形式，管理国家事务，管理经济和文化事业，管理社会事务。选举人大代表是人民管理国家事务、管理经济和文化事业、管理社会事务、实现当家做主的基本形式。选举制度在保障人民当家做主中发挥着重要的作用。根据中国社会经济政治文化发展状况，不断修正和完善选举制度，逐步提高人民当家做主的实际水平，保障人民当家做主的权利，是进行和谐社会建设的一项重要措施，也是和谐社会建设的一项重要内容。

（三）有利于依法治国方略的贯彻实施

"实行和坚持依法治国，就是使国家各项工作逐步走上法制化轨道，实现国家政治生活、经济生活、社会生活的法制化和规范化；就是广大人民群众在党的领导下，依照宪法和法律规定，通过各种途径和形式参与管理国家、管理经济文化事业、管理社会事务；就是逐步实现社会主义民主的制度化、法律化。"① 依法治国是共产党领导人民治理国家的基本方略。国家政治生活、经济生活、社会生活的法制化和规范化，是国家长治久安和社会和谐的根本保证。

"构建社会主义和谐社会，必须健全社会主义法制，建设社会主义法治国家，充分发挥法治在促进、实现、保障社会和谐方面的重要作用。要进一步加强和改进立法工作，从法律上体现科学发展观的要求，制定和完善发展社会主义民主政治、保障公民权利、促进社会全面进步、规范社会建设和管理、维护社会安定的法律。"② 加强和改进立法工作，制定反映人民的利益、意志和社会发展规律的法律法规，建设起完备的社会主义法律体系，实现有法可依，是构建社会主义和谐社会的基本要求。根据《中华人民共和国立法法》规定，全国人民代表大会及其常务委员会制定宪法和法律，省级和较大的市的人民代表大会及其常务委员会制定地方性法规，民族自治地方的人民代表大会制定自治条例和单行条例。宪法、法律、地方性法规、自治条例和单行条例，是社会主义法律体系中效力不同的法的形式，在建设社会主义和谐社会中已经并将继续发挥各自的重要作用。加强和改进立法工作，就是要完善法律体系和提高立法质量，使社会

① 《江泽民论有中国特色社会主义（专题摘编）》，中央文献出版社 2002 年版，第 326 页。

② 胡锦涛：《在省部级主要领导干部提高构建社会主义和谐社会能力专题研讨班上的讲话》，《人民日报》2005 年 6 月 27 日第 1 版。

生活的方方面面都有法可依，使宪法、法律、地方性法规、自治条例和单行条例，更加充分地反映人民的利益、意志和社会发展规律。加强人民代表大会制度建设，是加强和改进立法工作的基本前提。人大代表是人民代表大会的组成人员，人大代表的素质决定着人民代表大会制度作用的发挥。人大代表选举制度的建设和实施，直接影响着人大代表的素质。

宪法和法律是中国共产党的主张和人民意志相统一的体现。严格依法办事，就是坚持党的领导和发扬社会主义民主。任何组织和个人都不允许有超越宪法和法律的特权。要严格依法办事，必须加强对法律实施的监督，使国家政治生活、经济生活、社会生活法制化和规范化。各级人民代表大会的重要职责之一，就是监督宪法、法律和法规的实施。只有按人民的意志选举产生各级人大代表，人大代表才会按人民的意志行使职权，选举各级国家政权机关的领导人员，监督宪法、法律和法规的实施，从而有效地防止权力被滥用和遏制腐败，促进社会的稳定与和谐。

（四）有利于提高公民的民主法制意识和民主技能，培养公民的民主习惯

公民民主法制意识和民主技能的提高，民主习惯的培养和形成，既需要教育，又需要实践。人大代表选举的过程，是民主教育和民主实践相结合的过程。如果选举制度能够充分保障公民依法行使选举权利，公民参选的积极性就会高涨，在选举的实践中，公民的民主法制意识和民主技能就会逐步提高，民主习惯也会得到培养。

人大代表选举的过程，是公民学习法律、运用法律的过程。在人大代表选举过程中，公民通过学习和运用选举的法律法规，可以了解和熟悉自己和选举机构的权利义务，了解和熟悉选举程序，增强当家做主、依法参与、依法维权和依法监督的意识。人大代表选举的过程，也是学习民主、实践民主的过程。在人大代表选举过程中，通过选民登记、提名候选人、参加竞选和投票选举等一系列选举活动，公民依法行使选举权利和开展选举活动的能力会逐步得到提高。公民民主习惯的培养和形成，需要从多方面进行，是一个漫长的过程。依法定期进行人大代表选举，是公民反复学习民主、实践民主的过程。它不但有利于公民民主意识和民主技能的提高，也有利于公民民主习惯的培养和形成。

社会稳定不一定和谐，和谐必然稳定。没有民主，就没有社会的和

谐，没有社会的长久稳定。建设社会主义和谐社会的目的，就是为了实现社会的长久稳定。只有当公民形成了用民主的方式方法处理问题的习惯时，社会的稳定与和谐才会有充分的保障。

第九章

选举制度建设与社会主义民主政治建设

我国是人民民主专政的社会主义国家，“人民当家作主是社会主义民主政治的本质和核心”①，人民代表大会制度是我国的根本政治制度，中国共产党领导的多党合作和政治协商制度、民族区域自治制度以及基层群众自治制度，是我国的基本政治制度。在社会主义民主政治建设中，加强人民代表大会制度建设是根本和基础，只有不断加强人民代表大会制度建设，才能充分发挥人民代表大会制度的作用，才能更好地加强其他基本政治制度建设，促进社会主义民主政治的发展。根据我国宪法和法律规定，各级人民代表大会由选举产生，因此，在人民代表大会制度建设中，选举制度建设又处于基础性地位。

一　人民代表大会制度的本质和核心是人民当家做主

我国是人民民主专政的社会主义国家，国家的一切权力属于人民，人民行使国家权力的机关是全国人民代表大会和地方各级人民代表大会。人民代表大会制度是我国的根本政治制度，是人民行使国家权力、当家做主的制度保障，其本质和核心是人民当家做主。《中华人民共和国宪法》《中华人民共和国地方各级人民代表大会和地方各级人民政府组织法》《中华人民共和国全国人民代表大会组织法》《中华人民共和国立法法》《中华人民共和国全国人民代表大会议事规则》等法律制度，对各级人民代表大会职权的规定，概括起来主要有4项，即立法和其他规范性文件制定权、选举和人事任免权、重大事项决定权、监督法律法规的实施和国家

---

① 《中国共产党第十七次全国代表大会文件汇编》，人民出版社2007年版，第28页。

机关的工作。宪法和法律关于各级人民代表大会职权的规定，充分体现了社会主义民主政治的本质和核心。

（一）立法和制定其他规范性文件

立法，是人大的一项重要职权。宪法、地方组织法和立法法，对全国、省、自治区、直辖市、较大的市的人民代表大会及其常务委员会和民族自治地方的人民代表大会的立法权限作了明确的规定。具体情况如下：

1. 全国人民代表大会及其常务委员会行使国家立法权，制定宪法和法律。根据立法法规定，必须制定法律的事项有：国家主权的事项，地方各级人民代表大会和“一府两院”的产生、组织和职权，民族区域自治制度、特别行政区制度和基层群众自治制度，犯罪和刑罚，对公民权利的剥夺和限制人身自由的强制措施和处罚，对非国有财产的征收，民事基本制度，基本经济制度以及财政、税收、海关、金融和外贸的基本制度，诉讼和仲裁制度等。

2. 省、自治区、直辖市人民代表大会及其常务委员会行使地方立法权，在不同宪法、法律和行政法规相抵触的前提下，制定地方性法规。较大的市[①]的人民代表大会及其常务委员会在不同宪法、法律、行政法规和地方性法规相抵触的前提下，制定适用于本市的地方性法规。地方性法规主要有4类：一是为执行法律、行政法规而制定的地方性法规；二是为规范和管理地方事务而制定的地方性法规；三是经济特区所在地的省、市人民代表大会及其常务委员会，根据全国人民代表大会及其常务委员会的授权决定，制定在经济特区范围内实施的地方性法规；四是民族自治地方的自治条例和单行条例。

3. 民族自治地方的人民代表大会，即自治区、自治州、自治县的人民代表大会，制定自治条例和单行条例，可以对法律和行政法规作变通处理，但不违背法律和行政法规的基本原则，不得对宪法、民族区域自治法的规定及其他有关法律、行政法规专门就民族自治地方所作的规定作变通处理。

4. 除了上述立法事项外，各级人民代表大会和县级以上各级人大常

---

① 根据立法法第36条第4款规定，较大的市是指省、自治区的人民政府所在地的市，经济特区所在地的市和经国务院批准的较大的市。

委会有权制定和发布适用于全国或本行政区域的其他规范性文件。

（二）选举和人事任免

选举和任免是各级人民代表大会的职权。根据我国宪法和地方组织法规定，全国和地方各级人民代表大会、县级以上地方各级人大常委会的选举和任免权限如下：

1. 选举。全国人民代表大会选举产生全国人大常委会组成人员（委员长、副委员长、秘书长和委员），中华人民共和国主席和副主席，中央军事委员会主席，人民法院院长，人民检察院检察长；县级以上各级人民代表大会选举产生同级人大常委会的组成人员（县级人大常委会主任、副主任和委员，省、自治区、直辖市、自治州、设区的市的人大常委会的主任、副主任、秘书长和委员），地方各级人民政府的领导人员（省长、副省长，自治区主席、副主席，市长、副市长，州长、副州长，县长、副县长，区长、副区长），上一级人民代表大会代表（州、设区的市、省、自治区、直辖市和全国人大代表）；乡镇人民代表大会选举产生乡镇人大主席、副主席、乡镇长；县级以上地方各级人大常委会在人民代表大会闭会期间，补选上一级人民代表大会出缺的代表。

2. 推选。根据全国人民代表大会组织法规定，全国人大常委会委员长因为健康情况不能工作或者缺位的时候，由常务委员会在副委员长中推选一人代理委员长的职务，直到委员长恢复健康或者全国人民代表大会选出新的委员长为止。

3. 任免。全国人大常委会根据最高人民法院院长的提请，任免最高人民法院副院长、审判员、审判委员会成员和军事法院院长；根据最高人民检察院检察长的提请，任免最高人民检察院副检察长、检察委员、检察委员会委员和军事检察院检察长，任免各专门委员会的专家顾问。县级以上地方各级人大常委会根据人民法院组织法和人民检察院组织法的规定，任免人民法院副院长、庭长、副庭长、审判委员会委员和审判员，人民检察院副检察长、检察委员会委员和检察员。

4. 决定人选。全国人民代表大会根据中华人民共和国主席的提名，决定国务院总理人选；根据国务院总理提名，决定副总理、国务委员、各部部长、各委员会主任、审计长、秘书长的人选；根据中央军事委员会主席提名，决定军事委员会其他组成人员的人选。全国人大常委会在全国人民代表大会闭会期间，根据国务院总理提名，决定部长、各委员会主任、审计长、秘书长的人选；根据中央军事委员会主席提名，决定军事委员会其他组成人员的人选。县级以上地方各级人大常委会在本级人民政府正职领导人员和人民法院院长、人民检察院检察长因故不能担任职务时，从副职领导人员中决定代理的人选。

5. 决定任免。全国人大常委会决定驻外全权代表的任免。县级以上地方各级人大常委会在本级人民代表大会闭会期间，决定本级人民政府副职领导人员的个别任免，即副省长、自治区副主席、副市长、副州长、副县长、副区长的个别任免。根据本级人民政府正职领导人员的提名，决定本级人民政府秘书长、厅长、局长、委员会主任、科长的任免。此外，省级人大常委会根据省级人大常委会主任会议的提名，决定中级人民法院院长的任免；根据省级人民检察院检察长的提名，决定人民检察院分院检察长的任免。

6. 批准任免。全国人大常委会批准省级人民检察院检察长的任免；县级以上（不含县级）地方各级人大常委会批准任免下一级人民检察院检察长。

7. 通过。全国人民代表大会设立的各专门委员会的组成人员（主任委员、副主任委员和委员）的人选，由主席团在代表中提名，大会通过。省、自治区、直辖市、自治州、设区的市的人民代表大会专门委员会组成人员（主任委员、副主任委员和委员）的人选，由主席团在代表中提名，大会通过。县级以上地方各级人民代表大会设立的特定问题调查委员会的组成人员（主任委员、副主任委员和委员）由主席团在代表中提名，提请全体会议通过。县级以上地方各级人大常委会决定设立的特定问题调查委员会的组成人员（主任委员、副主任委员和委员），由主任会议在常务委员会组成人员和其他代表中提名，提请全体会议通过。县级以上各级人大常委会设立的代表资格审查委员会的组成人员（主任委员、副主任委员和委员）的人选，由常委会主任会议在常委会组成人员中提名，常委会全体会议通过。

8. 补充任命。全国人大常委会在全国人民代表大会闭会期间，可以补充任命专门委员会的个别副主任委员和部分委员。

（三）决定重大事项

国家、地方和基层的重大事务，分别由各级人民代表大会和县级以上各级人大常委会决定。这是人民当家做主的体现。宪法和地方组织法对此作了明确的规定。具体情况如下：

1. 全国人民代表大会决定和批准的重大事项主要有：省、自治区、直辖市的建置，特别行政区的设立及其制度，国民经济发展计划和计划执行情况，战争和和平问题，等等。

2. 全国人大常委会决定和批准的重大事项有：国际条约和重要协定的批准和废除，衔级制度，国家勋章和荣誉称号的规定和授予，特赦，战争状态的宣布（全国人民代表大会闭会期间），全国或个别省级行政区的戒严，等等。

3. 县级以上地方各级人民代表大会决定的重大事项有：本行政区域内的政治、经济、教育、科学、文化、卫生、环境和资源保护、民政、民族等工作。乡镇人民代表大会决定本行政区域内的经济、文化事业、公共事业的建设计划和民政工作的实施计划。

4. 县级以上地方各级人大常委会决定的重大事项主要有：本行政区域内的政治、经济、教育、科学、文化、卫生、环境和资源保护、民政、民族等工作，国民经济和社会发展计划、预算的部分变更，地方荣誉称号的授予等。

（四）监督法律法规的实施和国家机关的工作

权力监督，是保证人民当家做主权利实现的一项重要措施。根据宪法和地方组织法规定，各级人民代表大会和县级以上各级人大常委会主要通过以下方式行使监督权：

1. 监督法律法规的实施。宪法和法律是党的主张和人民意志相结合的体现，严格实施宪法和法律，就是坚持党的领导和人民当家做主，监督和保障宪法和法律的实施，就是保障人民当家做主。根据宪法和地方组织法规定，全国人民代表大会及其常务委员会监督宪法的实施，地方各级人民代表大会在本行政区域内保证宪法、法律、行政法规、上级人民代表大会及其常务委员会决议的遵守和执行。

2. 监督国家机关的工作。全国人民代表大会及其常务委员会监督国务院、中央军事委员会、最高人民法院和最高人民检察院的工作，全国人民代表大会监督全国人大常委会的工作；地方各级人民代表大会和县级以上各级人大常委会监督同级人民政府、人民法院和人民检察院的工作。全国和地方各级人大常委会对下一级人民代表大会制定的法规、决议和决定进行监督。监督的方式和事项主要有：

（1）审查和批准国民经济和社会发展计划、预算。全国和县级以上地方各级人民代表大会有权审查和批准国民经济和社会发展计划、预算及执行情况的报告；乡镇人民代表大会有权审查和批准本行政区域内的财政预算和预算执行情况的报告。全国人大常委会在全国人民代表大会闭会期间，审查和批准国民经济和社会发展计划、国家预算在执行过程中所必须作的部分调整方案。

（2）听取、审查（审议）工作报告。全国人民代表大会听取和审议全国人大常委会、国务院、最高人民法院和最高人民检察院的工作报告（宪法未明确规定，但实际上已经实行）；县级以上地方各级人民代表大会听取和审查同级人大常委会、人民政府、人民法院和人民检察的工作报告；乡镇人民代表大会听取和审查乡镇政府的工作报告。

（3）改变和撤销与宪法和法律相抵触的法规、不适当的决定和命令。全国人民代表大会有权改变和撤销全国人大常委会不适当的决定；全国人大常委会有权撤销国务院制定的同宪法、法律相抵触的行政法规、决定和命令，撤销省、自治区、直辖市国家权力机关制定的同宪法、法律、行政法规相抵触的地方性法规和决议；县级以上地方各级人民代表大会有权改变和撤销同级人大常委会不适当的决定和命令，撤销本级人民政府不适当的决定和命令；县级以上地方各级人大常委会有权撤销下一级人大常委会和本级人民政府不适当的决定和命令，乡镇人民代表大会有权撤销乡镇人民政府不适当的决定和命令。

（4）罢免和撤销职务。根据宪法规定，全国人民代表大会有权罢免国家主席、副主席、国务院总理、副总理、国务委员、各部部长、各委员会主任、审计长和秘书长，军事委员会主席及其他组成人员，最高人民法院院长和最高人民检察院检察长，全国人大常委会组成人员。

县级以上的地方各级人民代表大会有权罢免同级人大常委会组成人员、人民政府组成人员、人民法院院长和人民检察院检察长，乡镇人民代表大会有权罢免乡镇人大主席、副主席、乡镇长、副乡镇长，由自己选出的上一级人大代表。

县级以上地方各级人大常委会有权罢免由同级人民代表大会选举出的上一级人民代表中的个别代表的职务，有权撤销本级政府副职中个别领导人员的职务，决定撤销由他任命的政府其他组成人员和人民法院副院长、庭长、副庭长、审判委员会委员、审判员，人民检察院副检察长、检察委员会委员、检察员，中级人民法院院长，人民检察院分院检察长的职务。

（5）质询人民政府、人民法院和人民检察院的工作。全国人大代表和全国人大常委会组成人员在开会期间，有权按照法定程序提出对国务院或者国务院各部、各委员会的质询案，受质询的机关必须负责答复；地方各级人民代表大会会议期间，代表 10 人以上联名，可以提出对本级人民政府及其所属各工作部门以及人民法院、人民检察院的质询案，受质询机关的负责人必须作出口头或书面答复。在县级以上地方各级人大常委会开会期间，省、自治区、直辖市、自治州、设区的市的人大常委会组成人员 5 人以上联名，县级人大常委会组成人员 3 人以上联名，可以提出对本级人民政府、人民法院、人民检察院的质询案，受质询机关的负责人必须作出书面或口头答复。

二　人民代表大会制度建设在社会主义民主政治建设中的地位

人民代表大会制度建设在我国民主政治建设中的地位和作用，主要体现在以下几个方面：实现党的领导、人民当家做主和依法治国的有机统一，更好地贯彻实施中国共产党领导的多党合作和政治协商制度、民族区域自治制度和基层群众自治制度。

（一）人民代表大会制度建设，是人民当家做主的根本保证

人民当家做主，是社会主义民主政治的本质和特征，也是社会主义政治文明的重要表现。人民依照法律规定，通过各种途径和形式，管理国家事务、管理经济和文化事业、管理社会事务。人民行使国家权力的机关是全国人民代表大会和地方各级人民代表大会。各级人民代表大会由人民选举产生，对人民负责，受人民监督。人民通过全国和地方各级人民代表大会制定国家法律、地方性法规和其他规范性文件，选举和任免国家机关组

成人员，决定国家和地方重大事务，监督“一府两院”的工作。人民代表大会制度建设状况，直接关系到人民代表大会各项职权的行使，关系到人民当家做主权利的实现。从我国社会经济政治文化发展的实际情况出发，不断加强人民代表大会制度建设，是实现人民当家做主，提高人民当家做主水平的根本保证。

（二）加强人民代表大会制度建设，是坚持和发展多党合作和政治协商的重要保证

中国共产党领导的多党合作和政治协商，是我国基本的政治制度。中国人民政治协商会议是中国人民爱国统一战线的组织，是中国共产党领导的多党合作和政治协商的重要机构，是进行多党合作和政治协商的组织机构平台。在中国共产党领导下，各民主党派和无党派人士通过政治协商会议政治协商、民主监督和参政议政。具体地说，就是对国家和地方的大政方针以及政治、经济、文化和社会生活中的重要问题在决策之前进行协商和就决策执行过程中的重要问题进行协商；对国家宪法、法律和法规的实施，重大方针政策的贯彻执行、国家机关及其工作人员的工作，通过建议和批评进行监督；对政治、经济、文化和社会生活中的重要问题以及人民群众普遍关心的问题，开展调查研究，反映社情民意，进行协商讨论，向中国共产党和国家机关提出意见和建议。

人民政协的意见、建议和批评，特别是对国家和地方的大政方针以及政治、经济、文化和社会生活中的重要问题的意见和建议，大多数需要经过各级人民代表大会讨论和审议，最终形成决策。在国家和地方立法、选举和人事任免、重大事项决定过程中，中国共产党的各级组织根据人民群众的意愿和社会发展要求，在政治协商基础上向各级人民代表大会提出自己的政治主张，经过各级人民代表大会或者人大常委会的讨论和审议，最终形成决策。而各级人民代表大会和人大常委会能否在讨论和审议过程中形成科学的决策，在很大程度上取决于人民代表大会制度建设。

（三）加强人民代表大会制度建设，是坚持和发展民族区域自治的重要保证

我国是一个多民族国家，民族区域自治是中国共产党运用马克思列宁主义解决我国民族问题的基本政策，是国家的一项基本政治制度，实行民

族区域自治，充分尊重和保障各少数民族管理本民族内部事务的权利，有利于调动各族人民当家做主的积极性，发展平等、团结、互助的民族关系，巩固国家的统一，促进社会的和谐稳定，推动社会主义建设事业的发展。

民族区域自治的制度规定，分别由宪法、地方组织法、选举法、民族区域自治法、行政法规、地方性法规、自治条例和单行条例进行规定，全国和地方各级人民代表大会在民族区域自治立法中，发挥着重要作用。根据我国社会政治经济文化发展情况和民族自治地区的实际情况，加强民族区域自治立法，发展和完善民族区域自治制度，是坚持和发展民族区域自治的重要保证。只有不断加强人民代表大会制度建设，才能使各级人民代表大会行使好民族区域自治立法权，不断提高立法水平，发展和完善民族区域自治制度。

根据宪法规定和地方组织法规定，全国人民代表大会及其常务委员会监督宪法的实施，地方各级人民代表大会和县级以上地方各级人大常委会保证宪法、法律、行政法规、上级人民代表大会及其常务委员会决议的遵守和执行。只有加强人民代表大会制度建设，才能充分发挥各级人民代表大会和各级人大常委会在宪法和法律法规实施中的保证作用。因此，加强人民代表大会制度建设，也是贯彻实施民族区域自治制度的重要保证。

（四）加强人民代表大会制度建设，是坚持和发展基层群众自治的重要保证

基层群众自治是指城乡基层群众通过民主选举、民主决策、民主管理和民主监督，实现自我管理、自我服务、自我教育和自我监督，其本质和核心是基层民主。村民自治和居民自治是基层群众自治的基本形式，基层群众自治制度是村民自治制度和居民自治制度的总称。党的十七大报告第一次把基层群众自治制度提高到基本政治制度的高度，并要求把发展基层民主“作为发展社会主义民主政治的基础性工程重点推进。要健全基层党组织领导的充满活力的基层群众自治机制，扩大基层群众自治范围，完善基层民主管理制度，把城乡社区建设成为管理有序、服务完善、文明祥和的社会生活共同体”①。加强人民代表大会制度建设，对于坚持和发展

① 《中国共产党第十七次全国代表大会文件汇编》，人民出版社2007年版，第29页。

基层群众自治来说，意义重大。

1. 加强人民代表大会制度建设，是坚持基层群众自治的重要保证。严格实施基层群众自治制度，是坚持基层群众自治的基本前提。全国人民代表大会及其常务委员会监督宪法的实施，地方各级人民代表大会和县级以上地方各级人大常委会保证宪法、法律、行政法规、上级人民代表大会及其常务委员会决议的遵守和执行。村民委员会组织法和城市居民委员会组织法，是根据宪法制定的基本法律，是基层群众自治最主要的制度形式。监督和保障基层群众自治制度的实施，是各级人民代表大会和县级以上各级人大常委会的重要职责。对此，村民委员会组织法还作了更加明确的规定："地方各级人民代表大会和县级以上地方各级人民代表大会常务委员会在本行政区域内保证本法的实施，保障村民依法行使自治权利。"① 加强人民代表大会制度建设，有利于各级人民代表大会和县级以上各级人大常委会更好地发挥监督保证作用，使基层群众自治制度得到更好的贯彻实施。

2. 加强人民代表大会制度建设，是发展和完善基层群众自治制度的保证。我国基层群众自治制度是在基层民主实践中产生和建立起来的，并在基层民主实践中不断发展和完善。基层群众的民主要求和民主创新，是基层群众自治发展和完善的动力和源泉，国家政权机关的规范和指导，是基层群众自治健康发展的根本保证。基层群众自治制度，是国家政权机关在总结基层群众自治经验的基础上形成的，是规范和指导基层群众自治的制度保证。各级人民代表大会和县级以上的各级人大常委会是国家权力机关，在发展和完善基层群众自治制度中起着极其重要的作用。全国人民代表大会及其常务委员会主要通过修改村民委员会组织法和居民委员会组织法，发展和完善基层群众自治制度。省、自治区、直辖市，以及较大的市的人民代表大会及其常务委员会通过制定村民委员会组织法和居民委员会组织法的实施办法、村民委员会和居民委员会选举办法、村务公开民主管理条例等地方性法规，发展和完善基层群众自治制度。其他各级人民代表大会及其常务委员会通过制定其他规范性文件，发展和完善基层群众自治制度。而人民代表大会制度建设状况，直接关系到前述法律法规的制定和

---

① 《中华人民共和国村民委员会组织法》，中国政府网 http：//www.gov.cn/jrzg/2010－10/28/content_ 1732872.htm。

实施，因此，加强人民代表大会制度建设，也是发展和完善基层群众自治制度的重要保证。

（五）加强人民代表大会制度建设，是坚持党的领导、人民当家做主和依法治国有机统一的保证

党的领导、人民当家做主、依法治国有机统一的基础是民意，也就是人民的意志，离开了民意就无法实现有机统一。共产党执政就是领导和支持人民当家做主。这就要求把党的领导建立在人民意愿的基础上。党应当站在时代前列，了解和把握社会发展规律，集中民意，形成主张。离开了民意，党就很难实现有效的领导，也很难得到人民的拥护和支持，就会削弱党的执政基础，动摇党的执政地位。人民根据自己的意愿当家做主，管理国家。如果人民不能根据自己的意愿管理国家，也就无民主可言。宪法和法律是党的主张和人民意志相统一的体现，依法治国就是按人民的意愿治理国家。① 可以说，民意是贯穿于党的领导、人民当家做主和依法治国的一条主线。只有民意才能把三者有机地联结起来，形成一个有机整体，达到三者的有机统一。

各级人民代表大会，是表达民意和集中民意并根据民意制定法律法规和作出重大决定的机关，只有坚持人民代表大会制度，加强人民代表大会制度建设，才能在社会主义民主政治建设中，更好地表达和集中民意，实现党的领导、人民当家做主和依法治国的有机统一。

三 人民代表大会制度建设的主要内容

根据我国社会政治经济文化的发展变化，不断健全和完善人民代表大会制度，加强人民代表大会制度建设，是我国社会主义民主政治建设的一项极其重要的任务。加强人民代表大会制度建设，是我国民主政治建设中的一项基础性工程，只有不断加强人民代表大会制度建设，把各级人民代表大会建设成高度民主、决策科学、程序完备、富有效率、充满活力的国

① 需要特别指出的是，这里所说的“人民的意志”，是指按照一定程序集中起来的多数人的意志。宪法和法律只有充分反映和体现人民的意志，才能得到人民的拥护、支持和遵守。宪法和法律本身才具有政治上的合法性。

家权力机关，才能充分发挥人民代表大会制度的优势，不断提高人民当家做主的实际水平。

（一）组织建设

人民代表大会的组织建设，主要包括组织体系建设和人员队伍建设两个方面的内容。

1. 组织体系建设。人民代表大会的组织体系，是人民代表大会制度的组织载体。人民代表大会的组织体系，是整个国家机构组织体系的核心部分，是人民当家做主的组织形式和政治设施。对于人民代表大会的组织体系，可以从纵向和横向两个方面进行观察和分析。

从纵向上看，我国人民代表大会组织体系，是一个按行政区划逐级建立起来的组织系统，这个组织系统由 5 级人民代表大会组成，即乡级（包括乡、民族乡、镇）人民代表大会、县级（包括县、自治县、旗、自治旗、不设区的市和市辖区）人民代表大会、地级（包括州和设区的市）人民代表大会、省级（包括省、自治区和直辖市）人民代表大会和全国人民代表大会。

从横向上看，每一级人民代表大会都是由一定数量的机构组成的组织系统。这些机构主要有：各级人民代表大会；县级以上各级人大常委会；全国人大常委会委员长会议和县级以上各级人大常委会主任会议；全国、省、自治区、直辖市、州、设区的市的人民代表大会设立的专门委员会；县级以上各级人大常委会设立的办事机构和工作机构；乡级人民代表大会设立的主席团和办公室；县级以上各级人民代表大会及其常务委员会设立的特定问题调查委员会；各级人民代表大会会议期间设立的主席团、大会秘书处、代表团；为了方便和服务代表工作，加强各级人大代表之间、人大代表与选民或选举单位之间的联系和沟通，省、自治区人大常委会在地区设立的工作机构，等等。在这些机构中，有非常设机构、常设机构、办事机构、工作机构①和临时机构等。这里需要特别指出的是，因层级和地区事务不同，构成各级、各地人民代表大会组织系统的具体机构不尽

---

① 关于办事机构和工作机构，目前没有十分明确的界定，一些地方把人大常委会的办公厅（室）和研究室称为办事机构，把人大常委会所属的各专门委员会称为工作机构。一些地方把二者统称为工作机构。乔晓阳、张春生主编的《选举法和地方组织法释义与解释（二次修订版）》（法律出版社 1997 年版，第 158—159 页）一书，将二者统称为工作机构。

相同。

加强人民代表大会组织体系建设，健全和完善人民代表大会组织体系，是人民代表大会组织建设的一项重要内容，也是加强人民代表大会制度建设的重要措施。

2. 人员队伍建设。人民代表大会的人员队伍，是各级人民代表大会职权、县级以上各级人大常委会职权和各级人民代表大会中其他各种机构职责任务的承担者。人大队伍主要有3支：一是代表队伍，也就是各级人民代表大会的组成人员。二是委员队伍，也就是县级以上各级人大常委会的组成人员、地级以上各级人民代表大会设立的专门委员会的组成人员。三是领导队伍，领导队伍主要包括县级以上各级人大常委会主任和副主任，地级以上各级人大常委会秘书长和副秘书长，地级以上各级人民代表大会设立的专门委员会的主任委员和副主任委员，乡镇人大主席和副主席，等等。委员队伍和领导队伍的人员，都须从代表中选举产生。

（二）制度建设

我国的人民代表大会制度，是由一系列具体制度构成的制度体系。选举制度、组织制度、职权制度、代表制度、委员制度、立法制度、任免制度、会议制度、议事制度、监督制度、罢免制度和工作制度等，是人民代表大会制度体系中最基本和最重要的制度。这些制度分别由宪法、选举法、代表法、地方组织法、立法法、全国人大组织法、全国人大议事规则，以及地方性法规和其他规范性文件进行规定。

上述各项制度中，既包括实体部分，也包括程序部分。实体部分，主要规定各种政治主体的权力和地位以及与其他政治主体的权利义务关系；程序部分主要规定各种政治主体如何行使权力，如何履行权利义务，把实体规定变为现实政治生活中的权利义务关系。在人民代表大会制度建设中，实体和程序同等重要。如果实体规定不明确、不具体，政治主体就不清楚自己的权力和地位以及与其他政治主体的权利义务关系；如果没有程序规定或者程序规定不具体、不严密，政治主体就不知道如何行使权力，履行权利义务关系，或者不能很好地行使权力，履行权利义务关系。

人民代表大会制度建设，是指通过法律法规和其他规范文件的制定和修改，逐步健全和完善上述各种制度中的实体规定和程序规定，把我国各级人民代表大会建设成为高度民主、决策科学、程序完备、富有效率、充满活力的国家权力机关，充分发挥各级人民代表大会在人民当家做主过程中的作用。

四　选举制度建设在人民代表大会制度建设中的基础作用

选举制度建设在人民代表大会制度建设中处于十分重要的地位，它直接关系到人民代表大会的组织建设和其他各项制度建设，可以说，选举制度建设是人民代表大会制度建设的一项基础性工程。

（一）选举制度建设在加强人民代表大会组织建设中的作用

1. 选举制度建设是人民代表大会组织体系建设的基础。根据宪法和选举法规定，我国各级人民代表大会的组成人员即人大代表由选举产生。其中，县、乡两级人大代表由选民直接选举产生，县级以上各级人大代表由下一级人民代表大会（即选举单位）间接选举产生。

选举是政治权力授予的过程。当今世界，选举是政治权力获得合法性的唯一途径。而选举本身的合法性，则是决定政治权力授予合法性的关键。判断选举是否具有合法性的一个重要标准，就是选举人能否根据自己的意愿自由行使选举权利：如果选举人能够根据自己的意愿自由行使选举权利，那么，选举就会得到选举人的广泛认同，也就具有合法性；否则，就不能得到选举人的广泛认同，就不具有合法性。影响选举合法性的因素有很多，如选举制度设计是否科学，选举机构是否按制度办事，选举是否被少数人操纵，选举人的投票行为是否受到干扰和威胁，候选人或者选民中是否存在贿选行为，等等，其中，选举制度是影响选举合法性的重要因素之一。

我国选举制度建设的最根本任务是，从我国社会经济、政治、文化发展的实际状况出发，发展和完善选举制度，最大限度地保障选举人自由行使选举权利，保证各级人民代表大会以及由各级人民代表大会选举产生的其他国家机关按照人民的意愿产生，不断提高选举本身的合法性程度。

从各级国家机关产生的过程看，直接选举是基础，特别是县级人大代表的直接选举，在国家机关组织体系产生过程中处于十分重要的地位。县级人大代表选举的合法性，直接关系到县级其他国家机关和县级以上各级国家机关产生的合法性，在国家机关产生的合法性链条中，处于基础地位和关键环节。

县级人大代表选举的合法性，直接关系到县级人民代表大会产生的合法性。如果选举能够得到广大选民的认可，那么，由选民直接选举产生的县级人民代表大会就会得到选民的认同，就具有合法性。根据宪法和地方组织法规定，县级人大常委会和“一府两院”都由县级人民代表大会选举产生。如果县级人民代表大会的产生具有合法性，那么，由它选举产生的同级其他国家机关才会具有合法性的可能。[①]

县级人民代表大会的产生是否具有合法性，还关系到县级以上的各级人民代表大会产生的合法性。根据宪法和地方组织法规定，县级以上（不含县级）各级人民代表大会的组成人员，由下级人民代表大会选举产生。具体地说，就是设区的市和州级人民代表大会由县级人民代表大会选举产生；省级人民代表大会由设区的市、州和省级直接管理的县级行政区的人民代表大会选举产生；全国人民代表大会由省级人民代表大会选举产生。县级以上各级人大常委会和“一府两院”，由同级人民代表大会选举产生。由上可知，县级人民代表大会产生的合法性在国家政权机关体系的合法性链条中的基础性地位。如果县级人民代表大会的产生不具有合法性，那么，由它选举产生的上一级人民代表大会的合法性，也会受到损害，而由各级人民代表大会选举产生的其他国家机关，其合法性也会受到损害。

2. 选举制度建设在加强人民代表大会队伍建设中的作用。加强人民代表大会队伍建设的途径和方式多种多样，例如，加强选举制度建设和选举制度的实施，保证选举人按照自己的意愿行使选举权利，对选举出来的代表、委员、领导人员和工作机构的人员进行培训等，其中，选举制度建设是关键。

（1）选举制度建设是加强代表队伍建设的措施和保障。代表素质的高低、代表是否对人民负责和代表的结构比例等问题，在很大程度上是由

① 之所以说是“具有合法性的可能”，是因为影响和决定选举合法性的因素是多方面的。在县级人民代表大会选举同级其他国家机关时，如果选举程序本身不被选举人认可，选举过程和结果也就得不到选举人的认可，选举就不具有合法性；如果选举程序被选举人认可，但选举被破坏，例如，选举的组织者不按照既定程序组织选举，选举过程被少数人操纵，候选人贿选等，选举过程和选举结果也不会得到选举人的认可，选举也就不具有合法性。

选举决定的，而选举制度建设状况又在很大程度上决定着选举状况。

首先，选举制度建设状况决定代表素质的高低。各级人大代表，是各级人民代表大会的组成人员，代表人民行使国家权力，管理国家事务。人大代表的素质如何，直接关系到人大代表能否代表人民行使国家权力，管理好国家事务。

素质是一个相对性很强的概念，不同的学科有不同解释，不同的领域有不同的要求。在社会生活中，当人们在观察和讨论某人的素质时，往往会结合某一具体领域的要求进行。目前对于代表素质的研究，主要有 3 个维度：一是“应然”性研究，即研究探讨代表应当具备的素质；二是“实然”研究，即对代表素质进行实证性研究，通过调查描述和分析代表素质的实际状况；三是对策研究，即以“应然”为导向，就如何提高代表素质问题进行研究，提出提高代表素质的思路和建议。

在什么是人大代表素质、人大代表应当具备哪些素质问题上，主要有以下 4 种观点：

一是认为“人大代表的素质是指人大代表应当具有的素养和品格，是人大代表行使国家权力、履行代表职责所必须具备的特定的主观条件，它反映人大代表的政治行为集合能力”。具体地说，人大代表应当具备 5 个方面的基本素质，即政治素质、文化素质、能力素质、道德素质、法律素质。[①] 把代表素质看成代表的“主观条件”是不大妥当的，因为代表的能力素质中应当包含代表履行职务所需的身体素质，这不属于主观条件范畴。

二是认为人大代表的素质“是指代表履行职务和从事人大实践活动所必须具备的基本内在条件”。人大代表应当具有 6 种素质，即政治素质、理论素质、法律素质、文化素质、代言素质、创新素质。[②] 这种看法不够全面，因为作为代表应当具备一定的身体素质，如果没有身体素质，即使其他素质很高，也很难履行好代表职务。

三是认为“人大代表的主客观条件构成了代表的基本素质和特殊素质”。基本素质是指“我们通常所说的政治素质、文化素质和能力素质”，

① 参见肖书生《人大代表素质研究》，《人大研究》2006 年第 12 期。

② 参见玉平《也谈代表素质》，《山东人大工作》2009 年第 3 期。

“特殊素质是指代表意识、代表知识和参政能力”[①]。这种观点看到了代表素质是由主客观条件构成的，是符合实际的。但是，把人大代表素质区分为基本素质和特殊素质，并认为“代表意识”、“代表知识”和“参政能力”属于特殊素质，是一个值得讨论的问题。其实，“代表意识”、“代表知识”和“参政能力”应当属于代表基本素质范畴。

四是认为“人大代表的素质是指在行使管理国家事务的权利时，人大代表执行代表职务，履行代表职责所应具备的综合条件和基本能力。具体包括其自身的政治素养、思想品质、法律及文化知识、社会调研能力、参与社会活动的能力以及身体素质条件”[②]。把代表素质定义为“履行代表职责所应当具备的综合条件和基本能力”是比较科学的。但是，在素质的具体内容方面还不够全面。笔者认为，除了前述已经列出的具体内容外，还应当包括集中和反映民意的能力。虽然“社会调研能力”在一定程度上包含了这个方面的意思，但不够明确。收集民意、集中民意和反映民意是人大代表的主要职责之一。在社会生活中，由于公民个人所处的环境和社会经济地位不同，具体的利益要求不同，对国家和地方事务决策以及政府工作的要求也会有所不同，这些都会通过公民的意愿表达出来。作为人大代表，应当具有收集民意的能力，收集各种不同的意见和要求，同时，还应当具有整理和集中民意的能力，把各种不同的意见和要求进行归类处理，并从中找出共同点，形成较为集中的意见，并在人民代表大会上表达出来，反映民意。

笔者认为，所谓代表素质，是指人大代表的综合条件和基本能力。它主要包括代表的政治立场、政策水平、道德品质、文化和法律知识、代表意识、收集和反映民意的能力、身体状况等。选举是决定人大代表素质的首要因素，也是关键因素。能否选出综合条件好、基本能力强的人为人大代表，是由多方面因素决定的，例如，选举制度建设状况，选举制度实施状况，选举组织工作，选民的民主意识和民主能力，等等。其中，选举制度建设状况是首要和关键的因素。

选举制度是选举活动的规范。根据社会政治经济文化发展变化，加强选举制度建设，不断健全和完善选举制度，有利于充分保障公民选举权

① 陈诗才:《略论人大代表素质》,《人大研究》1993 年第 2 期。

② 李真:《试论人大代表的素质》,《商业文化》(学术版) 2010 年第 5 期。

利，最大限度地调动公民参加选举的积极性，选出高素质的人大代表。

其次，选举制度建设状况决定着代表是否对人民负责。选举是一个双向选择过程，是两个意愿的结合。具体地说，就是一些公民愿意当人大代表，选择参加人大代表职务竞争，其他公民愿意并选举他们当代表。从公民参与竞争人大代表职务的角度看，完善的选举制度能够充分调动公民参与竞争的积极性，为公民特别是为各行各业、各个方面的优秀人物参与竞争，在广大选民面前充分展示自己的条件和能力，提供公平的制度平台，使每位有志参与竞争的公民都能够获得平等的机会。从选举人选择的角度看，完善的选举制度能够充分保障公民自由行使选举权利，参与竞争人大代表职务的人越多，选择的余地就越大，参与竞争的人展示越充分，选举人对其了解也就越充分，选举人可以在充分了解和比较的基础上作出选择。只有这种双向选择是自由的、充分的，才能真正实现两个意愿的结合，才能选出人民满意、素质较高的人大代表。

选举是人民当家做主的一种方式，选举制度建设状况，直接关系到人民当家做主权利的实现。根据我国选举法规定，人民选举产生人大代表，授予人大代表权力；人大代表受人民委托，代表人民行使当家做主、管理国家的权力，对人民负责，受人民监督。人民与人大代表的关系，是选举与被选举、委托与被委托、监督与被监督的关系。

谁授权就对谁负责，这是政治生活的一条基本规律。人大代表能否真正对人民负责，关键在于人大代表选举能否真正体现选举人的意愿，选举人对人大代表能否进行有效监督。而这又在很大程度上取决于选举制度建设状况。

保证选举人根据自己的意愿行使选举权利，是我国选举制度建设的基本价值取向，并通过提名和确定代表候选人、预选、投票选举和监督罢免等各种具体制度的建设，尽可能保证这一价值目标的实现，保证人大代表对人民负责。

就县乡两级人大代表直接选举看，如果人大代表由选民根据自己的意愿投票选举产生，代表就会对选民负责，就会主动走访选区选民，听取选民的意见、要求和呼声。就县级以上（不含县级）各级人大代表的间接选举看，如果上级人大代表由下一级人民代表大会（选举单位）代表根据自己的意愿选举产生，上级人大代表就会加强与选举单位的联系，积极主动列席选举他们的下一级人民代表大会会议，主动联系下一级人大代表，了解人民群众的意见和要求。

当前，在县乡两级人大代表中，有相当一部分人大代表的代表意识不强，与选民的联系不够紧密，有的代表除了同级人大组织的视察、调研和检查活动外，在其任期内从来不主动与选区的选民联系。选区的选民不认识人大代表，代表不了解选区选民的意见和要求。在县级以上各级人大代表中，也有相当一部分人大代表的代表意识不强，除参加选举单位所属相关机构组织的调研、检查和视察活动外，平时很少联系选举单位，有的甚至连选举单位所属相关机构组织的活动都不参加。部分人大代表在其任期内，很少或者没有列席过选举单位的会议，不联系选举单位的人大代表，不了解基层民众的意见和要求。这些都在一定程度上与我国选举制度不够完善密切相关。

再次，选举制度建设状况决定代表结构比例是否合理。各级人民代表大会是人民当家做主的组织形式和制度平台，人大代表结构是否合理，直接关系到人民代表大会制度功能的发挥。合理的代表结构比例，是指在各级人民代表大会中各个方面都有适当数量的人大代表。它有利于广泛收集民意、集中民智和凝聚民力，在国家、地方和基层重大事务决策中，充分反映和体现人民的意愿，照顾到各方面的利益，调动各方面的积极性。我国人民代表大会制度实行“一院制”，在各级人民代表大会中，要保证各地区、各民族、各阶级、各阶层和各行各业都有适当数量且人民满意的人大代表，优化代表的结构比例，选举制度建设是关键。

从制度安排看，代表结构比例问题，一方面是代表名额分配问题，另一方面是代表产生的方式问题。从代表名额分配看，代表名额分配制度是否科学合理，直接影响和决定着代表结构比例是否科学合理。从代表产生方式看，代表是按区域选举产生还是按界别选举产生，或者采用两者相结合的方式产生，也是影响代表结构比例合理性的一项重要的制度安排。

前述我国人民代表大会制度实行“一院制”，在“一院制”前提下，现行选举制度着重从政治平等的角度，解决公民选举权平等、地区参与平等、民族平等和照顾方方面面等问题。在代表名额分配中，规定城乡按相同人口比例分配代表名额，以体现公民选举权平等；规定各地区有相同的基数，以体现地区参与权平等；对少数民族给予特别照顾，以体现民族平等。此外，适当考虑方方面面的情况。这些，都为解决代表结构比例的合理性问题提供了良好的制度安排，也在一定程度上从主要方面解决了代表的结构比例问题。

但是，由于我国人大代表选举实行区域选举制，人大代表按选区或选举单位选举产生，在这种制度安排下，通过选举优化人大代表的结构比例，保证各方面都有适当数量的代表，是比较困难的。即使是达到了代表结构比例的要求，但选出来的代表未必就是各方面最优秀的代表人物。

为了保证代表的结构比例，只能在选举工作上下功夫。在直接选举中，一般都要进行代表资源摸底并向有关选区下达指导性计划[①]，以期达到合理的代表结构比例。当选举机构的引导工作不被选民认可时，选举结果就会与指导性计划不符，预定的代表结构比例难以实现。当选机构的引导工作简单化，直接要求选民按照指导计划进行选举时，就会让选民觉得选举不民主。在这种情况下，大多数选区的选举不但不能按照指导性计划进行，反而会引起选民的投诉。在间接选举中，一般通过政党和人民团体提名，来保证达到合理的代表结构比例。但在少数地方，为了保证党组织提名的候选人当选，实现代表结构比例的要求，或者因为其他方面的原因，出现了抑制代表提名的现象，严重挫伤了部分代表提名的积极性，一些人大代表对选举意见较大。

在代表结构比例问题上，选举制度建设的主要目标是，一方面，要通过发展和完善代表名额分配制度，保证代表结构比例的合理性，从政治平等的角度解决代表结构比例的合理性问题。另一方面，通过发展和完善代表产生方式的制度安排，解决代表结构比例的合理性问题，使选出的人大代表不但在整体结构上是合理的，而且是人民满意的各方面的优秀人物。从我国人民代表大会制度的要求看，区域选举制与界别选举制相结合是一种更为合适的制度安排。

（2）选举制度建设是加强委员队伍建设的基础和保障。根据宪法、全国人大组织法和地方组织法规定，各级人大常委会委员由同级人民代表大会从代表中选举产生；地级以上各级人民代表大会设立的专门委员会的主任委员、副主任委员和委员从同级人大代表中产生，由同级人民代表大会通过，闭会期间，同级人大常委会可以对个别职务进行补充任命。从这些规定中我们可以看出，选举制度是委员队伍建设的基础和制度保障。

---

① 指导性计划不是必须落实的硬指标，如果选举结果与指导性计划有出入，以选举结果为准。

代表队伍是委员队伍产生的基础。委员从代表中产生，代表队伍的素质在很大程度上决定委员队伍素质。如果代表队伍的素质不高，就很难从中产生高素质的委员队伍。而代表队伍的素质如何，在很大程度上取决于选举制度建设状况。

从人大常委会委员产生的情况看，根据宪法和地方组织法规定，县级以上各级人大常委会委员从同级人大代表中选举产生，能否从代表中选举出素质较高、人民满意的人大常委会委员，选举制度建设是关键。在选举人大常委会委员时，只有从制度上保障代表根据自己的意愿行使各项选举权利，充分保障代表的提名权、知情权、投票选举权和监督权，增强选举的竞争性，才能选举出人民满意的人大常委会委员队伍。

从地级以上各级人民代表大会专门委员会产生的情况看，根据宪法、全国人大组织法和地方组织法的规定，专门委员会的主任委员、副主任委员和委员由主席团在代表中提名，大会通过。主席团的提名能否获得通过，代表是关键。

个别补充任命由委员长会议或者主任会议提名，常务委员会会议通过。

（3）选举制度建设是加强人大领导队伍建设的基础和保障。这主要表现在以下两个方面：

首先，代表队伍建设是领导队伍建设的基础。根据宪法和地方组织法规定，各级人大的领导人员必须从各级人民代表大会代表中选出。[①] 具体地说就是，乡镇人大主席和副主席职务，必须从乡镇人大代表中选出；县、自治县、旗、自治旗和不设区的市的人大常委会主任和副主任职务，必须从县、自治县、旗、自治旗和不设区的市的人大代表中选出；设区的市和州的人大常委会主任、副主任和秘书长职务，必须从设区的市和州的人大代表中选出；省、自治区、直辖市人大常委会主任、副主任和秘书长职务，必须从省、自治区和直辖市的人大代表中选出；全国人大常委会的

① 这里有两个问题需要特别说明，一是所有人大代表只能在他当选为某级人大代表的人民代表大会及其常务委员会担任领导职务。例如，县人民代表大会选出的省人大代表，不担任县人大代表职务的，不能担任县人大领导人员，但可以担任省人大领导人员。二是同一级的人大代表，只能在选举地担任人大的领导职务。例如，同是县人大代表，只能在选举他为人大代表的县担任人大领导职务，不能到其他县担任人大领导职务。如果工作变动调离选举他为人大代表的县，其代表职务自然终止，不能将代表职务转移到调入地，不能在调入地担任人大领导职务。

委员长、副委员长、秘书长、副秘书长，必须从全国人大代表中选出。此外，设区的市、州、省、自治区、直辖市和全国人民代表大会设立的专门委员会的主任委员和副主任委员，必须从各该级人民代表大会代表中选出。由上可见，各级人大的领导队伍均从本级人大代表中产生，代表队伍建设是人大领导队伍建设的基础。

其次，选举制度建设是人大领导队伍建设的保障。前述各级人大的领导队伍是由同级人民代表大会从代表中选举产生的，选举是加强人大领导队伍建设的首要环节，也是关键环节，选举结果决定人大领导队伍的整体素质。决定选举结果的因素主要有3个，即制度建设、制度实施和代表素质。从选举制度建设看，制度建设状况直接影响甚至决定着领导队伍选举。如果选举制度不能保障代表在选举过程中自由行使选举权利，不能保障代表对选举的知情权和监督权，不能保障有序竞争，就很难选举出人民满意且素质较高的人大领导队伍。从制度实施看，选举制度设计虽然科学合理，但选举不按制度进行，而是被少数人操纵或者破坏，则很难选举出人民满意且素质较高的人大领导队伍。从代表素质看，人大代表的综合条件和基本能力是影响选举结果的关键因素。如果代表综合条件好，基本能力强，在选举过程中就会认真行使选举权利，选举出整体素质较高的人大领导队伍的可能性就大。反之亦然。在这3个主要因素中，选举制度建设是基础和关键，没有制度保障，就很难保证人大领导队伍建设的健康发展。

（二）选举制度建设在人民代表大会制度建设中的作用

我国的人民代表大会制度，是由一系列具体制度构成的制度体系。选举制度是人民代表大会制度体系中的一项具体制度。但是，在人民代表大会制度体系中，选举制度处于十分重要的地位，选举制度建设状况，会直接或者间接影响人民代表大会制度体系中的其他各项制度建设，关系到人民代表大会制度建设的全局。

人治与法治，是两种根本对立的治理方式。前者依靠和强调人的权威，后者依靠和强调法律制度的权威。人治不可能完全脱离法律制度，法治也不可能排除人的因素。人治和法治的根本区别在于，法律制度由谁制定，根据谁的意愿制定，个人或者社会组织与法律制度的关系怎样。在人治条件下，法律由少数人（尤其是最高统治者个人）或者个别社会组织根据自己的意愿制定，少数人（尤其是最高统治者）或者个别社会组织可以凌驾于法律之上；在法治条件下，法律由人民或者由人民选举产生的代表机关根据人民的意愿制定，一切个人和社会组织都必须服从法律，不得凌驾于法律之上。这也是民主和专制的分水岭。

我国是人民民主专政的社会主义国家，坚持和发展社会主义民主法治，是中国共产党人始终不渝的奋斗目标。依法治国是中国共产党领导人民治理国家的基本方略。宪法和国家法律由全国人民代表大会及其常务委员会根据人民的意愿制定，是党的主张和人民的意愿统一的体现，包括执政党中国共产党在内的一切社会组织和个人都必须遵守宪法和法律，不允许有超越宪法和法律的特权。地方各级人民代表大会和县级以上的地方各级人大常委会在不与宪法和法律相抵触的情况下，根据人民的意愿制定在本行政区域内实施的各种制度规范，本行政区域内的一切社会组织和个人都必须严格遵守。从法律制度建设和法律制度实施的要求看，我国是人民民主的社会主义法治国家。

民主与法制密不可分，二者相互依存。一方面，没有社会主义民主，就不可能有社会主义法制，社会主义法治也就无从谈起。另一方面，没有社会主义法制，没有社会主义民主的法律化和制度化，社会主义民主就失去了制度上的保障。没有法律和制度保障的民主，迟早会出问题，人民当家做主的权利就很难得到保障，国家和社会治理就很难体现人民的意愿。加强社会主义民主制度建设，不断推进社会主义民主的法律化和制度化，提高社会主义民主的法律化和制度化水平，发展社会主义民主法治，是各级人民代表大会的重要任务。

加强社会主义民主制度建设，首先必须加强人民代表大会制度建设。在人民代表大会制度建设中，各级人民代表大会能否从国家、地方和基层的实际出发，发展和完善人民代表大会制度，代表队伍、委员队伍和领导队伍的素质至关重要。而选举制度又是决定代表、委员和领导队伍素质的首要因素。因此，在人民代表大会制度建设中，选举制度建设是基础。选举制度建设状况，直接影响着人民代表大会的组织制度、职权制度、代表制度、委员制度、立法制度、任免制度、会议制度、议事制度、监督制度、罢免制度和工作制度等各项具体制度的建设。

第十章

选举制度建设与社会主义政治文明建设

从检索情况看，十一届三中全会以后，政治文明一词最早见于《哲学译丛》1982 年第 1 期。[①] 1986 年，国内少数学者开始研究政治文明问题，肖君和、范贤超、周建平、刘向东分别在《学术研究》和《道德与文明》上发表论文，讨论政治文明问题。[②] 此后，政治文明问题逐步引起国内学界的关注，一些学者陆续跟进研究，关于政治文明的研究成果相继问世。20 世纪 90 年代中后期至今，政治文明问题是国内学术研究中的热点问题。关于政治文明的含义和内容，国内学界可以说是见仁见智，看法不尽相同。大多数学者认为，政治文明，是指人类社会政治生活的进步状态。这种进步状态，是人类社会政治生活不断发展和长期积累的结果。它包括政治意识文明、政治制度文明和政治行为文明。关于选举制度建设与政治文明建设的关系问题，还没有引起学界足够的关注，研究成果较少。[③] 选举制度是社会主义民主制度的一个极其重要的组成部分，加强选举制度建设是贯彻落实十八大报告精神，“加快推进社会主义民主政治制度化、规范化、程序化，从各层次各领域扩大公民有序政治参与，实现国家各项工作法治化”[④] 的一项重要措施。选举制度建设是选举的制度化、

---

① 该期上刊登了南斯拉夫学者 J. 卓尔杰维奇的文章：《政治文明》。《哲学译丛》现名为《世界哲学》。

② 在《学术研究》1986 年第 1 期上，肖君和发表了《关于“社会政治文明”的思考》一文，范贤超、周建平发表了《政治文明初探》一文。在《道德与文明》1986 年第 8 期上，刘向东发表了《精神文明应包括政治文明》一文。

③ 从中国知网上能够检索到的文章有：(1) 喻亚平、李志明：《完善选举制度，建设社会主义政治文明》，《重庆交通学院学报》（社会科学版）2004 年第 1 期；(2) 蒋明华：《政治文明·民主制度·选举程序》，《淮阴师范学院学报》（哲学社会科学版）2005 年第 6 期；(3) 本刊评论员：《完善民主选举制度，推进政治文明建设》，《江淮法治》2003 年第 7 期。

④ 《中国共产党第十八次全国代表大会文件汇编》，人民出版社 2012 年版，第 17 页。

规范化和程序化的重要保障，研究分析选举制度建设在社会主义政治文明建设中的作用，首先需要研究分析选举在社会主义政治文明建设中的作用。本章将从政治权力文明更替、培育和实现社会主义政治价值观、政治制度文明建设和民主发展转型 4 个方面，对选举制度建设在社会主义政治文明建设中的作用问题进行讨论。

一　选举制度建设是权力文明更替的重要保证

权力更替是人类社会生活中的一种最常见的社会现象。这种社会现象伴随着人类社会发展过程的始终。权力文明更替，是政治文明的重要内容之一。判断权力更替是否文明，关键是看权力更替是否符合以下条件：一是权力更替是否按照规则（包括习惯和制度）进行；二是权力更替是否有利于解放和发展生产力；三是权力更替是否以和平的方式进行；四是权力更替过程是否存在广泛和平等的公众参与；五是权力更替是否符合大多数人的意愿。凡是同时满足前述 5 个条件的权力更替，就是文明的更替，否则，就是不文明或者不够充分文明的权力更替。

古往今来，权力更替的形式多种多样，禅让、世袭、政变、战争和选举等，都是权力更替的方式。

禅让，是指将政治权力让给同姓血亲或者异姓的一种权力更替方式。在我国，禅让“是原始社会末期，以‘选贤与能’为标准，用民主方式推举部落联盟酋长的一种制度”[①]。禅让出自于上古时代尧帝让位于舜帝的传说。作为上古时期部落联盟最高权力更替的禅让制度，当时并无确切的文字记载，现有典籍中关于上古时期禅让制度的记载，只是后人根据历史上的传说所作的记述而已。传说中的禅让制度，以任人唯贤作为权力更替的首要原则，部落联盟酋长年老时将最高权力执掌权传给部落联盟中的贤能之人。贤能由部落成员推举产生。通过禅让，部落联盟的最高权力按规则和平更替。由于部落成员在推选贤能中有广泛的参与权，因此，权力

---

① 张创新：《中国政治制度史》（第二版），清华大学出版社 2005 年版，第 37 页。此外，一些学者关于中国古代禅让制度论述，与张创新的观点存在一定差别。白寿彝在其主编的《中国通史》中认为，“我国古代尧舜禅让的传说，实际就是部落联盟中的民主选举制”。（上海人民出版社 1994 年版，第 202 页），付希亮也认为，“禅让制度是我国尧舜时代部落联盟民主选举制度”。（《理论界》2009 年第 1 期）。笔者认为，张创新的观点更为确切。

更替符合大多数部落成员的意愿，有利于调动部落成员积极性，促进社会生产力的发展。因此可以说，上古时期的禅让，是权力文明更替的一种方式，是一种原始的社会文明。

在中国封建社会里，禅让这种权力更替方式虽然反复出现，但与传说中上古时期的禅让有着本质的区别。首先，上古时期禅让的是部落联盟的最高权力，是一种社会管理权，不具有阶级属性，因而它不是一种政治权力。而在封建社会里，禅让的是国家最高权力，具有鲜明的阶级属性，是政治权力。其次，禅让中的任人唯贤原则被任人唯亲取代。在封建社会里，禅让是帝王家的内部事务，在位君主将政治权力让给同姓血亲，而不让给异姓。国家最高权力虽然按照一定规则和平更替，但权力更替过程没有公众参与，权力更替结果只符合君主或者封建统治集团的意愿，而不符合人民群众的意愿。因此可以说，封建社会的禅让，实质上是世袭的一个变种，不是一种文明的权力更替方式。

世袭，是指政治权力按照血缘关系传递和继承的一种权力更替方式。中国封建社会的皇位继承制度，就是这种权力更替方式的典型。中国封建社会里的禅让与世袭的区别在于，前者是君主在世时让出政治权力，后者是君主死后留下政治权力。两者的共同之处是，政治权力的让予和继承，都根据血缘关系进行。世袭也是和平更替政治权力的过程，但没有公众参与，谁继承政治权力由君主个人决定。因此，世袭也不是一种文明的权力更替方式。

政变，是指统治集团内部的少数人通过政治或暴力手段实现政治权力更替的一种方式。古往今来，政变较为常见，原因错综复杂。无论采用何种手段进行，政变是一种非正常的权力更替方式，即政治权力更替不按既定规则进行。就其对社会生产力发展的作用而言，很难一概而论。历史上，一些政变对解放和发展生产力起过推动作用，而另一些政变则起阻碍作用。政变只是少数人的行为，没有公众参与，而且在大多数情况下需要使用暴力或以暴力相威胁。因此，政变也不是一种文明的权力更替方式。

战争，是政治斗争的最高形式，是政治的继续，是流血的政治。就其表现形式而言，战争是两个或两个以上的政治集团为了特定目的而有组织地使用暴力的行为。巩固或夺取国家权力，维护或摧毁现存政治秩序，是战争最常见的目的之一。以夺取国家权力和摧毁现存政治秩序为战争目的的政治集团一旦获得胜利，就实现了政治权力的更替。战争是实现政治权力更替的极端方式，通过战争实现的政治权力更替，是一种非正常的更替。不管是正义的还是非正义的，进步的还是反动的，国内的还是国家间的，进攻的还是防御的，都会对社会生产力造成不同程度的破坏。任何战争，只要有正义和进步一方，就必然存在非正义和反动的一方，如果正义和进步的一方获得胜利，实现了国家权力更替，就会对解放和发展生产力产生积极作用，否则，就会产生消极作用。战争过程虽然也存在着较大范围的参与，但往往是主动参与和被动参与（卷入战争）并存。因此可以说，战争也不是一种文明的权力更替方式。

选举，是指一定的社会成员按照一定的规则选择公职人员的过程，是实现政治权力更替的一种方式。当今世界，绝大多数国家都把选举作为政治权力更替的唯一方式。但是，从实际情况看，并不是所有通过选举实现的政治权力更替都是文明的更替，只有通过民主选举实现的政治权力更替才是文明的更替。所谓民主选举，是指选举按照绝大多数社会成员公认的规则（选举制度）进行，公民在选举过程中享有广泛和平等的参与权，可以按照自己的意愿自由行使选举权利，选举结果符合大多数人的意愿。通过民主选举实现的政治权力更替是一种和平的更替。它可以最大限度地保证继任者根据多数人的意愿行使权力，在国家社会经济政治文化生活中，充分调动公民参与的积极性，从而促进生产力的发展。可以肯定地说，民主选举是迄今为止最文明的政治权力更替方式。

选举制度建设对于保证和不断提高选举的民主性来说，发挥着极其重要的作用。任何国家的选举制度，都是在一定的历史条件下，根据当时的社会经济政治文化发展状况制定的，随着社会的发展，一些制度规定就会显现出一定的滞后性，不能适应民主政治发展的客观要求，需要进行调整和修正。只有根据社会发展变化情况，适应民主政治发展的要求，不断调整和改革选举制度，才能充分保证和不断提高选举的民主性。

二 选举制度建设是培育和实现社会主义政治价值观的保证

民主、自由、平等、公正、诚信和法治，是社会主义政治价值观的主要内容，也是社会主义政治文化的基础和核心。选举制度建设对于培育和践行社会主义政治价值观，起着重要的保障作用。

1. 选举制度建设是实现人民当家做主的最重要的制度保障。民主是人类社会不懈追求的政治价值，也是中国共产党人始终坚持的政治价值观。古往今来，人类社会在追求民主过程中，从理论和实践两个方面对民主问题进行了探索，形成了各种民主理论和创造了各种民主形态。中国共产党人在领导中国革命和建设过程中，坚持把马克思主义民主思想与中国的实际情况相结合，发展了马克思主义民主思想，建立了适合中国国情的人民民主专政的社会主义国家。党的十八大报告指出："人民民主是我们党始终高扬的光辉旗帜。改革开放以来，我们总结发展社会主义民主正反两方面经验，强调人民民主是社会主义的生命，坚持国家一切权力属于人民，不断推进政治体制改革，社会主义民主政治建设取得重大进展，成功开辟和坚持了中国特色社会主义政治发展道路，为实现最广泛的人民民主确立了正确方向。"① 在国家政治生活中，坚持国家的一切权力属于人民，最广泛地动员和组织人民依法管理国家事务和社会事务、管理经济和文化事业、积极投身社会主义现代化建设，更好地保障人民权益，更好地保证人民当家做主，是社会主义民主政治的本质和核心，也是社会主义政治文明的体现。

民主，就是人民当家做主。但这并不意味着在国家社会经济政治文化生活中，每一件事情都必须通过每个成年公民直接参与才能做出决定。从实际情况看，由每个成年公民直接参与讨论和决定一切国家事务是很难做到的，除了组织工作难度大外，还容易出现经济成本高、效率低下、贻误时机等情况。在近现代民主政治中，代议制这种间接民主形式被广泛采用。当今世界上的一切民主国家，不管其民主性质如何，都毫无例外地把直接民主和间接民主结合起来，只是直接民主和间接民主的范围和具体内容不同罢了。一些国家在某些领域采用直接民主，而另一些国家则采用间接民主。

我国是人民民主的社会主义国家，人民是国家的主人。人民对国家和社会事务以及经济和文化事业的管理，也是采用直接民主和间接民主相结合的方式进行的。在基层社会政治生活中，县乡两级人大代表选举、村民委员会选举、村务公决和民主日活动等，都是直接民主。由县、乡两级人民代表大会选举产生县乡两级国家机关组成人员和决定县、乡两级重大事

① 《中国共产党第十八次全国代表大会文件汇编》，人民出版社2012年版，第23页。

项，由村民代表会议决定村民会议授权的事项等，都是间接民主。在国家和地方政治生活中，全国和县级以上地方各级国家机关组成人员的选举，国家和地方重大事务的决策管理等，都是间接民主。我国的民主体系，是一个直接民主和间接民主相结合以间接民主为主的体系。县级以上的间接民主，是我国民主体系中最主要的组成部分，它是一个由一重走向多重的间接民主体系，层级越高，间接民主的重数就越多。具体情况见图10—1。

选举是人民当家做主的最重要的内容，也是人民当家做主的最重要的途径和方式。就选举本身而言，既有直接选举，又有间接选举。直接选举是间接选举的前提和基础，如果没有直接选举，也就不可能存在间接选举，从某种意义上讲，间接选举是直接选举的延伸。从选举与直接民主的关系看，直接民主的内容和方式很多，直接选举只是直接民主中最重要的内容，而不是直接民主的全部，直接民主的其他内容与其他方式，与选举没有直接关系。而间接民主则不然，几乎所有的间接民主都以选举为前提条件，其中直接选举是基础，也就是说，几乎所有的间接民主都对选举具有依存性。

从我国的情况看，除基层社会政治生活中的部分直接民主不依赖于选举外，所有间接民主都对选举具有依存性，离开了选举，就不会有间接民主的存在。而县级人民代表大会直接选举，在县级以上各级国家机关的间接民主中处于基础地位。县级以上的间接民主体系，是在县级人民代表大会直接选举的基础上，通过逐级间接选举建立起来的。因此可以说，选举是我国民主体系建设中的一项基础性工程。它直接关系到整个民主体系的运行能否体现人民意愿，保障人民当家做主。而选举制度的建设状况，又是直接关系到选举能否真正体现民意的制度保证。

2. 选举制度建设是政治自由的保障。民主和自由密不可分，没有民主就没有自由，没有自由也就没有民主。自由是法律赋予公民的一种社会权利。所谓自由，是指公民在法律许可的范围内，其意志行为不受其他社会因素的限制和约束。在社会生活中，公民享有的自由主要有政治自由、思想自由、经济自由和社会生活自由等。其中，政治自由处于极其重要的地位，如果没有政治自由，其他各种自由就很难得到充分保障。这一点，历史的经验教训是极其深刻的。新中国成立至“文化大革命”结束，由于政治自由得不到充分保障，公民的思想自由、经济自由和社会生活自由

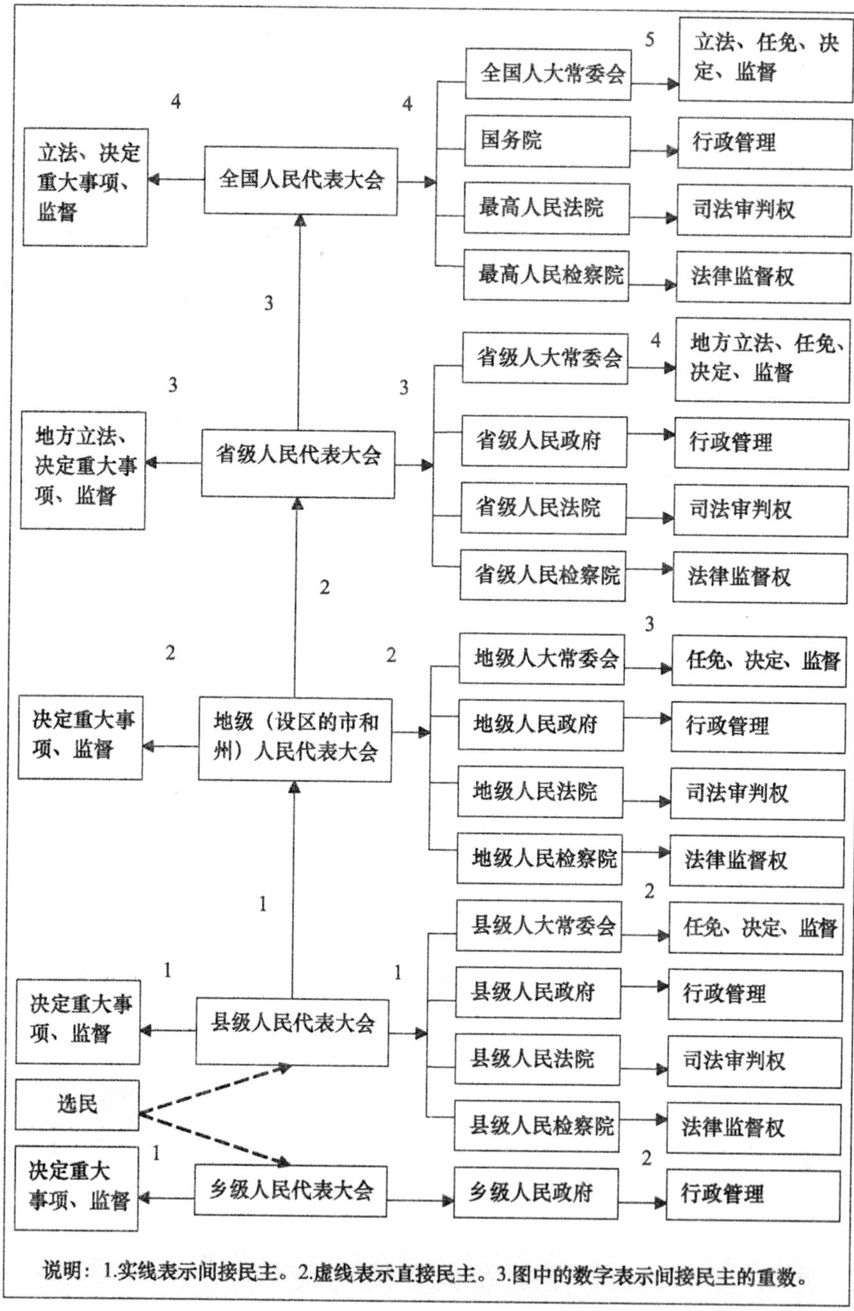

5
全国人大常委会 → 立法、任免、决定、监督
4　4
立法、决定重大事项、监督 ← 全国人民代表大会 →
国务院 → 行政管理
最高人民法院 → 司法审判权
最高人民检察院 → 法律监督权

3

4
省级人大常委会 → 地方立法、任免、决定、监督
3　3
地方立法、决定重大事项、监督 ← 省级人民代表大会 →
省级人民政府 → 行政管理
省级人民法院 → 司法审判权
省级人民检察院 → 法律监督权

2

3
地级人大常委会 → 任免、决定、监督
2　2
决定重大事项、监督 ← 地级（设区的市和州）人民代表大会 →
地级人民政府 → 行政管理
地级人民法院 → 司法审判权
地级人民检察院 → 法律监督权

1

2
县级人大常委会 → 任免、决定、监督
1　1
决定重大事项、监督 ← 县级人民代表大会 →
县级人民政府 → 行政管理
县级人民法院 → 司法审判权
县级人民检察院 → 法律监督权

选民 ⇢ 县级人民代表大会
选民 ⇢ 乡级人民代表大会

1　2
决定重大事项、监督 ← 乡级人民代表大会 → 乡级人民政府 → 行政管理

说明：1.实线表示间接民主。2.虚线表示直接民主。3.图中的数字表示间接民主的重数。

图 10—1　我国直接民主和间接民主示意图

都无法得到充分保障。例如，在社会经济政治文化生活中，公民可能因言论获罪，成为“思想反革命”，言论和思想没有自由；公民在自留地或者房前屋后种粮食或者经济作物，被认为是走资本主义道路而受批斗，经济生活没有自由；出身工人、革命干部和贫下中农的青年与出身地、富、反、坏、右的青年谈恋爱，被认为是没有划清阶级界限，会有来自方方面面的压力或干涉，婚姻没有充分自由；公民信仰宗教，在一些地方被认为是搞封建迷信而会受到批判，宗教信仰没有自由，等等。

政治自由是指公民在法律许可的范围内，其政治意志和政治行为不受其他政治因素的限制和约束。政治自由是法律赋予公民的一项最基本的权利，其内容包括选举自由、政治参与自由、言论自由、出版自由、集会自由、结社自由、游行自由和示威自由等。在公民所享有的政治自由中，选举自由处于基础地位，是其他各种自由得以存在和发展的基础。只有在选举自由得到充分保障的情况下，才能保证公民在选举过程根据自己的意愿行使选举权利，使政治权力授予符合大多数人的意愿，最大限度地保证政府的民主性。从历史和现实看，只有民主政府才有可能充分保障公民的政治自由。

3. 选举制度建设是平等和公正的基本保障。平等和公正，是人类社会长期追求的一种政治价值。平等是指公民在社会生活中享有同等的权利，反对特权和歧视。它包括政治权利平等、经济权利平等和其他社会权利平等。其中，政治权利平等处于主导地位。“在一个社会中，政治权利可以说是一切权利中最重要、最关键的权利。相应地，政治权利的平等也是一切权利平等中最重要、最关键的因素。因为，对于一个国家或一个社会的公民来说，如果没有政治权利，他们就极有可能丧失其他的任何权利。”① 根据我国宪法和法律规定，公民的政治权利是指选举权利（选举权和被选举权），言论、出版、集会、结社、游行、示威自由的权利，担任国家机关职务的权利，担任国有公司、企业、事业单位和人民团体领导职务的权利。政治权利平等，是指公民在法律规定的政治权利面前一律平等，没有例外。

选举是人民行使国家权力、管理国家的最重要的途径和方式。我国宪法和法律规定，人民行使国家权力的机关是各级人民代表大会，人民依照

① 王一多：《政治权利平等是公民社会权利平等的前提条件》，《西南民族大学学报》（人文社会科学版）2010 年第 11 期。

法律规定，通过各种途径和形式，管理国家事务，管理经济和文化事业，管理社会事务。从我国的实际情况看，人民对国家事务、经济和文化事业以及社会事务的管理，主要是间接管理，而不是直接管理。具体地说，就是由人民选举产生人民代表大会，由人民代表大会代表人民行使立法权、选举权、人事任免权、重大事项决定权和监督权，管理国家事务，管理经济和文化事业，管理社会事务。

选举权利平等，是政治平等的一个极其重要的方面，是其他政治权利平等的基本前提。谁授权就对谁负责，这是政治生活的一个基本规律。在选举权利不平等的情况下，通过选举产生政权机关，在政治权利保障上，就会偏向那些在选举过程中享有更多权利的阶级、阶层或者社会集团。因此，选举权利是否平等，直接关系到其他政治权利平等的实现。

平等和公正是相互依存的，没有平等，就没有公正，反之亦然。因此，选举对公正同样产生着重要的影响作用。首先，在选举权利分配过程中，是否坚持公正原则，直接关系到选举权利分配是否平等。其次，选举权利分配是否平等，直接关系到选举结果是否公正。选举权利分配不平等的选举，不管选举过程怎样，都是不公正的选举。再次，在选举权利分配不平等和不公正的情况下，通过选举产生的政权机关，在制定和执行政策上，也会偏向那些在选举过程中享有更多权利的阶级、阶层或者社会集团，从而使整个社会公正失去保障。

4. 选举制度建设是建立政治诚信的保障。政治诚信，是指政治主体在政治生活中诚实守信。它要求政治主体在政治生活中实事求是，言行一致，没有欺诈。政治主体多种多样，政党、政府、政治团体、政治人物和普通公民都是政治主体。在政治诚信建设中，执政党、政府和政治人物的政治诚信建设的地位和作用特别重要，政治诚信建设主要是指这些政治主体的政治诚信建设。

政治诚信是极其重要的政治道德。它是社会诚信和社会秩序的基础。法国学者拉贝莱说：“学术无良知就是灵魂的毁灭，政治无道德就是社会的毁灭”①，如果执政党、政府和政治人物缺乏政治诚信，颠倒是非，混淆黑白，言行不一，文过饰非，欺骗社会，就会破坏社会道德秩序，进而

① 转引自［法］路易斯·博洛尔《政治的罪恶》，蒋庆等译，改革出版社1994年版。该书封面与该书第320页的译法略有不同。此处引用的是封面的译法。

破坏社会法律秩序。社会公众对执政党、政府和政治人物就会失去信任，政治统治也就失去了合法性，社会秩序就会出现混乱，因为“公众理智的进步完全取决于政治的诚信和公正”①。

政治诚信建设仅仅靠政治主体的道德觉悟和自律是远远不够的，还必须通过民主法制建设来保障。在政治诚信建设中，与道德觉悟和道德自律相比，法制和政治制约机制往往更可靠、更根本和更重要。

法制是政治诚信建设的重要保障，要通过法制的建设和完善，制约和保证政治主体特别是执政党、政府和政治人物在政治生活中的诚实守信，一旦出现不诚信的政治行为，就给予严厉制裁。一个法制健全和尊重法制的社会，必然是一个诚信的社会，而一个只讲道德不讲法制的社会，必然是一个伪君子遍地、欺诈横行的社会。只有对不诚信的政治行为给予严厉的法律制裁，让其付出沉重代价，才能对全社会特别是执政党、政府和政治人物起到警示和教育作用，营造诚实守信的政治氛围，形成诚实守信的政治环境。

政治制约，也是政治诚信建设的重要保障。政治制约必须以法制为基础，依法进行。只有建立和健全政治制约机制，才能有效推进政治诚信建设。政治制约机制多种多样，民主选举、分权制衡、罢免和弹劾等，都可以说是重要的政治制约机制。其中，选举在推进政治诚信建设中发挥着极其重要的作用。选举是政治授权的过程，在社会政治生活中，如果执政党、政府和政治人物不讲诚信，欺骗社会公众，选民就会用手中选票作出回应，把他们赶下政治舞台。

5. 选举制度建设是实现社会主义法治的保障。党的十八大报告指出：“法治是治国理政的基本方式。要推进科学立法、严格执法、公正司法、全民守法，坚持法律面前人人平等，保证有法必依、执法必严、违法必究。”法治与人治是两种根本对立的治理方式。人治与法治的根本区别不在于是否有人的因素存在，而在于法律的制定者不同，对权力来源的看法不同，个人、社会组织与法律的关系不同。

法律由谁制定，是人治和法治的根本区别，也是民主和专制的分水岭。法律由一个人或者少数人制定的国家，是人治国家，专制国家；法律由多数人或者多数人授权的代表（议员）制定的国家，则是法治国家，民主国家。在国家政治生活中，法律制定一般很难采用直接民主的方式进

① ［法］路易斯·博洛尔：《政治的罪恶》，蒋庆等译，改革出版社1994年版，第311页。

行，人人直接参加法律的制定，难度很大，也没有效率。为解决民主与效率的矛盾问题，代议制被发明并被广泛运用。代议制是一种间接民主，即由人民选举代表（或议员）组成代议机关，代表人民行使国家权力。代表对人民负责，接受人民监督，人民可以罢免代表，以保证代表按人民的意愿履行职责。这样，既可以提高立法效率，又满足了立法民主的要求。

对权力来源的看法不同，是人治和法治的重要区别。在人治社会里，最高统治者认为自己的权力来自神的授予，官员认为自己的权力来自上级的授予，获得权力的原因是个人的品行、能力或者神的意志，因此，依靠个人的品行和能力进行统治，官员对上负责而不是对下负责。在法治社会里，各级官员认为自己的权力来自于人民。选举和制定法律，是人民授权的基本途径和方式，各级官员对法律负责，就是对人民负责，只能依法行使权力，依法管理社会事务。而权力来自于人民的思想观念和法治思维，是在长期的选举过程中逐步培育和形成的。

人治和法治的另一个重要区别是个人、社会组织与法律的关系不同。在人治社会里，少数人和社会组织的意志可以凌驾于法律之上，不受法律约束。人治社会也有法律，但法律反映的不是公共利益和公共意志，而是少数人或者个别人的利益和意志，法律功能是治民而非治官，不是为了限制和约束公共权力，而是为了限制和约束公民和其他社会组织的权利，维护和保障少数人的利益。在法治社会里，任何社会组织和个人都不能超越法律，凌驾于法律之上，在法律面前人人平等。任何社会组织和个人都只能在法律许可的范围内活动，对于超越法律的行为，都要予以制裁。法治的本质是，用法律限制和制约公共权力，保障一切社会组织和公民个人的法定权利。法治社会中的这种个人、社会组织与法律的关系，是民主政治的产物，也是民主政治的重要体现。作为民主政治基础和核心的选举，在建立、巩固和发展这种关系中发挥着重要作用。因为只有在人民选举政府、制定法律和监督政府工作的情况下，政府才会尊重人民的意愿，依法办事，不敢凌驾于法律之上。

三　选举制度建设是发展社会主义政治制度文明的重要保证

政治制度文明，是指社会政治制度的进步状态，是人类社会在长期的政治实践中不断探索和积累的成果。政治制度文明是政治文明的核心，也是政治文明的基础，在政治文明建设中有着特别重要的地位。从政治制度文明与政治意识文明的关系看，虽然政治制度的建立、巩固和发展都是在一定政治意识指导下进行的，但政治制度一旦确立和实施，又会反过来促进政治意识的社会化，推动政治意识的发展和政治观念的更新。可以说，政治制度文明和政治意识文明的发展，是二者相互促进的过程。从政治制度文明与政治行为文明的关系看，政治行为文明的建设和发展，离不开政治制度文明，因为政治制度在规范、引导和调整政治行为过程中发挥着极其重要的影响作用。

那么，什么样的政治制度才是文明的政治制度呢？1987 年 3 月 27 日，邓小平在会见喀麦隆总统保罗·比亚一行时说："我们评价一个国家的政治体制、政治结构和政策是否正确，关键看三条：第一是看国家的政局是否稳定；第二是看能否增进人民的团结、改善人民的生活；第三是看生产力能否得到持续发展。"① 江泽民把这作为评价政治体制改革是否成功的标准，他说："改革是否成功，关键看国家的政局是否稳定，看能否增进各族人民的团结，改善广大人民的生活，看生产力能否得到持续发展"②。这 3 条标准，同样是政治制度文明的评价标准。

政局稳定问题，实质上是政治秩序问题。政治秩序是政治文明的基本要求，也是政治文明的表现。没有政治秩序，就没有政治文明。政治制度的主要功能是，通过对各种权力主体的权利义务及如何履行权利义务的规定，规范、引导和约束各种权力主体的政治行为，建立、巩固和发展的政治秩序，维护政治稳定。政治制度是否文明，关键是看在建立、巩固和发展的政治秩序中能否发挥重要作用。

人民团结，是国家长治久安的基础，也是政治制度文明的重要表现。从历史和现实看，一些国家的政治制度，在一定时期内可以有效地维护政治稳定，但不能增进人民的团结，国内民族矛盾、阶层矛盾和群体之间的矛盾不但得不到有效化解，反而不断加深，在表面稳定的背后隐藏着深刻的政治危机，一旦触发，局面就难以控制，有的甚至会出现大规模的政治动乱。只有能够增进人民团结的政治制度，才能维护、巩固和发展政治稳

① 《邓小平文选》第 3 卷，人民出版社 1993 年版，第 213 页。

② 《江泽民论有中国特色社会主义》，中央文献出版社 2002 年版，第 303 页。

定，实现国家的长治久安。

改善人民生活，是政治制度文明的一种价值追求，也是衡量政治制度文明的一个价值原则。任何政治制度，只有当它把改善人民生活作为一种价值追求，并且能够实现这种价值追求时，才具有文明的性质，才能被称为文明的政治制度。以维护和发展少数人利益为价值取向的政治制度，都不是文明的政治制度。改善人民生活，是增进人民团结和维护政治稳定的基础。如果人民生活得不到改善，生活水平下降甚至恶化，人民团结和政治稳定迟早会出问题。

能否解放生产力，促进生产力的持续发展，是衡量政治制度文明的根本标准，也是政治制度文明建设的主要任务。政治制度是建立在经济基础之上的上层建筑，对生产力的发展，既可以起推动作用，也可以起阻碍作用。政治制度是否文明，关键是看它能否解放生产力，促进生产力的持续发展。凡是能够解放生产力、促进生产力持续发展的政治制度，就是文明的政治制度。否则，就不是文明的政治制度。由于政治制度具有相对稳定性，随着生产力的发展，在一定时期内能够适应和促进生产力发展的政治制度，会变成不适应或者阻碍生产力发展的政治制度。革除阻碍生产力发展的政治制度或者政治制度中的某些因素，为生产力发展扫清制度障碍，是政治制度文明建设的主要任务。

党的十八大报告指出："中国特色社会主义制度，就是人民代表大会制度的根本政治制度，中国共产党领导的多党合作和政治协商制度、民族区域自治制度以及基层群众自治制度等基本政治制度，中国特色社会主义法律体系，公有制为主体、多种所有制经济共同发展的基本经济制度，以及建立在这些制度基础上的经济体制、政治体制、文化体制、社会体制等各项具体制度。"政治制度是中国特色社会主义制度的核心，政治制度文明建设状况，直接决定着中国特色社会主义制度文明建设。选举制度是社会主义政治制度的一个重要组成部分，在社会主义政治制度中处于基础地位，社会主义政治制度文明建设的首要任务是建设文明的选举制度。

建设文明的选举制度，是选举制度建设的价值取向，也是社会主义政治制度文明建设的基础性工程。选举制度是否文明，关键是看它是否符合政治制度文明的基本要求。

一是能否维护社会稳定。选举与社会稳定密切相关。选举制度是否文明，不但直接影响选举秩序，而且影响社会稳定。如果选举制度文明，公民对选举制度的认同程度就会很高，就会自觉地遵守制度规范，按照制度规定履行权利义务，认同选举结果。否则，就会出现蔑视和不遵守制度规范的情况，从而引起选举秩序混乱，选举结束后，对选举结果产生怀疑，不承认选举结果，或者进行政治抗争，有的甚至引起大规模的政治抗争活动，出现社会秩序混乱的局面。

二是能否保障和改善公民的政治生活状况。选举是公民政治生活中的一件大事。文明的选举制度，能够充分保障公民依法行使选举权利，不断强化公民政治参与意识，提高公民政治参与能力，改善公民政治生活质量。

三是能否增进人民团结。选举是人民行使政治权力、组织政府的过程，也是公民参与政治竞争的过程。由于利益诉求不同，政党、社会组织、社会阶层、公民和候选人之间存在着分歧，文明的选举制度不会因为这些分歧的存在而引起社会分裂，相反，经过公平公正的选举，能够不断增进人民的团结。选举结束后，政府也会通过公共政策的调整，最大限度地回应各种利益诉求，尽可能缩小选举过程中出现的各种分歧，最大限度地把人民团结起来，参与国家建设。

四是能否促进生产力发展。恩格斯在 1890 年 10 月 27 日致康·施米特的信中指出："国家权力对于经济发展的反作用可以有三种：它可以沿着同一方向起作用，在这种情况下就会发展得比较快；它可以沿着相反方向起作用，在这种情况下，像现在每个大民族的情况那样，它经过一定的时期都要崩溃；或者是它可以阻止经济发展沿着既定的方向走，而给它规定另外的方向——这种情况归根到底还是归结为前两种情况中的一种。但是很明显，在第二和第三种情况下，政治权力会给经济发展带来巨大的损害，并造成人力和物力的大量浪费。"① 恩格斯对国家权力与经济发展关系的论述，也是关于政治权力与生产力发展关系的论述，因为经济发展速度，追根究底还是由生产力发展状况决定的。选举是授予政治权力的过程，政治权力的授予状况，直接决定着政治权力对生产力发展的反作用。而选举制度是否文明，又直接决定着政治权力的授予状况。文明的选举制度能够彻底废除世袭制，打破权力垄断格局，保证政治权力的授予符合大多数人的意愿，保证政治权力的运行符合绝大多数人的利益，充分调动各

① 《马克思恩格斯选集》第 4 卷，人民出版社 1995 年版，第 701 页。

方面参与国家经济建设的积极性，推动生产力的发展。而不文明的选举制度，是维护政治权力变相世袭的工具，是垄断政治权力的合法外衣。从形式上看，政治权力的授予很民主，而实质上却违背大多数人的意愿，政治权力围绕着少数人的利益运行，忽视大多数人的利益，从而挫伤了大多数人参与国家经济建设的积极性，阻碍生产力的发展。

人民民主是社会主义的生命，是社会主义民主政治的本质特征。党的十八大报告指出，“解放和发展社会生产力是中国特色社会主义的根本任务。要坚持以经济建设为中心，以科学发展为主题，全面推进经济建设、政治建设、文化建设、社会建设、生态文明建设，实现以人为本、全面协调可持续的科学发展。”① “革命是解放生产力，改革也是解放生产力。”②政治体制改革是我国全面改革的重要组成部分，积极稳妥地推进政治体制改革，是推进政治建设、解放和发展生产力的一项重要措施。发展更加广泛、更加充分、更加健全的人民民主，是政治体制改革的价值取向和主要内容。选举是人民当家做主的最主要的途径和方式，根据社会经济政治文化发展变化状况，不断加强选举制度建设，促进选举制度文明，保障人民当家做主，充分调动各方面参与国家各项事业建设的积极性，是解放和发展生产力的重要措施，也是政治建设的基础性工程。

政治制度文明是政治文明的核心，政治制度建设是政治建设的一个重要组成部分。选举制度建设在政治制度文明建设中的基础作用主要体现在国家机关的组织建设上。任何政治制度都是由一定的国家机关制定的。国家机关的组织建设状况，直接决定着政治制度建设状况。文明的选举制度能够充分保障公民根据自己的意愿行使选举权利，保证国家机关按照人民的意愿产生，代表人民的利益和意志，根据人民的意愿行使国家权力，制定符合人民利益的各种制度规范，推进包括政治制度在内的制度文明建设。

四　选举制度建设是“治民民主”向“民治民主”转型的保证

中华人民共和国成立，标志着人民民主政权的诞生，从共同纲领到先

① 《中国共产党第十八次全国代表大会文件汇编》，人民出版社2012年版，第13页。

② 《邓小平文选》第3卷，人民出版社1993年版，第370页。

后制定的4部宪法，都明确规定了人民在国家政治生活中的主体地位，人民当家做主是我国社会主义民主政治的本质和核心。从1953年基层选举开始，人民主要通过直接选举或者间接选举的途径和方式，行使当家做主、管理国家的权力。但是，由于历史和文化传统等方面的原因，人民当家做主并不能一步到位，人民的民主意识和民主能力需要在民主实践中逐步提高，民主习惯需要经过长期的民主实践逐步养成。对于各级政府官员来说，也是如此。从实际情况看，我国社会主义民主发展，经历了一个从"治民民主"向"民治民主"发展转型的过程，选举制度建设在这个转型过程中发挥着重要作用。

（一）"治民民主"及其特征

"治民民主"是我国现实政治生活中存在的一种民主形态。在不同的历史时期，"治民民主"对民主的理解有所不同，但本质特征相同，它是一种治民工具。

1. "治民民主"对民主的理解。"治民民主"对民主的理解主要有以下几种：

（1）把民主理解为"为民做主"或"替民做主"。我们经常能够听到"当官不为民做主，不如回家卖红薯"，这是"为民做主"思想理念的最为典型的表述。从思想渊源看，"为民做主"思想来自封建社会，是封建社会开明官吏民本思想的一种通俗表述，也是人民群众对封建官吏的一种政治诉求。新中国成立后，在干部中把民主理解为"为民做主"的情况还较为常见，在群众中要求干部"为民做主"的政治诉求还相当普遍。这种情况表明，在干部和群众中，还有很多人对我国社会主义民主的本质和要求缺乏正确的认识。由于这种思想理念和政治诉求的普遍存在，在现实生活中，一些干部热衷于"为民做主"或"替民做主"，但往往事与愿违，群众不认可，干部吃力不讨好。而一些群众向干部提出的"为民做主"诉求，也往往得不到回应。

（2）把民主理解为"让民做主"。这是近几年来时常见诸媒体和学术刊物的一种说法。一些领导干部把"让民做主"理解为民主，例如，"让民做主”是“执政为民的根本所在”[①]；“当官要让民做主”[②]；有的学者认为，“‘让民做主’与‘为民做主’是两个不同的概念，有着本质上的区别。前者是还政于民，引导群众参政议政，最大限度地体现民心民意，后者却是少数人为大多数人‘做主’，用领导的意志来代替人民大众的愿望，两者之间事实上就是一个是否发扬民主、是否走群众路线的问题”[③]。不可否认，与“为民做主”相比，“让民做主”无论是从思想理念还是从实际运作看，都向前推进了一大步。但是，把民主理解为“让民做主”，仍然没有准确理解和把握社会主义民主的真正含义。

（3）把民主理解为“由民做主”。这也是近几年来时常能够见到的一种说法。例如，“较之于行政技术层面的‘为民做主’，‘由民做主’更具有正本清源的意义”，“才是现代民主的要义”[④]；“由民做主是中国共产党执政理念的内在部分，是巩固我党执政基础的需要，是中国共产党由革命党向建设党转变的必然要求，它直接关系到社会主义现代化建设的成败：由民做主有助于克服错误的政绩观、实现科学发展，有助于促进社会的和谐稳定，有助于推进基层民主政治建设”[⑤]；由民做主是“当代马克思主义民本观的时代新质”[⑥]；等等。与“让民做主”一样，“由民做主”也是一种进步，但同样没有准确理解和把握社会主义民主的真正含义。

（4）把民主理解为工作作风。在日常生活中，把民主理解为干部工作作风的情况较为常见，例如，要求领导干部“要有民主作风”，“有事要同群众商量”，“说话办事要从群众利益出发”，为人民“掌好权”“用好权”，等等。这些要求都是正确的。工作作风民主，是民主的一个重要方面。但是，如果把民主仅仅理解为一种工作作风，是远远不够的，是没有正确理解和准确把握社会主义民主本质的表现。

2. “治民民主”的主要特征。从对民主的理解看，“治民民主”具有

---

① 李太平：《让民作主：执政为民的根本所在》，《党政干部论坛》2003 年第 10 期。

② 刘长青：《当官要让民作主》，《党建与人才》2000 年第 10、11 期；刘照奎：《当官要让民作主》，《中国民政》1998 年第 10 期。

③ 倪邦瑞：《“为民作主”与“让民作主”》，《民主》2006 年第 9 期。

④ 韩江子：《“由民作主”才是现代民主的要义》，《羊城晚报》2011 年 12 月 28 日，第 A03 版。

⑤ 黄羽新：《论地方党政干部由民作主理念的提升》，《理论月刊》2010 年第 7 期。

⑥ 陈永斌：《为民作主让民作主由民作主——当代马克思主义民本观对传统民本思想的继承和创新》，《浙江传媒学院学报》2007 年第 3 期。

以下几个特征：

（1）主导民主的主体是官而不是民。它是一种官主民主，即官员主导下的民主。“为民做主”、“让民做主”和“由民做主”都由官员主导，而不是由民主导。从形式上看，“让民做主”和“由民做主”也在一定程度上体现了“民做主”，但这种“民做主”是由官员主导的。“有事与群众商量”，是官员在同群众商量，而不是群众自己商量，官员始终起主导作用。因此也可以说，“治民民主”是一种在上级主导和控制下的民主。

（2）官员处于主动地位，人民群众处于被动地位。是否“为民做主”、“让民做主”和“由民做主”，在工作中是否讲民主，完全取决于官员，由官员根据自己的认识和理解作出选择，群众没有选择权利和机会，只能被动接受官员的决定。

（3）是一种自上而下的民主。搞不搞民主，在什么地方、什么方面、什么时间、采用什么方式搞民主，都由上级决定，而不是由民众决定。推动这种民主的力量是上级，而不是基层民众，推进的路径是由上而下，而不是由下而上。

（4）是对官员的一种道德要求，而非制度约束。官员既可以“为民做主”、“让民做主”和“由民做主”，在工作中对人民群众讲民主，也可以不为民做主，不让民做主，不由民做主，在工作中对人民群众不讲民主；既可以在一些问题上“为民做主”，也可以在一些问题上“让民做主”或者“由民做主”；既可以在今天“让民做主”或“由民做主”，也可在明天“为民做主”“替民做主”。总之，官员的选择空间很大。

（5）是一种治民工具，而非民治工具。从“为民做主”看，官员“为民做主”主要有两种情形，即为民（或者替民）决定重要事项和为民主持正义。为民决定管理事项主要涉及民与自然、民与社会的关系，为民主持正义主要涉及民与民的关系。在重要事项决定上，由于利益诉求不同，民与民之间必然存在意见分歧和争议，官员直接替民作出决定，可以排除、平息甚至压制民与民之间的意见分歧和争议，民只需服从官员的决定就可以了，省了很多麻烦。在民与民之间的关系上，一旦出现纷争，特别是出现民欺民的情况时，官员通过为民做主，主持正义，可以恢复道德秩序和法律秩序，维护社会稳定。“让民做主”和“由民做主”，是官员在处理与人民群众密切相关的重大社会事务时，把决定权交给人民群众，由人民群众作出决定，避免自己做出决定而引起群众不满。由于是否把决定权交给人民群众的权力仍然掌握在官员手中，因此，“让民做主”和“由民做主”在本质上也是一种治民的措施。

（二）“民治民主”及其特征

“民治民主”是我国现实政治生活中的另一种民主形态。这种民主形态在思想理念和实际运作中与“治民民主”完全不同，是一种民治工具。

1. “民治民主”对民主的理解。“民治民主”对民主的理解是“民做主”，有事群众自己商量，自主作出决定，而不是“为民做主”、“让民做主”和“由民做主”，“有事同群众商量”。

2. “民治民主”主要特征。从对民主的理解看，“民治民主”有以下几个基本特点：

（1）民主的主体是民而不是官。“民治民主”强调人民的主体地位，在思想理念和政治实践中，强调人民是国家的主人，人民当家做主，人民在决定社会事务、选举产生政府和任免官员时，完全根据自己的意志决定，不需要同官员商量。

（2）民处于主动地位，官处于被动地位。什么时候、什么地方、采用什么方式，讨论和决定什么问题，都是人民说了算。在民主过程中，人民始终处于主动地位，官员则处于被动地位，只能接受人民的决定，按人民的意愿办事。

（3）是一种自下而上的民主。人民群众既是民主的主体，也是民主的社会基础，选举、罢免民意代表和官员，决定重大事项，都以个人充分表达为基础，按照多数人的意愿进行。由间接选举产生的上级国家权力机关，必须由下一级国家权力选举产生，所有由间接选举产生的国家机关，都建立在基层直接选举的基础之上。因此，“民治民主”是一种自下而上、逐级推进的民主。

（4）是一种制度化和程序化的民主。民主的本质和核心是利益，离开了利益的民主是没有意义的。民主过程，实质上是利益分配过程。利益由谁分配，按什么样的原则分配，是区分人治和法治、民主和专制的依据之一。利益由官员按照自己的意愿分配，是人治和专制的表现；由官员按多数人的意愿分配，是民本思想的表现。利益由人民自己分配，是民主的基本要求。但是，不同社会阶层、群体和个人的利益要求是不同的，如何进行利益分配，需要按一定的规则进行。如果人民在进行利益分配时按多数人意愿进行，同时剥夺或者侵害少数人的基本权利，则是一种不公正的分配，是多数人的专制；如果利益分配按多数人的意愿进行，同时尊重和保护少数人的基本权利，则是一种公正和民主的分配。这种公正和民主的分配利益规则，就是民主的制度和程序。它是人民协商一致的结果，是必须严格遵守的制度规范。

（5）是一种民治工具。作为一种民治工具，在处理一切社会事务时，都采用民主的途径和方式进行。例如，在处理民与民、民与社会、民与官的关系时，通过民主程序制定法律，确定民与民、民与社会、民与官的法律关系，把民与民、民与社会、民与官的关系制度化、法律化，再通过民主和法治去实现和维护这些关系。在讨论、决定和处理重大社会事务时，也是采用民主程序进行，根据多数人的意愿做出决定。等等。这里需要特别指出的是，作为一种民治工具，其重点是治官，而不是治民，通过民主和法治限制政府和官员的权力，防止公共权力被滥用，保障公民权利，维护人民利益。

（三）选举制度建设是“治民民主”向“民治民主”发展转型的重要保证

要研究分析选举制度建设在“治民民主”向“民治民主”发展转型中的地位和作用，首先需要研究分析选举在“治民民主”向“民治民主”发展转型中的地位和作用。选举在“治民民主”向“民治民主”发展转型中的基础作用主要表现在以下几个方面：

1. 选举是人民组织、控制和监督政府，实现民治的工具。前述当今世界上的民主国家，在国家治理中都无一例外地采用直接民主和间接民主相结合的方式进行。从我国实际情况看，人民当家做主也是采用直接当家做主和间接当家做主相结合的方式进行。在国家管理中，人民除了通过民主选举、民主决策、民主管理和民主监督等方式直接当家做主外，还通过选举各级国家权力机关、行政机关和司法机关组成民治政府，代表人民行使国家权力，进行国家的日常管理活动。选举是人民组织政府、控制政府和监督政府，保证政府按照人民意愿治理国家、间接当家做主的重要工具。当政府脱离人民意愿时，人民除了对政府进行监督外，还可以通过定期选举重新组织政府。当然，从当今世界各国的情况看，有了选举，不一定能够实现民治，但是，没有选举，就一定不会有民治，人民当家做主的地位就无法实现，因而也无法实现由“治民民主”向“民治民主”的发展转型。

2. 选举是进行民主教育的学校。我国是一个缺乏民主历史和传统的国家，经过几千年的封建统治，人民的“臣民意识”在新中国成立后相当长的一段时间内还较为浓重，即使是经过了几十年的社会主义民主政治建设，“臣民意识”仍然存在，这是“治民民主”能够长期存在的思想意识根源。思想是行为的先导，发展社会主义民主，实现“治民民主”向“民治民主”发展转型，提高公民的民主意识是关键。

民主思想理念的社会化程度直接关系到民主的质量和民主的健康发展。民主教育是普及民主知识、实现民主思想理念社会化的过程，没有或者缺乏民主思想理念指导的民主活动，是很难健康地向前发展的。民主教育的途径和方式很多，理论灌输、政治宣传和民主实践等，都是进行民主教育的途径和方式。选举是一种重要的民主实践，也是进行民主教育的一种重要途径和方式。在选举实践中，公民在行使当家做主权利的同时，还可以受到民主教育，在长期的选举过程中逐步培养和增强民主意识，实现由“臣民意识”向“公民意识”的转变。干部可以在选举实践中逐步树立正确的权力观，增强公仆意识，改变“治民民主”的理念，实现向“民治民主”的转变。

3. 选举是提高民主能力的训练场。“民主能力就是‘人民’决定国家制度和管理国家及社会事务的本领或力量。”① 民主能力是决定民主质量和水平的关键因素之一。仅有民主意识和民主愿望，没有民主能力，就很难把民主理念付诸实施，民主的愿望也就很难成为现实。前述我国是一个缺乏民主历史和传统的国家，新中国成立后，虽然经过了几十年的社会主义民主政治建设，但是，仍然有相当部分的干部群众的民主能力偏低，很难适应社会主义民主政治发展的需要。例如，一些干部很想推动民主的发展，但缺乏推动民主的能力，不知道从哪里推动，也不知道如何推动，往往采用不民主的方式推动民主，群众并不满意。一些群众的合理利益诉求，不知道能通过哪些民主途径表达，也不知道如何表达，缺乏沟通和协商能力，通常是找领导，希望领导为自己做主，有的甚至采用非理性方式表达。这种情况是“治民民主”长期存在的社会基础，也是“治民民主”

① 杨忠科：《论“执政能力”与“民主能力”》，《郑州大学学报》2006年第2期。

向“民治民主”发展转型遇到的能力障碍。

干部群众的民主能力，需要在民主的实践中不断提高。选举是最重要的民主实践，公民行使选举权利的过程，不但是受到民主教育和增强民主意识的过程，而且是进行民主训练、提高民主能力的过程。从我国的选举实践看，在选举过程中，公民的信息获取能力、认知能力、鉴别能力、表达能力、沟通能力、协商能力、选择能力和监督能力等，都会得到不同程度的锻炼和提高，进而从整体上提高公民的政治参与能力。干部作为公民，这些能力同样会得到锻炼和提高，此外，在选举过程中，干部了解、收集、分析和整合民意的能力，组织动员能力和竞争能力等，也会得到相应的锻炼和提高。可以说，选举是民主能力的训练场，干部群众的民主能力，会在长期的选举实践中不断得到锻炼和提高。

4. 选举是培养民主习惯的主要途径。民主习惯是基于民主价值认同而形成的一种稳定的思维方式和行为模式。在“治民民主”向“民治民主”发展转型过程中，培养干部群众的民主习惯，是巩固和发展转型成果的重要保证，只有干部群众在政治生活中逐步形成了用民主方式思考和处理问题的习惯时，“民治”才能长期存在和健康地发展下去。干部群众的民主习惯，需要在长期的民主实践中逐步形成，选举是最重要的民主实践，依法定期举行的选举活动，对群众来说，可以把在选举实践中不断强化的民主理念逐步转化为一种思维方式，把在选举实践中不断提高的民主能力逐步转化一种行为模式，并把它延伸到社会公共事务的决策、管理和监督中去，逐步养成用民主的方式思考和处理问题的习惯。对干部来说，在长期的选举实践中会养成珍惜人民赋予的权力、按人民意愿办事、依法行使职权、自觉接受人民选择和人民监督的习惯。

第十一章

中国选举制度运作中的若干问题与对策

一 选举方式民主化：直接选举与间接选举问题

（一）我国人大代表选举方式的确定及其发展

人大代表的选举方式一般分为两种：直接选举和间接选举。直接选举是指人民代表大会的代表由选民在选区直接投票产生；间接选举是指上一级人民代表大会的代表由下一级人民代表大会的代表投票选举产生。根据选举法第二条的规定："全国人民代表大会的代表，省、自治区、直辖市、设区的市、自治州的人民代表大会的代表，由下一级人民代表大会选举。不设区的市、市辖区、县、自治县、乡、民族乡、镇的人民代表大会的代表，由选民直接选举产生。"① 我国各级人大代表选举方式采取直接选举与间接选举相结合的原则，即县、乡两级人大代表由选民直接选举产生，县级以上（不包括县级）地方各级人大以及全国人大代表由下一级人民代表大会间接选举产生。

我国选举制度采取直接选举和间接选举相结合的原则是从我国1953年第一部选举法开始的。当时我国正处于新中国成立初期，国家的经济还很不发达，交通也不便利，人民群众的民主意识和文化水平还不高，实行较大范围的直接选举还有一定的困难，因此，1953年选举法规定："全国人民代表大会之代表，省、县和设区的市人民代表大会之代表，由其下一级人民代表大会选举之。乡、镇、市辖区和不设区的市人民代表大会之代

---

① 《中华人民共和国全国人民代表大会和地方各级人民代表大会选举法》，《人民日报》2010年3月15日第15版。

表，由选民直接选举之。"[①] 1953年2月11日中央人民政府委员会第二十二次会议上，邓小平同志在草案说明中对采用直接选举与间接选举相结合的原则作了具体的解释。他指出，选举法草案规定了我们只在乡、镇、市辖区及不设区的市等基层政权单位实行直接选举，而在县以上则实行间接选举。这就说明，我们的选举还不是完全直接的。这是由于我们国家目前的社会情况、人民还有很多缺乏选举经验以及文盲尚多等实际条件决定的。如果我们无视这些实际条件，现在就勉强地去规定一些形式上好像很完备而实际上行不通的选举方法，其结果是除了增加选举的困难和实际上限制许多公民选举权利之外，没有任何好处。我国选举法的实质，是着眼于实际的民主。鉴于全国各地情况不一，而我们又系初次进行这样全国性的选举，无论领导方面或群众方面都还缺乏经验，所以有些条文，只作了概括性的规定，这仍是在目前条件下能够充分保证人民民主权利切合实际行得通的办法。随着我国政治、经济、文化的发展，我们也一定要采用像苏联那样更为完备的选举制度。从邓小平同志对1953年选举法草案所作的说明中我们可以看出，直接选举符合马克思主义关于民主选举的理论，是我们追求的目标和今后努力的方向，只是因为当时中国实行直接选举的条件还不完备和成熟，才确定了直接选举与间接选举相结合的原则，既保障人民当家做主的权利，又兼顾新中国成立初期的特殊国情。

1953年选举法只规定乡、镇一级和不设区的市、市辖区采取直接选举的方式，县和县级以上各级人大代表都是间接选举产生的。随着社会的发展，尤其是对"文化大革命"惨痛经历的反思，1979年我国重新修订了选举法，此时国家的政治、经济、文化等各个方面较之新中国成立初期都发生了巨大的变化，剥削阶级作为一个阶级已经不存在了；人民群众的政治觉悟、民主意识、文化素质都有了很大的发展；十一届三中全会召开不久，发展经济、加强社会主义民主与法制建设已成为全国人民的共同愿望；经过多年的实践，我们也积累了较丰富的选举经验。这一切都为进一步扩大直接选举的范围提供了可能，于是，重新修订的选举法将直接选举扩大到了县一级。这一修改，扩大了人民群众直接参与国家政治生活的渠道，增强了广大人民群众当家做主的主人翁意识，调动了广大人民群众参

① 刘政、于友民、程湘清主编：《人民代表大会工作全书》，中国法制出版社1999年版，第104页。

政议政的积极性，同时也进一步密切了代表和选民的联系，有利于选民对代表的监督。正如彭真同志在草案说明中所指出的，“把直接选举人民代表大会的范围扩大到县一级。在一个县的范围内，群众对于本县国家机关和国家工作人员的情况是比较熟悉和了解的，实行直接选举不仅可以比较容易地保证民主选举，而且便于人民群众对县级国家机关和国家工作人员实行有效的监督”①。从1979年选举法修订将直接选举的范围扩大到县一级的过程来看，1953年我们党所作出的承诺并没有停留在纸面上，而是切实地根据国情的变化和条件的成熟，逐步扩大了直接选举的范围，从而在保持国家长治久安的基础上，不断扩大人民群众直接参与国家政治生活的范围。因此，只要符合国情、具备条件，就可以适时地扩大直接选举的范围；直接选举的范围不是人为设定的禁区，而是随着社会的发展可以不断扩大的。

经过改革开放这么多年的长足发展，是否可以说我们已经具备了一定的扩大代表直接选举层次的条件，或者至少可以在一些经济比较发达、民主政治比较发展、公民素质比较高的设区的市先搞些试点，然后再逐步推广，从而逐步提高民主的程度和水平？邓小平同志在1987年就曾做过回答：“即使搞普选，也要有一个逐步的过渡，要一步一步来。我向一位外国客人讲过，大陆在下个世纪，经过半个世纪以后可以实行普选。现在我们县级以上实行的是间接选举，县级和县以下的基层才是直接选举。因为我们有十亿人口，人民的文化素质也不够，普遍实行直接选举的条件不成熟。”② 朱镕基总理在2000年3月九届全国人大会议的记者招待会上也明确回答：“至于直接选举向上能扩大到哪一级、多么快，我当然希望越快越好，但那要取决于经济、文化、社会发展的条件。”③ 由此可见，直接选举是我国民主政治的必然要求和发展方向。

（二）直接选举的理论定位和制度优势

1. 直接选举的理论定位。人类社会最早采用的政治上的民主制通常

① 刘政、于友民、程湘清主编：《人民代表大会工作全书》，中国法制出版社1999年版，第128页。

② 邓小平：《会见香港特别行政区基本法起草委员会委员时的讲话》（1987年4月16日），《邓小平文选》第3卷，人民出版社1993年版，第370页。

③ 《朱镕基总理会见中外记者回答记者提问》，光明网 http：//www. gmw. cn/01gmrb/2000－03/16/GB/03%5E18361%5E0%5EGMA1－112. htm。

是直接民主制，古希腊雅典的民主制当属最典型的代表。但是当时雅典实行的直接民主制存在很大的局限性：首先，雅典的公民范围极其有限，不但排除了妇女，而且排除了生而没有自由的奴隶。其次，雅典的民主制政体还混有一定的贵族制和君主制因素；最为关键的是，雅典的直接民主模式的生存空间极为有限，一般都是方圆几十公里、人口数千的城市[①]。随着疆域的扩大和国家事务的繁杂，这种直接民主模式不得不让位于君主制和贵族制政体。到了近现代，直接民主制仅存在于少数地方极小的范围内，如 17 和 18 世纪美国的镇民大会、英格兰和威尔士那些居民不足 300 人的教区举行的教区大会、美国新英格兰各州较小城镇的镇民大会和瑞士部分州的小乡镇镇民大会等。换言之，在近现代民族国家中要推行民主制，就不可能推行类似于古希腊的直接民主制，而只能实行代议民主政体。因而，代议民主思想成为近现代主流民主思想。但是，人民对直接民主制的向往从未停止，并且也正是到了近代，人类才有了自己真正系统而成熟的直接民主理论。对此做出贡献的主要有斯宾诺沙、卢梭和马克思等。斯宾诺沙认为直接民主政体是最美好、最合理的政治制度，因为在所有政体中，直接民主政体是最自然并与个人自由最相符合的政体[②]。卢梭从主权在民原则出发，坚决反对代议制，极力主张直接民主："正如主权是不能转让的，同理，主权也是不能代表的；主权在本质上是由公意所构成的，而意志又是绝对不可以代表的；它只能是同一个意志，或者是另一个意志，而绝不能有什么中间的东西。""在古代共和国希腊里，而且甚至于在古代的君主国里，人民是从不曾有过代表的，他们并不知道有这样的一个名词。""在希腊人那里，凡是人民所需要做的事情都由人民自己亲自去做；他们不断地在广场上集会。他们生活在温和的气候里，他们绝不贪求；奴隶们在做他们的劳动；他们的大事只是自己的自由。"[③] 卢梭的人民主权学说对现代民主选举制度产生了深远的影响。

现代民主选举制度的理论基础是人民主权学说，是资产阶级革命的胜利成果；如果没有人民主权的理论学说，就不会有现代意义的民主选举制

① 参见彭宗超：《公民授权与代议民主——人民代表直接选举制比较研究》，河南人民出版社 2002 年版，第 19—20 页。

② 参见［荷］斯宾诺沙《神学政治论》，温锡增译，商务印书馆 1963 年版，第 226 页。

③ ［法］卢梭：《社会契约论》，何兆武译，商务印书馆 1980 年版，第 125 页。

度[①]。马克思和恩格斯经历了英国、法国和德国的资产阶级革命，参与了巴黎公社的实践，在分析和批判资产阶级法制的基础上，进一步阐释了直接民主的思想，他们认为无产阶级打碎旧国家机器，就是要废除资产阶级三权分立的代议制，而应采取巴黎公社制。公社并不是议会式的，而是同时兼管立法和行政的机关，其一切职位均由选民直接选举产生，并受选民的监督和罢免，一切公职人员都只领取相当于工人工资的薪金。马克思在《法兰西内战》中分析了巴黎公社的成功经验，巴黎公社的秘密就在于它实质上是工人阶级的政府，是劳动者在经济上获得解放的政治形式；公社必须由各区选民投票选出的城市代表组成；代表议会应当主管一切公共事务，选民可以随时撤换代表。[②] 列宁在《布尔什维克能保持国家政权吗?》一文中对新型国家机构的特性作了精辟的分析，它保证有工农武装力量，并且这个武装力量是同人民有极密切的、不可分离的、容易检查和更新的联系，这样的联系，从前的国家机构是从来没有的；这个机构的成员不是经过官僚手续而是依民意选出和更换的，所以它比以前的机构民主得多[③]。

综合以上的分析，我们可以对直接选举和间接选举的历史选择理出一个比较清晰的脉络，那就是直接选举便于选民直接挑选自己最了解、最信任的人参加到国家权力机关中去，代表选民的意志行使国家权力，同时可以加强选民对代表的监督，有利于代表随时听取广大选民的意见，及时反映他们的呼声和要求，因而使选民的民主权利能够直接得到实现。[④]

2. 直接选举的制度优势。首先，直接选举能充分反映选民的意愿。选民根据自己对候选人的看法作出评判，中间没有被忽略、缩小、曲解或违背，选民个人权利得到了尊重和维护。一个政治上比较优秀、顾全大局的人，也可能因为某些事项或见解，引起一些选民的不满，选民根据自我环境约束条件作出的判断，从大的范围讲，也可能不那么理性，从而对候选人的选票产生影响。但是，这种影响在政治上具有合理性，候选人的选票数在客观上一定程度地反映了他政策执行的效果，这种影响和效果在间

---

① 参见蔡定剑主编《中国选举状况的报告》，法律出版社 2002 年版，第 371 页。

② 参见《马克思恩格斯选集》第 3 卷，人民出版社 1995 年版，第 58—59 页。

③ 参见《列宁选集》第 3 卷，人民出版社 1995 年版，第 295—296 页。

④ 参见任学辉《谨论“直接选举”的优越性》，《绵阳经济技术高等学校学报》2002 年第 4 期。

接选举中有可能被掩盖[①]。

其次，直接选举是反对官僚主义的犀利武器。直接选举中，特别是最高行政长官的直接选举中，选民的选举权与罢免权是叠合的，在权利委托的方向上是收敛的。这将使当选者真正意识到，他们的权力是来源于下面最广大的选民，而不是来源于一少部分人或上面某一级组织或个人，如果人民赋予的权力没能很好地行使，人民将收回他们的权利，他们不敢懈怠，他们的公仆意识大大增强。同时，直接选举需要有选民自己的看法和偏好，他将自觉或不自觉地形成自己的看法和偏好，候选人的资格或当任者任期内的表现自然将纳入他的关心范围之中，他们的监督意识得以唤醒和加强。这就使当任者时时刻刻受到了千百双眼睛的注意，他们不敢恣意妄为。

再次，直接选举为民众的情感诉求提供了便捷稳定的机制。直接选举更有利于释放民众的心理情绪，它通过言论发泄、投票取舍等预定的法定程序，以和平理性的方式，使民众积极或消极的心理情绪得到消解和平衡。它为社会改革创造宽松的环境，为消化和吸纳改革政策带来的消极后果提供了较多的回旋余地。它拉近了人民与最高行政长官的距离，增强了人民对最高行政权威的亲切感和依赖感[②]。

最后，直接选举具有强大的政治教育功能。当人们参加直接选举时，他们将走出职业小圈子的局限，熟悉政治知识，学会理解他人，培养少数服从多数的习惯，通过达成同感和共识，采取共同的集体的政治行动。这一过程，对他们来说，将是一场真实而生动的思想政治训练。它使选民自觉成为社会中富有责任感和正义感的一员，使选民的智力水准和道德能力得到普遍提高，增强了选民的向心力和凝聚力。

（三）扩大人大代表直选是一个渐进的过程

既然扩大代表直选是时代的必然，也是历史的必然，那么如何把这种必然性转化为现实呢？代表直选有可能扩大到哪一级？

间接选举毕竟是一种初级的民主，“是一种因直接民主一时不具备实

① 参见程建峰、李云平《扩大人大代表直接选举范围的思考》，《行政与法》2004 年第 6 期。

② 参见蔡定剑主编《中国选举状况的报告》，法律出版社 2002 年版，第 376—377 页。

现条件而采取的不得已的权宜之计”[①]。选举是民主运作的方式，它既是民主化的目标，又是民主化的工具，合理的选举方式是民主制度成功的关键所在。当前我国经济政治文化等条件都已经发生了变化，市场经济体制正在逐步建立和成熟，扩大直接选举范围已经是我国的当务之急。但学者对于扩大直接选举范围的程度有不同的看法：直接选举范围究竟扩大到哪个层级是适宜的呢？有人赞成直接扩大到全国人民代表大会，有人提出可以扩大到省级人民代表大会，也有人提出现阶段只能在省级以下人大选举中实行直接选举。

20 世纪 50 年代，人大代表直接选举的范围为乡镇，不设区的市、市辖区，县、自治县不实行直接选举，这是充分考虑到当时的政治、经济、文化等发展情况作出的合理的制度安排。1979 年选举法在此基础上，将直接选举扩大到县、自治县，这充分体现了社会主义民主循序渐进、逐步发展的理念。根据这些历史经验和发展趋势，下一步扩大直接选举可以考虑设区的市。因为设区的市选民文化素质比较高，权利意识不断增强，经济的迅速发展也为直接选举提供了坚实的财政保障。社会主义民主是一个渐进的过程，不能一蹴而就，只有一步一个脚印，在坚持党的领导的前提下，促进公民有序的政治参与，才能实现最为广泛的人民民主。

二　代表结构比例问题

（一）我国的代表结构比例的现状

在现行选举制度框架下，代表结构比例一般是通过以下 7 组数据反映出来的，即性别、年龄、民族、政治面貌、文化程度（即受教育水平）、代表身份构成和代表行业分类（代表界别）[②]。

在实际的统计中，由于不存在模糊概念，前五组数据是比较容易把握的，即代表性别比例（男女）、代表年龄构成（老中青）、代表民族状况（汉族与少数民族）、代表政治面貌（中共党员、民主党派、无党派、群众）、代表文化程度（大专、高中、初中、小学）。

---

① 参见张谦元《县乡人大代表直接选举问卷调查》，《人大研究》2004 年第 9 期。

② 参见史卫民、雷兢璇《直接选举：制度与过程》，中国社会科学出版社 1999 年版，第 433 页。

实践中比较难界定也比较容易混淆的是代表身份构成和代表行业分类，但它们最能体现和反映代表结构比例。代表身份构成主要是将代表分为工人、农民、干部、知识分子、解放军、民主人士、爱国人士、宗教人士、归侨等类别，分别加以统计。代表的行业分类一般分为：政府部门、人民团体、公检法司、工业、农业、流通、教科文卫、解放军、其他。

代表结构比例一般在各省制定的选举实施细则中体现出来[①]，例如《江苏省各级人民代表大会选举实施细则》规定，地方各级人民代表大会的代表，应当具有广泛性；县级以上的地方各级人民代表大会代表中，工人、农民、知识分子、国家工作人员、人民解放军、少数民族、各政党和爱国人士、归国华侨、台籍同胞等要有适当数量的代表；代表中妇女应当有一定的比例。但是在选举开始前，多数地方往往会进一步对代表构成做出更为具体的比例要求，以便于基层选举单位的操作，保证预期选举目标的实现，比如工农代表占 40% 左右，知识分子代表占 30% 左右，干部代表占 20% 左右，归侨和其他方面的代表占 10% 左右；代表中非中共党员的比例不低于 35% ，等等。

（二）代表结构比例与区域选举制的矛盾

民主选举是一个不确定的过程，谁也无法预测选举的结果，但是预先设定的代表结构比例如何在选举实践中转变为现实呢？要实现预期的代表结构比例，首先遇到的问题就是与区域选举制的矛盾。因为根据选举法的规定，我国实行的是区域选举制，但是根据人民代表大会制度的要求，需要有方方面面的人物来参加[②]。为什么要有方方面面呢？目的在于更好地体现社会主义民主的性质。但是，区域选举制是不能保证方方面面的代表人物当选的。从理论上讲，在一个选区内，选民只要选出能够代表选区利益的人就可以了，因此代表的结构比例是无法控制的。但是，在确定代表候选人时，往往要求考虑代表的整体结构。为此，选举机构不得不进行代表资源摸底，下达一些指导性计划，对代表的结构比例提出指导性意见，并要求在工作上进行“引导”。有的甚至提出一些硬性要求。因此，在选

---

① 参见张敬武《从代表构成看公民政治参与》，《人大研究》2005 年第 1 期。

② 参见尹中卿、徐华飞《全国人大代表数量结构改革的设想和建议》，《政治与法律》1994 年第 3 期。

举过程中，在一些选区里，一些“无、知、少、女”（即无党派人士，知识分子，少数民族，女性）和“白、骨、精”（即白领阶层，业务骨干，精英人物）往往受到关注。一个人身上可以解决四个方面的结构比例问题，在提名和协商过程中拥有很大优势。有的选民感到选举机构的做法不民主，实质上是一种制度冲突造成的[①]。

（三）代表结构比例要求的弊端及对选举的影响

代表结构比例的限定，给人大代表的选举带来了更多的限制：在划分选区和分配名额时，除了必须考虑的人口因素、性别因素、党派因素、民族因素外，还要同时考虑身份因素和行业因素。代表名额考虑结构比例，容易在选举中造成如下弊端：

1. 选举委员会确定的代表身份与选区大多数选民身份不一致，如在以农民为主的选区产生干部代表或知识分子代表，在以城镇居民为主的选区产生归侨代表或爱国人士代表。

2. 代表与其所在选区的主要行业不一致，如以企业为主的选区产生事业单位的代表，以农业为主的选区产生其他行业的代表。

3. 为了满足代表结构比例的要求，不得不模糊部分代表的身份，如将农民出身的干部划在农民一类，将知识分子出身的干部划入知识分子一类；对不好界定的代表，如农民企业家、合资企业的中方经理，归入工人或农民中[②]。

4. 对代表的限制条件过多，使选民选择余地缩小，一定程度上使得选民的选举权和提名权打了折扣，引起选民的不满，也导致了厌选的情绪[③]。

5. 代表本身对代表的选区认识模糊，不清楚自己到底主要代表哪一部分选民的利益和意志。

6. 人为造成目前人大代表结构上普遍存在的“三多三少”的现象和

---

① 参见孙少衡《论人大代表结构中“三多三少”现象的成因与对策》，《人大研究》2001年第10期。

② 参见张建民《完善人民代表大会制度要从改善代表结构做起》，《湖湘论坛》2003年第2期。

③ 参见孙少衡《论人大代表结构中“三多三少”现象的成因与对策》，《人大研究》2001年第10期。

“两多两少”的趋势，即党员代表多，非党员代表少；干部代表多，工农代表少；党政领导干部多，一般干部少；富裕阶层越来越多，社会弱势群体越来越少；经营管理者越来越多，普通职工越来越少。

7. 对党与非党、妇女、少数民族等代表的结构比例要求的执行过于机械。一些地方过多强调代表比例，强调代表的广泛性和代表性，在代表名额比例确定之后，重点放在逐级划分比例，再将比例分配到选区，选区再按比例要求通过大量的工作去实现，这样往往出现了“对号入座”式选人。

在众多弊端因素的限制下，代表的“代表性”往往变得十分模糊，所有代表所代表的都是一般性的没有特定含义的人民的利益，工人、农民、干部、知识分子等也成为一般性（甚至有相当成分的任意性）的身份标签而不具备实际意义；行业的划分也只是满足代表比例的需要，与各行业的实际利益不能完全合拍。“代表性”的模糊实质上就是代表权的减损，使代表难以得到相关社会群体的认同和支持①。如果每一个代表所代表的社会群体不能明确划分和统一起来，那么整个代表群体的“代表性”就会出现大的问题，因为所谓的“人民的利益和意志”，是“人民”范畴中的各社会群体利益和意志的总和，没有具体体现某个社会群体利益和意志的代表，自然难以聚成代表整体人民利益和意志的代表群。相应地，人大代表作用乃至人民代表大会的作用就难以得到充分的发挥，至少受到很大的限制②。

（四）“代表性”与“广泛性”如何实现

我国是人民当家做主的社会主义国家，因而享受民主权利的主体极其广泛，依法享有政治权利的选民占 18 周岁以上公民的 99% 以上。同时，公民参与社会主义民主的内容非常广泛，包括了政治、经济、教育、科学、文化、卫生等诸多方面。所以，人大代表的构成应当有宏观上的设计和考虑。工人、农民、妇女、知识分子、民主党派、少数民族等方面应占一定比例，代表社会的各个方面。注重人大代表合理的群体结构，有利于

---

① 参见史卫民、雷兢璇《直接选举：制度与过程》，中国社会科学出版社 1999 年版，第 440 页。

② 参见朱应平《论人大规模、结构及其重构》，《华东政法学院学报》2004 年第 3 期。

调动广大群众当家做主的积极性，有利于安邦治国和坚持人大代表的广泛性、先进性和代表性原则[①]。正因为如此，每次换届选举中，对代表结构，从总体上提出了各方面的比例。一定范围内规定结构和比例，要求选民在广泛性的基础上，考虑各方面的代表人物，选举产生出结构比例合理，并充分体现本阶层、本系统、本地方各自特点的人大代表。在此基础上，把人大代表的广泛性、代表性、先进性有机统一起来。因此，从这个角度看，通过代表结构比例来实现人大代表的“代表性”，体现人民代表大会的“广泛性”，是无可厚非的，也是实践中较为简单易行的、具有操作性的方法。

但是，民主选举的本质特征是民主性，代表结构的合理只能在充分发扬民主的基础上经正确引导来实现，而不能作为对民主选举的一种硬性要求。硬性规定代表结构比例或者直接向选民下达结构比例，实际上已严重侵犯了选民的民主权利，这也是选民对选举活动产生厌倦、反感等消极心理的一个重要因素。同时，强调代表结构比例绝不能忽视代表的基本素质这一至关重要的问题，更不能以牺牲代表素质来满足代表结构比例的要求。从某种意义上讲，代表的基本素质就是各级人大及其常委会的生命力，这比什么都重要和关键。我国宪法规定：“中华人民共和国的一切权力属于人民”，“人民行使国家权力的机关是全国人民代表大会和地方各级人民代表大会”。人大代表代表人民行使权力，管理国家事务，是充分发扬民主的具体体现，而代表素质不高，管理国家事务的能力不强，就不能充分发扬民主，就不能很好地发挥代表的作用。所以，代表素质的高低直接关系到宪法和法律赋予人民当家做主权利的行使，从而也关系到人民代表大会制度的进一步完善。合理确定代表的构成比例，其着眼点也只能从人大制度的职能和优化代表资源的配置出发，在注意代表的广泛性（即比例）的同时，着重考虑代表执行职务的特殊性（执行代表职务的素质条件）。当然，对代表结构提出各方面的比例，是人大代表的广泛性和代表性的要求，有利于保证从整体上提高代表素质。但过分强调代表结构、比例，又会出现忽视代表素质、水平的问题，这就要求我们必须随着实践的发展更新观念，不断优化和改善代表结构，坚持人大代表的广泛性

---

① 参见王金红《从人大代表辞职引发对人大代表构成及代表性的思考》，《岭南学刊》2005年第1期。

和代表结构合理性的有机统一。

1. 正确认识代表的“代表性”“广泛性”的含义。人大代表的广泛性、代表性不应简单地等同于身份或者职业的广泛性，而应通过意见和思想来反映。一位人大代表即使没有务过农，只要他关心三农问题，了解农民的想法，完全可以成为农民的代言人。反之，一位人大代表，如果不关心三农问题，或者虽然了解农民的想法，但是没有深入思考、有效表达，即使在代表结构上被划归为“农民”代表，也很难真正成为农民的代言人。

2. 确定符合当代中国社会状况的代表分类制度。现行的代表身份分类存在标准的不确定性，使得“身份”的划分越来越没有意义。在“身份”的分类中，出现了一系列的难题：工人或农民出身的领导干部，是应按其出身确定为工人、农民，还是应按其现在从事的工作确定为干部；生产活动、经济活动中的管理者，是应按其现在从事的生产、经济活动所具有的劳动性质确定为工人、农民，还是应按照管理者与被管理者的性质确定为干部[①]；具有较高学历甚至高级职称的领导人员，是否可以不确定为干部而确定为知识分子；具有高学历和职称的教师和科研人员，作为民主党派的成员，是确定为知识分子还是民主党派。为了解决这些难题，实践中的一种做法是根据选举设定的代表结构比例，“按需分配”，比如工人、农民代表比例较低，就将企业领导或乡镇干部划为工人、农民；干部比例较高，就将部分干部划为知识分子，从而求得统计数据上的大体平衡[②]。这种做法带来了两大弊端，一是任意曲解和使用划分标准，造成“身份”区分的随意性，使“身份”划分既不严肃，又不科学；二是丧失了统计的准确性，统计出现误区，人大代表的真实结构无法掌握，直接导致了人大代表社会属性的模糊化，无法实现“代表性”和“广泛性”的初衷。

随着改革开放的深入，中国社会的群体划分已经不再是阶级划分，而是社会阶层划分或社会利益群体划分，传统的身份称谓如工人、农民、干部、知识分子等不但已经失去阶级划分的意义，还在政治、经济、生活状况发生巨大变化的冲击下，注入了许多新的内容，界限和内涵已变得越来

① 参见张敬武《从代表构成看公民政治参与》，《人大研究》2005 年第 1 期。

② 参见张谦元《县乡人大代表结构监督问题探讨》，《甘肃社会科学》2004 年第 6 期。

越模糊[①]，并且已不能涵盖社会所有的群体，如果继续使用这些身份称谓，必须对其进行重新界定，从而确定符合当代中国社会状况的代表分类制度。

工人，专指正在从事工商业生产和服务业的劳动者，国营企业、集体企业、合资企业、私营企业以及乡镇企业内的职工，无论是固定工、合同工，还是临时工，都应该包括在内。

农民，专指正在从事农业生产的劳动者，村民委员会“干部”，村办企业的管理者和劳动者以及农村从事非农业生产的个体劳动者。

知识分子，专指具有中等专业以上文化水平正在从事或主要从事专业技术工作的脑力劳动者，包括教师、科研工作者、医务人员、文艺工作者、律师、记者、体育工作者。

干部，专指国家机关（包括各级党委、政府、人大及其职能部门）和各级管理部门的领导、公务员和一般工作人员，同时应当包括国有企业、事业单位的管理人员。

军人，专指中国人民解放军现役官兵、武装警察和各级武装部队成员。

自由职业者，专指城镇中从事个体职业的劳动者。

需要说明的是，宗教人士、爱国人士和归侨不是职业的划分，而是几种不同的政治身份，因而不能与上面的六类并列[②]。

3. 各政党、各人民团体在单独或者联合提名代表候选人时，要充分考虑代表的“广泛性”要求，保证提名的候选人既具有较强的“广泛性”，同时要充分发扬民主，让选民或者代表联名提出的代表候选人与政党、人民团体联名提出的代表候选人具有同等的法律地位，进一步夯实代表候选人具有广泛性的制度基础。

4. 合理借鉴西方国家选举制度的有益经验。以德国的选举制度为例，德国联邦议员的656个议席被平等分为两部分，第一部分的328个席位由选民直接投票给候选人，每一个选区有一个议席，由得票最多的一人获得

① 参见吴建国等主编《当代中国意识形态风云录》，警官教育出版社1993年版，第117—136页；王年一《大动乱的年代》，河南人民出版社1996年版，第145—156页；朱光磊《当代中国政府过程》，天津人民出版社2002年版，第245—279页。

② 参见史卫民、雷兢璇《直接选举：制度与过程》，中国社会科学出版社1999年版，第445页。

(不一定过半数)，这是典型的单名多数制，称为第一票；另外的328个席位是选民投给参加竞选的政党的，各政党按得票的比例多少来分配这一部分席位并由政党自己决定进入议会的人员名单，这称为第二票。“两票制”的制度设计，既可以通过第一票充分体现广大选民的意愿，又可以通过第二票保证中小政党的充分参与，体现选举的“代表性”和“广泛性”。尽管我国实行的人民代表大会制度与西方国家的议会制度存在本质的区别，但是选举制度设计中的这一有益经验，值得我们进一步研究和参考。

三 选民登记问题

选民登记，是选举机构对依法享有选举权的公民实行登记注册，以便公民取得选举投票资格的一项选举制度。选举登记的实质是对公民选举权的确认，是公民在法律上享有的选举权转化为实际上能够行使的选举权利的必要程序①。没有经过选民登记的公民，即使从法律规定上享有选举权利，也不能实际参加投票选举。选民登记的目的是为了保证选举有序地、公正地进行，防止弄虚作假。我国现行选举法对选民登记的原则、程序、方法有较明确的规定，各地在实践中也积累了许多成功的经验，但现行选民登记制度中存在的问题依然很多，必须采取对应措施。

(一) 现行选民登记的方法

1979年选举法和1982年修改后的选举法都没有规定选民登记的具体做法，只原则规定选民登记按选区进行。各地实际的做法是，在选举前由选举工作部门对选区内的选民重新进行一次登记。由于选民登记工作量大，耗费时间长，为了解决实际困难，1986年修改选举法时，简化了选民登记的手续，采取一次登记长期有效的做法。选举法第二十六条规定：“选民登记按选区进行，经登记确认的选民资格长期有效。每次选举前对上次选民登记以后新满十八周岁的、被剥夺政治权利期满后恢复政治权利的选民，予以登记。对选民经登记后迁出原选区的，列入新迁入的选区的选民名单；对死亡的和依照法律被剥夺政治权利的人，从选民名单上除

① 参见胡盛仪等《中外选举制度比较》，商务印书馆2000年版，第187—188页。

名。”根据这一规定，我国公民只要在年满十八周岁后的第一次选举活动时进行选民登记，以后只要没有发生选区变动或者被依法剥夺政治权利，一直到死亡都无须再进行选民登记。但享有选举权的公民经过选民登记后，如果发现患有精神病不能行使权利的，经选举委员会确认后，不列入选民名单，仍不能参加选举。

（二）现行选民登记工作中存在的主要问题

1. 选民登记实际是登记选民，不仅大大增加了选举的工作量，造成人力、物力、财力的极大浪费，不利于培养公民的选举意识。由于法律没有明确登记选民是由选举机构上门登记，还是选民自愿到选举机构登记，而实践中为了追求高参选率，都是采取上门登记的办法，“选民登记”成了“登记选民”，大大增加了选举工作量，使选举工作的很大一部分人力、物力、财力都花在选民登记上[①]。1986 年选举法修改时，将选民登记改为一次登记长期有效，工作量虽然有所减轻，但并未能根本解决问题。负责地方选举工作的人员反映，由于每次选举都要对选民名单逐项进行全面审核，工作量仍然很大。同时，由于登记选民把责任加给了选举机构，不仅不利于培养公民的选举意识、提高参选的自觉性和热情，而且一旦出现漏登情况，选举机构很容易陷入被动的境地。

2. 流动人口回原籍地参加选民登记和选举很困难，参加现住地选举手续烦琐，造成大量流动人口的选举权利实际得不到实现。改革开放以来，由于市场经济机制的建立和完善，公民的流动性大大增加，个别地区流动人口甚至超过当地人口。比如广东省东莞市虎门镇，当地人口只有 5 万多人，而外来人口达 10 多万人。

根据 1983 年《全国人大常委会关于县级以下人大代表直接选举若干规定》，选民在选举期间临时在外地劳动、工作或者居住，不能回原选区参加选举的，经原居住地的选举委员会认可，可以书面委托有选举权的亲属或者其他选民在原选区代为投票。选民实际上已经迁居外地但是没有转出户口的，在取得原选区选民资格的证明后，可以在现居住地的选区参加选举。1983 年全国的流动人口大约有 3000 万，目前有将近 1 亿 3000 万人。流动人口已经达到目前这么大的规模，还要求这么多人采取委托投票

① 许尚森、王庆《登记选民与选民登记》，《中国民政》2003 年第 2 期。

或者从原籍开证明参加选举，是否合适，的确需要研究[①]。选举实践中，流动人口比如城市中的外来务工人员在选举期间专门赶回原选区参加选举几乎不可能，外来务工人员回原籍参加选举成本很高，作为务工人员难以承受这些开支。尤其是在城市内流动的公民，实际脱离了原选区，与原选区只是一个户口关系，对参加原选区选举已经没有积极性，他们的主要利益是在现居住区，更关心居住地的公共事业建设状况，更愿意在现居住地参加选举。但如果流动人口想在现居住地参加选举，必须先取得原选区选民资格证明，而要取得这项证明往往不是很方便。所以几乎没有人试图去取得原选区选民资格证明，因此这部分人的选举权利实际上很难得到行使[②]。

3. 选民登记中的错登、漏登、重登。从理论上讲，一次登记，长期有效，每次换届只需剔除上次登记以来死亡的、迁出的、因各类犯罪附加剥夺政治权利的，以及法律认定的患有精神病的和呆傻人员，选民登记就可以结束了，应该说是不会出现“错”“漏”“重”的问题。但是，实践中的具体情况，远比理论上复杂，各地都不可避免地存在一定程度的“错”“漏”“重”现象[③]。

(1)“错”“漏”“重”的主要群体：人户分离人员、流动人口和外来人员。（人户分离人员、流动人口、外来人员是目前描述人口流动状况和人户分离状况最常用的几个词，实际上在使用中三个概念是互相交叉和部分重合的，本书所作的区分仅仅是为了表述的方便和操作上的方便，以及不发生歧义，不具有实体上的意义，如“流动人口”与“外来人员”的表述，仅仅是描述的角度不同）

“人户分离人员”，一般指户口仍在本市（本地），但其工作单位或居住地与户口不在同一区域（不在同一选区）的人员；“流动人口”，一般指户口在本地（本市、本省、本县），但流出本地，赴外地务工经商的人员；“外来人员”，单指户口不在本地（本市），但流入本地，在本地务工经商并居住满一定期限的人员。

人户分离在我国具有普遍性。由于调动、迁居、婚嫁、城建拆迁、子

① 参见张春生《关于选举法的几个问题》，《人民政坛》2003 年第 5 期。

② 参见卢鸿福《进一步完善选民登记制度》，《检察日报》2002 年 2 月 17 日第 4 版。

③ 参见谢蒲定《选民登记的问题与对策》，《人大研究》2003 年第 7 期。

女上学等种种原因造成的人户分离现象越来越多，在许多城市的部分区域，人户分离超过户籍人口的半数。从上海市徐汇区的情况看，户籍人口的人户分离达372895人，约占全区总人口数（106.46万人）的35%。部分街道、镇人户分离占总人口数的比重接近或超过50%。北京市崇文区前门分会打磨厂第一居委会人口2321人，人户分离1260人，占户籍总人口数的54%；丰台区卢沟桥分会青塔小区人口1万人左右，人户分离占82%以上。我国的选民登记一般是按选区、依照属地的原则进行的。这就会面临人户分离人员如何处置的问题。由于人户分离，一一找到他们都很困难，选民登记更是不易。不论城镇或农村，离开原来户口所在地或原居住、工作地外出打工做生意的人员越来越多，流动人口数迅速增加，情况变得更加复杂和无法把握，必然给登记工作增加难度①。

外省（市、县、区）来本地务工经商的人员，即“外来人员”，其户口不在本行政区域，但生活、工作在该区域，往往在该区域居住满一定期限。他们人户分离，处在相对不稳定状态。许多地方只重视本市（本地）人户分离人员的登记和参选，对外来务工经商人员的登记并未引起重视。仅仅就“持本地公安部门合法的暂住证和原籍地乡级以上政府或公安部门出具的选民资格证明”，就会把大批外来人员拒之于选民登记之外。由于与户口所在地的利益不密切，以及无暇专门为选举返回原地，在县（市、市辖区）、乡（镇）人大代表选举时，要求外出务工的人员一律返乡参加选举是不现实的。于是，由于长期在外务工经商，原户口所在地可能没有登记；即便登记了，他们也未必返回去参加选举。而现居住和工作地又依据户籍情况可能不予选民登记。这样一来，这部分人员被人为地剥夺了选举权，成了被“遗忘的角落”。当然，如果登记工作粗糙不仔细，这部分人员也可能会被重登②。

“外来人员”选民登记的障碍，归纳起来主要有：一是无法核实选民是否在户籍所在地参加过选举，二是难以进行资格审查，三是外来人员参选积极性不高，四是许多单位对外来人员参加直接选举态度冷漠，五是户籍制度障碍无法排除。有些地方如深圳市，外来人口数远远超过当地原住

① 参见史卫民、雷兢璇《直接选举：制度与过程》，中国社会科学出版社1999年版，第232—235页。

② 参见梅运平《选民登记容易出现错、漏、重的几类人员》，《人大研究》1998年第5期。

居民人口数。

(2) 可能发生“错”“漏”“重”的群体。一是新增人员。新满18周岁的、工作调动的、复员退伍的、结婚转入的、“两劳”释放人员，以及临时返乡或探亲人员。二是搬迁户。一般是从一个熟悉的环境搬迁到一个比较生疏的环境，原来的属地和现在的属地都容易忽略他们。三是半边户。主要指夫妻中一方在农村务农、一方在城镇工作的家庭。另有少量的家庭处于一方务工经商但另一方无固定职业和工作单位，随务工经商一方居住，选民登记中两边属地都可能把他们漏掉或重登。四是停产、半停产企业职工。这类人员因生计问题和情绪波动，组织换届选举的难度较大，这类人员流动性大，选民登记难度也大。五是不在属地的企事业单位人员。直属于某一上级行政机构或部门管理的单位，因其行政隶属权并不在当地行政管理机关，也容易成为选举死角，选民登记工作有一定的难度。还有一些企业注册地与生产经营地分离，这种情况在一些城区越来越多，其职工也容易被漏登或重登。六是五保户和老年人。他们或者因为与社会联系甚少，容易被遗忘；或者由于年岁大不太关心政事而不愿参加活动，故而被漏登。七是被判处有期徒刑和因各类犯罪嫌疑还在受侦查起诉审判但未附加剥夺政治权利的人员，或者附加剥夺政治权利已期满的人员。在选民登记时，有个别地方对于被羁押的人员（包括被监禁、羁押、拘留和劳动教养等），由司法机关和选举委员会作出决定，以这些人参加选举“政治影响不好”“负面影响大”为由，一律以“羁押未决”作出暂时停止选举权的决定。这就不只是漏登的问题了，而是违法的问题①。

以上这几类情况给选民登记和整个选举工作增加了许多困难。如果工作欠缜密，很容易造成错登、漏登、重登。而且，许多“错”“漏”“重”问题，往往不是客观困难造成的，而是怕麻烦、图省事造成的。因此，我们必须严格按法定程序办事，严格遵守选民登记纪律，并有针对性地加强对选民登记工作的监督。

（三）选民登记的制度完善

完善选民登记制度，一方面有利于减轻选举的工作量，提高选举工作效率；另一方面有利于公民选举权利的实现。

---

① 参见谢蒲定《选民登记的问题与对策》，《人大研究》2003年第7期。

1. 从“登记选民”到“选民登记”：改上门登记选民为设立登记站由选民自愿登记，或者是两者并举。

“选民登记”与“登记选民”看似雷同，实则迥然不同。单从词组结构上看，前者是主谓词组，后者是动宾词组；而从称谓上看，在“选民登记”中，选民参选积极性相对较高，登记主动；在“登记选民”中，选民参选积极性相对较低，登记被动。“登记选民”现象的出现并非偶然。众所周知，投票参选是选民的法定权利，通过投票参选，公民管理社会、参与政治生活的意愿可得以表达，国家主人翁的社会价值可得以体现。因此，从理论上讲，选民参选的积极性应该很高，“登记”应该是选民自觉自愿的一种行为。但是，由于我国封建历史较长，民主历程较短，加之其他因素的影响，如选民对候选人缺乏了解、代表履行职责的能力和水平有待进一步提高等，一些选民的参选积极性并不高，在登记活动中常处于一种被动状态，离自觉自愿状态还有很大距离，选举工作人员挨家挨户上门“登记选民”成为选举中常见的街头一景，结果使“选民登记”活动成为了名副其实的“登记选民”[①]。由此看来，“选民登记”只不过是立法者的一种理性要求，其与“登记选民”的差别实质上体现了“应该”与“实然”之间的对立性[②]。

然而，不可否认的是，“选民登记”与“登记选民”在对立的同时又是统一的。选举权是一种权利而非义务，选民当然可能放弃。但是，如果大量的选民放弃选举权，将极不利于民主制度的完善和人民代表大会制度作用的充分发挥，不利于国家政治文明的建设。如何才能解决这一悖论呢？首先必须承认，选举权利实质上是公民可以参加选举的一种资格，公民是否行使选举权，是公民的自由，任何人都不能强迫公民参加选举或者不参加选举。因此，有选举权的公民是否进行选民登记，应当由选民自己决定，选举机构的职责是为选民进行登记提供尽可能的方便，包括登记站分布应当合理，宣传应当广泛深入，让每个选民都知道去哪里登记，如何登记等。选举机构既不能拒绝选民进行登记，也不能强迫选民进行登记。那么由选民自愿登记，会不会很少人参加选举，会不会影响选举的广泛性和民主性？这是可能的。人是追求自身利益最大化的理性动物，只有让选

① 参见黄玉清《“选民登记”与“登记选民”》，《法制日报》2002年12月26日第4版。

② 参见蔡定剑主编《中国选举状况的报告》，法律出版社2002年版，第316页。

民认识到参加选举是自身利益所在，放下眼前工作参加选举能够获得的利益远远大于失去的利益时，选民才会有参加选举的积极性。如果选民没有积极性，而硬要选民参与，其结果必然是费力不讨好。解决问题的出路只有选举改革，发扬民主，从而激发选民对选举的热情，让候选人处于选举的中心地位。如果代表能够给选民带来更多的利益，就让代表候选人向选民宣传参加选举的必要性，通过每个候选人去发动支持自己的选民积极参加选民登记，这样就可以把原来由少数选举工作人员辛辛苦苦挨家挨户去登记的工作，转变为由众多的候选人来做宣传动员的工作。

2. 将选民登记与户口登记结合起来，实行常年登记。在英国，政府在各选区都设有选民登记官，选民具有选民资格时即可到选民登记官办公室登记为选民。选民登记官每年 12 月公布一次选民名单，如果公民发现自己被漏登，即可要求补登。借鉴英国做法，我们可以考虑将选民登记与户口登记结合起来，凡公民年满 18 周岁，即可到户口所在地进行选民登记，领取选民证，一经登记为选民，参加各种选举时，只要出示选民证即可领取选票参加投票，不必再进行选民登记。

3. 通过立法规定流动人口"落地参选"制度。目前已有一些地方人大就选举实施细则对外来人员的参选条件作了规定①。比如，有的规定外来人员在现居住地居住一年或半年以上，作为当地居民参加现居住地选举；有的规定外来人员只要出具原居住地的户口证明，凭选民资格证明或身份证即可在现居住地进行登记；有的规定经公安部门注册，在现居住地有暂住户口即可在当地参加选举；等等。就外来人员而言，现在的工作地与他们的切身利益更为密切，在现居住地参加选举更能激起他们致力于第二故乡改革开放和经济建设的热情②。

4. 针对容易出现错漏重的人群采取对应措施，从细节上保障选民登记不会出现"错""漏""重"。

（1）严格执行法律规定。法律规定确认公民选举权的条件有三点：具有中华人民共和国国籍；年满 18 周岁；没有被剥夺政治权利。符合这三条，就有选举权。被剥夺政治权利的，没有选举权的人员有：危害国家

---

① 参见邹树彬《关于义乌外来工当选镇人大代表改革探索的调查报告》，《人大研究》2002 年第 7 期。

② 参见宋群胜《忽如一夜春风来——福建莆田市组织外来人员参加人大代表选举工作纪实》，《中国人大》2002 年第 20 期。

安全和被处死刑、无期徒刑的罪犯；判处有期徒刑附加剥夺政治权利的；正在服刑的故意杀人、强奸、放火、爆炸、投毒、抢劫等严重破坏社会秩序的罪犯被剥夺政治权利的。危害国家安全案或者其他严重刑事犯罪案被羁押，正在受侦查、起诉、审判的人员，经人民检察院或者人民法院决定，在被羁押期间停止行使选举权利。而下列人员准予行使选举权利，选民登记时应予以登记：被判处有期徒刑、拘役、管制而没有附加剥夺政治权利的；被羁押，正在受侦查、起诉、审判，人民检察院或者人民法院没有决定停止行使选举权利的；正在取保候审或者被监视居住的；正在被劳动教养的；正在受拘留处罚的。参加选举的办法，由选举委员会和执行监禁、羁押、拘留或者劳动教养的机关共同决定。选民登记必须不折不扣地执行法律的这些规定，切不可笼统地作出一刀切的处理。

（2）采取“一问”（人口查身份）、“二看”（户口查年龄）、“三填表”（登记）、“四复查”（选民资格）的方法，或者把好“四关”（流动人口关、政策法律关、年龄关、病情关），采取“三对照”（选民登记与上届选民登记册对照、与最新人口普查表或居民身份证对照、与现户口册对照）、“三榜定案”的方法开展选民登记工作，该登记的登记，该除名的除名，不留疑点在名册。通过对照复审，可杜绝相当一部分的错登重登问题。再比如精神病、呆傻人员的认定，须严把法律政策关和病情关，主要看其是否丧失行使、支配自己意志和行为的能力，凡属一般反应迟钝，但是还能够表达意志行为的，列入选民名单；完全不能表达自己意志行为的，须有医疗机构证明，并经选举委员会确认，不列入选民名单，不参加选举。

（3）坚持居住地与户口所在地相结合的原则。有些人员如按居住地登记比较方便，就不必拘泥于户口所在地登记；反之，应该在户口所在地登记。比如对在企事业单位工作的所谓合同工、临时工（“合同工”“临时工”等特定历史时期的概念和现象，将随着改革的深化逐渐消失。目前国家机关和企事业组织中，“合同工”“临时工”仍普遍存在）和非国有经济组织中人户分离的职工，具体执行中，有必要明确规定上述人员参加何处的换届选举，以避免可能出现的错、漏、重问题。事实上各地一般是按工作地和居住地原则处置的，由工作或居住地登记。再比如退职退休人员，随职工居住的家属、老人，也大都是比照上述做法按居住地原则就地登记。实践证明这些做法对于保障选民的民主权利，依法开展选民登记工作是发挥了积极作用的。最终按照居住地进行选民登记，将会是一种趋势，各地进行的户籍制度改革，将会促进选民登记制度的完善[①]。

（4）选民的积极参与和监督。选民对自己和亲属以及周围群众的情况会更了解、更熟悉，因此要发动群众，调动群众参与的主动性和积极性。对于与社会联系较少或参加社会活动较少的五保户、老年人以及不在属地的企事业单位人员、企业注册地与经营地分离的职工等，群众的积极参与，会使其选民登记很有成效。选民可以充分行使自己申诉、控告、检举的权利。选民对选民名单有不同意见的，可以向选举委员会申述；选民对选举委员会的决定不服的，还可以向人民法院起诉[②]。

（5）选民名单公布力求准确无误。选民登记完成后，各选区认真汇总选民名单，在复核的基础上报选举委员会审查确认，并于选举日的20日以前张榜公布。选民名单可以按选区公布，也可按选民小组公布。务必做好核实工作。各选区要组织力量，对申报在册的人员要一一进行核对，主要看是否有错、有漏、有重复。选民名单公告宜张贴在避风雨、人员流动的公共场所。选民小组长要及时组织选民看榜。选民对榜上的名单有不同意见，可以在选举日的十日以前向选举委员会提出意见或者申诉，选举委员会应当在三日内作出处理决定。申诉人员如果对处理决定不服，可以在选举日的五日以前向所在地的区县人民法院起诉，区县人民法院应当在选举日以前作出判决。区县人民法院的判决为最后决定。这是避免选民登记和选民名单错、漏、重的最后防线。

四　选区划分

选区，又称为选举区，是选民开展选举活动、直接选举产生国家代议机关代表的基本单位。选区划分和直接选举密切关联，任何国家的直接选举，在选举开始以前，都要按一定的原则首先划分选区，这不仅在于使选民在一定区域内参加选举更为方便，也是为了更好地计算选票和实现选举目标[③]。“选区作为一种地理区域，在其界域内也许包含着形形色色的，

① 参见周梅燕《试论我国直选制度中的选民登记程序》，《人大研究》2003年第11期。

② 参见谢蒲定《选民登记的问题与对策》，《人大研究》2003年第7期。

③ 参见胡盛仪等《中外选举制度比较》，商务印书馆2000年版，第105页。

有时也许是互不相容的、社会的、经济的、宗教的或种族的利益，所有这些利益都要求予以反映。”① 因此，选区划分的关键就在于如何通过合理划分选区而使选举产生的代表更具广泛的代表性，或者说，使选举尽可能多地包容或反映各方面的利益。

（一）选区划分的制度变迁

我国选区划分办法早在新中国成立之前就进行了实践，在新中国成立之初就已经确定，以 1979 年为界可以划分为两个阶段。

第一阶段：1953 年选举法。根据 1953 年选举法的规定，乡、镇、市辖区和不设区的市的选举均按选民居住情况划分选区，施行统一标准的选区划分。此后，分别以规范性文件的形式对其进行了两次调整。1953 年 4 月 3 日发布的《中央选举委员会关于基层选举工作的通知》进行了补充规定，选区必须在进行人口调查和选民登记以前划定，结合人口与居住的自然条件划分，每一选区的人口数应与当地每一代表所应代表的人口数大体适应，结合人口与居住的自然条件划分，每一选区一般以直径不超过二十华里为原则；一般的选区以能产生两三个或三个以上的代表为适当；人口稀散、地区辽阔之处，可以一个选区选出一个代表，特殊的还可以两个选区合选一个代表。1956 年 5 月 28 日发布的《国务院关于 1956 年选举工作的指示》对选区划分方式作了局部调整，规定农村以生产单位为基础划分选区，城市以居民居住地区为基础划分选区，较大的厂矿、企业、机关、学校等单位能够产生一名以上代表的可以单独划成一个选区，不够产生一名代表的可以由邻近的几个单位或者同当地居民合起来划成一个选区。

第二阶段：1979 年选举法。1979 年选举法对《国务院关于 1956 年选举工作的指示》中的选区划分方式给予了立法认定，规定选区应按生产单位、事业单位、工作单位和居住状况划分。在 1983 年《全国人大常委会关于县级以下人民代表大会代表直接选举的若干规定》中又增加了选区大小按照每一选区选一至三名代表划分的规定，但是在 1986 年选举法修改时并未将“选区大小按照每一选区选一至三名代表划分”吸收进法律条文，只是对选区划分方式作了更明确的规定，即选区可以按居住状况

---

① 湖北省社会科学院政治学研究所编：《政治学参考资料》1982 年第 3 期，第 25 页。

划分，也可以按生产单位、事业单位、工作单位划分。1995 年选举法修改时，不仅将“选区划分按照每一选区选一至三名代表划分”列入法律条文，而且增加了“两个大体相等”的新标准，即城镇各选区每一代表所代表的人口数应当大体相等；农村各选区每一代表所代表的人口数应当大体相等。2004 年选举法第四次修改时，尽管很多地方提出了选区划分中存在的问题和修改建议，但是因为经验尚不成熟，没有采纳吸收。

选区划分的制度变迁，事实上也折射出我国社会结构所处不同阶段的组织化程度，反映了选区划分的未来发展趋势。1953 年选举法所规范的社会结构允许农村与城市人口的相对流动，且没有户籍制度予以强制分离，因此选区划分可以直接以与人口流动较为密切的居住地要素为依据。但是 1979 年选举法正是建立在户籍制度对农村与城市的二元分立治理基础上的，且全国无论乡村与城镇都实行单位制，因此选区划分必须严格以单位为基础。1986 年选举法、1995 年选举法则部分反映了改革开放以后城市单位体制改革的现实，选区划分开始考虑城镇人口的流动，但是对农村的选区划分仍以静态人口分布为基础进行调整。

（二）选区划分的实践经验

1. 选区划分的一般原则。在农村，根据农村基本上以一个自然村村民委员会作为生产、生活的活动单位的特点，划分县一级（包括不设区的市、市辖区、县、自治县）代表的选区，一般以村民委员会为单位划分。不足分配一个代表名额的，以就近两个或者多个村民委员会联合划为一个选区。选举乡一级（包括乡、民族乡、镇）代表的选区，一般可以自然村为单位划分。如果一个自然村不足分配一个代表名额的，以就近两个或多个自然村联合划为一个选区。一些边远山区，居住状况十分分散难以联合划分选区的，在代表名额允许的前提下，尽可能单独划分选区。

在城镇，根据人口比较集中、人户分离情况比较普遍和突出的特点，一般以生产、工作单位或者按行业、系统划分选区，无工作单位的公民可以按居民委员会归属划分选区。人口数多，足以分配一至三名代表名额的，可以单独划分为一个选区；人口数少，不足以分配一个名额的，可以就近或按系统若干单位联合划为一个选区。

属少数民族聚居的情况，按照本地的民族关系和居住状况，各少数民族选民有条件的最好单独划分选区，以保证依法选举产生该少数民族的代表。

2. 选区划分的四种类型：（1）复合选区划分法。即在划分选区时，可以按居住状况划分，也可以按生产单位、事业单位、工作单位划分。在同一地区，既有按居住状况划分的选区，又有按单位划分的选区。（2）单一选区划分法。即一个单位人数够划一个选区的，应尽量划分为单一选区；人口特多或比较分散、偏僻的村庄和人口特少的乡（镇）也可单独划分为一个选区。对两个或两个以上民族的地区，对其中民族特点比较突出的少数民族，尽可能划分为一个选区，而不同其他单位联合划在一个选区。划分单一选区，有利于组织选举和选民参加选举活动，有利于选民对候选人情况的熟悉和了解。（3）联合选区划分法。即在人数不够划分为一个选区的情况下，街道内邻近的单位可以就近划分为联合选区。（4）混合选区划分法。即应按每一选区选举产生一至三名代表的规定，以分配的代表名额和选举人数为依据，区分不同情况，可以由单位和附近街道划分为混合选区。

3. 选区划分的复合标准。现行人大代表选举的选区划分采用的是复合型标准，需要考虑三重因素：（1）地域和单位因素，既可以按居住状况划分选区，也可以按生产单位、事业单位和工作单位划分选区；（2）代表因素，按照每一选区选一至三名代表的标准确定选区的大小；（3）人口因素，使各选区的人口数大致平衡。在选区的实际划分中，人口因素起着绝对重要的作用。人口数之所以重要，是因为代表名额分配的主要依据就是人口数（即每一代表所代表的人口数）。而选举法对选区划分中的人口数有两项硬性的规定：首先是农村每一代表所代表的人口数四倍于城镇每一代表所代表的人口数；其次是城镇各选区每一代表所代表的人口数应当大体相等，农村各选区每一代表所代表的人口数应当大体相等。

4. 选区划分的基本原则。（1）便于选民参加选举活动，便于选举组织工作的进行。由于选举是选民参加国家政治生活与行使民主权利的基本形式，因此选区的划分要充分考虑选民的实际情况，应从维护选民利益的角度出发确定选区的大小与范围。一方面要考虑人口居住状况，同时要考虑选民的分布、民族成分、历史传统等因素，另一方面要考虑行政区域的划分、政权机关的设置、企事业单位的具体分布等情况。同时，中国选举制度的民主性决定了选区划分不能考虑任何党派和特定团体的利益，更不允许利用选区划分追求与满足个人不正当的利益。（2）便于选民了解候选人，便于代表联系选民。选举制度是人民代表大会制度的基础，体现了政治体制运行的程序正义。选举制度的基本价值是选民根据自己的自由意志选举人民代表与国家机关领导人，选民与候选人之间的相互了解是选举制度获得合法性的重要前提。由于中国选举制度下的人民代表大会实行非职业化，代表的活动不能脱离居住地区、生产单位、事业单位或者工作单位，这些地区是选民了解候选人的基本场所。合理划分选区，有利于选民在自己工作或生活地区了解候选人，发挥其政治积极性。（3）选区划分要充分考虑选民行使监督权和罢免权的需要。根据选举法的规定，选民有权监督与罢免自己选出的代表，为了有效地行使这一权利，选民应在选区内即时了解代表是否模范地遵守宪法和法律，是否履行了其职权。合理的选区划分便于选民了解代表的活动，有效地开展监督。

（三）选区划分在实践中出现的问题

1. 按工作单位划分选区的利弊。现在很多选区，特别是城市里的选区，不是按选民居住状况划分，而是按工作单位划分。按工作单位划分选区，有其优势，如便于组织选举、选民对代表候选人比较熟悉，但不可否认存在一些问题：单位的负责人可以参加选举，具有天时地利人和的优势，各单位提出的候选人也大部分是各单位的负责人。选民在投票选举中，无形中受到上下级领导关系、同事关系的影响。再有，以工作单位划分选区，选民与所在选区的公共事务的关联性不紧密，因为他们往往居住、生活在另一个选区。即使单位与所在选区有社会公共事务的联系，往往也是单位统一出面协商，而不用选民来反映意见。这就淡化了选民与选区、代表的联系①。

2. 选民与选区联系不紧密。选举总是和利益联系在一起的，人们关注选举，无非是想通过选举来实现自己的利益，这完全是正当合理的。因此，只有能给人们带来利益的选举，才会引发选民的参与热情，否则，选民很难对选举产生一种持久的兴趣。选举和利益的联结，是通过一套完整的程序设计来完成的，而选区划分则是若干道程序中的重要一环。由于有

① 参见史卫民、雷兢璇《直接选举：制度与过程》，中国社会科学出版社 1999 年版，第 55—67 页。

的选区划分不合理，导致选民与选区脱节，也就是选区并不是选民利益所关系的区域[①]。这样一来，选举机制和利益表达机制无法对接，形成了“两张皮”。一方面，选民的自身利益无法通过选举来表达；另一方面，他们又不得不被动地参加和自身的利益关联性不强的选举。

3. 选民与代表缺乏稳固联系。选举的过程就是利益委托的过程，而选民的利益又总是通过代表的代言活动来实现的。所以，选民们总是从关心自身利益这一目的出发，力求和代表建立一种稳固的联系[②]。从法理的角度分析，我国各级人民代表大会和选民之间的法律关系，可以概括为以下三个方面：第一，代表有义务在人代会的各种场合上反映选民的意见和要求；第二，代表必须采取各种方式同选民保持经常性的联系；第三，接受选民的监督。从实际情况看，在处理选民和代表的关系上，农村选民好于城市选民，而城市中普通居民又好于公职人员。之所以会出现这样反常的情况，就在于不同选区划分的方式，会产生不同的利益表达和实现方式，并进而对选民与代表的关系产生不同的影响。在城市中，由于选区多以工作单位划分，选民和代表缺少一种利益上的联系。因此，选民不仅对选举的积极性不高，而且对当选代表如何开展活动也缺乏关注。

4. 选民登记困难。居住地划分选区和单位划分选区两种划分方法并用，在选民登记时容易出现重登或者漏登现象。在计划经济时代，职工是终身制，基本不流动，不论按哪种方法划分选区都不容易出现重、漏的现象。但在改革开放和市场经济时代，人口流动性大大增强，地区、城乡、单位的人员有很大的流动，划分选区的两种方法并存很容易出现重、漏的现象[③]。

5. 代表名额分配标准不合理。居住地划分选区和单位划分选区两种划分方法并用，代表名额分配困难。人大代表名额是按人口数计算的，但分配代表名额时则不完全按人口数计算。有些行政区国家机关集中，工作人员多，但不在行政区居住；而有些行政区国家机关少，但在行政区居住的人多。由于实行两种选区划分办法，结果造成人口少的行政区参加代表

---

① 参见蔡定剑主编《中国选举状况的报告》，法律出版社 2002 年版，第 54 页。

② 同上书，第 173—174 页。

③ 参见史卫民、雷兢璇《直接选举：制度与过程》，中国社会科学出版社 1999 年版，第 376—377 页。

名额分配的多，而人口多的行政区参加代表名额反而分配的少[①]。

（四）选区划分的立法完善

1. 两种划分办法结合，逐步以居住地划分为主。一般认为按居住状况划分选区更能发挥选举的作用和优越性。但是在我国，划分选区要与代表构成统筹考虑，以便能够较好地实现代表的"合理"构成，所以至少在目前，不可能单一地按地域划分选区[②]。而按生产单位、事业单位和工作单位划分选区，也使划分的难度加大。目前，划分选区宜条块结合，以块为主。条块结合指的是按行业、工作系统划分选区与按所在区域划分选区相结合。

在城镇，为了便于组织选举和选民参加选举活动，使选出的代表更具有本系统的代表性，通常可以将本行政区域的文化、教育、卫生、商业等系统划分为若干个选区。但如果把几个不同行业或系统的相邻的单位合并为一个混合选区，选民与选民，选民与候选人之间不大了解，组织起来难度较大，也容易出现"大吃小""多吃少"的局面，代表的界别比例也不好掌握。因此，除能够按行业、系统划分的选区外，对不符合单独划分为一个选区的单位，原则上可按居住状况划分选区。

在农村，基本都是按区域划分选区，一般还是按村划分为宜，人口少的村，可以几个村联合划分为一个选区。在城区（市、市辖区、镇），以选民居住地划分选区也应该看成是发展方向。这更能体现选民的直接利益，如居住地选区居民关心的环境、交通、教育、卫生等公共事业建设中的问题，更能通过代表联系选民得到反映和解决。我国城市管理的功能将不断从主管经济转移到管理市政和各类公共事业上来，社区作为聚居在一定地域范围内的城市居民所组成的社会共同体，在城市建设与管理中的地位和作用越来越重要，所以选区以选民居住地设立的社区划分更为合理，在这方面应进行积极的探索。此外，随着企业改革的深化和市场经济的发展，企业管理方式发生了变化，尤其是在发达地区的城镇，无主管部门的企业和中外合资、外商独资企业的数量已远远超过了有主管部门的企业

① 参见史卫民、雷兢璇《直接选举：制度与过程》，中国社会科学出版社1999年版，第310页。

② 参见谢振东、张新华《对新形势下划分选区问题的几点思考》，《人大研究》2003年第3期。

数；“单位人”已大大少于“社会人”；流动人口数量也逐年增加[1]。以社区为单位划分选区，变过去选举工作由条、块分别组织为以块组织的做法，不仅可以减少因选民、单位交叉混杂带来的工作量，把“单位人”统一视为“社会人”，而且有利于避免因部门与企业、企业与职工在一些具体问题上的纠缠，降低选举工作的难度，有利于增强选民对选区的认同感，提高选举组织程度，而下岗人员、离退休人员、留守人员难联系的问题，无主管企业无人过问的问题等，都容易化解，还可减少许多难以预料的“麻烦”[2]。

2. 选区规模大体相当，宜小不宜大。选区规模过分悬殊显然是不恰当的，那么选区规模以多大为宜？应该说只要按照“每一选区选一名至三名代表划分”，就是合法的、有效的，也就是说可以是大选区，也可以是小选区。目前许多地方都是大、小选区结合，以大为主。从实践经验看，一般以一个选区选一两名代表为宜。凡符合选一名代表的单位，就应单独划分一个选区，选区划大了，既不利于选民行使直接选举的权利，也不利于组织选举[3]。应该逐步扩大小选区的比例，这样做有四点益处：一是由于选区规模小，选民比较了解本选区的情况，有利于选区提名和确定候选人，也有利于代表当选后联系选民，加强选民对代表的监督。二是每个选区只选一名代表，按照法律规定，候选人为二名，实行“二选一”，实际上加大了代表差额的比例，增加了选民对代表候选人的选择性，加大了候选人之间的竞争性，有利于促进社会主义民主意识的提高。三是可以提高选举的效率，因为小选区组织选举方便、成本较低。如果第一轮有一名候选人达到当选条件，选举就可以完成，不必像大选区一样，需要多轮投票才可以产生合格的人民代表。四是有利于减少“戴帽下达”的指选、派选代表的做法。当然，有些人口比较多的单位，只要不超过选举三名代表名额的，还是应该划分为一个选区。

3. 明确“大体相当”的浮动范围。明确界定城镇各选区、农村各选区每一代表所代表的人口数“大体相当”的浮动范围，限制操作上的随意性。同类型选区每一代表所代表的人数应“大体相等”，虽然不必是

---

① 参见谢志平、李慧平《当代农村人口流动对选举制度的影响》，《东北财经大学学报》2003 年第 5 期。

② 参见彭宗超《公民授权与代议民主》，河南人民出版社 2002 年版，第 210—218 页。

③ 参见胡盛仪等《中外选举制度比较》，商务印书馆 2000 年版，第 105—116 页。

“完全相等”（实际上完全相等是不可能也不必要的），但至少应该掌握在一个较小的浮动幅度内。法律没有明文规定这个“大体”的比例限度，并不意味着可以随心所欲地人为操作，人为划分大小不一的选区将破坏选举的平等原则。为了在选举中准确掌握大体相当的标准，宜从立法上作出具体规定。例如：俄罗斯选举法规定：根据各选区选民数大致相同的原则进行划分选区，代表的人口数上下浮动在10%—15%。[①]

五　人大代表监督机制

各级人大代表是各级国家权力机关的组成人员，担负着代表人民参与管理国家事务、监督“一府两院”工作的重任。按照权力监督的基本法则，监督者也要受监督，如何监督人大代表，使其认真行使代表职权，充分发挥代表作用，是完善人民代表大会制度、推进社会主义民主的一项不可忽视的工作。

（一）人大代表监督机制的现状

我国现行的选举法、全国人大组织法、地方组织法具体规定广大选民和选举单位对代表的监督和罢免程序，概括有关法律的规定，对人民代表的监督机制包括如下内容：

1. 在监督主体方面，对直接选举的人民代表，监督主体是原选区的选民；对间接选举的人大代表，监督主体是原选举单位[②]。

2. 在监督内容方面，主要有三项：一是对人大代表在会议期间行使各项权力实行监督，检查他们是否根据宪法、法律的规定正确地行使权力，履行法律职责，积极参政议政。重点检查是否有越权、滥权及失职行为。二是对人大代表在闭会期间是否积极参加代表活动，是否密切联系群众的监督，核心在于检查人民代表依法执行代表职务的情况如何。三是对人大代表的工作和生活中的行为实行监督，即检查人大代表在本职工作和日常生活中是否有违法乱纪、以权谋私、品行不端等行为。

① 参见柳华《俄罗斯议员选举制度》，中国选举与治理网 http://www.chinaelections.org/newsinfo.asp?newsid=58598.

② 参见邹学平、关太兵《论对人民代表的监督机制》，《国家检察官学院学报》1994年第4期。

3. 在监督方式上，主要有：一是选民或者原选举单位有权罢免自己选出的代表。罢免代表，由选民直接选出的，须经原选区过半数的选民通过；由各级人民代表大会选出的，须经各该级人大全体代表的过半数通过，在代表大会闭会期间须经常务委员会全体组成人员的过半数通过。二是代表或代表小组定期或不定期接待选民、并报告工作，间接选举的代表每年安排一定时间回原选举单位参加活动。人大代表通过这种方式，接受选民或原选举单位的工作询问或者批评、建议，以改进代表工作，更好地发挥代表作用。

（二）人大代表监督实践中的问题

我国不仅以宪法、法律确立了对人大代表的监督机制，而且在社会主义民主进程中实践这种监督机制。通过选举单位和选民的监督，有少数全国和地方各级的人大代表曾被撤换，代表工作和代表活动通过多种监督方式得到了促进和完善，这对提高人大代表的素质、发挥代表的作用、加强政权建设起了良好的作用①。但也应该承认，对人大代表的监督与人民代表大会制度的要求还存在较大差距，没有取得应有的效果。这主要表现在以下几个方面：

1. 一些选民和选举单位监督意识比较淡薄，对作为监督主体所享有的权利不甚了解，对代表的工作缺乏关注的热情，致使监督主体的权利能力和行为能力未能在客观上统一起来。各级人大在监督工作中偏重于对“一府两院”的监督，忽视对代表的监督，每年一次的各级人民代表大会，也没有把监督由本级人民代表大会选举产生的上一级人大代表，列入大会审议议程之中，使监督代表这一法律规定的重要工作在一定程度上被虚置。事实上，各级人大代表一经产生，即使代表不积极行使自己的职权，不履行代表的义务，只要不触犯法律，就可以任至届满。

2. 代表与选民以及选举单位缺乏双向沟通渠道。在代表闭会期间的活动中，选民一般都处于被动和从属的地位，他们的意见、愿望和要求固然可以向代表反映，但代表对此所持的态度以及处理结果，选民却往往无从知晓。

3. 监督代表缺少必要的形式和手段。要进行监督就必须解决怎样监

---

①　参见刘庆武《对人大代表制度的反思》，《中共青岛市委党校学报》2003 年第 4 期。

督的问题。选民和选举单位选出的代表都是上一级国家权力机关的组成人员，参加的是上一级人民代表大会的工作和活动，代表的工作情况，选民和原选举单位不易了解和掌握，从而造成了能看到的无权监督、有权监督的又看不到的被动局面，使监督难以操作[①]。

4. 罢免代表的法律规定不完善。罢免直接选举的代表在实践中不易实现。例如：直接选举产生的县区级人大代表，在换届选举时是按选区经过广泛动员、选民登记、集中投票等较严密的大规模选举产生的，如果要罢免，必须由选区全体选民过半数表决通过方可，但在非换届选举年，要想在某选区就罢免个别代表的事项，专门召集全体选民进行表决，工作难度很大。

（三）如何完善人大代表监督机制

加强对人大代表的监督，必须从立法的角度，结合监督的实践，建立并完善相应的监督制约机制。

1. 在法律中加强监督人大代表的规定，详细规定监督代表的形式、手段、程序等，从根本上解决由谁监督、怎样监督的问题。我国《选举法》第四十三条作出了"全国和地方各级人民代表大会的代表，受选民和原选举单位的监督"的原则性规定，至于监督什么、怎样监督，没有明确可行、具有约束力的具体规定。解决此问题要从法律上进一步明确代表的职责和义务[②]。一是我国《代表法》对代表的权利做了详尽的规定，但对代表应尽的责任和义务规定得过于笼统，应该进一步细化、具体化，让代表知道自己该做什么，让选民知道该监督代表什么。二是对代表不履行职责和义务的情况以及承担的法律责任在法律上作出规定，增强代表履职的紧迫感和危机感，激发代表自觉履职的内动力[③]。三是对监督代表的形式、手段、程序等作出明确的法律规定，增强代表履行职责的外部约束力，解决好怎样监督的问题。四是对代表坚持动态管理，实行优胜劣汰。严格贯彻实施我国《选举法》第四十三条"选民或者选举单位都有权罢

① 参见赖其潮《代表选举制度的改革和对代表的监督》，《人大研究》1995 年第 9 期。

② 参见杨小冬《进一步完善我国人民代表大会制度的若干思考》，《延安大学学报》2002 年第 4 期。

③ 参见王亦君、程刚《辽宁一省人大代表追撞行人致死专家呼吁健全人大代表监督机制》，《中国青年报》2005 年 3 月 31 日第 5 版。

免自己选出的代表”和《代表法》第四十条、第四十一条对暂时停止执行代表职务、代表资格终止的规定，完善、规范罢免、暂时停止执行代表职务和代表资格终止的程序，畅通代表“出口”，保持代表工作的生机与活力。

2. 实现人大代表履职的公开化，加强对代表工作情况的信息反馈。代表履职公开化，就是按照列宁所倡导的“当着群众的面办理一切事情”的原则，在法律允许的范围内，提高人民代表大会活动的透明度，切实保障人民群众对国家事务的知情权，加强对代表工作情况的信息反馈，使其有更多的机会获取代表活动的信息。第一，必须充分发挥新闻媒体的作用，迅速、准确、全面地报道人大代表行使权力、履行职责的情况，多渠道、多视角、有重点地报道人大代表的发言和政见，对重大事项、重要法律的审议进行追踪报道[①]。第二，各级人大及其常委会的“公报”“工作通讯”要定期向社会公开发行，为选民增加信息渠道，创造良好的监督条件。第三，推广会议旁听制度，这不但“意味着每一个群众代表，每一个公民都能够参加国家法律的讨论”，激发广大人民群众参政、议政和督政的内在动力和热情，同时也为选民适时监督提供了直接的途径。第四，各级人大应把本级人大代表在会议期间的工作和闭会期间的活动情况，及时向代表的原选举单位或选区反馈，包括代表出席会议的情况，参加视察活动的情况以及提出的意见和建议等。第五，建立代表向选民或原选举单位报告工作和活动情况制度。代表汇报工作可以与联系选民和原选举单位的工作结合起来，代表既汇报自己执行代表职务情况，又联系群众征求意见，一举两得。第六，完善上下级人大联系机制，构建代表与原选举单位的良性互动。加强上级人大与下级人大之间的联系，既有利于丰富闭会期间代表活动的内容，也有利于原选举单位更深入地了解它所选出的代表的工作情况。如通过代表列席原选举单位的代表大会会议、组织代表回原选举单位参加执法检查、执法评议、会前视察与专题视察等形式，为原选举单位较全面掌握代表职务意识强不强、履职能力高不高、议政素质好不好提供了制度上的保证，也使原选举单位的监督看得见、摸得着，实实在在，切实可行。

3. 完善罢免制度，细化罢免程序。对我国人大代表的罢免制度，我

---

① 参见蔡定剑主编《中国选举状况的报告》，法律出版社 2002 年版，第 123—145 页。

国宪法和选举法都有明确的原则规定，如选举法规定，全国和地方各级人民代表大会的代表，受选民和原选举单位的监督；选民或者选举单位都有权罢免自己选出的代表。但是代表罢免制度作为代表监督机制的重要组成部分，还有待于进一步完善：

（1）关于罢免案的提出主体和提出理由。首先，从罢免案的提出主体来看，按照现有的规定，提出人大代表候选人的主体包括政党、人民团体、选民和代表，而罢免案的提出主体，却只提到了选民和代表，未能明确规定政党和人民团体也具有相应的提出代表罢免案的法定权利，这显然需要进一步加以明确和完善[①]。其次，从罢免案的提出理由来看，我国选举法规定，提出对人大代表的罢免案，应当写明罢免理由。这确是完全必要的，但对什么可以成为罢免的理由，却没有作出明确规定。由此就很可能造成在现实政治生活中，因为罢免案受理机关必然要对罢免案所提出的理由进行实质性审查，从而使得上述规定所存在的不明确之处极易导致罢免案提出主体与罢免案受理机关之间的错位，即在实际上把罢免案的提出权力转移给了受理机关，这无疑是不符合法理精神的[②]。

（2）关于罢免案的运作主体、运作经费以及通过罢免案的法定人数和法定主体。首先，从罢免案的运作主体、运作经费来看，我国选举法规定，对县级和县级以下人大代表的罢免案向县级人大会常委会提出，表决罢免要求，由县级人大会常委会派有关负责人主持。这项规定对于直选的人大代表罢免案的受理单位有了明确规定，但对主持罢免案运作的主体则规定得不够清楚。而且选举法规定各级人大的选举经费由国库开支，却没有关于罢免运作所需经费应由何处开支的相关规定。其次，从通过罢免案的法定人数和罢免主体来看，在罢免间接选举人大代表时，我国选举法一方面规定，此类人大代表的当选必须获得该级人大全体代表过半数的选票，另一方面又规定，在其被选出的人大闭会期间，该级人大常委会组成人员过半数通过即可罢免。这两方面的规定，对此类人大代表选举和罢免法定主体的认定，明显存在着不对称之处。而且从法律地位上讲，在一级人大中，常委会不过是其常设机构，在地位上要低于而不是高于同级人大。因而由人大常委会来决定经该级人大选举产生的上一级人大代表的罢

①　参见原杰《谁来监督人大代表》，《人民代表报》2002年7月30日第3版。

②　参见姚晋平《选民怎样监督人大代表》，《山西日报》2004年12月12日第2版。

免与否，是值得研究的。所以，对上述这条规定也应进一步加以完善，可以将其修改为：间接选举的人大代表在其被选出的人大闭会期间，该级人大常委会组成人员过半数通过即可决定暂停其代表资格。

（3）关于罢免的程序。目前选举法对直接选举的人大代表的罢免的规定较为原则，罢免的条件、启动机制、罢免流程等均不够明确，实践中难以操作，因此有必要对罢免程序予以细化：人大常委会在收到罢免要求后，对提出罢免要求的选民资格和人数予以形式审查。选民资格和人数符合选举法规定的，予以受理，并向提出人发出受理通知书；不符合法律规定的予以退回，但应当说明理由。

第十二章

中国选举制度建设的基本设想

党的十八大报告指出："政治体制改革是我国全面改革的重要组成部分。必须继续积极稳妥推进政治体制改革，发展更加广泛、更加充分、更加健全的人民民主。必须坚持党的领导、人民当家作主、依法治国有机统一，以保证人民当家作主为根本，以增强党和国家活力、调动人民积极性为目标，扩大社会主义民主，加快建设社会主义法治国家，发展社会主义政治文明。"① 选举是社会主义民主政治的基础，选举制度是社会主义民主制度的重要组成部分。从我国民主政治建设的实际状况和发展趋势出发，改革和完善我国选举制度，加强选举制度建设，有利于坚持党的领导、人民当家做主和依法治国有机统一，有利于发展社会主义民主，建设社会主义政治文明。

一　选举制度建设的重要意义

加强选举制度建设，是坚持走中国特色社会主义政治发展道路的必然要求。坚持中国特色社会主义政治发展道路，就是坚持党的领导、人民当家做主和依法治国有机统一。选举制度建设直接关系到党的领导和执政地位的实现，关系到人民代表大会制度的发展和完善，人民当家做主权利的实现，关系到依法治国方略的贯彻实施，最终关系到三者能否实现有机统一。

（一）选举制度建设关系到党的领导和执政地位的实现

胡锦涛在纪念党的十一届三中全会召开30周年大会上的讲话中指出：

① 《中国共产党第十八次全国代表大会文件汇编》，人民出版社2012年版，第23页。

“党的先进性和党的执政地位都不是一劳永逸、一成不变的，过去先进不等于现在先进，现在先进不等于永远先进；过去拥有不等于现在拥有，现在拥有不等于永远拥有。”[①] 共产党执政就是领导和支持人民当家做主，党的领导需要建立在人民意愿的基础上。党的十八大报告要求“全党必须牢记，只有植根人民、造福人民，党才能始终立于不败之地；只有居安思危、勇于进取，党才能始终走在时代前列”。[②] 党的先进性在于，党能够站在时代前列，根据社会发展变化，及时了解和集中民意，形成主张。历史经验表明，只有把党的主张统一到人民意愿上，党才能保持先进性，实现正确而有效领导，顺利推进革命和建设事业的发展。党的主张不能脱离民意，否则，党就会失去先进性，就会得不到人民的拥护和支持，就很难实现有效的领导，党的执政地位就会动摇。选举是在国家政权建设中集中民意的过程，是党领导人民进行国家政权建设和管理国家的最重要的途径和方式，也是保证各级政权机关按照人民意愿组成的唯一的途径和方式。选举制度建设直接关系各级国家政权机关能否充分体现人民的意愿。

（二）选举制度建设关系到人民当家做主权利的实现

根据我国宪法规定，国家的一切权力属于人民，人民行使国家权力的机关是各级人民代表大会。人民依照法律规定，通过各种途径和形式，管理国家事务，管理经济和文化事业，管理社会事务。人民怎样当家做主？人民根据自己的意愿当家做主，行使管理国家的权力，否则，就不是真正的当家做主，换句话说，就不是真正的民主。人民当家做主分为直接和间接两种形式。一般而言，在基层社会政治、经济和文化生活中，主要采用直接民主的形式，即由人民直接选举产生县、乡两级国家权力机关和基层组织的组成人员，直接讨论、决定和管理基层社会事务，直接参与管理经济和文化事业。在国家和地方社会事务管理中，主要采用间接民主形式，即由各级国家权力机关代表人民行使国家权力，管理国家事务，管理经济和文化事业。无论采用直接民主还是间接民主，都离不开选举。选举是人民行使管理国家和基层社会事务权力的主要途径和方式。而选举制度建设

---

① 胡锦涛：《在纪念党的十一届三中全会召开30周年大会上的讲话》，新华网 http://news.xinhuanet.com/newscenter/2008-12/18/content_10524481.htm。

② 《中国共产党第十八次全国代表大会文件汇编》，人民出版社2012年版，第45页。

直接关系到人民能否根据自己的意愿行使选举权利，关系人民当家做主权利的实现。

（三）选举制度建设关系到依法治国方略的贯彻实施

党的十八大报告指出："要发挥人民主人翁精神，坚持依法治国这个党领导人民治理国家的基本方略，最广泛地动员和组织人民依法管理国家事务和社会事务、管理经济和文化事业、积极投身社会主义现代化建设，更好保障人民权益，更好保证人民当家做主。"① 宪法和法律是党的主张和人民意志相统一的体现。坚持依法治国，就是坚持党的领导和人民当家做主，全面推进依法治国，就是在党的领导下，在社会生活的各个领域、各个方面按人民意志办事。要坚持和全面推进依法治国，就必须大力推进科学立法、严格执法、公正司法、全民守法，坚持法律面前人人平等，保证有法必依、执法必严、违法必究。

有法可依是依法治国的基本前提。我国社会主义法律体系初步形成，基本上解决了有法可依问题。但是，完善中国特色社会主义法律体系的任务仍然艰巨，除了根据社会发展需要修改和完善现行法律外，还需加强一些重点领域的立法。法律能否充分体现人民的意志，反映社会发展规律，将直接关系到依法治国方略能否得到贯彻实施。而能否制定出充分体现人民的意志、反映社会发展规律的法律，关键在于立法机关能否根据人民的意志组成。根据我国宪法规定，立法机关由人民选举产生，立法权由人民授予。选举能否体现人民的意志，决定着立法机关的组成和立法机关的立法活动能否体现人民的意志。而选举制度又决定和影响着人民在选举活动中能否真实地表达自己的意志。

严格执行法律，是实施依法治国方略的基本要求。否则，再好的法律，如果得不到严格执行，依法治国也很难实现。行政机关和司法机关都是国家法律的执行机关，前者的职责是依法行使国家行政管理权，后者的职责是依法行使司法裁判权。国家行政机关和国家司法机关的建设状况，直接关系到法律的实施。而行政机关和司法机关领导人员的素质状况，则起着举足轻重的作用。根据我国宪法规定，各级国家行政机关和各级国家司法机关的主要领导人员，都由同级人民代表大会选举产生。代表能否根

① 《中国共产党第十八次全国代表大会文件汇编》，人民出版社 2012 年版，第 13 页。

据自己的意愿行使选举权利，直接决定和影响着国家行政机关和司法机关的建设，进而影响着国家法律的实施。

从上述三个方面可以看出，党的领导、人民当家做主和依法治国都离不开人民意志。人民的意志是贯穿于党的领导、人民当家做主和依法治国的一条主线，离开了这条主线，三者就无法实现有机统一。这里需要特别指出的是，人民是相对于敌人而言的一个政治概念，也是一个集合概念，是指在国家政治生活中享有政治权的公民的集合。这里所说的“人民的意志”，是根据民主的制度和程序集中起来的大多数人的意志，是在尊重每一个享有政治权利的公民个人意志的基础上形成的。

二 我国选举制度存在的主要问题

新中国的选举制度，是在总结民主革命时期革命根据地选举制度经验的基础上，根据社会主义政权建设的需要而建立起来的。1949 年 9 月 29 日通过的《中国人民政治协商会议共同纲领》和新中国成立后制定的四部宪法，都对我国选举制度的基本精神和基本原则做了规定。根据宪法规定，在不同的法律法规中，对人大代表、国家机关领导人员、村民委员会和居民委员会的选举进行了规定。

中国现行选举制度在保障人民当家做主，调动广大人民群众当家做主的积极性，培养公民的民主意识、民主技能和民主习惯，推进社会主义民主政治建设等方面，已经发挥了重要的作用。中国选举制度建设过程，是一个从实际出发逐步推进的过程。在人大代表选举制度建设上，这一点表现得尤为突出。1953 年中央人民政府委员会通过的《中华人民共和国全国人民代表大会及地方各级人民代表大会选举法》，是新中国的第一部选举法。这部法律的制定和实施，对于统一和规范新中国成立初期各级人民代表大会选举，调动人民当家做主的积极性，巩固和建设新生的人民民主政权，发挥了重要作用。1979 年制定了第二部选举法，这部选举法是在党的十一届三中全会以后制定的。此后，根据中国民主政治建设的实际需要，先后于 1982 年、1986 年、1995 年、2004 年和 2010 年进行了 5 次修正。同时，各地根据第二部选举法的制定和修正情况，制定和修正了实施办法。1979 年选举法的制定、修正和实施，对于在新的历史条件下保障和实现人民当家做主的权利，扩大公民的有序参与，提高人大代表的总体素质，加强人民代表大会制度建设，发挥了重要的作用。

但是，从我国民主政治建设发展的要求看，我国的选举制度还存在着一些问题，需要进行改革和完善。

（一）制度规定过于分散

我国的选举制度设计中，采用了直接选举与间接选举相结合的原则。在直接选举中，主要有县级人大代表选举、乡级人大代表选举和村民委员会选举。近年来，很多地方的居民委员会也进行直接选举。个别地方在改革和探索过程中，把直接选举的范围扩大到了乡镇人大、政府领导人员的选举。在间接选举中，主要有县级以上（不含县级）各级人大代表的选举、各级人大、政府组成人员的选举、各级人民法院院长和各级人民检察院检察长的选举。

对于以上各种选举的制度规定，除了宪法的原则性规定外，还分别由各种法律法规进行规定。具体情况是：各级人大代表的选举，由《中华人民共和国全国人民代表大会和地方各级人民代表大会选举法》《全国人民代表大会常务委员会关于县级以下人民代表大会代表直接选举的若干规定》（以下简称《若干规定》）、《中国人民解放军选举全国人民代表大会代表和县级以上地方各级人民代表大会代表的办法》和各地制定的选举法实施办法规定；各级国家机关领导人员的选举，由《中华人民共和国地方各级人民代表大会和地方各级人民政府组织法》规定；村民委员会的选举，由《中华人民共和国村民委员会组织法》、各地制定的村民委员会组织法实施办法和村民委员会选举办法规定；居民委员会选举，由《中华人民共和国城市居民委员会组织法》、各地制定的居民委员会组织法实施办法和居民委员会选举办法规定。

由上可知，关于选举的制度规定，呈现出一种分散性的特点。这种分散性主要表现在以下两个方面：一是不同的选举分别由不同法律法规进行规定。除了人大代表选举有专门的法律规定外，其余各种选举的制度规定，都散见于相关的法律法规中。二是同一种选举，由多个效力不同的法律法规进行规定。比如，人大代表的选举，由宪法、法律（包括选举法、全国人大的决定和解放军选举办法）、地方性法规进行规定。在选举过程中，选举机构还要制定一些规范性文件（政策）对选举进行规定。

制度规定分散的弊端也是显而易见的：一是不利于选民和代表了解、

学习和运用法律，行使选举权利。在选举过程中，选民和代表要了解选举的过程是否合法，依法行使选举权利，就需要寻找和阅读多种法律法规。二是不利于选举机构顺利开展工作。选举机构要组织选举活动，要同时阅读和使用多种层次的法律法规，根据各种不同层次的法律法规组织选举，增加了选举组织工作的难度。三是不利于维护法律的严肃性和权威性。在各种不同层次的法律法规中，存在着不规范、不统一的问题。例如，在县级人大代表选举中，选举委员会下属的街道和乡镇选举机构的设置和名称不统一，“选举委员会分会”“选举工作组”“选举工作指导组”“选举办事处”“选举工作办公室”“选举工作指导办公室”“选举工作联络组”，等等，各种称谓都有，可以说是五花八门。这种状况的存在，不利于在全国建立统一的选举程序。

（二）直接选举频繁

2004 年，在修改宪法和地方组织法时，将乡镇人民代表大会任期由 3 年改为 5 年。从 2005 年开始，各地人大先后作出决定，县、乡两级同时进行换届选举。这在一定程度上减少了直接选举的次数，降低了直接选举频率。但是，由于村民和居民委员会任期仍然是 3 年，而且村委会选举和居委会选举不同步进行，选举频繁这个问题依然存在。例如，北京市自 2011 年至 2021 年的 11 年中，有 8 个年份要进行直接选举，选举次数达 10 次之多。

选举频繁的弊端也是显而易见的：一是增加了选举经费支出，加重了财政负担、基层负担和农民负担。从北京市的情况看，选举经费实际上是分级负担的。例如，在县、乡两级人大代表选举中，市级选举机构的活动经费由市财政拨款，区县选举经费由区县财政拨款，乡镇选举经费由两部分构成，即区县财政拨款和街道乡镇给予的补贴，各选区的经费由街道和乡镇统筹安排支出；选区所在的大型单位和村民委员会，在选举过程中，也会安排一定的经费支出。此外，还有各种各样的隐性支出，如电话、用车、用房、选举工作人员的工资，等等。在各种基层单位中，镇参加的选举最多，负担的经费也最多。二是加大了基层的工作负担，干扰经济建设工作。对于基层来说，每次选举，除了要投入大量的财力和物力外，还要投入大量的人力。每次选举都要用 1 个多月时间。如果一年搞两次选举，就有将近 3 个月时间。在选举期间内，基层领导干部要把主要精力放在选举上，这在一定程度上影响了经济建设这项中心工作。三是容易加剧干部和选民的厌选情绪。由于基层人民代表大会履行职权还没有完全到位，代表所发挥的作用有限，村民委员会特别是村民委员会主任的作用有限，等等，选民很难看到各种选举的预期效益，对选举没有兴趣。频繁选举，会使选民产生厌选情绪。此外，由于一些选举机构为了保证代表的结构比例，对选民的引导不当，有的甚至存在操纵选举现象，这使得很多选民对选举的民主性和选举的作用持怀疑态度。这又在很大程度上加剧选民的厌选情绪。对于干部特别是基层干部来说，一方面，要在保证选举工作顺利进行的同时，按照代表结构比例要求，完成上级下达的指导性计划；另一方面，在很多选民有厌选情绪的情况下，要做好选举动员工作，调动选民参选积极性，提高参选率，工作难度很大。此外，临时抽调从事选举工作，影响本职工作。选举频繁，也使干部产生了厌选情绪。

（三）竞争不够充分

在我国的各种选举中，除了村委会选举的竞争性比较充分外，在居委会选举、人大代表选举和国家机关领导人员选举中，无论是从制度安排还是从实际运作过程看，竞争不够充分是一个比较突出的问题。

在人大代表选举中，虽然实行了差额选举制度，但选举的竞争性仍然不够充分。其主要表现是，没有建立起公民参与人大代表职位竞争的选举登记制度，在选举过程中打压自荐候选人，抑制公民参与竞争；候选人除了向选举委员会或者大会主席团如实提供个人身份、简历等基本情况外，不能自主开展竞选活动，向选举人宣传介绍自己，否则，就被认为是非组织行为而予以打压，抑制候选人的竞争活动。

在各级国家机关领导人员的选举中，虽然实行了差额选举制度，但竞争不充分的问题更加突出。对于正职领导人员，地方组织法规定一般应当进行差额选举，“如果提名的候选人只有一人，也可以等额选举”。在实践中，采取各种措施，例如，组织出面劝被提名人退出，劝部分联名提名的代表退出提名等，造成事实上“只有一人”局面，实行等额选举，抑制竞争。在副职领导人员的选举中，为了保证组织确定的人当选，很多地方故意搞陪选，候选人之间的实力差距过大，用形式上的竞争代替实质性竞争。此外，在选举时，除组织安排的候选人与代表的见面活动或个人在会上作自我介绍外，候选人个人不能开展任何方式的竞争活动，否则，就会被认定为非组织行为而受到调查和处理。

在居委会选举中，同样存在着竞争不够充分问题。在差额选举问题上，一些地方规定实行差额选举，一些地方在规定实行差额选举的同时，给等额选举留有余地；在居民参与居委会职务竞争问题上，同样没有建立起居民参与居委会职务竞争的选举登记制度，公民参与渠道不畅。在选举实践中，除部分实行直接选举的社区居委会外，大多数社区居委会通过提名制度限制居民个人主动参与竞争。

竞争不够充分，一方面挫伤了公民参与选举的积极性，使选举缺乏活力；另一方面影响了选举人对候选人的深入了解，降低了选民对选举结果的认同程度。

（四）直接选举范围过窄

直接选举的范围过窄，是我国选举制度建设中需要解决的一个重大问题。目前，除县乡两级人大代表选举、村委会选举和部分居委会选举实行直接选举外，县级以上（不含县级）各级人大代表和各级国家机关领导人员均实行间接选举。直接选举的范围明显过窄，已明显落后于我国社会主义民主政治建设和发展的实际需要，不能满足日益增长的公民政治参与要求。

（五）不尊重被提名人意愿

候选人提名制度存在的缺陷与选举的竞争性不够充分是紧密相连的。选举应当是一个双向选择过程，是选举人和被选举人两个意愿的结合，即一些公民愿意担任公职，其他大多数公民选择他们担任公职。重视提名人的意愿，忽视被提名人的意愿，是新中国成立以来选举制度设计中始终存在的一个重大缺陷。在选举过程中，无论是党派团体提名，还是选民和代表提名，都不考虑被提名人的意愿。这是不符合民主政治要求的。作为公民，既有选择当代表、当干部的权利，也有选择不当代表、不当干部的权利。如果不想当代表、当干部，其他选民就应当尊重其意愿。

现存的提名制度也是不利于人民代表大会制度和基层组织建设的。在地方各级人大代表中，经常请假不参加会议、不参加代表小组活动、不提议案意见建议、不发言和不联系选民的“五不代表”还占有一定的比例。在“五不代表”中，一些属于社会知名人士，工作忙，社会活动多，没有时间和精力履行代表职责，有的根本就不想当代表。但当代表又是一种荣誉，既然自己被提名和选举为代表，自己只好当下去。而在村级组织选举中，一些人被提名和选举为村干部，既没有组织领导能力，也没有带领群众致富的能力，村民提名和选举他时不表态，当选后，工作上遇到比较大的困难就撂挑子，甩手不干。

（六）候选人介绍存在缺陷

在人大代表选举中，代表候选人介绍主要采用推荐者介绍、选举机构介绍和代表候选人自我介绍相结合的方式进行。“推荐者应向选举委员会或者大会主席团介绍代表候选人的情况”；“接受推荐的代表候选人应当向选举委员会或者大会主席团如实提供个人身份、简历等基本情况”；“选举委员会或者人民代表大会主席团应当向选民或者代表介绍代表候选人的情况。推荐代表候选人的政党、人民团体和选民、代表可以在选民小组或者代表小组会议上介绍所推荐的代表候选人的情况。选举委员会根据选民的要求，应当组织代表候选人与选民见面，由代表候选人介绍本人的情况，回答选民的问题。”[①] 这些制度规定主要有以下三层意思：一是推荐者和候选人都应当向选举机构介绍情况，但介绍的内容有所区别。推荐者可以对候选人作全面介绍，候选人只能介绍个人身份和简历。二是推荐者和候选人都可以向选民介绍情况，但介绍范围和条件不同。推荐者介绍的范围仅限于选民小组或者代表小组，候选人可以向参加见面会的选民介绍情况，范围不局限于选民小组。条件是，只有在选民提出要求、选举委员会组织代表候选人与选民见面时，代表候选人才能向选民进行介绍。三是选举机构应当向选民或者代表介绍代表候选人情况。

在各级国家机关领导人员选举中，宪法和《全国人民代表大会组织法》对全国人民代表大会常务委员会委员长、副委员长、秘书长、委员的人选，中华人民共和国主席、副主席的人选，中央军事委员会主席的人选，最高人民法院院长和最高人民检察院检察长候选人的介绍问题，没有作出明确规定。地方组织法规定，在提名各级国家机关领导人员时，“提

---

① 《中华人民共和国全国人民代表大会和地方各级人民代表大会选举法》，《人民日报》2010 年 3 月 15 日第 15 版。

名人应当如实介绍所提名的候选人的情况"[①]，但对介绍的方式和向谁介绍等问题没有作出明确规定。

在选举实践中，选举委员会或大会主席团一般以书面方式介绍候选人，即向选民小组或者代表印发介绍候选人的书面材料。这不利于选民或代表深入了解候选人的情况。在人大代表选举中，只见材料不见人的情况仍然较为普遍，选举结束后，选民不认识自己选出的代表。一些地方虽然组织了见面会，但参加的人员有限，又由于时间太短，交流不够充分，选民很难对候选人有全面深入的了解。在国家机关领导人员的选举中，即使对候选人进行介绍，内容也是以候选人的履历为主，较为简单。近几年来，一些地方国家机关的主要领导人员更换频繁，有的出现"走马灯"现象，而且"空降干部"较多，选举时，人大代表对候选人不了解，只能根据组织部门的情况介绍投票。

在县、乡两级人大代表选举中，候选人介绍存在着不公平现象。选举委员会在向选民书面介绍代表候选人时，不能一视同仁，对组织提名的候选人介绍很充分，而对选民提名的候选人尤其是作为差额陪衬的候选人的介绍，则较为简单。一些单位选区在组织候选人的介绍材料时，如果单位领导被提名为候选人，就动用单位的组织资源为其写介绍材料，介绍材料写得很充分，一看材料，不是"圣人"也是"完人"，没有什么缺点和不足之处，同时，对于单位内其他候选人的介绍，虽然也不介绍什么缺点和不足，但对其优点、优势的介绍，明显不如领导，显得不够充分。

（七）选区划分制度不科学

选举法关于选区大小和选区划分要求的规定，存在着诸多不科学的地方。

一是选区划分标准过多。根据现行选举法规定，"选区可以按居住状况划分，也可以按生产单位、事业单位、工作单位划分。"[②] 根据这一规定，居住地和工作地不在同一行政区域的公民，既可以在单位参加选举，也可以在居住地参加选举。由于代表名额确定和分配按户籍人口进行，而

---

① 《中华人民共和国地方各级人民代表大会和地方各级人民政府组织法》，《人民日报》2004 年 11 月 10 日第 15 版。

② 同上。

公民可以不在户籍所在地参加选举，因此，就会在部分选区出现人口特别多、选民特别少的情况，而在另一些选区，情况正好相反，人口特别少，选民特别多，甚至出现选民人数与户籍人口倒挂现象，即选民人数多于户籍人数。此外，公民可以不在户籍地参加选举，既增加了选举组织工作难度，又容易损害选举的严肃性。居住地和单位所在地的选举机构需要进行沟通，确定在何地参加选举，否则，就容易出现重登或漏登现象，即有可能同时参加两地的选举或者两地的选举都不能参加。

二是对选区划分的稳定性没有作出规定。选举法规定，除人口发生较大变动外，地方各级人民代表大会代表总名额确定后，不再变动。但是，对选区划分的稳定性没有作出规定。每一次选举都可以重新划分选区。从实际情况看，每次选举都要重新划分选区，选区划分的稳定性较差。选区划分缺乏稳定性，既不利于选民之间的相互了解，也不利于想当代表的人了解选民的意愿。此外，在选举实践中，一些地方或者少数人，往往把选区划分作为确保某些人当选或者不当选的工具。为了确保某人在某选区当选，可以把另一个社会知名度更大和认可度更高的人划入其他选区，而在其他选区，选民可能对其不了解，没有优势。这样，可以起到一箭双雕的作用，既保证了某人当选，又可以使其他人不当选。

三是对各选区人口数的规定弹性较大。根据选举法规定，"本行政区域内各选区每一代表所代表的人口数应当大体相等。"① "大体相等"是一个弹性很大的模糊概念。从实际情况看，选区人口相差数倍的情况较为常见，有的甚至相差数十倍，差距很大。

随着我国社会主义民主政治的发展和公民民主意识的进一步提高，选区划分的科学性问题，将会越来越受到选民的重视。此外，随着人大代表直接选举范围的逐步扩大，选区划分的科学性问题将会越来越突出，选民对选举划分重要性的认识也会逐步提高。

（八）选举程序不够严密

选举制度的实施，在很大程度上取决于选举程序的设计。选举是否公平和公正，程序很重要。从制度规定看，人大代表和国家机关领导人员的

① 《中华人民共和国全国人民代表大会和地方各级人民代表大会选举法》，《人民日报》2010年3月15日第15版。

选举程序都不够严密，漏洞较多，给人为操作留下空间。

从各级国家机关领导人员的选举看，目前还没有专门的制度规定。宪法和地方组织法关于各级国家机关领导人员选举的规定比较原则，操作性很差。因此，各地在选举过程中的做法也不尽相同。曾经发生在岳阳市的市长选举就是一例。在某届市长选举中，上届市长罗碧升是唯一的候选人。罗在第一次选举中获得 203 票，是到会代表 431 人的 47.1%（应到代表人数 432 人），没有当选。另行选举时，根据省委推荐，重新提名罗碧升为市长候选人，并且代表们没有提出新的候选人，采取现场举手表决的方式确定了罗碧升为候选人。50 个小时后，罗碧升获 415 张有效票中的 335 张赞成票当选。[①] 这一案例至少可以说明这样两个问题：一是在领导人员的选举中，为了保证某人当选，还可以围绕某人反复进行选举，直到当选为止。二是确定候选人的程序不严肃，影响了代表真实意愿的表达。

从人大代表选举的情况看，选举法对于选举程序的规定同样不够严密，漏洞较多。例如，在直接选举中，讨论、协商和确定候选人的协商程序就不够严密。根据选举法规定，如果所提代表候选人的人数超过法定的最高差额比例，“由选举委员会交各该选区的选民小组讨论、协商，根据较多数选民的意见，确定正式代表候选人名单；对正式代表候选人不能形成较为一致意见的，进行预选”[②]。选举法只规定了协商，但没有规定如何进行协商。从实际情况看，在如何协商问题上，各地做法不尽相同，即使是同一地方的不同选区，做法也不尽相同。有的由选民小组反复协商，有的经选民小组初步协商后，由选民小组联组协商（实际上是选民小组长协商）。此外，从前述规定看，“较多数选民”和“较为一致意见”都是弹性很大的说法。这些弹性很大的说法，往往被选举机构和选举工作人员创造性地理解和利用，以避免预选。

在确定代表候选人过程中，协商本来是一个民主与集中的过程。但是，由于对协商程序没有作出具体规定，给人为操作留下了很大空间。通过人为操作，把意见集中到某些领导的意愿上，而不是集中到广大选民的

---

① 李子非：《岳阳市长选举 50 小时迷局》，中国战略与管理研究会网站，http://www.cssm.gov.cn/

② 《中华人民共和国全国人民代表大会和地方各级人民代表大会选举法》，《人民日报》2010 年 3 月 15 日第 15 版。

意愿上。协商成了实现某些领导意图的工具。在选举过程中之所以能够搞陪衬，与协商程序不严密是密切相关的。

（九）选举制度与代表制度存在冲突

长期以来，选举制度与其他相关制度的冲突问题没有引起足够的重视。2009 年，全国人大常委会为了解决法律体系中的矛盾和冲突问题，废止了 8 件法律和有关法律问题的决定，“打包修改”了 59 部法律当中的 141 个条款。[①] 但是，在人大代表直接选举中，选举制度与代表制度的冲突问题并没有得到根本解决。

根据宪法和选举法规定，选举权与被选举权是一致的。从我国人大代表选举实践看，选举权利主要表现为 8 项权利，即提名权、被提名权、协商权、投票选举权、被选举权、当选权、知情权和监督权。但是，这些权利，在没有被剥夺（或停止）政治权利的罪犯和被羁押人中，大多是无法实现的。根据代表法第 40 条规定，在已经当选的人大代表中，因刑事案件被羁押正在受侦查、起诉和审判的；被依法判处管制、拘役或者有期徒刑而没有附加剥夺政治权利，正在服刑的，暂时停止执行代表职务。根据宪法和选举法规定，被羁押人如果没有被依法停止行使选举权利，罪犯如果没有被依法剥夺政治权利，就应当有选举权和被选举权。这也就意味着有被选举为代表和担任代表职务（代表是国家机关职务的一种）的权利。但代表法第 40 条的规定，是停止罪犯和被羁押人行使这一权利。也就是说，即使罪犯和被羁押人被选举为人大代表，也不能履行代表职责。

（十）代表结构比例要求与区域选举制存在冲突

这是选举制度内部的冲突。现行选举法规定：“全国人民代表大会和地方各级人民代表大会的代表应当具有广泛的代表性，应当有适当数量的

---

① 废止和修改的法律和法律问题的决定，参见：《全国人民代表大会常务委员会关于废止部分法律的决定》，中国人大网 http：//www. npc. gov. cn/wxzl/gongbao/2009 － 10/28/content_1543762. htm；《全国人民代表大会常务委员会关于修改部分法律的决定》，中国人大网 http：//www. npc. gov. cn/wxzl/gongbao/2009 －10/28/content_ 1543811. htm；周兆军《中国完成法律法规清理法律规范实现内在和谐统一》，中国新闻网 http：//www. chinanews. com/gn/2011/03 － 10/2897797. shtml。

基层代表，特别是工人、农民和知识分子代表；应当有适当数量的妇女代表，并逐步提高妇女代表的比例。”① 党的十八大报告要求“提高基层人大代表特别是一线工人、农民、知识分子代表比例，降低党政领导干部代表比例。”② 同时，选举法又规定我国人大代表选举实行区域选举制，即人大代表按选区选举产生。也就是说，在区域选举制下，要保证选出的代表具有广泛性。从理论上讲，这是很难做到的。在一个选区内，选民的选举取向是选出代表自己利益和意志的人，不需要考虑被选举人的界别或身份。因此，在区域选举制下，代表的结构比例是无法控制的。但是，在确定代表候选人时，往往要求从整体上考虑代表的结构比例。因此，在选举实践中，选举机构不得不进行代表资源摸底，下达一些指导性计划，对代表的结构比例提出指导性意见，并要求在工作上进行引导。有的甚至进行操纵以实现结构比例的要求。在选举过程中，部分选区的“无知少女”（即无党派人士，知识分子，少数民族，女性）和“白骨精”（即白领阶层、业务骨干、精英人物）往往受到关注。一个人身上可以解决4个方面的结构比例问题。在提名和协商过程中，反复强调代表的结构比例问题，引导选民把符合代表结构比例要求的候选人确定为正式代表候选人。这使得很多选民感到选举机构的做法不民主。其实，选举机构及其工作人员也不愿这样做，但为了从整体上保证代表的结构比例，不得不顾全大局，硬着头皮这样做。这种制度内部的冲突，对选民、选举机构及其工作人员都造成了损害。

（十一）救济和裁判制度不健全

选举权利救济制度和选举争议裁判制度不健全，是我国选举制度的一个重大缺陷。

从人大代表选举情况看，在县、乡两级人大代表直接选举中，公民“对于公布的选民名单有不同意见的，可以在选民名单公布之日起五日内向选举委员会提出申诉。选举委员会对申诉意见，应在三日内作出处理决定。申诉人如果对处理决定不服，可以在选举日的五日以前向人民法院起

① 《中华人民共和国全国人民代表大会和地方各级人民代表大会选举法》，《人民日报》2010年3月15日第15版。

② 《中国共产党第十八次全国代表大会文件汇编》，人民出版社2012年版，第24页。

诉，人民法院应在选举日以前作出判决。人民法院的判决为最后决定。”此外，无论是在直接选举还是间接选举中，对破坏选举的违法行为，明确规定了行政和司法制裁措施，即“破坏选举，违反治安管理规定的，依法给予治安管理处罚；构成犯罪的，依法追究刑事责任。”[①] 对于国家工作人员，还要给予行政处分。以贿选当选的，当选无效。这些都是对选举权利进行救济的制度规定。从这些规定可以看出，在人大代表直接选举中，建立了选举权利的行政救济和司法救济机制，公民可以通过选举委员会和人民法院寻求权利救济；在间接选举中，建立起了权力机关救济机制，代表可以通过人大常委会寻求救济。[②] 但是，除选民资格争议外，其他争议还没有引起重视，在选举法中没有规定其他选举争议处理的行政和司法程序。从实际情况看，个别地方在选举过程中已经出现了其他方面的争议，随着民主政治建设的发展，公民民主素质的逐步提高和选举竞争性的逐步增强，在未来的人大代表选举中，出现各种选举争议的情况在所难免。

从各级国家机关领导人员选举看，宪法、全国人民代表大会组织法和地方组织法都没有涉及选举争议的处理和裁判问题。目前，各级国家机关领导人员均由间接选举产生，产生选举争议的情况也比较少。但是，随着直接选举范围的扩大，选举争议将会成为一个无法回避的问题。

从村民委员会选举和居民委员会选举情况看，村委会组织法只规定村民选举权利的行政救济问题，还没有把村民选举权利和选举争议纳入司法程序，居民委员会组织未涉及居民选举权利的救济和选举争议的处理问题。从实际情况看，在村民委员会选举中，很多地方都出现过选举权利争议和其他争议，在居民委员会选举中，也出现过选举争议。现行制度规定明显不适应基层民主选举发展的要求。

① 《中华人民共和国全国人民代表大会和地方各级人民代表大会选举法》，《人民日报》2010 年 3 月 15 日第 15 版。

② 县、乡两级选举委员会均由县级人大常委会任命并受县级人大常委会领导。选举委员会主持本级人民代表大会选举。实践中，选举的组织、领导和管理工作由选举委员会负责，选举委员会实际上是选举行政管理机构，因此，选举委员会对于选举权利的救济，可以看成是一种行政救济。间接选举由人大常委会领导或者主持，代表发现破坏选举的违法行为，可以向人大常委会举报。人大常委会对选举权利的救济，属于权力机关救济。

三　我国选举制度建设的思路和措施

中国选举制度建设是一项长期的任务，必须坚持以中国特色社会主义理论体系为指导，坚持党的领导和人民主体地位，走法制化道路。既要从现实情况出发，对现行制度进行改革和完善，以适应当前我国社会主义民主政治建设的现实需要，又要着眼于未来，有意识地进行探索和制度创新，以适应我国社会主义民主政治发展对选举制度建设提出的要求。

（一）完善现行法律制度

我国选举制度建设的近期目标是修改和完善现行法律制度，规范各种选举活动，提高选举的民主化水平，保障人民当家做主。

1. 完善候选人提名制度。在村民委员会主任和委员、居民委员会主任和委员、人大代表和国家机关领导人员选举中，可考虑建立选举登记制度，凡是有意参与竞争这些职位的公民，都可以向选举机构提出登记申请，由选举机构审查决定是否予以登记。选举机构在截止登记后的法定期限内，汇总公布已登记人员名单。明确规定或者提倡提名人在进行了选举登记的人员中提名，尊重公民个人意愿。此外，在建立选举登记制度的同时，可考虑选举权和被选举权适当分离，对担任各种职务的条件作出明确规定，以便公民根据自己的实际情况决定是否进行登记。

2. 完善候选人介绍制度。改革和完善候选人介绍制度，要在加大候选人自我介绍力度和对候选人自我介绍的监督上下功夫。具体地说，可以采取以下措施：一是在介绍材料组织和提供上，改革由提名人提交介绍材料的做法，由进行选举登记的人员或者没有进行选举登记但接受提名的人提供。在选举登记阶段，要求申请登记的人员向选举机构提交个人介绍材料，未进行选举登记的人被提名时，如本人愿意接受提名，须向选举机构提供自我介绍，重视个人自我介绍的作用，使每个愿意参与竞争的人都能够充分介绍自己，保证候选人介绍的公平性。二是在介绍内容上，除了介绍自己的基本情况和工作业绩外，还应当着重介绍当选后的打算，把公职选举与评选劳模区分开来。劳模是一种荣誉，是对一个人过去的肯定和赞扬，而公职选举不但要看一个人过去做了什么，作了多大贡献，更重要的是看他是否有胜任某一职位的能力，是否适合某一职位，当选后能够做什么。一个人在某一岗位上工作突出，作出重要贡献，不能说明他在其他岗位上也一定能作出贡献。当然，这不是说劳模不能参加公职选举，作为劳模，只要具备了某一公职所需的条件和能力，就可以参加某些公职的选举，担任某些职务。介绍当选后的打算，是选举人了解其当选后能够做什么的一个重要依据。三是在候选人介绍方式上，改变以书面介绍为主的做法，把书面介绍和当面介绍结合起来，以当面介绍为主，改变选举人只见材料不见人的状况。同时，制定见面活动的制度规定，规范候选人与选举人的见面活动，改进候选人与选举人见面的方式，除了选举机构组织候选人与选举人见面外，还应当允许候选人采用其他方式与选举人见面，了解选举人的意见和要求，回答选举人的问题。四是加强对候选人自我介绍的监督。选举机构在收到登记申请人提交的介绍材料后，应当对其介绍材料进行审查，或者通过各种途径进行公布，以便选举人进行监督。同时，鼓励媒体和竞争参与者进行监督。

3. 完善选举程序。一是修改选举法中一些弹性很大的表述，如“大体相等”“较多数选民”“较为一致意见”等，代之以确定的比例，增强法律的刚性。二是修改人大代表直接选举中正式候选人的确定程序，规定正式候选人由预选产生，把协商作为预选的一种辅助程序。当提出的候选人超过应选名额的一定倍数时，可以就预选名单进行协商。此外，对协商程序作出具体规定，避免协商走过场，防止少数人通过协商操纵选举。三是完善投票站工作程序，对投票站的场所设置和工作流程作出具有操作性的规定。改变投票站设置和投票站工作不规范的状况，最大限度地保障选民和代表根据自己的意愿投票，最大限度地消除投票站工作人员指选和诱选的情况发生。四是制定和完善流动票箱使用程序。流动票箱，在人大代表、村民委员会和居民委员会直接选举中被广泛运用，但选举法、村委会组织法和居委会组织法中，没有对流动票箱的使用程序作出规定。应当在总结各地实践经验的基础上，在国家法律中对流动票箱的使用程序作出统一规定。

总之，选举程序建设要以保证实体规定的实施为价值取向，使法定的权利义务关系在选举过程中变为现实。在选举程序建设上，要以堵塞选举程序中的漏洞为重点，在细节上多下功夫，最大限度地挤压人为操纵空间，保障公民依法行使选举权利。

4. 改革和完善选区划分制度。增强选区划分的稳定性，培养公民的选区意识，防止少数人利用选区划分操纵选举，是改革和完善选区划分制度的基本要求。目前可以采取以下措施：一是简化选区划分标准，明确规定按居住状况划分选区，废除按生产单位、事业单位、工作单位划分的规定。如果公民有意竞争工作单位所在地行政区域的代表职务，在履行选民资格转移手续后，应当允许其参与竞争。简化选区划分标准，可以大幅度降低选民登记工作难度，避免重登和漏登，维护选举的严肃性。二是规定选区划分中的人口差距标准。以人口数除以代表总名额所得平均数为标准，控制人口差距浮动比例，确保选区划分的公平性。三是增强选区划分的稳定性。选区一经划分，应当保持稳定。在按居住状况划分选区后，也有利于保证选区划分的稳定性，除重大工程建设和住宅区改造外，选区人口一般不会发生很大变化。

5. 消除选举制度与代表制度的冲突。对于选举法和代表法中存在的冲突问题，可以采用以下两种不同的思路解决：一是实行选举权与被选举权分离制度。对于被羁押人和正在服刑而没有被依法剥夺政治权利的人，实行选举权与被选举权分离，规定其享有选举权而不能享有被选举权。这是一条不能彻底消除冲突的思路，因为这些人除了行使委托投票权外，其他权利都无法行使。二是停止被羁押人和剥夺所有服刑人员的选举权利，即选举权和被选举权。作为服刑人员和被羁押人，是不守法和存在不守法嫌疑的人，且失去了人身自由，剥夺和停止其选举权利是可行的。这是一条彻底消除冲突的思路，这样做也有利于维护选举的严肃性。

6. 消除代表结构比例要求与区域选举制的冲突。解决这个问题的思路也有两种：一是坚持区域选举制，放弃代表结构比例要求。这需要解放思想，正确认识代表职务的性质和要求。首先，在区域选举制下，代表职务由选区选民授予，代表的主要职责是代表本选区选民的利益和意志，而不是代表某一界别的利益和意志。在代表选区选民的基础上，从全局出发，去讨论和决定问题。其次，某一界别的利益和意志，并不是只有某一界别身份的人才能代表。例如，在全国人民代表大会上，“三农”问题并非只有农民代表关注。事实上，反映“三农”问题，提出解决“三农”问题的议案和建议的，很多都不是农民代表。二是坚持代表结构比例要求，实行区域选举与界别选举相结合。这就需要进行制度创新，改革选区划分制度，界别特征明显的行业和系统，实行界别选举，按行业或者系统划分选区，在界别特征不明显的行业和系统，实行区域选举，按居住状况划分选区。无论采用哪种思路，都可以消除选举制度内部的冲突，以及由制度冲突引起的各种实际问题。

7. 完善选举权利的司法救济制度。完善选举权利救济制度，是保障公民选举权利的一项重要措施。在修改村委会组织法和居委会组织法时，建立选举权利的司法救济制度，把村民选举权利和居民选举权利纳入司法救济程序。

8. 建立选举争议的裁判制度。在人大代表直接选举、村民委员会选举和居民委员会选举中，建立选举争议裁判制度，有利于维护选举公平公正和选举后的社会稳定。在选举争议裁判制度建设上，可以把行政裁判和司法裁判结合起来。赋予选举委员会处理选举争议的职权。一旦出现选举争议，可先由选举委员会作出裁决。如果对选举委员会的裁决意见不服，可以向人民法院提起诉讼，由人民法院对选举争议进行审理和判决。

9. 完善回避制度。通过国家立法规定候选人及其3代以内的血亲和候选人的姻亲不得担任与选举相关的工作，保证选举的公正性。

（二）加强选举立法

加强选举立法，是加强选举制度建设的中期目标。民主选举是社会主义民主政治的基础，从我国民主政治发展的要求和选举制度建设的实际状况出发，加强和改善选举立法，是贯彻落实十八大报告要求，推进社会主义民主政治制度化、规范化和程序化的根本措施。

1. 制定“中华人民共和国村民委员会选举法”、“中华人民共和国社区居民委员会选举法”和“中华人民共和国国家机关领导人员选举法”，统一规范村民委员会、居民委员会和各级国家机关领导人员选举，改变目前村民委员会选举、社区居民委员会选举和国家机关领导人员选举不规范、不统一状况。尤其是要通过制定“中华人民共和国国家机关领导人员选举法”，规范国家机关领导人员选举程序，保障各级人大代表的选举权利和公民参与竞争公职的权利，遏制“陪选”现象，禁止就候选人进行反复投票。要通过法律制度的完善，最大限度地排除党委组织部门的介入操作，侵犯代表民主权利，最大限度地遏制少数人通过操纵选举使买官卖官合法化的情况发生。在党管干部问题上，各级党委应当转变观念，要通过民主程序选人、用人、管人，要相信人民群众，相信代表，确保国家机关领导人员选举符合人民意愿。从实际情况看，制定上述法律也是可行的。改革开放以来，村民委员会选举和居民委员会选举已经进行了多年，已经积累了丰富的选举经验，很多地方制定了地方性法规或者其他形式的规范性文件；国家机关领导人员选举的历史更长，也积累了丰富的经验，在总结各地实践经验的基础上，制定上述3部法律是可行的。

2. 增强法律的操作性，解决中央与地方重复立法问题。总的来看，选举法、各地制定的村民委员会选举办法、社区居民委员会选举办法，以及地方组织法对国家机关领导人员选举的规定，都比较原则，操作性不强。为了解决人大代表选举中的操作问题，各地制定了选举法实施办法，对选举法的规定进行细化；为了解决村民委员会选举和居民委员会选举中的操作问题，各地政府主管部门制定了村民委员会选举操作规程和居民委员会选举操作规程；为了解决国家机关领导人员选举的操作问题，各级人民代表大会在每次选举前都要通过一个选举办法。这些现象表明，增强法律法规的操作性，是选举制度建设面临的一个重要问题。今后，在制定、修改和完善选举的法律制度过程中，要有意识地细化法律条款，增强法律的操作性，使选举机构和政府主管部门在不需要制定实施办法和操作规程的情况下，能够依照法律规定的程序顺利开展选举活动。此外，在增强法律操作性基础上，废除地方性法规，解决中央和地方重复立法问题。选举法同刑法、民法、刑事诉讼法和民事诉讼法一样，都是国家的基本法律，国家立法应当一步到位。刑法、民法、刑事诉讼法和民事诉讼法没有因为地区发展差异、民族文化传统和犯罪特点不同而授权地方制定实施办法，选举法也不能以照顾地方特点为由，授权地方制定实施办法。

3. 调整任期，建立选举年制度。调整各级国家机关和基层自治组织的任期，是解决选举频繁问题，节省选举成本，提高选举效率的重要措施。应当在修改宪法的基础上，对全国人民代表大会组织法、地方组织法、选举法、代表法、村民委员会组织法和居民委员会组织法进行修改，统一国家机关和基层群众性自治组织任期，建立选举年制度，把各种选举放在同一年度内进行。2004年修改宪法和地方组织法时，将乡级人民代表大会任期改为5年，使各级国家机关任期实现了统一。2010年修改村民委员会组织法时，在村民委员会任期问题上出现了3年不变和改为5年的两种主张。前者认为5年太长，后者认为3年太短。最后，未对村委会任期进行调整。从实际情况看，两者都有一定道理。可行的方案是，适当缩短各级国家机关的任期和适当延长村委会和居委会任期，可考虑把各级国家机关和基层自治组织的任期统一改为4年。在统一任期的基础上，建立选举年制度，实现直接选举同步进行，间接选举分级同时进行。具体地说就是，县乡两级人大代表选举、村民委员会选举和居民委员会选举同步进行，将来直接选举范围扩大后，也同步进行；乡级、县级、地级（设区的地级市和州）、省级和中央国家机关以及县级以上各级人大代表选举分级进行，同一级别的选举，全国各地在同一时间段内进行。在选举年内，完成各种换届选举。

4. 改革选举机构。选举机构是选举工作的组织者、选举制度的执行者和选举纠纷的处理者，在选举过程中的地位和作用十分重要。改革选举机构，完善选举机构的职权制度，是选举制度建设的一项重要内容。它对保证选举工作顺利进行，保障选举公平公正，有着特别重要的意义。选举机构改革应兼顾公平与效率的关系，既需从实际出发，满足选举及相关工作的实际需要，保证选举公平、公正，又要提高选举效率，避免人浮于事。在选举机构设置上，可采用常设机构与临时机构相结合思路进行，不必要求上下一律。具体的改革思路是，恢复中央选举委员会设置，中央选举委员会为常设机构，由全国人民代表大会选举产生，其主要职责是主持中央国家机关选举，领导全国选举工作并进行业务指导，受理、调查和处理选举投诉和选举争议，从事选举事务调研；县级以上各级选举委员会为常设机构，由各该级人民代表大会选举产生，其主要职责是主持本级国家机关选举，受上一级选举委员会委托，主持选举本行政区域出席上一级人民代表大会的代表，领导下级选举委员会的选举工作并进行业务指导，调查和处理选举申诉、选举投诉和选举争议。乡镇选举委员会为临时机构，由县级人大常委会任命，其主要职责是主持本级国家机关选举，在选举期间，受理、调查和处理选举申诉、选举投诉和选举争议；村民选举委员会和居民选举委员会为临时机构，由村民和居民投票选举产生或者由村民代表会议选举产生，其主要职责是主持村民和居民委员会选举，受理、调查和处理选举申诉、选举投诉和选举争议。选举结束后，关于乡镇、村民委员会和居民委员会选举的投诉，由县级选举委员会受理、调查和处理。

5. 制定“中华人民共和国选举法”。在完成上述各项制度建设的基础上，可以着手制定“中华人民共和国选举法”，把人大代表选举、国家机关领导人员选举、村民委员会选举和居民委员会选举放到一部法律中去规范。这样，可以有效地解决制度规定分散问题，方便公民和选举工作人员学习和使用。

（三）进行实践探索和制度创新

我国选举制度的长远目标是，建立起制度完备、程序科学、操作性强、适应我国民主政治长远发展需要的选举制度。这也是我国选举制度建设的一项长期任务。随着我国民主政治建设的发展，公民的民主意识、民主能力和民主要求将逐步提高，对选举会越来越重视，参加选举和竞争公职的积极性也会越来越高，因此，根据我国民主政治建设发展的实际状况，有意地进行实践探索和制度创新，满足公民日益增长的参与要求，是我国选举制度建设的一项长期任务。

1. 逐步扩大直接选举范围。直接选举，是衡量选举民主性的一个重要标准。我国民主选举发展的最终目标是，各级人大代表、各级国家机关领导人员、村民委员会和居民委员会全部实行直接选举。目前，直接选举仅限于县乡两级人大代表选举和村民委员会选举，社区居民委员会直接选举还只在部分地方进行，各级国家机关领导人员全部实行间接选举。总的来看，直接选举的范围还非常小。逐步扩大直接选举范围，增强选举的民主性，提高选举的民主化程度，将是我国民主政治建设长期面临的一项重要任务。

如何扩大直接选举，有一个路径选择问题，应当从我国的国情出发，由下而上逐级扩大。我国是一个经历了几千年封建专制的国家，缺乏民主的历史和传统，直接选举必须从基层开始，逐级向上推进。通过基层选举培养公民的民主意识、民主能力和民主习惯，只有当公民学会用民主的途径和方式直接管理基层社会事务时，才会有能力用民主的途径和方式直接管理地方和国家事务。当然，也不能以国情为由，拒绝逐步扩大直接选举范围。自 1953 年基层普选以来，基层直接选举已有 60 多年的历史。根据 1953 年制定的第一部选举法规定，乡、镇、市辖区和不设区的市的人大代表由选民直接选举产生，1979 年制定第二部选举法，将人大代表直接选举扩大到县。此后，再也没有扩大人大代表直接选举。第二部选举已经实施了 30 多年，公民的综合素质已经有了很大提高，继续扩大直接选举范围的条件已经成熟，应当有计划、有步骤地逐步扩大直接选举的范围。

在人大代表选举方面，目前可以考虑在地级（设区的地级市和州）进行人大代表直接选举的试点工作，在取得经验后，修改选举法，全面推开。在地级（设区的地级市和州）全面推行直接选举后，可考虑在省级（省、自治区和直辖市）进行直接选举试点工作，在取得经验后，全面推开。最后实现全国人大代表的直接选举。

在国家机关领导人员选举方面，目前可考虑在乡镇全面推开。从四川省步云乡和云南省红河州等地曾经进行过的乡、镇长直接选举的情况看，在乡镇全面推行直接选举是可行的。群众满意，干部的工作作风也发生了很大转变，干群关系也得到很大改善。在乡镇全面推开的同时，可考虑在县级进行试点，积累经验，然后在县级逐步推开。依此类推，逐步扩大到地级、省级和中央国家机关领导人员的选举。

总之，要在逐级上推的同时，总结实践经验，逐步完善直接选举的法律制度。

2. 建立社会主义竞选制度。这需要解放思想，转变观念，提高认识。竞争是社会政治生活的一种常态。在政治生活中，竞争无处不在，不是哪个阶级和国家的专利，只是在不同的政治环境下，竞争的方式和程度不同而已。竞争有公开、合法、有序的健康竞争，也有不正当的病态竞争。在社会政治生活中，如果健康的竞争得不到提倡和发展，病态的竞争就会蔓延。社会主义民主政治建设需要健康的竞争，只有通过健康的竞争，才能建立起廉洁高效、公平、公正和充满活力的政治机制，形成健康有序、文明祥和的政治生态，实现社会稳定与社会和谐。选举是民主政治的基础和核心。竞选，是选举竞争的一种方式。公开、合法、有序的竞选，是人类政治文明的成果。在推进社会主义民主选举，建设社会主义政治文明的过程中，借鉴和利用人类政治文明的这一成果，有利推进社会主义民主政治建设，发展社会主义政治文明。

社会主义民主选举需要竞选，如果没有竞选，就很难激发公民的参与热情和调动公民参与的积极性，选举就没有活力；如果没有公开、合法、有序的竞选，公民对选举的民主性和真实性就会产生怀疑，对选举结果就不会认同，选举不但不会带来稳定，反而会直接引起社会动乱，或者给社会动乱埋下隐患。因此，在推进民主选举过程中，建立社会主义竞选制度，规范竞选活动，使竞选沿着健康的方向发展，是我国选举制度建设的一项极其重要的任务。

竞选可以在各种选举中有计划、有步骤地推开。在人大代表直接选举中，竞选可以在县乡两级人大代表选举中试点推开，代表候选人可以在选民中直接开展竞选活动，发表竞选演讲，接受选民的询问和回答选民的问题，接受社会监督。同时，竞选的范围随着直接选举的扩大而扩大；直接选举扩大到哪级，竞选活动也扩大到哪级；在人大代表间接选举中，可以从县级以上各级人大代表选举开始试点推开，代表候选人可以在人民代表大会上发表竞选演讲，接受代表的询问和回答代表的问题，在取得经验的基础上，逐步推开。在国家机关领导人员选举中，也可以开展竞选活动。在间接选举中，候选人可以在人民代表大会上发表竞选演讲，接受代表的询问和回答代表的问题。在推行直接选举后，候选人可以在选民中开展竞选活动，接受选民的询问和回答选民的问题，接受社会监督。在群众自治组织选举中，继续推行和规范村委会选举中的竞选活动，采取严厉措施治理选举过程中出现的暴力威胁和贿选等不健康竞争现象；大力推行社区居民委员会直接选举，并在直接选举中推行竞选。

社会主义竞选制度建设可以采取以下两条不同的思路进行：一是直接由国家制定规范。在起步阶段，全国人大常委会可制定适用于不同选举的单行规定。近十几年来，一些地方在村委会选举中实行竞选，并针对竞选活动制定了制度规范，一些地方在乡镇长选举中也采用过竞选方式，也制定了相应的制度规范，可以在总结这些地方的实践经验的基础上，从实际情况出发，借鉴其他国家竞选制度，制定针对各种选举活动的单行规定，以解决起步阶段的制度供给问题。同时，在经过一段时间的实践后，根据实践经验对单行规定进行修正和完善，在条件成熟后写进选举法。二是地方先行，即先制定地方性法规。国家可以授权地方制定竞选规范，解决起步阶段的制度供给问题，并根据地方的实践经验对地方性法规进行修正和完善。然后，国家在总结各地实践经验的基础上，修改选举法，在选举法中增加竞选的制度规定。

3. 建立选举经费分担制度。1953 年基层选举以来，在人大代表和国家机关领导人员选举中，经费都由国库统一支出。改革开放后，在村民委员会选举中，选举经费由村集体收入支出（其中部分为提留款），少数经济特别困难的村，由乡镇给予补贴。在居民委员会选举中，选举经费由财政支出或街道办事处的收入支出。此外，办公场地、办公电话、交通费用、候选人介绍材料印制和选举工作人员工资等，其中很大部分由社会单位承担。随着竞选制度的建立和实施，以及直接选举范围的逐步扩大，这种选举经费保障制度将很难适应民主选举发展的需要，改革选举经费保障制度势在必行。

选举经费保障制度改革的目标是，建立国库和竞选者相结合的选举经费分担制度。国库主要承担选举机构运行经费、选举宣传经费（不针对特定人员的宣传）和竞选人员的经费补贴。竞选人员承担本人的竞选经费。竞选经费以个人筹集为主，财政补贴为辅。制定选举经费筹集管理制度和财政补贴制度，规范选举经费的筹集管理和财政补贴支出。在选举经费筹集管理制度中，对选举经费筹集方式、选举经费支出、选举经费审计等，作出明确规定。在财政补贴制度中，对不同的选举，采取不同的补贴措施，对补贴的条件和标准作出规定。

图表索引

参考文献

1. 全国人大常委会办公厅研究室编：《马克思主义关于人民代表机关的论述》，中国民主法制出版社 1992 年版。
2. 韩延龙、常兆余编：《中国新民主主义革命时期根据地法制文献选编》（第一卷），中国社会科学出版社 1981 年版。
3. 刘政、于友民、程湘清主编：《人民代表大会工作全书》，中国民主法制出版社 1999 年版。
4. 北京大学法律系宪法教研室、资料室编：《宪法资料选编》（第一辑），北京大学出版社 1982 年版。
5. 全国人大常委会办公厅研究室编：《地方人大 20 年》，中国民主法制出版社 2000 年版。
6. 乔晓阳、张春生主编：《选举法和地方组织法释义与解答》（二次修订版），法律出版社 1997 年版。
7. 王晓民等：《中国县乡人大代表直接选举研究》，中国财政经济出版社 2001 年版。
8. 王浦劬主编：《选举的理论与制度》，高等教育出版社 2006 年版。
9. 王玉明：《选举论》，中国政法大学出版社 1992 年版。
10. 焦洪昌：《选举权利的法律保障》，北京大学出版社 2009 年版。
11. 彭宗超：《公民授权与代议民主》，河南人民出版社 2002 年版。
12. 王崇明、袁瑞良：《中华人民共和国选举制度》，中国民主法制出版社 1990 年版。
13. 王颖：《新民主主义革命时期选举制度研究》，中国社会科学出版社 2005 年版。
14. 冯莉：《中国选举：理念与制度》，学林出版社 2009 年版。
15. 蔡定剑主编：《中国选举状况报告》，法律出版社 2002 年版。

16. 何俊志：《选举政治学》，复旦大学出版社 2009 年版。
17. 胡盛仪、陈小京、田穗生：《中外选举制度比较》，商务印书馆 2000 年版。
18. 高鹏怀：《比较选举制度》，知识产权出版社 2008 年版。
19. 杨云彪：《公民的选举——一个公共选择话题》，中国大百科全书出版社 2008 年版。
20. 史卫民、雷兢璇：《直接选举：制度与过程——区县级人大代表选举实证研究》，中国社会科学出版社 1999 年版。
21. 史卫民：《公选与直选——乡镇人大代表选举制度研究》，中国社会科学出版社 2000 年版。
22. 袁达毅等：《乡级人大代表选举研究》，中国社会出版社 2008 年版。
23. 袁达毅：《县级人大代表选举研究》，中国社会出版社 2008 年版。
24. ［日］森口繁治：《选举制度论》，刘光华译，中国政法大学出版社 2005 年版。
25. 王雅琴：《选举及其相关权利研究——美国选举个案分析》，山东人民出版社 2004 年版。
26. ［美］阿伦·李帕特：《选举制度与政党制度——1945—1990 年 27 个国家的实证研究》，谢岳译，上海世纪出版集团 2008 年版。
27. ［美］戈登·塔洛克：《论投票——一个公共选择的分析》，杨雷译，西南财经大学出版社 2007 年版。
28. 马宝成：《政治合法性研究》，中国社会科学出版社 2003 年版。
29. ［法］让－马克·夸克（Jean-Marc Coicaud）：《合法性与政治》，佟心平、王远飞译，中央编译出版社 2002 年版。
30. 虞崇胜：《政治文明论》，武汉大学出版社 2003 年版。
31. 吴家麟：《论差额选举》，《宁夏社会科学》1989 年第 4 期。
32. 王淑文：《论选举》，《哲学动态》1979 年第 3 期。
33. 袁岳：《实体与程序——论权利的双重法律保护》，《学习与探索》1990 年第 2 期。
34. 王玉明：《完善选举制度，促进廉政建设》，《中国人民大学学报》1991 年第 5 期。
35. 罗述勇：《关于我国公民选举权的几点思考》，《人大研究》1992 年第 10 期。

36. 季卫东：《程序比较论》，《比较法研究》1993 年第 1 期。
37. 关太兵：《公民选举权利本质剖析》，《法学评论》1998 年第 3 期。
38. 管恒新：《试论公民不参选权》，《法学杂志》1998 年第 4 期。
39. 彭宗超：《试论直接选举的理念意义与作用规律》，《清华大学学报》（哲学社会科学版）2000 年第 4 期。
40. 陈宏光：《论选举权的享有、限制与剥夺及其法律救济》，《安徽大学学报》（哲学社会科学版）2001 年第 3 期。
41. 彭建军：《试论选举权实现的保障机制》，《中南民族大学学报》（人文社会科学版），2002 年第 5 期。
42. 翟国强、周婧：《论选举制度的功能》，《人大研究》2002 年第 11 期。
43. 黄大鹏：《公民的选举权与被选举权——对西方国家宪法和法律相关规定的分析》，《贵阳师范高等专科学校学报》（社会科学版）2003 年第 4 期。
44. 方立新、张卓明：《地方政府领导人选举方式改革与政治文明》，《华东政法学院学报》2004 年第 5 期。
45. 谢晖：《论法律程序的实践价值》（上、下），《北京行政学院学报》2005 年第 1 期、第 2 期。
46. 石绍斌：《论我国选举文化的三个层次》，《安徽警官职业学院学报》2005 年第 2 期。
47. 马岭：《选举权的性质解析》，《法商研究》2008 年第 2 期。
48. 蒋明华：《试论我国选举程序的完善》，《理论观察》2005 年第 5 期。
49. 高放：《选举是民主第一要义》，《党政干部学刊》2008 年第 5 期。
50. 覃福晓：《城乡按相同人口比例选举人大代表的法理分析》，《江淮论坛》2008 年第 5 期。
51. 刘嗣元：《论选举程序的正当性——以正当法律程序原则为视角》，《法商研究》2008 年第 6 期。
52. 段志超：《社会主义政治文明：内涵、特点和结构》，《甘肃行政学院学报》2009 年第 1 期。

后　记

本书是国家哲学社会科学基金一般项目——选举制度建设在社会主义民主和政治文明建设中的基础作用研究（04BZZ014）——的最终研究成果。因延期结项和申请出版资助，从立项到研究成果正式出版，经历了11年时间。本书对我国选举制度建设中的一些理论和实际问题进行了探讨，其中一些已在刊物上发表。课题由袁达毅主持，参加课题研究的有中国社会科学院政治学研究所史卫民研究员、全国人大常委会法工委的许安标和胡健同志，全国人大常委会农村工作委员会的周晓东同志，中共北京市委党校（北京行政学院）教研部的黄小钫副教授。课题组成员承担研究工作的具体情况如下：

袁达毅：导论、第一章、第二章、第三章、第四章、第五章、第八章、第九章、第十章和第十二章；黄小钫：第六章；周晓东：第七章；许安标、胡健：第十一章。史卫民研究员承担的“选举法与地方组织法修改思路和方案研究”，已经提交给有关部门，本书出版时没有收录。作为课题主持人，在此对各位课题组成员表示衷心感谢！

在本项目研究和最终成果出版过程中，中共北京市委党校（北京行政学院）科研处、中国社会科学出版社给予了大力支持和帮助，中国社会科学出版社政治与法律出版中心副主任孔继萍编审在书稿编审过程中，付出了辛勤劳动，在此一并致谢！